Rodenkirchener erinnern sich

Cornelius Steckner (Hrsg.)

Rodenkirchener erinnern sich

Zeitzeugen berichten über das Leben im alten Rodenkirchen

mit Beiträgen von Jill Beier, Annemarie Berg, Franz Bröhl, Jan Brügelmann, Ilse Franziska Deutsch, Margarete Fells, Herman Joseph Genn, Käthe Gosse, Michael Hammer, Albert Hufschmidt, J.Th. Kuhlemann, Willi Kuhn, Erika Landsberg, Else Mauer, S. Schmitz und Cornelius Steckner

mit 145 Fotos und Abbildungen

Bibliografische Information der Deutschen Nationalbibliothek

Die Deutsche Nationalbibliothek verzeichnet diese Publikation in der Deutschen Nationalbibliografie; detaillierte bibliografische Daten sind im Internet über http://dnb.ddb.de abrufbar.

Das Werk, einschließlich aller seiner Teile, ist urheberrechtlich geschützt. Jede Verwertung außerhalb der engen Grenzen des Urheberrechtsgesetzes ist ohne Zustimmung des Verlags unzulässig und strafbar. Alle Rechte, insbesondere das der Übersetzung in fremde Sprachen, vorbehalten. Kein Teil dieses Buches darf ohne schriftliche Genehmigung des Verlages in irgendeiner Form - durch Fotokopie, Mikrofilm oder irgendein anderes Verfahren - reproduziert oder in eine von Maschinen, insbesondere von Datenverarbeitungsmaschinen, verwendbare Sprache übertragen oder übersetzt werden.

Wichtiger Hinweis: Alle in diesem Buch enthaltenen Angaben, Daten, Ergebnisse usw. wurden von den AutorInnen nach bestem Wissen erstellt und von ihnen und dem Verlag mit größter Sorgfalt überprüft. Gleichwohl sind Fehler nicht vollständig auszuschließen. Daher erfolgen die Angaben usw. ohne jegliche Verpflichtung oder Garantie des Verlages oder der AutorInnen. Beide üben deshalb keinerlei Verantwortung oder Haftung für etwaige inhaltliche Unrichtigkeiten aus.

Titelbild oben: Blick auf Rheinfron Rodenkirchens südlich von Alt St. Materrnus zu Beginn der 1920er Jahre
Titelbild unten: Willi Krapohl, Franz Bröhl, Karl Heinz Ladewig mit Hund Waldi auf dem Ponton vor dem Bootshaus des Kölner-Motor-Yacht-Clubs im Juli 1936, aufgenommen von Dr. Ladewig
Bild Rückseite: Die Rodenkirchener Hauptstr. nach dem Luftangriff vom 4. Julin 1943

© 2013 Ralf Reglin Verlag Köln
Lektorat: Felicitas Reglin
Satz und Layout: Ralf Reglin
Printed in Germany

Vorwort

Aus den ersten beiden vom Förderverein Literamus in der Stadtteilbibliothek Rodenkirchen angebotenen Südlesen „Rodenkirchen erinnert sich" Ende 2007 ist eine regelmäßige, thematischen Schwerpunkten gewidmete öffentliche Veranstaltung der Stadt Köln mit geradezu familiärem Charakter geworden. Einige der in diesem Buch abgedruckten Texte enstanden für diese öffentlichen Veranstaltungen.

Hinzu kam die „Kleinarbeit", zahlreiche „Ortstermine", gemeinsame Museumsbesuche und der monatlich tagende Arbeitskreis für die kontinuierliche Arbeit an den Schwerpunktthemen. Dieser „kleine runde Tisch" trägt die langfristige Aufarbeitung der Ortsgeschichte: Wer weiß was? Wer könnte noch ein Dokument gerettet haben? Der Arbeitskreis konnte etwa 400 Personen zur Mitarbeit bei Einzelfragen und den Bestimmungen der vielen immer wieder auftauchenden Gruppenfotos als Zeitzeugen begeistern und hat auf breiter Basis zu dem Band „Rodenkirchener erinnern sich - Zeitzeugen berichten über das Leben im alten Rodenkirchen" beigetragen. Dieses Engagement und das Wissen sowie die gemeinsame Projektarbeit sind die Grundlage des vorliegenden Buches.

Nach dem Wegfall des Historischen Archivs der Stadt Köln sind die lebendige Erinnerung und die begleitete Sichtung der verbliebenen Zeitzeugnisse dringender denn je. Die Ortstermine reichen vom Rodenkirchener Strandbad bis zur Flakstellung und den Bunkern im Ort. Die lebendige Erinnerung erschließt Fotodokumente zu einem Gesamtbild der Menschen, der Ereignisse und der Ereignisorte. Diese Zusammenarbeit ließ bereits zuvor die beiden Rodenkirchen-Bände der Reihe Archivbilder „Köln-Rodenkirchen" (2010) und „Rodenkirchen 1950 bis 1975" (2012) sowie den Bildband „Rodenkirchen - 125 Jahre Klassenfotos. Eine Bevölkerungsgeschichte" (2011) entstehen.

Der jetzt - 125 Jahre nach der Kölner Stadterweiterung von 1888 - erschienene 4. Rodenkirchen-Band „Rodenkirchener erinnern sich" enthält Berichte von Zeitzeugen über das politische und soziale Leben in Rodenkirchen von 1926 bis 1946.

Die Arbeit an weiteren Rodenkirchen-Bänden über die Ortsvereine und geselligen Gruppen, die zahlreichen Wassersportvereine, die nach 1933 zerschlagenen Jugendverbände, die Fabriken und ihre Gründer und Belegschaften, ist weit gediehen.

Rodenkirchen, im Oktober 2013   C. Steckner

Inhalt

Vorwort   5

Einleitung   11

Teil I – Rückblicke auf das alte Rodenkirchen   13

Erinnerungen an das alte Rodenkirchen von 1921   14
S. Schmitz, geb. Franzen

Rodenkirchen im Wandel   21

Abzug der Englischen Besatzung im Januar 1926   28
Franz Bröhl

Rodenkirchen - die Kölnische Riviera   29
Franz Bröhl

Dornier Do X (12. Juli 1929)   35
Franz Bröhl

Kindheit und Jugend in Rodenkirchen   37
Franz Bröhl

Kölsche Rheinfahrt - Ein Beitrag zur Heimatgeschichte   44
J.Th. Kuhlemann

„Dä Kradepohl" - Der Froschtümpel   46
Peter Rodenkirchen

Ein Jahr mit seinen Besonderheiten, Fest- und Feiertagen
(1920er und 1930er Jahre)   48
Franz Bröhl

Rodenkirchen: Der Ort   63
Hermann Joseph Genn

Rodenkirchen: Typen und Originale   69
Hermann Joseph Genn

Rodenkirchen: Die Familie erinnert sich   73
Hermann Joseph Genn

Das Eulenhäuschen   77
Käthe Gosse, beigebracht von Margret Röhl

„Musik" in der Barbarastraße Franz Bröhl	79
Die Freiwillige Feuerwehr Rodenkirchen Franz Bröhl	82
Der neue Marktplatz 1930 Franz Bröhl	84
Der Privatkindergarten Mia Blauvac in den 1930er Jahren Franz Bröhl	85
Straßenschlachten in Rodenkirchen 1932 Franz Bröhl	86
Teil II – Rodenkirchen von 1933 - 1945	**87**
Machtergreifung 1933	89
Das Jungvolk exerziert (1934) Jan Brügelmann	90
Die Verhaftungswellen von 1933 und 1938	91
Zeit der Verfolgung: Politisch Verfolgte Jill Beier	92
Verhaftungen 1938 Franz Bröhl	97
Der Tennisplatz der Rheinterrassen 1935/36 Franz Bröhl	98
Olympiade 1936 Franz Bröhl	100
Das Maternusfest 1937. Auszug aus dem Manuskript „Rodenkirchen am Rhein" (13.9.1937) Michael Hammer	102
Hitler auf dem Rhein 1938 Franz Bröhl	104
Der Progromfreitag 1938 Franz Bröhl	105
Die Oberschlesier in Rodenkirchen 1939 Franz Bröhl	107

Die Deportation 1942/43 — 109
  Käthe Gosse
  Willi Kuhn
  Erika Landsberg
  Gedichte von Ilse Franziska Deutsch (1900 - 1943)

Die Adolf-Hitler-Brücke — 114

Kriegstagebuch der Freiwilligen Feuerwehr — 117
Rodenkirchen 1939 - 1944

Der kleine Römerkrug — 150
Peter Rodenkirchen

Das „Sprengkommando" (1943) — 151
Peter Rodenkirchen

Die Verhaftungswelle vom September 1944 — 152
Jill Beier

Begegnung mit den „Fliegenden Festungen" (15. und 17. Oktober 1944) — 155
Willi Kuhn

Ein Brief vom 15. Oktober 1944 — 156
Albert Hufschmidt

Zerstörung des Rodenkirchener Kapellchens (17. Oktober 1944) — 158
Peter Rodenkirchen

Rekonstruktion der Ereignisse seit Oktober 1944 — 161

Das Drossener Ereignis Januar 1945 — 166
  ### Die Evakuierung nach Drossen — 166
  Willi Kuhn

  ### Erinnerung an die Evakuierung nach Drossen — 179
  Bericht von Ludwig Habets - protokolliert von Horst Noll

Ich möchte gerne eine Geschichte schreiben — 182
Else Mauer (1928-2011)

März 1945 - Rodenkirchen im Bergischen — 186

Das amerikanisch besetzte Rodenkirchen vom März / April 1945 — 189
Margarete Fells, geb. Hilgers (1886-1958)

„Ackermanns Eck" (1945) — 195
Peter Rodenkirchen

Rodenkirchen nach der Kapitulation vom 8. Mai 1945 Jill Beier	196
Auszüge aus „Die ersten vierzig Jahre" - Erinnerungen von November 1944 bis Frühjahr 1945 Annemarie Berg, geb. Rief (1909 - 1990)	210
Lokalpolitik – August Weyer wird Bürgermeister Jill Beier	214
Nachwort	216
Anhang	218
Die Rodenkirchener Mitarbeiter	246

Einleitung

Seit 1918 ist der Rhein die Westgrenze zum Gebiet der Alliierten und in den Orten liegen die an der Rheingrenze stationierten Truppenverbände der siegreichen Entente. Der Abzug der englischen Truppen zu Beginn des Jahres 1926 bis zu deren Rückkehr nach dem Zweiten Weltkrieg gibt den Zeitrahmen des Buches.

Zwischen 1918 und 1926 wird die frühere Gürtelfestung Köln zur Sportlandschaft umgeplant. Rodenkirchen wird zum Gegenstück des Sportzentrums Müngersdorf und wird Golfplatz und Wassersportzentrum Kölns. 1926 verliert Rodenkirchen durch Abzug der englischen Truppen seinen Charakter als Grenzort, denn der Rhein ist nicht mehr Grenze. Die großen Regatten finden wieder vor Rodenkirchen statt. Der Start ist beim Strandbad, das Ziel am Marienburger Ufer bei der Bismarcksäule.

Seit dem Ersten Weltkrieg ist Arnold Freund Bürgermeister von Rodenkirchen, im Zuge der Reichstagswahlen 1933 greift Parteigenosse Rudolf Goede als kommissarischer Bürgermeister nach der Macht, Ende des Jahres wird Dr. Josef Weitz gewählter Bürgermeister. Er wird später von Karl von Mering vertreten, schließlich von Wehrführer Theodor Wolf zu einer Zeit, als der Ort 1945 bereits in amerikanischer Hand und der Rhein für kurze Zeit die Westgrenze des Deutschen Reiches ist.

Die große Geschichte wirkt im kleinen Ort. Der gegen die jüdische Bevölkerung Rodenkirchens hetzende Herausgeber des „Westdeutschen Beobachters" Peter Winkelnkemper, später Kurator der Kölner Universität und Oberbürgermeister der Hansestadt Köln, wohnt lange Zeit im „uneingemeindeten Vorort" Kölns in einem Haus an der Uferstr. an der Zufahrt zum Rodenkirchener Strandbad, das 1939 nicht wieder eröffnet und der Universität zur Nutzung übergeben wird.

Die 1938 begonnene Rodenkirchener Rheinbrücke ist Bestandteil der geplanten Europa-Verbindung London - Istanbul. Der Ingenieurbau von Weltrang fasziniert. Sein Konstrukteur wohnt in der Frankstr. Zur Einweihung sind 1941 die Volksschulklassen, HJ und BDM angetreten. Doch die Brücke ist in Gegenrichtung London strategisch wichtig und hat daher im Zweiten Weltkrieg frühzeitig die Angriffe riesiger Bombengeschwader auf sich gezogen. Das Tagebuch der Rodenkirchener Feuerwehr berichtet seit 1939 Tag für Tag über dieses Geschehen.

In diesen großen Rahmen eingebettet ist das Alltagsgeschehen und das Schicksal der Bewohner, die als Evakuierung deklarierte Deportation der jüdischen Bevölkerung und die Evakuierung der Bombengeschädigten, als Feuerwehr und Hilfskräfte die Schäden nicht mehr beherrschen können. Evakuierungsgebiet wird zunächst Thüringen, dann ein Gebiet östlich von Frankfurt an der Oder. Als die letzten großen Zugtransporte in Drossen und Landsberg an der Warthe ankommen, ist gerade die Ostfront zusammengebrochen.

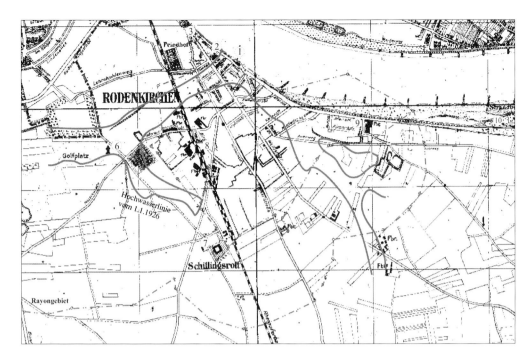

Rodenkirchen um 1926

Im Norden die Kölner Stadtgrenze von 1888 nach Eingemeindung des bis dahin bis zum Weißhaus reichenden Rodenkirchener Gemeindegebietes sowie die anbindenden Grenzen des von der Stadt Köln nach dem Ersten Weltkrieg dem Deutschen Reich abgekauften Rayongebiets der Gürtelfestung Köln. Im Ortsgebiet Rodenkirchen die Hochwasserlinie vom 1. Januar 1926. Im gesamten Kartenbild sind die Auslehnungsgebiete der vornehmlich für den Festungsbau tätigen Rodenkirchener Ziegeleien Streifler und Turk zu erkennen. Die Neuplanung zwischen Verteilerkreis und Rhein wurde 1930 abgeschossen. Nach diesem vom Kölner Stadtbaurat Theodor Nussbaum im März 1930 unterzeichneten Plan des Kölner südlichen Sportzentrums wurden die Rodenkirchener Dammstraßen sowie die Neubebauung hochwasserfrei angelegt.

1. Die romanische Kirche Alt St. Maternus direkt am Rhein mit der Wirtschaft „Zum Treppchen" und dem 1926 ausgebauten Kölner Wassersportzentrum Rodenkirchen
2. Amtssitz der Bürgermeisterei Rondorf, 1888 aus der Marienburger Str. an die Rodenkirchener Hauptstr. verlegt, mit St. Maternus und Schulbauten und Friedhof von 1854
3. Kaiser-Friedrich III-Denkmal von 1906 mit Gedenken an die Gefallenen von 1864/66, 1870/71 und 1914/18.
4. Rodenkirchener Mühle mit Rheinterrasse und Rheinpavillon
5. Grenze von Landkreis und Gemeinde zur Stadtgemeinde Köln von 1888 mit dem Rosengarten auf dem ehemaligen Zwischenwerk VIIIb
6. Rodenkirchener Clubhaus des Cölner Golf-Clubs von 1906 und die Gärtnerei und Baumschule Hilde Finken
7. Lennartz-Hof und Engels-Hof am Schillingsrott
8. Bahnhof an der 1925 begradigten Trasse der Rheinuferbahn (KBE)
9. „Peters Fabrik" (W.J. Peters & Cie)
10. Strandbad der Stadt Köln von 1912, bei Kribbe 10 Startpunkt der Rhein-Regatten mit Ziel Bismarcksäule

Teil I

Rückblicke auf das alte Rodenkirchen

Erinnerungen an das alte Rodenkirchen von 1921

erschienen im Heimatkalender 1928 des Kreises Köln-Land

S. Schmitz, geb. Franzen

„Zum Treppchen", 1940

Wenn ich am Hause meiner lieben Großeltern „Zum Treppchen" am Ausgang der Kirchstraße zu Rodenkirchen das herrliche Rheinpanorama bis Köln betrachte, so habe ich ein stolzes Gefühl der Heimatliebe. Ich wandle dann so gerne den Weg um die alte Kirche, und es kommen mir so viele liebe Jugenderinnerungen und solche aus längst vergangener Zeit, welche mir als Kind aus liebem Mund mitgeteilt wurden. Ich möchte Euch einiges davon erzählen.

Unser Dorf und besonders dieses ehrwürdige alte Kirchlein sind berühmt durch die Legende vom hl. Bischof Maternus, welcher der Stadt Köln die Glaubensbotschaft des Christentums überbrachte. Die Geschichte berichtet darüber folgendes: Der hl. Maternus, erster Bischof von Köln, war ein Schüler des hl. Apostels Petrus und wurde von diesem nebst den beiden Glaubensboten Eucharius und Valerius um das Jahr 50 nach Christi Geburt nach Gallien geschickt, um dort das Evangelium zu verkünden. Auf ihrer Reise kamen sie in das Elsaß, wo Maternus den Strapazen der Reise erlag und starb. Die beiden Gefährten kehrten nun nach Rom zurück und erzählten dem hl. Petrus den Tod des Maternus. Petrus tröstete sie, gab ihnen seinen eigenen Bischofsstab und schickte sie nach dem Elsaß zurück mit der Weisung, diesen Stab dem Verstorbenen aufzulegen und ihn im Namen Jesu zum Leben zurückzurufen. 40 Tage schon war der hl. Maternus entschlafen und wurde nun durch den Stab des hl. Petrus zum Leben erweckt. Maternus unterrichtete nun die Völker am Oberrhein im wahren Glauben, predigte in Trier und stiftete auch die Kirchen in Köln und Tongeren. Nach dem Tode seines Gefährten Valerius bestieg er den bischöflichen Stuhl von Trier. Die letzten Tage seines Lebens brachte er in Köln zu, wo er hochbetagt nach andächtigem Empfang der hl. Sakramente starb, um das Jahr 328. Sein hl.

Leib ruht in der Domkirche zu Trier; auch sollen sich die Kölner und Trierer um den hl. Leichnam gestritten haben, worauf man denselben in einen Nachen gelegt, um den göttlichen Willen zu ersehen. Da soll wunderbar der Kahn ohne Ruder rheinaufwärts getrieben und an der Stelle, wo unser altes Kirchlein erbaut ist, stehen geblieben sein. Daher bekamen die Trierer den hl. Leib und Köln und Rodenkirchen (Ruhekirchen) einige Reliquien zur Verehrung des hl. Bischofs Maternus.

So ist unser Dörflein schon seit uralter Zeit von den frommen Kölnern und vielen umliegenden Orten bis zur Eifel hin als Wallfahrtsort besucht worden, zumal in der Zeit der Maternusfeier, vom 13. bis 29. September. Auf diese 17 Tage der Andacht freute sich jung und alt, denn gleichzeitig waren damit auch die weltlichen Freuden der Kirmes verbunden mit allem Jahrmarktstrubel, Buden auf der Hauptstraße und auf dem Steinweg an der alten Kirche und Karussell am Frongraben in der Mitte des Dorfes [also beim Fronhof, den heute der Maternusplatz einnimmt; der Hof war 1822 an Johann Engels verpachtet worden und wurde bis zum Abriss 1930 von der Familie Kämper bewirtschaftet]. Jede richtige Kölner Familie wanderte zur Rodenkirchener Andacht und tat sich nach dem frommen Besuch in der Kapelle bei obligatem Kaffee etwas zum Guten. In allen Häusern wurden Pilger und Gäste aufgenommen, und ich erinnere mich noch sehr gut, daß, nachdem unser Haus und Garten überfüllt waren, die Kölner im Hofe Platz

Die Rodenkirchener Höfe westlich der Hauptstr. im Jahr 1826, links der Jonenhof, später zur Leyboldstr. parzelliert, rechts der Fronhof, 1930 niedergelegt und als Marktplatz eingeebnet, heute Maternusplatz.

Blick in den Fronhof, der nach seinem Pächter Paul Kämper auch Kämpens Hof genannt wird, vor 1930 von der Hauptstr. aus, ab 1930 Gemeindebesitz.

genommen hatten, indem sie mit kölnischem Humor an der Regentonne und auf der Schiebkarre, die sie mit Brettern belegt hatten, den Kaffee tranken und sich köstlich amüsierten.

Im alten Kirchlein bin ich noch zur ersten heiligen Kommunion gegangen. Erst im folgenden Jahre wurde diese hohe Feier in der neu erbauten Pfarrkirche begangen. Es war ein herrlicher Maientag, der Tag unserer ersten hl. Kommunion. Unser lieber Herr Pfarrer Malmedie (1805-1880) hatte uns vorbereitet, und unsere gute fromme Lehrerin, Fräulein Munk, hatte uns Kindern aus einem schöne Buche - „Der große Tag naht heran" - die erhabene Bedeutung ans Herz gelegt. Nach der heiligen Feier versammelten wir uns alle in unserem Hause, wo meine Eltern nach altem Brauche die Kommunionskinder zum Kaffee eingeladen hatten. Ebenso versammelten sich dieselben nachmittags in unserem Garten, wo sie mit süßem Wein und Kuchen erfreut wurden. Den folgenden Tag wurden dann Besuche bei Verwandten gemacht.

Blick von Haus Maternusstr. 1 auf den Fronhof rechts vorne und die Leyboldstr., heute Gustav-Radbruch-Str., links an der Hauptstr. das Haus Max Vasen.

Unsere Schule war auf dem Brand und der Spielplatz dehnte sich aus bis zur alten Kirche, wo wir am Kahlsberg [Kahlsberg = Kahlshof, Karlstr.] Ringelreihen spielten oder am Rhein schöne Steinchen und Muscheln suchten. Damals herrschte weitgehende Nachsicht inbetreff des Schulbesuches und es ist mir noch sehr gut in Erinnerung, daß das Fräulein Lehrerin, nachdem jemand an die Türe geklopft und sie mit ihm gesprochen hatte, zu mir sagte: „F., Ihr habt Besuch bekommen, Du kannst nach Hause gehen." Und doch lernten wir viel Schönes und Gutes in der Schule, unter Leitung unseres Fräulein Munk und unseres allverehrten Herrn Pfarrers. Fand ein Begräbnis statt, so hatten wir keine Schule und wir Kinder gingen alle im Zuge mit zum Friedhof und sangen mehrstimmig das schöne Lied: „Wer weiß, wie nahe mir mein

Ende", welches uns der gute Lehrer Reinbold eingeübt hatte. War ein Wohlhabender gestorben, so wurde Weißbrot ausgeteilt und jedes Kind erhielt einen Stuten.

Auch gedenke ich hier einer Stiftung des alten Herrn Engels aus dem Spitalshof [an der Ecke Barbarastr. / Hauptstr., gemeint ist wohl der Pächter Max Engels; der Hofplatz wird nach den letzten Pächtern Sommershof genannt], wonach die armen Kinder zum Winter Garn zu Strümpfen und Holzschuhe geschenkt bekamen. Mein Vater [Hans Franzen, Barbarastr.] erzählte uns, daß dieser Gutsbesitzer ein großer Wohltäter der Armen war, und wenn er durchs Dorf ging, so umringten ihn die Kinder, da er viele Vierpfennigstücke in der Tasche trug, um dieselben auszuteilen. Noch gedenke ich des alten Herrn Andreas Engels, der das Kreuz am Rotterweg errichtet hat[1], und seiner Schwester, Jungfer Engels, die auch sehr wohltätig waren. Letztere schickte zu Weihnachten ihre Dienstboten in die Häuser zur Bescherung der armen Kinder. Und welch schönes Gärtchen hatte der Jonen Hans-Josef vor seinem Hause „In den Höfen"[2]. Die schönsten Blumen waren da zu schauen. Er zog sie mit Liebe und Sorgfalt und erklärte mir die Namen, wenn ich mit meiner Großmutter dorthin ging. Seine gute Schwester Gertrud [Engels, gest. 1864] hatte die schönen Bänke der Kirche geschenkt.

In meinem Elternhaus wurde die Musik sehr geliebt und gepflegt. Mein Vater spielte nach damaliger Sitte mit Vorliebe Guitarre und Flöte. Abends wurde in Gemeinschaft von Verwandten und Freunden musiziert. Besonders wurde auch das liebe Volkslied gepflegt und ich mußte solche als kleines Mädchen zur Guitarre-Begleitung meines Vaters singen. Mein Vater hatte viel zur Liebe für Musik und Gesang im Dorfe beigetragen, indem er den Gesangverein Frohsinn gründete, dessen Präsident er war und den er leitete in Gemeinschaft mit seinem lieben treuen Lehrer Reinbold als Dirigenten. Dieser Verein hat schon 60-jähriges Bestehen gefeiert und ich besitze noch Gedenkschriften meines Vaters, worauf all die alten, jetzt längst dahingeschiedenen Gründer unterschrieben haben. Sie haben manches schöne Fest im Frohsinn gefeiert und ihre Sangeskunst in den Dienst der Wohltätigkeit gestellt. Ich erinnere mich noch des schönen Festes der Fahnenweihe. Das ganze Dorf nahm teil daran und alle hatten sich im Saale des Herrn Sauer versammelt [der Saal befand sich an der Hauptstraße]. Wir Kinder waren festlich gekleidet und durften anwesend sein. Und als die Fahne entfaltet wurde, da trat mein Vater vor und hielt die Festrede, die er mit dem selbst erdachten Spruche endete:

„Wo Biederkeit und Sangeslust
Im trauten Bunde walten,
Nur da wird stets aus deutscher Brust
Der Frohsinn sich entfalten."

Zu diesem Fest hatte unser Herr Pfarrer zwei tüchtige junge Musiker eingeladen, damit sie durch ihre kunstvollen Vorträge die Feier verschönern mochten. Es war dies als Violinspieler der jetzt so berühmte Professor Josef Schwartz, Dirigent des Kölner Männergesangsvereins und als Klavierspieler Herr Fritz Hompesch, später Musikdirektor in Rheydt. Beide Herren waren bei uns zu Gast. Ich hatte seit einiger Zeit Klavierunterricht von unserem Küster, Herrn Huppertz, erhalten und spielte mit Herrn Hompesch etwas vierhändig. Daraufhin bin ich nach Köln in die Schule von Fräulein Wagner gekommen und mein Vater hatte mich bei der Musikerfamilie Hompesch in Pension gebracht, da die Fahrgelegenheit von Rodenkichen nach Köln sich auf nur einmal am Tage per Schiff beschränkte. Ich erhielt dann von Herrn Hompeschs Vater Musikunterricht und zuweilen erteilte mir auch Herr Nikolaus Hompesch (1850-1902), Professor am Kölner Konservatorium, der bei seinen Eltern wohnte, einige Unterweisung. In dieser Familie habe ich das schönste Jahr meines Lebens verbracht. Dort waren 5 Töchter und 3 Söhne, die mir alle sehr gut waren. Sie waren in der Flora und im Zoologischen Garten abonniert und ich durfte dorthin immer mitgehen. Ebenso zu den Schülerprüfungen des Konservatoriums im Gürzenich.

Dann waren auch noch die herrlichen Abende, an denen der Herr Professor mit den Lehrern des Konservatoriums die großartige Kammermusik veranstaltete. Mein alter Lehrer nahm mich mit in die Stadt und erklärte mir alle historischen Begebenheiten. Mit traurigem Herzen habe ich nach beendeter Schulzeit von unserer guten alten Kölner Familie Abschied genommen. Es war der Abschied von meiner Kindheit. Jedoch hatte ich noch die große Freude, wöchentlich einmal mit unserm Herrn Pfarrer musizieren zu dürfen. Der gute alte Herr war ein großer Musikfreund und meisterhafter Violinspieler, und da sonst niemand im Dorfe musikalisch war, kam er zu mir, seiner kleinen Schülerin, damit ich ihn begleiten möchte. Er war abonniert in der musikalischen Leihbibliothek und brachte jede Woche neue Sachen, welche wir spielten, zu meines Vaters und meiner großen Freude. Es waren schöne Stunden, wo ich eingeführt wurde in die Werke unserer großen Meister: Sinfonien von Beethoven, Sonaten von Mozart und andere Werke. Dann kam die Zeit, wo unser lieber Pfarrer einen großen Verlust erlitten hat. Es starb seine von ihm hochverehrte zweite Mutter, nachdem alle seine Brüder vor ihr dahingeschieden waren. Nie mehr hat er seitdem wieder musiziert. Sein Klavier schenkte er dem Gesangverein und seine liebe Geige blieb im Kasten verschlossen. Dieses besagt gewiß, wie tief ihn der Verlust der Liebe betroffen.

Noch einmal hatte unser Herr Pastor einen schönen Tag. Es war das Fest seines 50jährigen Priesterjubiläums. Nie hat unser Dorf etwas Schöneres erlebt. Groß war die Verehrung und freudige Teilnahme. Alle Häuser waren verschlossen, da alle Leute am Festzuge teilnahmen. Sogar aus weiter Umgegend waren viele herbeigeeilt. In der Kirche wurde die Feier durch ein Tedeum mit Instrumentalbegleitung eingeleitet. Drei Mädchen sangen die Soli und wir mußten dies nachmittags wiederholen, da es so schön gewesen war. Unser Küster, Herr Schaf, sagte mir später auch, mein und meiner Schwester Geschenk habe den Herrn Pastor sehr erfreut. Ja, und es war so wenig, da ich nichts besaß, was schön genug gewesen wäre. Aber unser Pfarrer liebte die Blumen und das Obst, und so nahm ich mein Nähkörbchen, bedeckte es rundum mit Astern und legte schönes Obst aus unserm Garten hinein. Da ich jedes Stück abgerieben hatte, erschien es gleich Nachbildungen in Wachs. Dann steckte ich in einen gespaltenen Birnenstil ein Kärtchen mit der Aufschrift: Unserm lieben Pfarrer verehrt von seinen dankbaren M. und S. F[ranzen]. Ich denke noch heute gern daran, daß unsere bescheidene Gabe ihn erfreut hat.

Noch muß ich der Tage gedenken, wo wir 1864 und 1866 Leinen gezupft haben für die armen Verwundeten im Kriege. Es herrschten damals auch die schwarzen Pocken im Ort und ich sehe noch, wie eilig man die Toten im roh gezimmerten Sarg durchs Dorf zum Kirchhof brachte. Im Jahre 1870/71 hatten wir das Bataillonsbüro im Hause. Es war ein großer Betrieb. Die Leute waren alle aus der Euskirchener Gegend und die Frauen kamen ihre Männer besuchen. Groß war der Jammer, als die Krieger des Nachts ausrückten. Mein Vater schickte jedem Soldaten von Rodenkirchen ein Paketchen als Liebesgabe und ich mußte jedem ein Briefchen beilegen. Dann dankten die Leute und bis heute habe ich noch ein hübsches Bildchen, das mir A.H. in seinem Brief beigelegt hatte. Damals ist nur ein Krieger aus der Gemeinde gefallen; alle anderen sind heil wiedergekommen. Und nun haben wir wieder einen Krieg erlebt, schrecklich und grausam wie nie zuvor, wo wir so viele Lieben verloren haben und wir noch heute in Bedrängnis und Sorgen leben.

Wie haben sich früher die Leute gefreut! Man hatte keine Vorstellung vom Krieg; man dachte gar nicht an eine solche Möglichkeit. Da hatten wir Kirmes mit Maternus- und Michaeli-Ball, wo alle tanzten und der frohe Arnold alle Festlichkeiten leitete. Die Schützen wurden an seinem Hause abgeholt und der gute biedere Tambour hielt die Festrede, stehend auf dem großen Schrammstein [wohl am Eingang des 1931 abgerissenen Fronhofes, dessen Wiesen als Festplatz dienten - nach dem Abriss wurde der heutige Maternusplatz einplaniert]. Und er gab seiner Ermahnung zur Einheit und Treue kräftigen Nachdruck, indem er scherzend rief: „Und wenn die Fahne nicht fluddert, dann Brüder, halt' die Stange faß." Und die Schützen haben seinen guten Worten Folge gegeben, sie haben kürzlich ihr 60jähriges Bestehen gefeiert. Und die Reihjungen kamen Pfingstsonntag paarweise mit ihren Mädchen durchs Dorf und führten sie zum Tanz; und vorauf ging der Fähndelschwenker und alles jauchzte in Lebensfreude.

Nun will ich noch ein Späßchen erzählen, das mir in der Jugendzeit vorkam. Wir gingen die Fronleichnamsprozession und kamen durch die Gasse (Barbarastraße). Da waren noch viele kleine alte Häuser und die guten Bewohner hatten nach Kräften geschmückt, mit Maien aus den Weiden und Blumen und Heiligen-Bildern. Da erblickte ich in einem Fenster als Ausschmückung das Bildnis Napoleons I. zu Pferde und die Schlacht bei Waterloo. Ich mußte herzlich darüber lachen, trotz der ernsten Feier.

Auch will ich meiner lieben Großeltern noch gedenken. Mein Großvater [Heinrich Franzen] war Landwirt und geradeaus und ehrlich in Handel und Rede. Das Haus seines Vaters hatte am Rhein, gegenüber der Rheingasse auf dem Berge gestanden, wo sich jetzt noch drei große Bäume befinden [Robinien, die Stelle heute als Lüchbaum bekannt; die Straße dabei heute Bergstr.]. Es war aus Unkelsteinen erbaut und die Familie hatte daher den Namen „Steinhäusers" bekommen [„Hausname" der Familie Franzen in der Barbarastr. war demnach „Steinhäuser"], wurde aber im Jahre 1783 durch den furchtbaren Eisgang zerstört und fortgeschwemmt. Danach baute sich mein Großvater in der Barbarastraße wieder ein neues Haus. Mein Vater hatte einmal alte Kaufakten in Händen, woraus er ersah, daß seine Familie über 400 Jahre hier in Rodenkirchen ansässig war.

Meine Großmutter war eine gemütvolle, fleißige Frau, die bei zahlreicher Kinderschar die Arbeiten der Landwirtschaft und des Geschäfts „Im Winkel" und die Wirtschaft „Zum Treppchen" [3] besorgte. Sie stammte aus Bachem, wo ihre Familie noch heute ansässig ist. Ihre Jugendzeit fiel in die Zeit der Französischen Revolution und des ersten Napoleon. Sie hatte damals fünf Brüder im Kriege, wovon einer aus Spanien auf einem Esel reitend heimkam, da er einen Fuß verloren hatte. Sie mußte in Abwesenheit der Brüder ihrem Vater bei den Feldarbeiten helfen und weil sie noch jung und klein war, ließ ihr Vater ihr, wie sie immer gern erzählte, eine kleine Sense beim Dorfschmied anfertigen, da ihr die anderen zu schwer waren. Mit Vorliebe erzählte sie uns von den Kosaken, die an der Bachemer Burg ihre Parade abhielten und ihrer Musikkapelle, die schwermütige russische Weisen spielte. Es waren wilde Gesellen, vor denen ihr Vater meine Großmutter im Keller verborgen hielt. Mit Begeisterung erzählte sie uns von ihrem Bruder Heinrich, dem sie mit besonderer Liebe zugetan war. Er schenkte ihr ein Bild und schrieb auf die Rückseite: „Sieh hinter Dich, sieh vor Dich, die Welt ist gar wunderlich, die Freundschaft ist allgemein und die Treue ist gar klein." So erzählte uns Großmutter vieles, sie versuchte uns die früh verstorbene Mutter zu ersetzen. Ihren Lebensabend verbrachte sie bei uns und erreichte das Alter von 86 Jahren. Stets bleibt sie uns und vielen in lieber Erinnerung. Viele unserer lieben Angehörigen und Bekannten sind dahin gegangen. Die alte Zeit ist verklungen. Es ist alles großartiger und äußerlich schöner geworden hier im Orte und besonders am Rhein. Hoffen wir, daß die Zukunft eine friedliche und beglückende für unser Vaterland und unsere liebe Heimat werde.

Rodenkirchen, den 3. September 1921
Dieses habe ich zum Andenken meinen Kindern geschrieben.
gez. Frau S. Schmitz, geb. Franzen [4]

Rodenkirchen im Wandel

Das Jahr 1926 hatte eine Schlüsselstellung in der Entwicklung Rodenkirchens in politischer und städtebaulicher Hinsicht nach dem Ersten Weltkrieg. Es war das Jahr des großen Hochwassers (s. S. 23) und des Abzuges der 1918 zum Schutz der neuen Rheingrenze auf dem linken Rheinufer eingerückten Truppen der Entente (s. S. 28). Der Rhein war seit 1918 von Basel bis Emmerich Grenzfluss mit einem fünfzig Kilometer breiten demilitarisierten rechtsrheinischen Uferstreifen. Die linksrheinischen deutschen Gebiete wurden vollständig entfestigt und die militärischen Bauten um Köln herum gesprengt.

Nur noch wenig ist längs der Militärringstr. im Grüngürtel um Köln und Rodenkirchen von den zahlreichen Festungswerken der nach dem Krieg von 1870-1871 vom Deutschen Reich ausgebauten Gürtelfestung Köln erkennbar. Vorhanden ist noch das Zwischenwerk VIII b mit dem Rosengarten, und eine Geländekuppe markiert das Fort VIII, an das sich der neue, von englischen Fachleuten auf 18 Löcher ausgebaute Rodenkirchener Golfplatz anlehnt.

Diese Umwandlung der Gürtelfestung in eine Parklandschaft mit eingebetteten Sport- und Erholungsanlagen trieb die Stadt Köln voran, die nach dem Ersten Weltkrieg das gesamte regulierte Schussfeld der Gürtelfestung dem Deutschen Reich abgekauft hatte. Die Neuplanung sah für diesen 1. Festungsrayon eine Grünzone mit zwei zentralen Sportbereichen vor. Im Westen waren es die Sportanlagen von Müngersdorf, im Süden Rodenkirchen als neues Wassersportzentrum. Dieser Ausbau entsprach ganz den Vorstellungen des britischen Militärpersonals, das den Rodenkirchener Golfplatz nutzte und für das der Rasen- und Wassersport selbstverständlich war. Denn noch war das Hauptquartier zum Schutz der Rheingrenze das schwimmende Bootshaus des Rudervereins von 1877 und zu Land war es die Gaststätte Sauer an der Hauptstr.

Vor diesem Hintergrund hatte der damalige Bürgermeister der Gemeinde Rondorf, Arnold Freund, die Neuausrichtung Rodenkirchens erreicht. In einer Eingabe hatte er sich 1920 mit den Folgen der gesetzlichen Grundlagen der Übernahme des als 1. Festungsrayon ausgewiesenen Festungsgebietes durch Köln auseinandergesetzt. Er hatte die sich für Rodenkirchen und das gänzlich im Rayongebiet liegende Hochkirchen der Gemeinde Rondorf ergebenden Folgen herausgearbeitet.

1926
31. Januar: Abzug der englischen Truppenverbände und Freigabe des Rodenkirchener Golfplatzes und der beschlagnahmten Bootshäuser
7. März: Befreiungslauf
4. - 11. Juli: II. Deutsche Kampfspiele, Ruder-Regatta vor Rodenkirchen, Sieg im Achter der Kölner Rudergesellschaft von 1891, Regatta-Ziel die Bismarcksäule, heute km 684,5.
6.- 9. August: 1. Westdeutsches Arbeiter-Turn- und Sportfest Köln 1926. Am 7. August Korsofahrt der Wassersportler, um 10 Uhr Ruder- und Paddel-Wettkämpfe, Ziel die Bismarcksäule.

Mit seinen dem Reichstag in Berlin vorgetragenen Bedenken erreichte Arnold Freund eine Erweiterung Rodenkirchens im Rahmen einer gemeinsamen, in die Großstadtplanung Kölns eingebundenen Erneuerung des Ortsgebietes zwischen Verteilerkreis und Rhein. Namentlich der Bereich westlich der Rodenkirchener Industriezone am Bahnhof mit der seit 1926 neu ausgebauten Gartenstraße kam aus dem früheren Festungsgebiet an Rodenkirchen. Zudem wurden die übrigen Verkehrsführungen überarbeitet und man machte sich im Gemeinderat auch Gedanken über die Benennung der Anschlüsse an das vorhandene Straßennetz. Dazu machte Rektor Lunkenheimer 1925 namens des Zentrums folgende Vorschläge:

Verlängerung der Maternusstrasse: Friedrich-Ebertstrasse
Strasse an den Neubauten der gem. Wohnungsbaugesellschaft: Windthorststrasse
Verlängerung Wilhelmstrasse: Fronhofstrasse.

Das Mitglied Scheuss setzte dem für die Kommunistische Partei folgende Vorschläge entgegen:

Strasse an den Neubauten der gem. Wohnungsbaugesellschaft: Karl-Liebknechtstrasse
Verlängerung Wilhelmstrasse: Rosa-Luxemburgstrasse.

Doch gerade als die heute von der Linie 16 befahrene Strecke der Rheinuferbahn zwischen Zwischenwerk VIIIb und Bahnhof Rodenkirchen durch einen Geländeeinschnitt begradigt war, kam das Hochwasser von 1925/1926 und konnte Hochkirchen erreichen. Zugleich wurden die weiten, mit dem Ausbau der Gürtelfestung entstandenen Auslehmungsgebiete der Rodenkirchener Ziegeleien geflutet. Rodenkirchen stand damit weitgehend unter Wasser. So wurde die Hochwasserlinie von 1926 zur Maßgabe weiterer dauerhaft hochwasserfreien Bauens und hat sogar zur Anhebung bereits fertiggestellter Wohnhausbauten geführt. Auch die Neuplanung des durch frühere Rayongebiete erweiterten Rodenkirchens wurde bis hin zur Grüngürtelstr. überarbeitet.

Neue Dammstraßen wurden durch die Auslehmungsgebiete gezogen und erlaubten dauerhaft hochwasserfreie Bebauung. Eines der ersten Projekte war die „Dammstrasse" von der Frankstr. bis zur Friedrich-Ebert-Str., um künftig Hochkirchen zu schützen. Dann folgten nach dem neuen Ortsplan von 1930 die vielen neuen Dammstraßen auf der anderen Seite der Bahntrasse und wurden zur Grundlage für den Ausbau des Gemeindegebietes mit dem neuen Marktplatz an der Hofstelle des Fronhofes, dem heutigen Maternusplatz.

Zugleich verschwanden die Ringofenziegeleien aus dem Ortsbild Rodenkirchens. 1929 kam wieder die Umbenennung einer Straße auf die Tagesordnung, mit dem Antrag, die von der Hauptstraße am Kriegerdenkmal hinter dem Rathaus vorbeiführende Straße bis zur Frankstraße, die die Bezeichnung Kölnstraße führt, Saarstraße zu benennen. Der Gegenvorschlag des Mitgliedes Erpenbach führte zum Erfolg, die heutige Brückenstr. wurde Stresemannstr. genannt.

Die Ausbauphasen Rodenkirchens wurden von den Gemeinderatswahlen vom 16.11.1919, vom 4.5.1924 und vom 17.11.1929 begleitet. Diese letzte Gemeinderatswahl wurde politische Grundlage des Wiederaufbaus nach 1945. Dieser Gemeinderat unter Bürgermeister Freund setzte sich wie folgt zusammen:

Heinrich Bauer, Schlosser, Rodenkirchen
Karl Berger, Gemeindearbeiter, Weiß
Christian Breuer, Bauunternehmer, Rondorf
Heinrich Conzen, Landwirt, Weiß
Jakob Eich, Gemeinderentmeister, Rodenkirchen
Heinrich Erpenbach, Gutspächer und Ortsvorsteher
Karl Gschlößl, Steuerinspektor, Rodenkirchen
Paul Jünger, Arbeiter, Weiß
Josef Kallscheuer, Steuersekretär, Rodenkirchen
Helene Laubach, Hausfrau, Rodenkirchen
Hilarius Leikert, Landwirt, Meschenich
Peter Leuschen, Schweißer, Weiß
Paul Lunkenheimer, Rektor, Rodenkirchen

Peter Merzbach, Arbeiter, Rondorf
Gottfried Obladen, Schweißer, Weiß
Adolf Pfeiffer, Kupferschmied, Rodenkirchen
Johann Josef Schäfer, Landwirt, Meschenich
Franz Scheuß, Modellschreiner, Sürth
August Schmitz, Kaufmann, Sürth
Peter Schmitz, Arbeiter, Meschenich
Robert Sieger, Geschäftsführer, Rodenkirchen
Hermann Soënius, Gastwirt, Godorf
Everhard Stolz, Metallarbeiter, Meschenich
Anton ter Smitten, Maurer, Rodenkirchen
Johann Wenning, Schuhmacher, Sürth.
[Adressbuch 1930).

Das Hochwasser vom Januar 1926

Franz Bröhl

Die Hauptstraße steht unter Wasser. Auf dem Bild ist ganz links das Wirtshausschild des Reichsadlers zu erkennen und rechts daneben das Zeichen der Burschenschaft. Dahinter liegt das damals der Familie Walterscheidt (Gemüsehändler, Kirchstr. 15) gehörende Areal mit dem strömenden Wasserfall.

Das Hochwasser von 1926 ist noch in der lebendigen Erinnerung Rodenkirchens. Damals führte Jean Püllen in der Hauptstr. 39 den „Reichsadler". Gegenüber wohnte Kunigunde Parr. Sie konnte von ihrem Haus aus in den Saal der Gaststätte sehen, in dem die Burschenschaft Marchia ihre Mensuren ausfocht. Das Hochwasser von 1926 kündigte sich durch ein Rauschen an, das wie ein Wasserfall durch die Hauptstr. klang und leider war es nicht Sommer. Dann hätte man auf der Hauptstr. schwimmen können.

Christel Engelmann wuchs in dem hohen Haus Schillingsrotterstr. 8 auf und konnte aus dem Dachfenster die Überflutung von Hochkirchen sehen. Im Bericht der Gemeinde Rodenkirchen heißt es dazu: „Mehr wie $^3/_4$ der gesamten Ortslage lag im Hochwasser. Der Verkehr mit der Straßenbahn sowie auch der mit der Rheinuferbahn nach Köln war unterbrochen und die höheren Ortsteile im Süden und Norden durch die Überschwem-

Franz Bröhl war mit seinem Bruder Hans unterwegs und ist ganz links auf einem damals in der Wilhelmstr. entstandenen Foto zu erkennen. Das Foto zeigt im Bildzentrum die Metzgerei Leo Heydt (Wilhelmstr. 15). Leo ist an seinem weißen Kittel zu erkennen, neben ihm der junge Leo (*1920), mit dem Franz Bröhl später auf dem neu angelegten Maternusplatz Fußball spielte, davor Otto Heydt, der die Metzgerei in der Hauptstr. führte. Auf der Leiter steht eine weitere Tochter Heydt (*1919), darüber Hans Münch, dessen Bruder Karl nach dem Zweiten Weltkrieg im damaligen Haus Heydt eine Schusterei eröffnete. Aus dem Fenster schaut die andere Tochter (*1917) von Leo Heydt. An diese Töchter Heydt erinnert sich Christel Engelmann noch gut als Verkäuferin in den neuen Verkaufsräumen im Haus Maternusstr. 1. Links neben der Metzgerei das Haus Habicht mit den Söhnen Friedel (*1916) und Gerhard (*1920), dann das Haus des Elektromeisters Meiger, das Haus Mähler, dessen Sohn Architekt wurde und dessen Tochter den Friseur Linden heiratete. Im Hintergrund die heutige Gaststätte Hinger d'r Heck.

mung so getrennt, daß nur der Personenverkehr durch Steg- und Brückenbauten notdürftig aufrecht erhalten werden konnte. Der Verkehr in den überschwemmten Straßen mußte durch Nachen erfolgen, was besonders bei der mehr wie 1 km langen bebauten Uferfront und besonders aber bei dem zeitweise herrschenden Oststurm, der das Erreichen einzelner Häuser unmöglich machte, äußerst beschwerlich war. Ein Schutzdeich, welcher das Vordringen des Wassers durch den Einschnitt der Rheinuferbahn verhindern sollte, brach in der Nacht vom 1. Januar 1926 und überflutete weite Geländestrecken über Hochkirchen und die Bonnerstraße hinaus bis nach Rondorf, also etwa $3^{1}/_{3}$ km landeinwärts." (Heimatkalender)

Das Hochwasser von 1926 führte zu strarken Veränderungen im gesamten Ortsbild etwa in den Auswirkungen auf die noch vorhandenen Ziegeleien. Christel Engelmanns Vater war mit dem Brennmeister Nikolaus Hildebrandt befreundet und hat noch den Ringofen an der heutigen Ringstr. in Betrieb gesehen. In Begleitung des Vaters war sie auf dem Ringofen, hat durch eine der Sichtluken die Ofenglut gesehen und auf dem Betriebsge-

Blick in die Blücherstr. auf die Ringofenziegelei Peter Streifler um 1900, heute Gebiet der Gemeinschaftshauptschule.

Ziegelform der ehemaligen Ringofenziegelei Turk aus der Auslehmung Guntherstr.

lände das Einstreichen der Ziegelformen miterlebt. Familie Weber fand in der Gunther- str. bei Gartenarbeiten noch eine solche hölzerne Streichform der Ziegelei Eugen Türck und hat noch ein Foto des Hauses Schieffer Ecke Blücherstr. von etwa 1890, das die Ringofenziegelei Peter Streifler in Höhe Blücherstr./Grimmelshausenstr. erkennen lässt. Nach dem Hochwasser von 1926 verschwanden die Ziegeleien aus dem Ortsbild und zum Schutz vor weiteren Wassereinbrüchen beim neuen Einschnitt der Rheinuferbahn westlich des Friedhofes Frankstr. wurde die Dammstr. (heute Konrad-Adenauer-Str.) in der Auslehmung der dortigen Ziegelei aufgeschüttet. Der Großvater von Kunigunde Parr hatte die Aufsicht über diesen Betrieb gehabt.

1

2

3

4

Die Anhebung des Hauses Watrin auf den Rheinpegelstand von 1926

Nach dem Hochwasser von 1926 lässt Max Watrin das Haus Moltkestr. 4 1928 durch den Architekten Josef Borka um 1,20 m auf das Hochwasserniveau anheben und macht es damit dauerhaft hochwasserfrei.

1: Das Haus bei Beginn der Anhebung.
2: Außen sichtbare Versteifung der Wandöffnungen und die zwischen Keller und Bodenplatte angesetzten Hubgewinde.
3: Der Anhebevorgang vom Kellerraum aus mit den dichten Abständen der Hubgewinde.
4: Das Erdgeschoss des Hauses liegt jetzt 1.20 m höher, die Zugangstreppe wird neu gesetzt und die Kellerwand vermauert.

Neues Bauen in Rodenkirchen

Nach dem Hochwasser von 1926 wurde der Park Nierstraß an der Uferstr. parzelliert. Das alte Haus Nierstraß (Abb. S. 56) wurde von dem Kölner Architekten Hans Schumacher nach dem Hochwasser von 1926 für Julius Nacken Anfang 1933 erneuert und mit seiner hohen Zugangstreppe dauerhaft hochwasserfest gemacht. Darüber hinaus entstanden neue Bauten von Kölner Architekten, zuerst das Haus des Malers Richard Seewald 1928 am Ende der Walther-Rathenau-Str., Ecke Uferstr. (Abb. S. 46).

Höchststand des Rheinhochwassers war am 1. Januar 1926. An diesem Tag brach auch der Damm im neuen Einschnitt der begradigten Trasse der Rheinuferbahn und das Wasser erreichte sowohl Hochkirchen wie im Süden die Schillingsrotter Str. Als Höchststand werden in den amtlichen Quellen damals folgende Pegelstände angegeben: 1920 = 9,58 m, 1924 = 8,80 m und 1926 = 9,70 m bezogen auf den Kölner Pegel. Die heute noch vorhandenen Hochwassermarken an Alt St.-Maternus, am rheinseitigen Zugang des Kölner Rudervereins von 1877 und an der Friedensstr. geben nach neuer Norm 10,63 m an. Bei diesem Höchststand wurden in der Gemeinde Rondorf 383 Gebäude, 1172 Wohnungen und 150 Keller unter Wasser gesetzt.

Den Abzug der britischen Truppen aus dem Kölner Zonengebiet nach weitgehend abgeklungenem Hochwasser beschloss am 31. Januar 1926 eine Mitternachtsfeier auf dem Domplatz. Oberbürgermeister Adenauer sprach dort den Freiheitsgruß und der Preußische Ministerpräsident Braun hielt eine Ansprache. Die Kölnische Zeitung schrieb dazu am 1.2.1926: „An die mit Beifall aufgenommene Rede schloß sich der ambrosianische Lobgesang an. Glockengeläute sämtlicher Kölner Kirchen und der Petrusglocke im Dom gab der Feier einen würdigen Abschluß. Die Kundgebung verlief, soweit wir feststellen konnten, ohne jeden Zwischenfall und Mißklang. Die große Menschenmenge löste sich langsam in vollkommener Ruhe auf. Die ganze Feier wurde auf die deutschen Rundfunksender übertragen."

Eine ausführliche Denkschrift zum Hochwasser von 1926 verfasste noch im gleichen Jahr Oberstudienrat Professor Siegfried Deutsch (Walther-Rathenau Str., 1942 deportiert): „Rheinhochwässer, ihre Ursachen und ihre Einschränkung" (Sitzungsbericht des Architekten- und Ingenieurvereins für Niederrhein und Westfalen, Köln vom 8. Februar 1926).

Alle Neubauten im Gemeindegebiet hatten nun den Rheinpegel von 1926 zu berücksichtigen und in den vorhandenen Bauten wurden die Versorgungsleitungen entsprechend angepasst. Das prägte das neue Bauen und bewährte sich bereits November 1930 bei einem Pegelstand von 8,84 m.

Abzug der Englischen Besatzung im Januar 1926
Franz Bröhl

Ein Erlebnis aus meinen frühen Kindheitstagen 1926, das mir als 4-Jähriger in Erinnerung geblieben ist, wäre zu berichten. Da mein älterer Bruder Ludwig gelegentlich als Laufbursche bei dem Architekten Peter Weyer (der damals gerade das Haus Maternusstr. 1 für Leo Heydt betreute) arbeitete, wollte ich doch wissen, wo er seine paar Mark verdiente. Es war im Haus Niedecker in der oberen Barbarastr. 1. Jedoch erlosch mein Interesse an der Suche abrupt, als ich von Weitem starkes Hufgeklapper vernahm. Pferde über Pferde. Es waren die berittenen englischen Offiziere und Soldaten, die auf unserer Hauptstr. in Richtung Köln zogen. Mit Gewehren und Bagage ritten sie zum Kölner Bahnhof am Bonner Tor, wie mir später unser Vater erzählte, wo sie wohl samt ihren Pferden verladen wurden und in Richtung ihrer Heimat England fuhren.

Der Truppenabzug war für mich als Kind von vier Jahren ein tolles Erlebnis. Viele aus der Rodenkirchener Bevölkerung schauten den abrückenden Soldaten nach, da damit die Besatzung der hier seit dem Ende des Ersten Weltkriegs stationierten englischen Soldaten ihr Ende fand. Die Pferde waren die ganze Zeit von den Rodenkirchener Höfen versorgt worden und auch auf Kempens Hof - heute ist dort der Maternusplatz - standen solche Armee-Pferde ein. Wie ich später erfuhr, hatten die damaligen Rodenkirchener Jugendlichen mit den Engländern immer wieder freundschaftlich Fußball gespielt und zwar in der Frankstr. neben dem Friedhof, wo sich damals eine große Wiese befand. Dort spielten Andreas Koll, Fritz Massia, Fritz Knüttgen, Bullo Schmitz, Jean Geritan, Reiner Porten und Willi Fremmer, wie mir Andreas Koll erzählt hat. Es blieben noch einige Engländer zurück, Ruderlehrer und andere, die sich um den Ausbau des Golfplatzes und die Golfausbildung kümmerten. Einen von ihnen nannten wir McJohn (McEwan). Er spielte nicht nur Golf, sondern war Golflehrer und wirkte bei der Erweiterung des Golfplatzes auf 18 Löcher mit.[5]

Rodenkirchen - die Kölnische Riviera

Franz Bröhl

Die Wassersportclubs

Meine Schilderung über die Wassersportclubs beginnt natürlich mit dem Ruderclub von 1877, weil uns Kindern aus der Barbarastraße der Club am nächsten war. Es gab noch viele andere Wassersport-Vereine in Rodenkirchen, so z.B. den Kölner Segler Club, den Ruderclub von 1891, Borussia, ein Studenten- und Doktoranden-Verein, den Ruderclub Schwarzer Adler [Ruderverein der 1929 fusionierten Deutschen Bank und Diskonto Gesellschaft] auf dem Bootshaus Limbach, den Ruderverein Kreuzgasse, ein Gymnasiasten- und Studenten-Verein, den Kölner Club für Wassersport (der Club der reichen Kölner) sowie die Ruderclubs Hansa und Preußen. Hinzu kamen die Kanuclubs: Kanuclub Rheingold, Kanuclub Seeteufel, der Kölner Kanuclub, der Rheinische Kanuclub. Aus dem Kölner Kanuclub gingen bei den Olympischen Spielen 1936 zwei Olympiasieger hervor. Im Zweier-Kanu gab es Gold für die Herren Landen und Wevers.

Alle Jahre im Monat Mai war auf dem Rhein das sogenannte Anrudern, das Anpaddeln und das Ansegeln. Ziele waren für die Segler Düsseldorf, für die Kanuten die Mülheimer Brücke und für die Ruderer die Südbrücke.

Alle erwähnten Rudervereine nahmen teil an den Stadtachter-Regatten in Konkurrenz mit auswärtigen Vereinen wie den Ruder-Clubs aus Bonn, Niederlahnstein, Essen, Koblenz, Mannheim, Ludwigshafen, Bad Kreuznach, Düsseldorf, Krefeld, Trier und Hattin-

Neben dem Bootshaus der Rudergesellschaft von 1877 und der Bootshalle Merkelbach liegt direkt an der Barbarastr. das Bootshaus des Akademischen Ruderclubs Borussia.

DER KÖLNER BOOTSPARK

Die rheinische Metropole mit ihrer Rheinfront von 32 km bietet dem Wassersport eine reiche Ausübungsmöglichkeit. Deshalb steht der Wassersport in Köln in hoher Blüte. Rund 30 Vereine mit etwa 3.300 Mitgliedern zählt der Kölner Wassersport. Das Wassersportzentrum befindet sich vornehmlich an der Rheinfront zwischen Marienburg bis hinauf zur Nachbargemeinde Rodenkirchen und am Deutzer Ufer zwischen der Südbrücke und dem Vorort Köln-Poll. Hier liegen zahlreiche schöne und stattliche Bootshäuser, die teils aus eigenen Mitteln, teils mit Unterstützung der Stadt Köln von den Wassersportvereinen gebaut sind und auf dem Rheinstrom selbst oder am Strand liegen. Das größte Bootshaus Kölns besitzt die Kölner Rudergesellschaft von 1891 e.V.. Es enthält neben einer großen Bootshalle einen Versammlungsraum für 400 - 500 Personen, verschiedene Wirtschaftsräume und die Wohnung des Bootsmeisters. Die Zahl der schwimmenden Vereinsbootshäuser beträgt 20, der am Strand errichteten festen Bootshäuser 9.

Die Wassersportgemeinde Köln verfügt zur Zeit über eine Flotte von etwa 1100 Booten, davon entfallen auf die Rudervereine: 75 Rennboote, 100 Gigboote, 200 Privatboote und 14 Motorboote;
die Kanuvereine: 400 Boote;
den Segelklub: 30 Segelboote;
den Motor-Yacht-Klub: 10 Motoryachten;
die Vereine des Arbeitersportkartells: 120 Boote;
nicht organisierte Vereine und Privatpersonen: etwa 130 Boote.

[Angaben der Werbebroschüre der Stadt Köln: Turnen Sport Spiel in Köln, 1928]

gen. Diese auswärtigen Vereine luden schon tags zuvor ihre Boote am Rodenkirchener Bahnhof aus, die dann bis zum Renntag auf dem Platz des Ruderclubs 1877 lagen. Hier wurden auch die Boote der Rodenkirchener Wasserportvereine verladen z.B. für die Deutsche Regatta in Berlin.

Am Sonntag begann die Regatta. Die auswärtigen Boote lagen auf dem unteren Leinpfad bereit und ruderten stromauf zu den Startplätzen. Selbige befanden sich in Höhe des Städtischen Strandbades Rodenkirchen bei der zwölften Kribbe. Dort begannen die Rennen mit Nr. 1 der Skiff, Nr. 2 Zweier mit und ohne Steuermann, Nr. 3. Vierer mit und ohne Steuermann. Die Hauptattraktion war der Achter, an dem alles hing. Nicht alle Jahre fuhr der Ruderclub von 1877 die Siege heraus. Doch am Siegesmast waren den Siegesfähnchen nach auch die auswärtigen Siege zu erkennen.

Eine erfolgreiche Rudermannschaft der 1930er Jahre hatte den Steuermann Pulheim und die Ruderer Keuser, Feuser, Rudi Boots, Loosen und Adolf Quebe, dessen Bruder Walter auch zu den erfolgreichen Ruderern zählte. Der gesamte Berufsschifffahrtsverkehr auf dem Rhein war für die Zeit der Regatta gesperrt. Zum Regattastart wurden die Boote vom Strandbad aus zwischen der zwölften und der zehnten Kribbe von einem kleineren und einem größeren Motorboot begleitet. Das kleinere Boot war zuständig für die Ausrichtung der Ruderboote, die bis zum Startpunkt an der zehnten Kribbe stimmen

Endkampf der Vierer mit Steuermann an der Ziellinie der Regattastrecke Rodenkirchen vor der Bismarcksäule. Im Vordergund links die Motorjacht Gerling, vgl. Abb. S. 104.

musste. Dann gab das Richtboot per Flagge ein Zeichen an das Hauptboot, worauf mit Pistolenschuss der Start erfolgte. Das Ziel war an der Bismarcksäule in Bayenthal. Es ging aber nicht immer glatt ab auf dem Rhein, der hatte seine Tücken, auch bei ruhigem Wasser.

Kanuten und Segler hatten ihre eigenen Regatten. Tausende Menschen säumten dann das gesamte Rheinufer. Auf den nebeneinander liegenden Terrassen der Borussia und der 77er waren die jeweiligen Vereinsmitglieder versammelt, die noch dazu abends ihre Feste feierten. Weiter ging das Feld an den anderen Aussichtsstellen vorbei, der Kaffeeterrasse Alte Kapelle, Zur Schönen Aussicht, Rheinterrassen und Rheinpavillion und natürlich den voll belegten Bootshäusern am Rodenkirchener Ufer. Das wiederholte sich alle Jahre bis zum Kriegsbeginn.

Der Sommer am Rhein

Zum Baden im Rhein ging man mit Turnschuhen oder Sandalen, manche auch mit normalen Schuhen. Wir Kinder liefen den ganzen Sommer über barfuß zum Rhein und nur in Badehose. Das waren blaue, schwarze und rote Baumwollbadehosen. Mit 10 Jahren schwammen wir mit den Größeren schon an die Schleppkähne heran. Das waren schon die Erwachsenen: Josef Eulen, Scharbachs Tünn, Willi Philips, Hawigs Peter, Peter Badorf und alle, die gerade zur Verfügung standen. Denn es gab viele in der Bärbelsgass.

Die besseren Herrschaften aus den Villen kamen natürlich mit Bademantel, Badetüchern und Decken. Die Tochter Rubens (*1910/1912) mit ihrem schwarzen Haar lag dann wie eine Nymphe am Rhein. Unsere Unterlage war das Gras oder der schöne, weiße und warme Sand.

An der Uferstr. am Rhein gab es im Sommer auch ein Büdchen (Kiefersbüdchen) in Höhe der Mettfelderstr. Dort gab es Limonaden-Eis, Eis am Stiel für 20 und 30 Pfennige.

Direkt am Strand kam der Eismann mit seinem Wagen, der von ihm gezogen wurde. So war das in den 1920er und 1930er Jahren.

Nach dem Zweiten Weltkrieg gab es ein zweites Büdchen in Höhe der Moltkestr. Da waren Peter und Gotti Weiss die Eigentümer, die auch schon die Ausschankgenehmigung für Bier hatten.

Sprung in den Rhein vom Schleppkahn aus

Im Juli und August ging es mit der Schulklasse ein- bis zweimal zum Baden. Schwimmen konnten wir Kinder aus der Barbarastr. alle. Gebadet wurde im offenen Rhein. Der Rhein war unsere Heimat: Oft haben wir im Sommer nachts am Rhein im Deckenzelt oder Verdeckhäuschen geschlafen, dann in aller Frühe alle Mann ins Wasser, herrlich. Zwei oder drei von uns mussten für Obst sorgen, meistens im Park [s. S. 56]. Dort war das Paradies. Wir Kinder nannten es einfach „em Para". Ertrunken aus der Bärbelsgass ist nur einer: Hans Langen im Jahr 1927 im Alter von 10 Jahren. Nichtschwimmer.

Im Sommer war Rodenkirchen die Riviera für Köln. An den Sonntagen erlebte man jährlich eine Invasion von Menschen aus allen Kölner Stadtgebieten. Die Straßenbahnen fuhren mit Sonderwagen Rodenkirchen an. Das Rheinufer war unübersehbar von Badehungrigen belagert. Von der Barbarastr. bis zum städtischen Strandbad Menschenmassen. Abends waren dann die Rodenkirchener Gaststätten belagert. Ganz besonders das Treppchen. Innen und außerhalb war die Wirtschaft randvoll. Aushilfskräfte standen bereit zum Einsammeln von Krügen. Auf den Rheinterrassen und im Rheinpavillon wurde das Tanzbein geschwungen. So sah ein Sommertag in Rodenkirchen aus. Rodenkirchen war eine Legende.

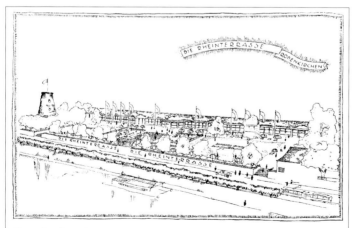
Das Ausflugslokal „Die Rheinterrasse" mit der Rodenkirchener Mühle an der Rheinregattastrecke

Auch die Eisdielen waren vollbesetzt. Die Menschen in den 1920er und 1930er Jahren waren wenig begütert. Aber die Lebensfreude im Rheinland war zu groß.

Die Bademeister des Rodenkirchener Strandbades 1937 oder 1938. Trotz steigender Besucherzahlen wird das Strandbad 1939 nicht wieder eröffnet und wohl auch auf Betreiben des Universitätskurators Peter Winkelnkemper der Universität Köln zur Verfügung gestellt.

Getanzt wurde z.B. in der Rumbabude (Deutsches Haus) in der Kirchstr. gleich hinter dem Treppchen, bei Leibendahl an der Hauptstraße (ehemals der von Püllem geführte Reichsadler) und in der „Kitzelbud" bei Max Merkenich in der Barbarastr. – jedenfalls bis der Krieg begann.

Die Flöße auf dem Rhein

Außer den Regatten und Paddelfreuden auf dem Rhein gab es für uns Kinder noch eine große Besonderheit. Alljährlich zum Herbstbeginn sah man auf dem Rhein regelmäßig die Vorbeifahrt großer Flöße, von jeher bis in die Mitte der 1930er Jahre. Nach Berichten unserer Väter war die Flößerei seit Generationen üblich. Meist waren es im Jahr 2 - 3 Flöße. Wie man erfuhr, wurden die Holztransporte aus den reichen Holzgebieten des Schwarzwaldes über Neckar, Main und Rhein zusammengefügt. Endstation war Köln, genauer gesagt zwischen Tacitusstr./Flutschgasse und Schönhauser Str. Dort befand sich die große Holzniederlassung Boisserée. Für die Flößer war hier Endstation. Man begann hier mit dem sogenannten Ausflößen. Sensationell war der Transport der Hölzer vom Rheinufer aus auf einer großen Lore. Schienen führten durch den auch heute noch sichtbaren Straßentunnel zur Lagerstätte Boisserée. Dort befand sich im oberen Bereich das Sägewerk für die Bearbeitung der Baumstämme. Meine Brüder und ich kauften dort die geschnittenen Staketen für den häuslichen Gartenzaun. Das war im Jahre 1927. Die Holzfirma hieß für uns nur „de Schneckmöll" (Schneidemühle).

Noch zu berichten wäre, dass die Flöße eine gute Länge hatten und so nicht einmal zwischen zwei Kribben gepasst hätten. Voran fuhr ein kleiner Zugschlepper in gemächlichem Tempo den Rhein hinab, natürlich mit Dampfmaschine. Das Floß selbst bestand aus den Baumstämmen, die miteinander durch Balken verbunden waren. Die Besatzung bestand aus fünf oder sechs Mann, für die in der Floßmitte ein kleines Holzhaus stand, in dem die Flößer wohl auch ihre Utensilien und Werkzeuge aufbewahrten. Am hinteren Ende hielten ein oder zwei Rudergänger das Floß in Richtung der Fahrt. Mein Sohn berichtet mir, dass er noch 1950 ein letztes Floß auf dem Rhein sah.

Geboten wurde auf dem Rhein viel: Wenn das Floß kam, waren wir Kinder dabei, liefen auf die Kribbenköpfe und riefen und winkten den Flößern zu, die sich ebenfalls an uns erfreuten.

Winter am Rhein

Auch wenn bei uns der Winter einzog, gibt es trotz klirrender Kälte und Schnee doch über einen schönen Zeitvertreib zu berichten. Wir Jungen und Mädchen halfen natürlich zu Hause beim Einkellern von Kartoffeln und Briketts (Klütten, Knabbeln), denn die Wohnung sollte ja im Winter mollig warm sein. Zentral-, Koks- oder Gasheizung war für die „kleinen" Leute nicht erschwinglich. Und wo es Gasheizung gab, waren in den Treppenhäusern Automaten für „Gasmünzen" aufgestellt, für die man Gas im Münzwert erhielt.

Holzfloß vor Rodenkirchen, rechts im Bild eine der Rodenkirchener Kribben

Bei Frost begann überall auf den gefrorenen Uferbereichen, wo sich zuvor Wasser angesammelt hatte, das Bahnschlagen. Am schönsten war es am Rhein z.B. auf dem längst verschwundenen Kradepohl vor der Uferstraße [siehe den Beitrag von Peter Rodenkirchen]. Hier war Schlittschuhlaufen angesagt, von morgens bis abends. Da traten sogar ältere Leute an. Ich erinnere mich sehr gut daran, dass Herr Winter aus der Barbarastr. mit seinem Freund und Arbeitskollegen Herrn Latz wunderbare Kreise auf dem Eis drehte. Außerdem hatte die Familie Winter einen tollen Bobschlitten, auf dem sechs Personen Platz hatten. Der Sohn Hubert Winter saß dabei am Lenkrad und dann ging es den Rheinberg abwärts fast bis an den Rand des Rheinufers.

Natürlich hatten auch wir unsere Schlitten. Bei Dunkelheit und Schnee banden wir vier Schlitten aneinander und alle Mann saßen auf, drei mußten vorneweg als Zugpferde und so ging es denn von der Barbarastr. bis zur Peters Fabrik, wo die „Pferde" gewechselt wurden.

Meist in der Adventszeit hatten wir jedes Jahr das Adventshochwasser. Nach Rückgang des Wasserstandes bildete sich auf den Rheinwiesen eine riesige Eisfläche, die sich von der Barbarastr. bis zum städtischen Strandbad erstreckte. Das war für uns alle das größte Eislaufvergnügen mit und ohne Schlittschuh.

Manchmal zogen wir sogar mit der gesamten Schulklasse zum Rodeln auf den Schiffersberg. Der lag genau zwischen Golfplatz und Fort VIII. Dieser Berg verschwand beim Bau der Autobahn. Es waren die Lehrer Leopold Riemer, Silvester Kuck, Lehrer Obermauer, die mit bei den Klassen waren. So schön der Winter war, so freuten wir uns aufs Frühjahr, auf die nächsten Kinderfreuden.

Dornier Do X vor der Domsilhouette, wohl 1932

Dornier Do X (12. Juli 1929)

Franz Bröhl

Wir hatten gerade wieder den ersten Schultag nach den großen Ferien. Der Lehrer erzählte nebenbei, übermorgen gäbe es am Rhein etwas Schönes zu sehen. Ein Großflugzeug namens Do X würde in niedriger Höhe von Basel kommend in Rodenkirchen den Rhein überfliegen. Das war für ein paar Freunde das Signal, den werden wir würdig empfangen. Am nächsten Tag ging es zur Müllkippe am Weißer Weg. Dort suchten wir uns zwei alte Marmeladenkübel, dann zwei abgeschlagene Flaschen. So waren wir gerüstet für den Empfang am nächsten Tag.

Nun erschien am anderen Tag die Do X gegen drei Uhr nachmittags und wurde an den Kribben am Rhein pünktlich empfangen. Der Wasserstand des Rheins war so tief, dass das Bootshaus des Kölner Rudervereins von 1877 zwischen der ersten und zweiten Kribbe auf dem Sandstrand lag. Im Jahr darauf war es nicht mehr so. Der Verein hatte die Villa Richmann neben Merkelbach bezogen.

Die Flaschen wurden im unteren Teil mit Wasser gefüllt auf den Kübelboden gestellt, Karbid dazu, dann der Eimer geschlossen und oben in den Eimerdeckel ein Loch geschlagen, darauf ein Stein. Dazu hatten wir eine Weidenrute mit einem Fetzen Papier daran. Damit fand die Zündung per Streichholz statt. Zwei Donnerschläge empfingen das tatsächlich in geringer Höhe über den Rhein anfliegende Wasserflugzeug. Es war von der Firma Dornier gebaut und konnte 169 Personen mitnehmen. Die Wasserung war dann in Köln an der Bastei bei der Anlegestelle der Wasserflugzeuge [Kunibertsrampe], wo es sozusagen vor Anker ging. War wieder ein Kindheitserlebnis, das nie vergessen wurde.

Zusatz: Nach der Landung vom 12. Juli 1929 kam die Dornier Do X nochmals am Samstag, den 21. September 1932 zum Rhein und wurde beim Floßhafen an der heutigen Zoobrücke verankert. Die Landestelle lag in Höhe der Kunibertskirche (Kunibertsrampe). Dort gab es seit 1927 einen Floßanleger für eine Junkers F 13, betrieben von der Westflug GmbH für die Lufthansa. Eberhard Tusch, Flugzeugkapitän der Lufthansa wohnt in den 30er Jahren in Rodenkirchen und hat bald nach 1941 die neue Hängebrücke gleich zwei Mal unterflogen. Es ist daher nicht unwahrscheinlich, daß er für die Wasserflugzeuge der Westflug der Lufthansa geflogen hat.

Kindheit und Jugend in Rodenkirchen
Franz Bröhl

Kindertage

In der frühen Kinderzeit, noch vor der Einschulung 1928, hatte ich in der Barbarastr. viele gute Freunde und Spielgefährten. Die besten Freunde blieben es bis ins hohe Alter. Leider sind viele im Zweiten Weltkrieg Opfer der Luftangriffe geworden oder gefallen. Heute bin ich aus diesem Kreis der letzte. Allein aus meiner Schulklasse blieben von 42 Mitschülern 35 auf der Schlachtbank des Krieges.

Der engste Freundeskreis aus der Bärbelsgass waren Michel Braun, Jülichs Karl, Richartz Toni, Bungartz Fritz, Willi Krapohl, Jakob Bendermacher, Kramers Menn, Kramers Jupp, Fritz Lennartz, Heinrich Dreimüller und meine Wenigkeit Franz Bröhl. Untereinander hatten wir Spitznamen: Toni Richartz, gen. Der Hodde, Karl Jülicher, gen. Buschmann, Michel Braun, gen. Da Jähl, Willi Krapohl, gen. Da Teddi, Josef und Menn Kramer, gen. Dä Föx, Fritz Bungartz und seine Geschwister, gen. Dä Bonner, Karl Schäfer, genannt Die Ritz, Josef und Hans Eulen, gen. Die Ühle, Willi Zündorf, gen. Dä Bello, Karl Buff, gen. Dä Lollo, Gebrüder Spiess, gen. Die Bibös, Franz Bröhl, gen Dä Deck, Peter Badorf, gen. Da Ranni, Peter Hawig, gen. Pole Palm (Reklamefigur von Rama im Blauband: Kapitän Pole Palm) und Jean Staub, gen. Dä Jötschel.

Es gab aber noch viele andere Kinder in der Bärbelsgass.[6] Aus unserer aller Sicht hatten wir eine schöne, sorglose Kindheit und hatten zu jeder Jahreszeit unsere Spiele auch auf der Straße mit Seilspringen, Kästchen-Hüpfen, Murmelspielen (Ömele), Kreisel-Schlagen (Dilledop), Reifenschlagen und wir Jungen vor allem das Fußballspielen auf dem Brand, bei Dunkelheit das Nachlaufen auf der Straße und natürlich auch das Radfahren quer durch die Gemeinde, um im Rheinbogen unsere Verdeckhäuschen zu bauen.

Was brachten uns die Sommerferien? Sechs Wochen keine Schule, morgens in aller Frühe in Badesachen an den Rhein. Herrlicher Sonnenschein, Hitze und Wasser. Aber was tun, wenn die Tage nicht so schön waren? Ideen hatten wir immer. Beispielsweise gingen wir zu zweit oder zu dritt Schrott suchen, um den beim Schrotthändler in der Mittelstraße zu verkaufen. Beinahe hätte ich noch einen anderen Schrotthändler vergessen, der wöchentlich mit Pferd und Wagen durch die Straßen Rodenkirchens fuhr mit lautem Glockengeläut und dem Ausruf: Lumpen, Flaschen, Eisen, Papier. Den mochten wir aber nicht, der zahlte zu wenig.

Man kannte ja die Plätze der Rodenkirchener Fabriken, an denen Ausschuss oder Verarbeitungsreste abgekippt wurden. Unser Schrotthändler Hartnagel in der Mittelstraße nahm alles. Da gab es Rotgussabfälle der Firmen Kosmos und Gebrüder Rodenkirchen,

Maschinenfabrik Dr.-Ing. Siller & Rodenkirchen GmbH mit dem Bahnhof Rodenkirchen im Vordergrund

Blechabfälle bei Kohl & Rubens, Eisen-, Kupfer- und Messingabfälle bei Siller & Rodenkirchen etc. Kein Weg war uns zu weit bei dieser Suche, denn bezahlt wurde gut. Es brachte uns manchmal zwei oder gar drei Mark ein, die unbedingt für die Eisdiele oder die Kamellen, Schokoladen bei Ackermann und auch manchmal heimlich Zigaretten gebraucht wurden. Für 10 Pf. gab es drei Stück Alpha, Eckstein, Halpaus oder 4 Stück Orienta-Stern.

Es gab noch weitere Fabriken hier bei uns: die Maschinenfabrik Quast & Lomberg, die ADA-Käsefabrik, die Beschlägefabrik Ziehl, die Rohrbiegefabrik Hilgers, die Chemische Fabrik Osthoff, die Kabelfabrik Karl Heinz, die Eisenverarbeitung Pelzer, die Metallfabrik Egg & Ulmer, die Wellpappenfabrik Sicger, die Papierfabrik Stern, die Druckfarbenfabrik Schmitz-Lindgen an der Weisser Str., Kohlen & Baustoffe am Bahnhof, die Wäscherei Duckweiler, Peters Fabrik an der Uferstr., die Aufzugfabrik Hugo Hammelsbeck an der Ringstr. etc. Alle Fabriken hatten Metallabfälle, und wir kannten alle Stellen.

ADA-Käsefabrik vor dem Bau des Hochbunkers (Architekten Noven & Willach, 1930)

Eine weitere Geldquelle war der Lumpenmann. Einer kam wöchentlich mit Pferd und Wagen, ein anderer auf dem Dreirad. Köstliche Sachen gab es dort: Windrädchen, Flö-

Peters Fabrik an der Uferstr., heute stehen hier die Colonia-Hochhäuser.

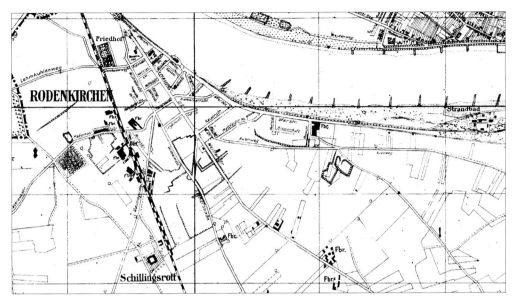

Das Rodenkirchener Industriegebiet verfügt beim Bahnhof Rodenkirchen über zahlreiche Gleisanschlüsse u.a. für die Firmen ADA-Käse, Siller & Rodenkirchen und Gebr. Rodenkirchen. Die Karte von 1925/1926 zeigt den begradigten Verlauf der Rheinuferbahn und die Böschungen der Auslehmungen vor der Ausführung der Dammstraßen nach dem Hochwasser. An der Uferstr. Peters Fabrik und das Strandbad Rodenkirchen der Stadt Köln.

ten, Pfeifen, Dilledops - aber nur gegen Lumpen und alte Bekleidung. Und der Drogist Conrad an der Ecke Barbarastr. / Hauptstr. gab für kleine und größere Fläschchen 5 oder 10 Pfennig. So fehlte es uns nie an Gelegenheit, an Pfennige und Groschen zu kommen. Bei den Bauern hoben wir im Herbst Kartoffeln auf dem Acker auf, wofür es dann 3 Mark gab. Und anschließend wurde gestoppelt.

Am Bahnhof holten wir mit einem selbstgebastelten Wägelchen die Knabbeln (Braunkohlebriketts) für den häuslichen Winterbrand und sahen die Fuhrleute, die vom Bahnhof aus durch die Barbarastraße hindurch hinaus zu Peters Fabrik die benötigte Kohle fuhren. Auch dieses Kohleholen brachte Pfennige.

Im Herbst war es Zeit zum Stelzenlaufen. Die machte uns der Schreinermeister Michel Braun. Fragte man nach dem Preis, so sagte er: „Jong, jank nom Waldemar [Fritz] und hol mer zwei Villinger Stumpe. Dan es et jot." Zum Herbst gehörte auch das Drachensteigenlassen (Pattefuel).

Die Fußballspiele der Barbarastraße gegen die Herrschaftskinder der Uferstraße fanden auf Elsens Wiese statt, dort auch gegen die anderen Straßenmannschaften, z.B. aus der Wilhelmstraße oder vom Weißer Weg. Spielplätze waren auch der Maternusplatz oder der Sandberg beim Maternusheim, wo heute die Brückenstr. verläuft.

So gingen die Jahre dahin, bis 1928 die Schule begann. Dann war unser schönster Platz der Kradepohl am Rhein. Im Frühjahr wurden Frösche und Blutegel gefangen, auch Fische (Schleien). Wir trieben Kriegsspiele gegen andere Straßen. Acht Jahre Schule, acht Sommerferien, Oster-, Pfingst- und Weihnachtsferien. Jede Jahreszeit hatte ihre Reize und es kamen noch viele Male schöne, aber auch böse Zeiten dazu.

Den offiziellen Turnunterricht hielt in den 20er Jahren Lehrer Obermauer ab, am Nachmittag auf dem Schulhof, mit Schlagball, Völkerball und Laufen. Wir hatten rote Turnhosen an. Es waren immer Vorübungen für die Reichsjugendwettkämpfe jedes Jahr in Sürth. Dort trafen sich alle Schulklassen aus der Gemeinde Rondorf vom 3. Schuljahr an zum Wettstreit in allen Disziplinen: 100 m Lauf, 400m Lauf, Weitsprung, Hochsprung und - nach einer Vorentscheidung - zum Schluss der große Staffellauf. Meist fand der Endlauf zwischen Rondorf und Sürth statt, denn die hatten die besten Läufer überhaupt. Am Ende wurden dann die Lorbeerkränze verteilt.

Als die NS-Zeit begann, fuhr zu Mittag gegen 12 Uhr die Gulaschkanone auf. Natürlich gab es für alle Teilnehmer Erbsensuppe: Der Metzger Heinrich Hülstrunk, Maternusstr., war der Koch. Nach 1932 übernahm Lehrer Deutsch das gesamte Schulsportgeschehen. Das spielte sich im Saal der Gaststätte Nenner ab, in dem die Turngeräte des Turnvereins Rodenkirchen standen.

Im Fußballverein

Anfang der 1930er Jahre meldeten wir uns zu viert beim Rodenkirchener Fußballverein TSV 06 an. Meine Freunde Michael Braun, Kramers Menn, mein älterer Bruder Hans Bröhl und meine Wenigkeit, der Franz. Der Vorstand war damals Herr Hiertz und unsere Jugendtrainer Josef Braun, Josef Gammersbach, Wendel Obermauer, Jean Koll. Sie waren gleichzeitig Spieler der ersten Mannschaft.

Angefangen haben wir in der Gruppe C III und stiegen auf nach C II und C I, dann in die A I. Das war nach der Schulentlassung die obere Jugendmannschaft. Ein Mal im Monat war Versammlung und zwei Mal in der Woche Training, dienstags und freitags, dann auch die Mannschaftsaufstellung für den Samstagnachmittag, dem Spieltag zu Hause auf dem Rodenkirchener Fußballplatz oder auswärts beim SV Bayenthal, beim SC Raderthal, beim Rheinland Zollstock oder Grün-Weiss Zollstock, bei Union Klettenberg, Viktoria Köln am Bonner Wall, beim Sülzer Jugendclub 07, beim Turn- und Fechtverein Nippes, beim SC Deutz, SC Pll, der Spielvereinigung Hürth, dem FC Efferen, dem SV Dünnwald, dem TSV Gleuel. Und dann gab es auch noch die Freundschaftsspiele innerhalb der Gemeinde Rondorf: Vorsicht Explosionsgefahr!

Die Spieler fuhren meist mit der Busfirma Pütz zu auswärtigen Spielen. Pütz fuhr gleich nach dem 2. Weltkrieg auch regelmäßig zwischen Sürth und Sülz mit einem Bus, der noch Verwundete aus Stalingrad rausgefahren hatte.

In den Anfängen der Fußballvereine gab es solche Transportmöglichkeiten noch nicht.

Die aus dem DBV Borussia Rodenkirchen 1920 hervorgegangene Mannschaft des Turn- und Spielvereins 06 Rodenkirchen mit Bärenmaskottchen auf dem Fußballplatz Sürther Str. mit Wilhelm Knüttgen als Mannschaftsführer rechts. Zur abgebildeten Mannschaft gehörten u.a. Fritz (*1901) und Heinrich Massia (*1897), Peter Opladen, Max Knüttgen, Josef und Hans Braun, August Sitt.

Da fuhr zwischen Rodenkirchen und Sürth der Gewürzhändler Hochkeppler mit Pferd und Wagen. Für die Wagen gab es am Jägerhof am Eingang der Barbarastraße eine Pferdetränke. Eine weitere Pferdetränke in der Barbarastraße ging mit dem Brand des Berveshofes zu Beginn der 30er Jahre verloren. Zu dieser Zeit kam bereits im Sommer der reguläre Kölner Strandbad-Bus.

Unser Club TSV 06 besaß eine hervorragende 1. Mannschaft, die von Jahr zu Jahr in eine höhere Klasse aufstieg. Die höchste Klasse vor dem 2. Weltkrieg war die 1. Bezirksliga. Das war in den 1930er Jahren das höchste, was zu erreichen war.

Karl Raddatz war Torhüter und Trainer der ersten Mannschaft. Zu den Spielern gehörten Hans Capallo, Peter Düffel, Josef Gammersbach, Max Gammersbach, Jean Schiffer, Josef Braun, Jean Koll, Hans Breuer, Wendel Obermauer und Barthel Simon. Barthel Simon aus der Wilhelmstr. wurde später als Jude von den Nazis umgebracht. Ferner waren da die Kapazitäten Josef Hamacher, Hans Töppe und Hans Heuser. Alle drei kamen aus Bayenthal nach Rodenkirchen und spielten eine hervorragende Rolle im Mittelfeld. Josef Hamacher blieb in Rodenkirchen sein Leben lang hängen, er heiratete ein Rodenkirchener Mädchen, Therese Münch, und deren beider Tochter heiratete später den Sohn der bekannten Metzgerei Wagner aus der Maternusstr. Der Sohn betreibt heute noch das väterliche Geschäft mit ursprünglich Kohlen, Briketts und Heizöl.

Unsere Vorbilder waren damals die großen Fußballer der 20er und 30er Jahre, Heiner Stuhlfaut aus Nürnberg als Torwart, Johannes Hofmann und Helmut Schön aus Dresden, Heiner Kress und aus dem Ruhrgebiet die Spieler Leimberger, Kuzorra, Szepan, Münsenberger und Lohman.

Nach dem 2. Weltkrieg spielte man sich mit einer verjüngten Mannschaft bis in die Landesliga hoch. Das waren alles Spieler, die den Krieg überstanden hatten. So z.B. die Brüder Weber, Hans Harpes, Adam Fassbender, Hans Langen. Zu dieser Zeit war ich genug gelaufen und hatte Familie.

Dann waren da noch unsere Begleiter Herr Knüttgen, Herr Aggatz, Herr Hoss und der liebe Herr Ludwig. Dieser war Bauernknecht beim Hof Boden an der Hauptstr. Gesamtjugendleiter war Jakob Steinfeld und Ballwart war Fritz Henseler (Hötteruth). Der Monatsbeitrag für Jugendliche betrug 35 Pfennig, was sich mit dem 18. Lebensjahr auf 80 Pfennig erhöhte. 1933 wurde durch die NSDAP alles anders. Unser Fußballdress sah folgendermaßen aus: Trikot, schwarz mit rotem Kragen, rote Stulpen, das Vereinsabzeichen links der Mitte: TSV 06 und gleich darunter ein kleines weiß-grünes Abzeichen mit der Aufschrift WSV = Westdeutscher Spielverband. Die Hose ganz in Rot, die Strümpfe in Schwarz mit 3 roten Ringen. In den 30er Jahren wurde der Ball aus Leder noch mit einem Lederriemen geschnürt.

Die Fußballmannschaft des Geburtsjahrganges 1898-1900 trug eine andere Sportkluft. Das Trikot hatte lange weiß-rote Streifen, die Hosen waren auch rot, die Strümpfe schwarz. Gespielt wurde vor und in den 20er Jahren auf dem Fußballplatz Sürther Str. Nach jeder Versammlung oder jedem Sieg wurde das Bundeslied gesungen:

Ein rotes Höselein bis an die Knie
Ein schwarzes Trikotlein, das macht Genie
Das soll der Stolz der Mannschaft sein
Ja, Ja, Ja, Ja, der TSV ist wieder Daha.

In der NS-Zeit mussten dann das Deutschland- und das Horst-Wessel-Lied gesungen werden.

Die Zeit der Lehre

1936 endete im Alter von 14 Jahren meine Schulzeit und der Ernst des Lebens begann. Lehrstellen waren noch knapp, aber trotz allem konnten meine Freunde und ich ins Arbeitsleben einsteigen. 8 Stunden täglich. Abends gegen 17:30 Uhr trafen wir uns auf Ackermanns Eck (Ecke Barbarastr. / Hauptstr., gegenüber Kochs Eck), von wo wir unseren täglichen Spaziergang absolvierten. Oder mit vier unserer ehemaligen Schulkameradinnen, die auch etwas später von der Arbeit kamen. Es waren nur kindliche, jugendliche Liebeleien im Rosengarten.

Zu der Zeit kamen auch Zigaretten ins Spiel. Es wurde geraucht, man war ja erwachsen. Große Sprünge konnten wir mit unserem Taschengeld nicht machen, einmal die Woche ins Kino, ein paar Zigaretten und nach Köln gingen wir zu Fuß. Ab und zu besuchten wir auch schon mal die Wirtschaften, denn mit 16 Jahren duldeten uns die Wirte. Wir waren dort bekannt, denn wir waren ja alle „Rudekirche Jonge".

Aufklärung der Jungen und Mädchen Treffpunkt Rosengarten: Wir alle, Mädchen und Jungen, waren anständig und gut erzogen von unseren Eltern. Aufgeklärt war von Hause aus keiner, es war ein Tabu. Trotzdem wusste man Bescheid: Wir hatten ein liebes und freundschaftliches Verhältnis zu unseren Schulkameradinnen. Später traf man sich mal beim Tanzen oder man ging miteinander zum Schwimmen. Wir waren vier Mädchen und vier Jungen. Intimitäten gab es nicht, Küsschen doch. Der Krieg hat dann vieles auseinander gebracht. Jedoch einer von unseren Freunden hat später eine Schulkameradin geheiratet.

Mit 17 ½ Jahren mussten wir ausnahmslos zur Musterung in das evangelische Gemeindehaus zu Dr. Stüsser. Das war der Anfang allen Übels. Mit der NS-Jugend hatten wir nichts mehr zu tun, nicht mit dem Jungvolk, nicht mit der Hitlerjugend, obgleich das Folgen beim Fußball hatte. Ohne Mitgliedschaft in einer Parteiorganisation gab es keine Spielerpässe mehr. Dafür hatten wir ja jetzt unseren Wehrpass, der uns auch den Besuch der Kölner Lokale erlaubte. So hatten wir das Glück, noch für 1 ½ Jahre das Tanzbein schwingen zu können. Doch unsere Musik war nur die, die von der NSDAP zugelassen wurde, Foxtrott, Swing und auch Rumba waren verboten.

Schlager dieser Zeit waren:
Auf der Heide blüht ein kleines Blümelein und das heißt Erika (Böhmische Polka)
Egerländer Marsch usw. Darauf wurde Schieber getanzt.
Donauwellenwalzer war noch erlaubt bis zum Kriegsbeginn mit seinem Tanzverbot.

1939 brach der Krieg aus. Meine Freunde wurden schon 1940 eingezogen, ich selbst kam im Januar 1941 zur Wehrmacht – für 4 ½ Jahre. Viele meiner Freunde fielen im Krieg.

Kölsche Rheinfahrt
Ein Beitrag zur Heimatgeschichte [1932 oder 1933]

Johannes Theodor Kuhlemann

Weiter stromauf! Wir verlassen die Stadt der Arbeit und des Alltags und glauben, ein ganz anderes Köln zu sehen. Die Allee tritt wieder dicht ans Ufer heran. Hinter ihren Bäumen breitet sich eine scheinbar endlose Reihe von vornehmen Villen aus. Der Bismarckturm, ein wuchtiges, eindrucksvolles Denkmal des eisernen Kanzlers, grüßt ernst zu uns herüber.

Auch das Leben auf dem Strom ändert sein Bild. Statt der Kranen und Schleppzüge begegnen uns schwimmende Bootshäuser, die Heimstätten des herzerfrischenden und körperstählenden Wassersports. Hier, wo die Uferorte Bayenthal und Marienburg heißen, ist in jüngster Zeit ein langgestreckter, bis nach Rodenkirchen hinaufreichender Hafen entstanden, der nicht dem Handel und dem Verkehr dient, aber sich doch sein Lebensrecht errungen hat: der Kölner Sporthafen. Eifrige Paddler suchen unbespritzt das Kielwasser des Motorbootes zu meistern, Schwimmer springen kopfüber in die Fluten, und behäbigere Herrschaften verlassen sich auf den Außenbordmotor. An der Marienburg hört Köln überhaupt auf. Jetzt kommt Rodenkirchen, der „uneingemeindete Vorort" mit der Rheinterrasse, dem Hauptteil des Sporthafens und der entzückenden alten Kapelle. Am Ufergeländer stehen keine kölsche Rhingkadetten, sondern greise Fischersleute. Sie plaudern von ihrer schönen Jugendzeit, wo der ganze Rhein noch ein unerschöpflicher Fischgrund war. Das ist leider anders geworden. Wie? Geht es noch weiter? Auch oberhalb Rodenkirchens säumt eine schöne Villenstraße den Strom; vor uns liegt das stadtkölnische Strandbad, aber der Führer unseres Bootes wirft sein Steuerrad herum und lenkt das schnelle, weißgrüne Schiffchen zum rechten Rheinufer hinüber.

Der seit dem Ersten Weltkrieg in Rodenkirchen wohnende Dichter Johannes Theodor Kuhlemann (1891 - 1939), genannt Ithaka, der „Kölsche Hölderlin", verband Künstlerleben und Mundartdichtung in dem am 11.11.1935 erstmals gesungenen Büttenmarsch der Großen Rodenkirchener Karnevalsgesellschaft:

De Landschaff he es wundervoll,
Beröhmb vör mäncher andre,
Vom Strandbad bes nom Kradepohl
Un wigger kann mer wandere.
Dat segelt, padelt, rudert schnell
Em Sommer lans uns ahl Kapell.

Er ist rechts im Bild, vorne seine Rodenkirchener Verlobte

„Dä Kradepohl" - Der Froschtümpel

Peter Rodenkirchen

Bis Mitte der 1950er Jahre waren die Rheinwiesen noch in ihrem von der Natur geformten Zustand. Zum Rhein hin leicht erhöht, zur Straße hin abfallend. Die tiefste Stelle war unterhalb der Walther-Rathenau-Straße. Da war „Dä Kradepohl" für uns Kinder immer ein beliebtes Ziel. Im Winter wurde er zu einer Eisfläche, wo man schön rutschen konnte. Im Sommer konnte man Frösche fangen und im tiefen Schlamm waten.

„Dä Kradepohl" am Ende der in der Bildmitte verlaufenden Walther-Rathenau-Straße

Im Hochsommer kam es vor, dass ein Badegast in dem Schlamm ein „Moorbad" nahm. Wenn wir dann zufällig in der Nähe waren, haben wir ihn mit Schlamm zugedeckt, so dass nur noch das Gesicht zu sehen war. Es kam vor, dass wir uns auch mit dem Schlamm beschmiert haben und aussahen wie „Farbige". Mit der Bemalung sind wir dann durch die Badegäste gelaufen und haben die Mädels aufgescheucht. Jetzt war es Zeit für eine Abkühlung, ab ins Wasser und waschen.

An den nächsten Tagen ging es wieder Richtung Sandstrand, der war zwischen der vierten und fünften Kribbe am schönsten. Wenn vorher der Schäfer mit seinen Schafen auf der Wiese war, wurde der noch schnell geärgert. Bei uns gab es böse Buben, die zwei oder drei Schafen die Hinterbeine lang gezogen haben, dann blieben die Schafe liegen. Wenn der Schäfer seine Schafe weiter trieb und er bemerkte, dass die Schafe liegen blieben, dann musste er seinen Hund losschicken, die Schafe sprangen auf und kamen hinterher.

An unserem Sandstrand angekommen, wurde Ausschau gehalten, ob ein Motorschiff mit Frachtkähnen unterwegs war, wenn ja, waren wir schnell im Wasser und sind den Schiffen entgegengeschwommen. Wenn wir den ersten Schlepper erreicht hatten, wurde eine Probe genommen, denn die Besatzung hat in Rodenkirchen oft 10-20 m vom Gangbord mit Teer bestrichen. In diesem Fall sind wir erst ein Stück weiter auf den Schlepper gegangen. Wenn dann Freunde kamen, wurden die gewarnt, kamen jedoch Fremde, sagten wir nichts. Herrlich, wie die mit Teer beschmiert waren, für uns ein Grund zum Lachen. „Dem en sing Freud, es dem andere sing Leid."

In den Kriegsjahren wurden die Rheinwiesen zwischen Mettfelderstraße und Grüngürtelstraße auch als Übungsgelände der Pioniere, die gegenüber in Westhoven ihre Kaserne hatten, gebraucht. Die Pioniere übten ein oder zwei mal im Jahr das Übersetzen über den Fluss. Die Rheinwiese wurde dann gesperrt.

Eine Einheit verlegte auf den Wiesen in kurzen Abständen Sprengladungen, die mit Aludraht verbunden waren. Wenn von der anderen Rheinseite das Kommando kam, wurden die Sprengladungen gezündet und die Soldaten kamen schwer bewaffnet in Sturmbooten über den Rhein. Die Sprengladungen sollten wahrscheinlich einen Artilleriebeschuss imitieren. Die Wiese war dann voller Löcher, die erst beim nächsten Hochwasser wieder verschwanden. Den Draht von den Sprengladungen haben wir Kinder aufgerollt und mit nach Hause genommen.

Mitte der 1960er Jahre musste wieder ein Stück „Rheinwiesenromantik" weichen. Der Kradepohl verschwand, gewachsene Rheinwiesen wurden planiert, der Sandstrand durch Fahrrad- und Fußweg verkleinert. Jetzt mussten auch noch die Schafe verschwinden. Ein an der Uferstraße wohnender NEU-Rodenkirchener, ein aus Funk, Fernsehen und Treppchen bekannter Journalist hatte es verstanden, dass der Familie Pitzen die Weideerlaubnis gekündigt wurde. Da die Rheinwiesen noch die einzige große Fläche waren, musste Familie Pitzen ihre letzten Schafe verkaufen. Jetzt mussten die Rheinwiesen von großen Maschinen gemäht werden, was vorher die Schafe erledigt hatten und gleichzeitig hatten sie ja auch noch ihren Naturdünger hinterlassen. Jetzt machen das Hunde aus nah und fern, sie düngen zwar die Wiese, fressen aber kein Gras. Schade.

Ein Jahr mit seinen Besonderheiten, Fest- und Feiertagen *(1920er und 1930er Jahre)*

Franz Bröhl

Ich schreibe diese Zeilen über meine Kindheit und die Jugendjahre auf, wie es mir in Erinnerung geblieben ist. Gerade war der Trubel der Silvesternacht vorbei, da begann schon der Monat Januar mit Eis und Schnee, so wie wir es nicht anders kannten. Noch war es ein ruhiger Tag, aber der Alltag sollte uns bald wieder einholen. Bis zum 6. Januar, zum Tag der hl. Drei Könige, dauerten die Weihnachtsferien an. Am 7. Januar begann dann wieder die Schule, die damals gleich neben St. Maternus an der Hauptstraße lag, und die Klassen gingen geschlossen in die Kirche zum Krippenbesuch und zur Anbetung. Die Älteren und Erwachsenen hatte der Alltag wieder erreicht und der Trott der täglichen Arbeit ließ sie nicht mehr los. Gearbeitet wurde damals von morgens 7 Uhr bis zum Nachmittag um 16:15 Uhr.

Januar

In der strengen Kälte der Januar-Wochen zogen wir aus der Barbarastr. zu unseren Rutschbahnen auf unserem geliebten Kradepohl. Die Rheinwiese war seit dem vorangegangenen Adventshochwasser bis zum Städtischen Strandbad jenseits der Peters Fabrik zugefroren. Dadurch hatte man eine riesig lange Strecke zum Bahnschlagen und Schlittschuhlaufen.

Auch Rodeln war täglich angesagt, meistens auf unserem Rheinberg an der Barbarastr. oder auf dem Schiffersberg [zwischen Fort VIII und Golfplatz], der beim Bau der Autobahn eingeebnet wurde. So ging es oft bis in den späten Abend. Aber dann waren die Schulaufgaben noch nicht gemacht, worauf es natürlich Ermahnungen von den Eltern gab.

Meine Gedanken führen mich nochmals zurück zu den Weihnachtsfeiertagen und die Silvesternacht, die mit großem Getöse über die Bühne gegangen war. Pünktlich um Mitternacht flogen Feuerwerkskörper und Raketen in den Nachthimmel. Zu Hause und in allen Rodenkirchener Gaststätten prostete man sich zu. Durch die verschneiten Straßen des Ortes zogen in der Nacht die Dorfmusikanten und begrüßten das Neue Jahr auf ihre Art musikalisch. Von Straße zu Straße zog die Musik. Überall wurde aus den Häusern Schnaps eingeschenkt bis der letzte Ton verklungen war. Am Ende lagen wohl unsere Musikanten halbtot zu Hause in ihren Betten. Na, dann Prosit Neujahr.

Zum hochheiligen Weihnachtsfest wäre auch einiges zu erwähnen. Spät abends, also Heilig Abend, zogen die Dorfmusikanten auch durch den verschneiten Ort und ihre schönen Weihnachtsmelodien durchdrangen den still daliegenden Ort.

Zeichnungen von Margret Schmitz aus dem Kunstunterricht von Lehrerin Schnippenkötter, ca. 1934 - 1936

1 Boxer
2 Karneval
3 Luftschutz tut not
4 Kradepohl
5 Schulkameradin
6 Barbarastr.
7 Schulkameradin
8 W.H.V. Sammlung. Der Arme gibt, der Reiche geht vorüber (Marktplatz Rodenkirchen, Winterhilfswerk der NSV)
9 Lüchbaum
10 Alt St. Maternus
11 Frühlingsblumen
12 Schiffers Berg oder Bergstr. / Auf dem Brand

Vor Morgengrauen um ½ 4 Uhr ging es in der Nacht in die Christmesse, die um ½ 7 Uhr endete. Zu Hause angekommen, war bereits das Christkind mit dem mit bunten Glaskugeln, Lametta und bunten Kerzen erleuchteten Weihnachtsbaum erschienen. Und all das wiederholte sich in jedem Jahr.

Februar

Die Januarkälte ging in die Februarkälte über. Über den Häusern lag der Rauch der mit Braunkohle beheizten Kamine und in den Küchen war es herrlich warm. Am 2. Februar, an Maria Lichtmeß, wechselten die Mägde und Knechte bei den Bauern ihr Gedinge, um sich bei einem neuen Hof einzuführen. Einige blieben auch auf Lebenszeit. So war es damals.

Mitte Februar begann der Karneval in seiner letzten Phase mit der Weiberfastnacht (Wieverfastelovend). Die Karnevalssitzungen mündeten am Sonntag und Rosenmontag in die Umzüge der Vereine mit viel Musik und Maskerade in den dörflichen und städtischen Gefilden.

Mutter hatte mir als Kind ein gelb-schwarzes Bajazzokostüm geschneidert, was mich ein paar Jahre erfreute. Sie selbst, soweit ich mich erinnere, zog jedes Jahr kostümiert an Weiberfastnacht mit ein paar anderen Frauen aus Rodenkirchen durch die Gaststätten. Es waren darunter Frau Weiss aus der Rheinstr., Frau Kremer geb. Krapohl aus der Weisser Str. und Frau Klinz aus der Barbarastr. Maskenbälle gab es auf den Rheinterrassen am Ortseingang und im Saal des „Gertrudehoff" an der Hauptstr., die sich großer Beliebtheit erfreuten und in den 1920er Jahren meine älteste Schwester Lieschen Bröhl und ihre Freundinnen anlockten. Am beliebtesten war aber der toll besuchte „Bonneball" im Gertrudenhof. Im Saal standen dann Körbe mit „Berliner Bollen" aus der benachbarten Konditorei Kläger. Sie waren für 50 Pfennig zu kaufen und in einem befand sich eine Bohne, die jeder haben wollte. Denn wer sie erwischte, wurde „Bonnekönig" und hatte dann an einem der Karnevalstage freies Essen und konnte sich dazu rundherum vollsaufen. Zu Hause gab es von unserer Mutter gebackene, mit Pflaumenmus oder Johannisbeermarmelade gefüllte „Krapfen", die hier „Krabbele" hießen.

Als wir Kinder so um die zehn Jahre alt waren, erfreuten wir die Alten in den Wirtschaften von Rodenkirchen mit unseren Fastelovendliedern.

Die Alten trugen alle Zufallskostüme oder hatten wenigstens ein verrücktes Hütchen auf dem Kopf. Wir waren maskiert mit roten Schlipsen, hatten schwarze Zylinder auf dem Kopf, trugen gekürzte Gehröcke oder hatten gekaufte Masken an, die es im Schreib- und Spielwarengeschäft der Familie Max Engels für ein paar Groschen gab. So zogen wir vom „Treppchen" aus zur Rumbabude in der Kirchstr., zum Nenner, Barth und Gertrudenhof in der Hauptstr. Wir waren fünf Freunde mit Mundharmonika und Schrummbass und brachten unsere Fastelovendliedchen dar. Wir, das waren Michael Braun, Fritz Baumgarten, Kramers Menn, dä Bello, Willi Zündorf, Jülichs Karl und meine Wenigkeit. Das alles spielte sich am Karnevalssonntag so zwischen 11 Uhr und 14 Uhr ab. Das alles war noch lange vor der Gründung der Große Rodenkirchener Karnevalsgesellschaft. Hier einige von unseren Liedchen:

A Juja, A Juja, jez gait et widder a
Juja, jetzt geit es los.
Treck im Par, treck im Par,
treck im e Par, mem Reme,
han dem Mädche nix jedon,
et wor zo erch am raene.

Es war einmal ein treuer Husar
Der liebt sein Mädchen ein janzes Jahr
Ein ganzes Jahr und noch viel mehr
Die Liebe nahm kein Ende mehr.

Heidewitzka, Herr Kapitän,
me'm Müllemer Bötche fahre mir su jän.
Mer kann so schön em Dunkele schunkele,
Wenn üvver uns die Stääne funkele.
Heidewitzka, Herr Kapitän,
me'm Müllemer Bötche fahre mir su jän. [Karl Berbuer, 1936]

Jedes Jahr im Januar
Un em Monat Februar Karneval
Jeden Fall es jet för us all
Un dan freud sich die Mama
Un dan freut sich de Tant
und dä Papa deit jutze
et waggeld de Wand
Un et Mina, un et Trina
Un die Gros, un die Jot
Und dä Ühm setz em Sessel
Un lacht sich kapott.

Ein Bauer sprach, ein Bauer sprach
Was hab ich denn vergessen
Rom di Bom
Da Stiffer es krom
Dä Absat hänk on Nümaat.

Dann zogen in den meisten Fällen die Alten ihr Portemonnaie und so brachten wir immer einige Mark zusammen, wofür dann bei Engels wieder Heuler, Knallfrösche und Raketen gekauft wurden.

Nach den Karnevalstagen kam der große Katzenjammer und man versuchte ihn mit eingelegten Heringen und Matjes oder mit Salzgurken loszuwerden. Auch das liebe Geld war futsch. Und alle Jahre wieder: Kölle Alaaf, Rudekirche Alaaf.

Am Aschermittwoch begann die Fastenzeit. Alle Schulklassen gingen zur Kirche und die Schüler bekamen anschließend das Aschekreuz auf die Stirn. Dann begann eine ruhige Zeit.

März

Im Monat März hatten sich die Kinder weitgehend zurückgezogen und wir sehnten uns alle nach wärmeren Tagen. Für die vielen Bauern und Kleinbauern in den Straßen Rodenkirchens ging im März die Arbeit los. Ende Februar kam schon der Mist von den Höfen auf die Äcker. 8 Tage später wurde gepflügt, geeggt. Dann folgten die Güllewagen, die wir Kinder „Gulaschkanone" nannten, und schließlich die Frühjahrssaat auf den Feldern um Rodenkirchen.

Manchmal hatte man das Gefühl, das Frühjahr zu riechen. Wir Kinder bastelten uns schon wieder ein neues Gefährt zusammen, um am Rodenkirchener Bahnhof bei der Verladestelle die „Knabbele", die Braunkohlenbriketts, für den nächsten Winter heimzufahren. Ostern und die Versetzung in der Schule standen bevor, und die Alten gingen wie immer ihrer Arbeit nach. In den Jahren 1929 – 1931 war die große Rezessionszeit und diese Wirtschaftskrise machte die meisten Familien arm und ärmer.

Am 20./21. März, dem Frühlingsanfang, versuchte man manchmal, schon barfuss am Rhein durchs Wasser zu laufen, aber das war noch etwas zu früh. Also spielten wir doch lieber in der Mittagszeit nach der Schule auf dem Brand eine Stunde Fußball. Länger ging es leider nicht, denn um 2 Uhr begann die Nachmittagsschule.

April

Der Palmsonntag beendete die Fastenzeit. Am Gründonnerstag verstummten die Kirchenglocken und man erzählte den Kindern, diese seien nach Rom geflogen, um Milchsuppe zu essen. Stattdessen wurden die Kirchenglocken „gedengelt" [mit der Hand direkt angeschlagen]. An diesem Gründonnerstag zogen die Messdiener mit Leiterwagen und Milchkannen voller Weihwasser durch Rodenkirchen, voraus zwei Messdiener, die sich mit ihren Klappern lautstark ankündigten, so dass sie nirgends zu überhören waren. Viele Leute kauften ihnen das Weihwasser gegen einen kleinen Obulus ab. Die Messdiener, die mir aus dieser Zeit in Erinnerung geblieben sind, waren aus den Geburtsjahrgängen 1910 – 1912: Matthias Griesen, Peter Hautzer, mein Bruder Ludwig Bröhl, Fritz und Christian Mohr, Josef Braun, Heinrich Hafeneger. Dann folgten bis zu Beginn der 30er Jahre Peter und Balthasar Hafeneger, Michael Langen, Fritz Bergmann, Hannes Hafeneger, Josef und Rudi Göbel. Mit dem Jahr 1933 gingen die schönen alten Bräuche zu Ende.

In den April fiel auch der Karfreitag, das war der stille Tag des Kirchenjahres, an dem der Kreuzigung gedacht wurde. Der Ostersamstag war der Tag der Osterbeichte, denn am Tag der Auferstehung sollte man frei von Sünden sein. Für uns Kinder zählten die Ostertage zu den schönsten Tagen. Morgens ging es in aller Frühe zum Ostereisuchen in

Fronleichnamsprozession im Mai 1939 von der Maternus-Kirche über die Hauptstr. zur Schillingsrotter Str.

den Garten hinter dem Haus an der Barbarastr., doch so gut es auch versteckt war, was wir suchten, fanden wir immer. Osternester fanden wir und den Osterhasen aus Schokolade zusammen mit kleinen bunten Zuckereiern. Manchmal gab es zwischen uns Kindern auch Streitereien, wem was gehörte. Aber im Endeffekt blieb es doch friedlich.

Das morgendliche Frühstück war in der Pfanne gebratenes Gehacktes mit Eiern, dazu Brötchen vom Bäcker Köhl gegenüber. Mittags folgte das Festessen: Kalbsbrust gefüllt und nachmittags folgten noch Kuchen und Süßigkeiten. Auch das Abendessen war festlich mit Nudelsalat und eingelegten Heringen à la Hollandaise.

Ein weiteres Fest in Rodenkirchen war der Weiße Sonntag der Kommunion. Die Jungen waren mit dunkelblauen Anzügen gekleidet, kurze Hosen mit blauem Jackett und einer Schirmmütze mit silberner Litze. Man trug schwarze oder weiße Strümpfe und schwarze Halbschuhe. Am Jackett steckte ein weißes Sträußchen. Die Mädchen trugen auf dem Kopf ein weißes Kränzchen, dazu ein ganz weißes Kleid, viele dazu auch noch einen Umhang und natürlich passende Strümpfe dazu mit wiederum schwarzen Halbschuhen. Die so festlich gekleideten Kinder wurden von ihren Eltern zur Kommunionsbank begleitet und selbstverständlich waren auch die Schulklassen mit ihren Lehrern mit dabei. Schließlich waren die Osterferien vorbei und es ging in den Mai.

Mai

Der 1. Mai war ein ganz besonderer Tag für die in Rodenkirchen zahlreiche Arbeiterschaft. Das Recht auf Demonstration war nach dem Ersten Weltkrieg gesetzlich verankert und Kommunisten, Sozialdemokraten, Zentrumspartei und NSDAP demonstrierten für Recht und Freiheit und gerechte Löhne. Die Macht der Gewerkschaften war ungebrochen: „Alle Räder stehen still, wenn unser starker Arm es will!" Die Maikundgebungen endeten oft in Schlägereien. Das änderte sich schlagartig mit der Machtergreifung Hitlers und der Gleichschaltung. Die NSDAP zog den 1. Mai 1933 mit gewaltigem Pomp auf und alle Betriebe mussten an den Kundgebungen teilnehmen. Zudem gab es in vielen Betrieben ein Maigeld und Freibier. Der zweite Maisonntag war dann der mit Blumen gefeierte Muttertag im Kreise der Familie, der 1933 auch neue Bedeutung erhielt.

Zwischen Christi Himmelfahrt und dem Pfingstfest, eine Woche vor Pfingsten, führte uns Schüler die erste Bittprozession rund um die Flur der Rodenkirchener Felder. Die Messdiener und die Geistlichkeit gingen mit den Kirchenfahnen und dem Kreuz voran, es wurde gebetet und gesungen, die Fürbitte des Heiligen Maternus für ein gutes Erntejahr. Es gab drei solche Prozessionen: die erste führte zum Schillingsrott, die zweite und dritte auf unterschiedlichen Wegen zum Auenweg.

Aber auch sonst war der Mai der schönste Monat des Jahres. Die Tage waren bereits sommerlich warm, alles stand in voller Blüte. Sogar reife Erdbeeren waren schon im Garten zu ernten, dann folgte die Spargelzeit und der kam natürlich auf den Tisch. Für uns Kinder war damit eigentlich der Sommer gekommen. Ich entsinne mich, dass gegen Ende Mai im Rhein bereits gebadet wurde, der Auftakt für den richtigen Sommer.

Juni und Juli

Der Hochsommer bescherte uns Kindern allerlei Umtriebe. Der Beginn der Sommerferien war damals in ganz Deutschland für die Schulen gleich. Von der letzen Juliwoche bis zur ersten Septemberwoche war Ferienzeit. In Urlaub fahren konnte in den 1930er Jahren im „Dorf" keiner, dafür fehlte das liebe Geld. Die Herrschaften allerdings fuhren mit ihren Sprösslingen in die Sommerfrische. Wir hatten unsere Sommerfrische am Rheinstrand. Oh schöne Zeit, oh selige Zeit, wie schön war es doch, noch ein Kind zu sein.

Aber allmählich kam man aus den Kinderjahren in das jugendliche Alter und mit 14 Jahren ging man nach dem 8. Schuljahr über in das Arbeitsleben. In den Jahren, in denen wir 15 und 16 Jahre alt waren, gingen wir dann im Sommer mit unseren Schulfreundinnen an den Samstagen und Sonntagen zum Schwimmen. Die Eltern der Mädchen kannten uns ja alle, da gab es keinen Argwohn. War eine der Freundinnen erkrankt, gingen wir sie jederzeit zu Hause besuchen.

Der Juni begann in der ersten Woche donnerstags mit Fronleichnam, dem gesetzlichen Feiertag für alle gläubigen und nichtgläubigen Katholiken. Es war die erste große Prozession des Jahres, an der die meisten Rodenkirchener und natürlich auch alle Schulklassen teilnahmen und auch die Prominenz des Ortes. Vor allen Haustüren oder auch Fenstern wurden Altäre aufgestellt und auf den Straßen waren Blumen und Grün gestreut.

Alle Rodenkirchener Vereine wie Maternusschützen, Gesangsvereine und die Katholischen Jugendvereine nahmen teil. Dazu einige Musikkapellen. Der Dechant Renner ging unter dem von vier Männern getragenen „Himmel" mit dem Allerheiligsten. Der Weg der Prozession führte durch ganz Rodenkirchen.

Fronleichnamsaltar der zwanziger Jahre an Alt St. Maternus

Die vier Altäre der Fronleichnamsprozession waren zunächst der Altar bei Alt St. Maternus direkt am Rheinufer. Der zweite Altar war in der Barbarastr. am Pullemshof, der dritte war direkt beim Johannisfeuer am Rhein, beim Strandbad wurde vom Arbeiter-Wassersportverein (Leitung: Josef Laubach, Friedrich-Ebert-Str.) auch die Bebelfeier (wohl 24. Juli 1922) begangen und der vierte Altar war beim großen Kreuz in der Maternusstraße an der Weggabel der Schillingsrotter Str. Leider wurde das Kreuz der Maternusstr. an die Ostseite des Maternusplatzes versetzt. Von diesem vierten Altar aus endete die Prozession beim Maternusheim an der Frankstraße am dort errichteten fünften Altar.

Die sommerliche Sonnenwendfeier war ein Fest der Rodenkirchener Kanuclubs, die am städtischen Strandbad ihr Domizil hatten und dort ihre Sonnenwendfeuer entfachten. In den 1920er Jahren beteiligte sich auch der sogenannte Rot-Sport, der Arbeiter-Sportverein Rodenkirchen an dieser Sonnenwendfeier. Als die Hitlerjugend die Gebäude des Arbeiter-Sportvereins in Beschlag genommen hatte, bauten sie das Clubhaus um zum Hitlerjugendheim. Dann kam ihre Art der Sonnenwendfeier mit Pauken und Trompeten, mit Fahnenweihe und Gesängen, so wie es zur NS-Zeit üblich war bei SA, HJ und Jungvolk.

Johannisfeuer am Rhein, beim Strandbad wurde vom Arbeiter-Wassersportverein (Leitung Josef Laubach, Friedrich-Ebert-Str.) auch die Bebelfeier (wohl 24. Juli 1922) begangen.

Der Rheinstrand ist immer unsere Heimat geblieben bis auf den heutigen Tag noch in hohem Alter. Das kann ich auch von allen jungen und alten Leuten, die vor uns da waren, behaupten.

August und September

Anfang August standen wir mitten im Hochsommer und es waren Ferien, was uns zu vielen Abenteuern ermunterte. Morgens in aller Frühe, wenn die Alten zur Arbeit gingen, lagen wir schon mit fünf oder sechs Kameraden am Wasser. Wir hatten mit Deckenzelten nachts am Rhein geschlafen. Niemand störte sich daran, wenn man auf der Rheinwiese am Rheinstrand große Löcher aushob, um Verdeckhäuschen in den Sandgruben zu bauen. Abdeckmaterial gab es genug auf der Müllkippe beim Auenweg. In aller Frühe hatte man sich schon im „Pava" [ein nach 1830 vom Fabrikanten Nierstraß angelegter Englischer Garten, an den die Straße „Im Park" erinnert. Einge der über 150 Jahre alten Bäume stehen noch] mit frischem Obst versorgt, auch wenn es noch nicht ganz reif war. Es gab dort alle Sorten: Pflaumen, Äpfel, Pfirsiche, Mirabellen, Kirschen und drei Esskastanienbäume. Das haben wir nicht geklaut, sondern ehrlich beschafft. So trieben wir unsere Späße im Freien am Rhein, schwammen die Schlepper an oder überqueren den Strom, bis der böse September begann und die Ferien zu Ende gingen. Man wurde wieder ruhiger, denn es musste für die Schule gelernt werden. Jedoch bot auch der September wieder seine besonderen Vielfältigkeiten. Sportlich ging es abends in die Halle, zwei Mal die Woche zum Fußballtraining. Samstag oder Sonntag war dann Spieltag. Viele aus der Barbarastr. waren ja Mitglieder des TSV 06.

Das Paradies am Rhein zu Anfang der 1920er Jahre - heute Im Park

Weil an Sonntagen sehr viele Spaziergänger mit ihren Kindern auf dem Leinpfad am Rhein unterwegs waren, hatten wir Kinder eine Idee. Wir waren damals zehn Jahre alt, Michael Braun, Fritz Bungartz und meine Wenigkeit. An der Villa Liesegang an der Karlstr. war zum Rhein hin ein Treppenaufgang, den eine eiserne Tür verschloss. Die Eingangsnische gab die Möglichkeit, eine Decke zu spannen, und schon hatte man die Bühne eines Kasperltheaters. Also gesagt, getan. Zuerst holten wir uns vier tönerne Kasperleköpfe für je 15 Pfennig beim Spiel- und Schreibwarengeschäft Engels an der Hauptstr. Ein altes Tuch auf einem Weidenstock und obendrauf der Kasperlkopf und nach ein paar ausgedachten Spielchen ging es los. Die Kinder der vielen Spaziergänger wollten ja alle Hänneschen sehen, den Tünnes und Schäl, et Hännesche un et Bärbelche. Und das bekamen sie jetzt auch. Der Fritz rief bei jedem Vorbeigehenden: „5 Pfennig für et Hännesche, 5 Pfennig für et Hännesche" und sammelte mit einer alten Konservenbüchse die 5- und 10-Pfennige ein, die dann abends in der Eisdiele beim Kampermann in der Kirchstr. verschleckt wurden. Es kam auch vor, dass die Polizei in Erscheinung trat, aber von unserer Bühne aus konnte man den Leinpfad gut übersehen. Dann wurde natürlich in Eile alles abgerissen und mit Tempo 50 waren wir verschwunden. Waren wir nicht ideenreiche Kinder? Manchmal hatten wir abends 3-4 Mark zusammen. Damit hätte sich damals mancher Arbeitslose im „Treppchen" ein Mainzer Aktien-Bräu genehmigen können.

Zum Herbstanfang, Ende September, rüstete man sich jedes Jahr für die große Kirmes. Sie war verbunden mit der Maternusoktav. In dieser Zeit strömten von weit her viele Prozessionen nach Rodenkirchen zur Anbetung des Hl. Maternus [die 17tägige Maternus-Oktav vom 13.-29. September ist Maternusfest und Wallfahrt; 1887: 22 Wallfahrten, 1931: 9 Wallfahrten]. Die größte Prozessionsgruppe kam von Oberdrees mit Pferd und Wagen. Junge Burschen übernachteten mitsamt den Mädchen im Bauernhof Pulheim in der Barbarastr. in der Scheune auf dem Stroh. Auch aus Poll kam eine große Prozession. Sie kam zum Teil in Booten und Nachen von der anderen Uferseite über den Rhein gesetzt. Ein anderer Teil pilgerte über die Südbrücke nach Rodenkirchen. Und dort wurde überall für die Pilger gebacken.

Der Kirmesmontag war auch in allen Rodenkirchener Betrieben und Fabriken arbeitsfrei. In den zahlreichen Gaststätten und in den Festsälen im Nenner und im Gertrudenhof wurde das Tanzbein geschwungen. Selbst in der „Kitzelbud" in der Barbarstr. war Hochbetrieb.

Dann war endlich die große Kirmes da. Auf der Hauptstr., angefangen in Höhe Hombergstr., standen auf beiden Straßenseiten die Kirmesbuden, selbst auf Püllems Wiese an der Ecke Kirchstr. standen eine Schiffsschaukel, ein Kinderkarussell und Buden. Eröffnung war am Samstagnachmittag gegen 16 Uhr. Vorher trat Polizeikommissar Goebelsmann mit zwei anderen Polizisten zur Eröffnung am Maternusplatz in Erscheinung, worauf wir Kinder nur gewartet hatten, denn es ging um die Probefahrt auf dem Kettenkarussell. Diese Probefahrt war notwendig, seit ein gewisser Willi Philips durch übermütige Unachtsamkeit mit seiner Gondel, der wohl die Kette gerissen war, bis auf den Mädchenschulhof flog. Zum Glück zog er sich nur leichte Verletzungen zu.

Der Maternusplatz war bestückt mit Schaukeln und Karussellen. Ich erinnere mich noch an verschiedene Schausteller, z.B. an das Pferde- und das Kettenkarussell und die Raupe der Familie Rosenzweig, ein zweites Pferdekarus-

Kirmes auf dem Maternusplatz - im Hintergrund die Häuser an der Maternusstr.

sell der Familie Adolphs und die Schiffschaukel der Familie Schiffer.

Doch irgendwann ging auch einmal die Kirmes zu Ende und der Alltag hatte uns wieder. Und es ging in den Oktober.

Oktober – November – Dezember

Das Wegekreuz an Maternusstr. / Schillingsrotter Str. ganz links unter den Bäumen, dahinter das Spritzenhaus der Freiwilligen Feuerwehr Rodenkirchen und das Mädchenschulhaus, rechts der 1930 planierte Marktplatz (Maternusplatz).

So fange ich also mit meinem Namenstag am 4. Oktober an, dem Tag des hl. Franziskus von Assisi. Geburtstag feierte man nicht, jedermann Festtag war dessen Namenstag, der auch in den Familien gefeiert wurde. Aber auch ein schöner Oktobertag war es, wenn der Herbstwind begann und damit die Zeit, den Drachen (Pattefuel) steigen zu lassen. Und wir hatten in der Barbarastr. unseren lieben Opa Josef Philips. Er hatte größtes Geschick zum Drachenbauen. Man brauchte ihn nur zu bitten, so hatte er am nächsten Tag einen Drachen für uns Kinder gebaut. Er selbst ließ seinen Pattefuel von der Treppe Pädsjässje am Leinpfad steigen. Hoch am Himmel stand er, weit über dem Kielshof. Mit dem Opa Philips habe ich in späteren Jahren zusammen gearbeitet bei der Firma Siller & Rodenkirchen beim Bahnhof Rodenkirchen.

In der zweiten Oktoberwoche begannen die Herbst- oder Kartoffelferien, die 2 Wochen dauerten. Denn in der dritten Oktoberwoche war die Zeit der Kartoffelernte und dann

Ein Pferdewagen von Hof Merkenich aus der Barbarastr. bei der Getreideernte vor dem Haus Weißer Str. 54

Bild aus Rodenkirchen - nahe dem Verwaltungszentrum gegenüber St. Maternus. Das 1906 errichtete Denkmal Kaiser Friedrich III. am Ortseingang ist auch Denkmal für die Gefallenen aus Rodenkirchen.

ging es mit ein paar Freunden zum Bauern Pullem, zum Merkenich oder auch schon mal zum Bauern Engels, deren Höfe sämtlich in der Barbarastr. lagen. Beim Kartoffelsammeln gab es zwischen 3 und 5 Mark für den Nachmittag. War das Feld freigegeben, so ging man anschließend zum Stoppeln [= Nachlese auf den abgeernteten Feldern]. Mit dabei waren meine Freunde Michel Braun, Menn Kramer, Richartz Toni, Jülichs Karl, Fritz Bungartz. Oft musste die Kartoffelernte schnell vonstatten gehen, denn Ende Oktober war schon mit Nachtfrost zu rechnen. Allerdings kam danach noch die Rübenernte. Was die Zuckerrübenernte angeht, so weiß ich mit Sicherheit zu berichten, dass selbige meist von den Feldern sofort zum Bahnhof Rodenkirchen gefahren und dort in Waggons verladen wurden und zu den bekannten Zuckerfabriken in Brühl und Euskirchen verbracht wurden. Autos standen damals noch nicht zur Verfügung.

So konnten wir jedenfalls in den verschiedenen Jahreszeiten immer ein paar Mark einstecken. Unsere abendlichen Versteckspiele mussten darunter auch im Herbst nicht leiden. Und mit dem Reformationstag der Evangelischen endete der Oktober.

Der November begann für uns mit dem Feiertag Allerheiligen, es war der Tag, an dem aller Verstorbenen gedacht wurde. Die Gräber auf den Friedhöfen wurden mit Blumen geschmückt und Lichter wurden angezündet. Nachmittags nach der Andacht ging von der Kirche bis zum Friedhof die Prozession. Dort wurden dann die Gräber mit Weihwasser gesegnet und fromme Lieder gesungen.

Die Veteranen von 1870/71

Franz Bröhl

Der Kameradschaftliche Kriegerverein Rodenkirchen traf sich jedes Jahr zum Heldengedenktag am Kriegerdenkmal. Die 1870/71er kenne ich durch die Erzählung meines Vaters, viele kannte ich selbst bis auf meinen Großvater:
Jakob Wild in der Barbarastr. rief jeden Morgen meiner Mutter als Begrüßung zu: Morgen Frau Nober. Für Gott, für Kaiser und Vaterland. Rä tä tä tät. Und verschwand.
Der alte Herr Laubach gen. Laubachs Bock
Der alte Höhnscheidt, er fälschte 5-Reichsmark-Stücke
Der alte Buhmüller durchzog Rodenkirchen mit seiner Drehorgel. Zwei Töne waren defekt, daher erklang häufig das „ft ft".
Der alte Matthias Stern, er lebte im Maternusheim in der Frankstr.
Das Flötemännche, dessen wirklicher Name mir unbekannt ist, lebte ebenfalls im Maternusheim. Beide versorgten sich mit den beim Kirchgang auf dem Kirchensims von den Bauern abgelegten Zigarren und hatten etwas für ihre Pfeifen zu rauchen.
Adam Bröhl (*1845), mein Großvater
Der alte Herr Schmitz aus der Au, genannt Aue Pitter
Herr von Kortzfleisch, ein hoher Offizier, Hauptstr.
Januar 1931 wurde als letzter Veteran Herr Milatz beerdigt. Die Salutschüsse waren auf dem Schulhof zu hören. Zu dem 1929 von Veteranen des Ersten Weltkriegs erneuerten Kriegerverein gehörten auch die bald als Juden verfolgten Veteranen Daniel Fahlen, Arnold und Leo Heydt und Max Vasen - und der 1918 gefallene Hugo Marx mag ein Sohn von Jakob Marx gewesen sein.

Am Tag nach Allerseelen ging man mit den Schulklassen nochmals zum Besuch der Gräber. Der Volkstrauertag zum Gedenken an die Gefallenen der vergangenen Kriege war damals noch am 27. Februar. Dann hatten die Vereine ihren Tag. Kriegerverein, Schützen und Feuerwehr trafen sich am Kriegerdenkmal, das noch bis zum Beginn der 1960er Jahre am Ortseingang von Rodenkirchen stand, und gedachten ihrer Torheiten, die sie begangen hatten. Man schrie „Nie wieder Krieg!" Dann wurde aus dem Volkstrauertag der Heldengedenktag und man hat uns, die wir damals Kinder waren, aufs Schlachtfeld getrieben. Für Großdeutschlands Heil.

Am 11. November war St. Martinstag und der abendliche Martinszug der Schulen. Dazu hatten wir im Werkunterricht Fackeln und Lampions gebaut. Wir aus der Bärbelsjass suchten uns in den Rübenfeldern irgendeine schöne rote Futterknolle und schnitzten daraus ein Gesicht. Oben wurde der Deckel abgeschnitten und die Knolle innen ausgehöhlt. Dort kam dann eine brennende Kerze hinein. Das ganze Gebilde wurde auf einem Besenstiel befestigt und so ging man zum Zug, der durch ganz Rodenkirchen zum Rhein hin führte, wo das Martinsfeuer angezündet wurde. Für die Verkehrsregelung war die Polizei zuständig und für den Brandschutz die Freiwillige Feuerwehr.

Zum Schluss ging es mit dem berittenen St. Martin in Gestalt des Herrn Jean Wirtz aus der Rondorfer Str. hoch zu Roß zurück zur Schule, wo jeder Schüler einen Weckmann bekam. Danach gingen wir noch zum Singen zu den Rodenkirchener Geschäften und zu den reichen Villen und meist gab es auch kleine Geschenke. Wer nichts gab, der wurde ausgesungen mit dem Worten Kniesköpp – Kniesköpp. Aber nach jeder Spende wurde das Lob des Spenders besungen mit den Worten:

Hier wohnt ein reicher Mann	Und das Himmelreich erwerben
Der uns was geben kann	Lasst uns nicht zu lange stehn
Lang soll er leben	Denn wir müssen weitergehn
Selig soll er sterben	Weiter gehn …

Und nun war er da, der letzte Monat des Jahres, der Weihnachtsmonat, meist schon mit Eis und Schnee. Am 4. Dezember war Barbaratag. Am Abend vorher wurden die geputzten Schuhe nebeneinander im Zimmer aufgestellt und am Morgen fand man sie mit ein paar Süßigkeiten wieder vor. Das hatte natürlich die Hl. Barbara gebracht. Vor dem 6. Dezember fürchtete man sich sehr, denn dann kam der hl. Nikolaus und der war ein ganz strenger Geselle. Verkleidet als Nikolaus, das wussten wir, trat jedes Jahr eine Nachbarin von uns auf, die Frau Riemeyer. Alljährlich traktierte sie uns mit ihrer selbstgemachten Rute, wohl wissend, wie es in der Schule zuging und jedes Jahr wurde uns vorgeworfen, was wir Böses getan hätten. Zum Schluss warf sie uns ein paar getrocknete Birnen in die Stube und verschwand. Wir Kinder aus der Barbarastr. nannten sie deshalb Birrewifje.

14 Tage vor Weihnachten begann auf den Feldern um Rodenkirchen die traditionelle Treibjagd auf Niederwild, das heißt auf Hasen, Karnickel und Rebhühner. Wenn man das 14. Lebensjahr erreicht hatte, dann durfte man als Treiber mitmachen. Der Lohn war damals 5 Reichsmark und zum Mittagessen gab es aus der Gulaschkanone einen Schlag Erbsensuppe. Als ich dieses Alter erreichte und 1936 – 1938 selbst an diesen Treibjagden teilnehmen konnte, wurde das Jagdgeschehen nach dem neuen Reichsjagdgesetz von 1934 vom Reichsjägeramt beaufsichtigt und von den örtlichen Verbänden organisiert.

Ausgangspunkt und Treffpunkt der Jägerschaft war der Bahnhof Rodenkirchen. Willi Horchem war der Gastwirt und Organisator der Treiber. Wir waren etwa 40, jüngere und auch ältere arbeitslose Leute. Als Jäger machten außer den ortsbekannten Rodenkirchenern auch Jäger aus dem Kreisgebiet mit. Mir bekannt waren neben Horchem auch Velten, Einhoff, Kämpen, Brandenburg, Ahrens, Loosen, Klein (aus der Karlstr., genannt „Jäger aus Kurpfalz") und beide Brüder Rodenkirchen.

Das Jagdgebiet erstreckte sich vom Hof Einhoff [Lennartzhof] in Richtung Sürth – Godorf – Immendorf – Rondorf bis hin nach Meschenich. Die Jagd dauerte bis in die Dunkelheit, so dass man abends kaputt war vom Laufen mit dem Knüppel und dem Geschrei. Dazu mussten angeschossene Tiere auch noch erschlagen werden, was mich einige Überwindung kostete. Aber man dachte an die 5 Mark Lohn. Die geschossenen Tiere wurden, wenn man 3 hatte, zum Wagen getragen, der sie aufsammelte. Nach dem Halali-Blasen war die Jagd beendet und alles zog zur Bahnhofsgaststätte, wo die Entlohnung erfolgte. Die geschossenen Hasen wurden zum Teil von der Nationalsozialistischen Volkswohlfahrt (NSV) zu Weihnachten an alte Leute oder an ärmere Volksgenossen verteilt. Ich erinnere mich noch daran, dass vor der NS-Zeit jedes Jahr auch Großwild wie Hirsche und Rehe wohl in der Eifel geschossen wurden. Ecke Barbarastr./

Der Weihnachtsbaum auf dem Rodenkirchener Marktplatz, vielleicht Dezember 1938, als das Winterhilfswerk der NSV (Nationalsozialistische Volksfürsorge) die deutsche Volksweihnacht als Kinderfest einführte: „Wenn ihr nach unserem fröhlichen Schmaus an der Kaffeetafel, nach Schokolade- und Kuchenessen eure Spielsachen von dem Weihnachtstisch entgegen nehmen könnt, dann vergeßt nicht, daß wir alle das Weihnachtsfest so froh und fröhlich nur feiern können, weil einer für uns unermüdlich während des ganzen Jahres sorgt: unser lieber Führer Adolf Hitler!" (Kölnische Zeitung, 24.12.1928)

Hauptstr., vor der Gaststätte Jägerhof von Franz Ahrens, lagen dann auf dem Bürgersteig die geschossenen Tiere, die wahrscheinlich zum Festessen vorbereitet wurden.

1939 begann der Krieg und nach dem Weltkrieg wurden die Jagden verboten.

Der Dezember verlief dann bis zu den Weihnachtsferien mit Schulgang und Schlittenfahrt, mit Eislauf auf dem Kradepohl am Rhein und natürlich auch Schneeballschlachten.

Nun endlich kam das hochheilige Weihnachtsfest, auf das ich bereits im Monat Januar eingegangen bin, und dann folgte der Jahreswechsel. Als wir älter wurden und im Fußballverein Rodenkirchen mitspielten, hatten wird dort jedes Jahr eine Nikolaus- und Weihnachtsfeier und am Ende eine vollgefüllte Tüte im Arm. Diese weihnachtlichen Feiern gab es auch bei der Katholischen Jugend.

Rodenkirchen: Der Ort

Hermann Joseph Genn

Schon vor mehr als 70 Jahren hat man versucht, sich zu erinnern. Damals sang man im Karneval zu Köln: „Ach wie wor et fröher schön doch in Colonia". Ein wehmütiges Lied. Dabei stand der wirkliche Gau unserer Heimat noch bevor. Der Krieg mit seinen Bombennächten hatte von unserem ehrwürdigen Köln und dem liebenswerten Rodenkirchen nicht viel übrig gelassen.

Nachdem das Zerstören ein Ende hatte und man wieder zur Besinnnung kam, stand man vor einem Trümmerhaufen, und es wurde viel diskutiert, ob man die Reste abreißen sollte, um Platz für ein modernes Rodenkirchen zu schaffen, oder ob man reparieren und erhalten sollte, um den Charme des Alten weitmöglich zu bewahren. Aber diese Überlegungen waren Träume. Einmal hatte man so gut wie kein Material zum Reparieren oder Aufbauen, und außerdem kamen die alten Rodenkirchener aus ihrer Evakuierung zurück und benötigten eine Bleibe. Man hatte nur die Möglichkeit, sich dem Zwang des Tages zu beugen und die großen Entscheidungen auf übermorgen zu vertagen. Rodenkirchener Bürger haben in der Zwischenzeit einzelne dieser alten Häuschen liebevoll restauriert und sich damit Verdienste um unsere Heimat erworben. Heute tragen diese Häuser die Plakette des Denkmalschutzes, und wir müssen unsere Phantasie bemühen um uns zu erinnern, wie es einmal war, und wie die Leute dort gelebt haben. Aber es entstanden auch Gebäude, die besser nicht entstanden wären. Noch sind nicht alle Alten tot, die das frühere Rodenkirchen kannten, und in den Familien werden vielleicht an langen Winterabenden alte Tagebücher und Fotos hervorgeholt, und in Einzelfällen entsteht dann ein kleines Buch, in dem Erinnerungen wach gehalten werden.

Drum, versuchen wir, uns zu erinnern.

Um 1800 herrschten in Rodenkirchen noch die gleichen Strukturen wie Jahrhunderte vorher. Rodenkirchen war ein selbständiges Dorf, nicht weit entfernt von Köln und gehörte seit der Franzosenzeit zur Mairie Rondorf. Im Einwohnerverzeichnis von Rodenkirchen um 1805 geht man von einer Gesamtzahl von 434 Einwohnern aus. Die Bewohner lebten als Arbeiter von einer Anzahl schöner und großer Bauernhöfe im Eigentum von Klöstern und großen Grundbesitzern, sowie vom Treideln der Rheinschiffe und auch von der Fischerei. Das Treideln war durch die Lage des alten Kapellchens sehr behindert. Man musste die Pferde umschirren, und die Wirtschaft „Zum Treppchen" hatte in diesem Zusammenhang als Warte- und Erholungsplatz eine wichtige Funktion. 1831 begann die Dampfschiffahrt auf dem Rhein. Damit wurde das Treideln mit Pferden überflüssig, und dieser Wirtschaftszweig, der bis dahin viel zum Unterhalt der Bevölkerung beigetragen hatte, brach weg. 1866 begann man mit dem Neubau der großen neuen Maternuskirche, obwohl sich die Einwohnerzahl noch nicht wesentlich vermehrt hatte. Aber mit diesem neuen Gebäude verlor der Ort seinen kuscheligen Charakter. Die angelaufene Industrialisierung brachte größeren allgemeinen Wohlstand, und, da Rodenkirchen ein so hübsch am Rhein gelegener Ort war, kam eine Bautätigkeit mit größeren Bürgerhäusern in Gang. Die Industrie in Bayenthal und später auch in Rodenkirchen brauchte Arbeiter, und die Einwohner, die durch die strukturelle Veränderung ihre Existenzbasis verloren hatten, fanden in den neuen Betrieben Arbeit und damit eine neue Existenz. Die Zeit der Beschaulichkeit war vorüber.

Bis in die dreißiger Jahre des 20. Jahrhunderts behielten die alten Gassen, die Wilhelmstr. mit ihren Nebenstrassen und die Bärbelsjass ihren beschaulichen Charme. Hier lebten die Sesshaften, die alten Familien in ihren Häuschen. Die Südseite der Bärbelsjass bestand aus jenen typischen kleinen Häuschen. In der Mitte dazwischen war ein schöner alter Bauernhof mit einem mächtigen Baum vor dem Haus. Der Bauer war ein Hüne und eine imposante Erscheinung. Schräg gegenüber, auf der anderen Straßenseite, war die Bäckerei Wilhelm Koehl. Hier gab es köstlich duftende Hefeteilchen, aber die Bäckerei hatte keine Zukunft mehr. Der Sohn, der die Bäckerei fortführen sollte, ist aus dem Krieg nicht mehr heimgekommen.

Etwa 200 m weiter, ebenfalls auf der nördlichen Straßenseite, war der Kölner Ruderclub von 1877, ein Traditionsverein. Die kleinen Häuschen mögen nicht dem neuen Wohlstand entsprochen haben, aber die Bewohner fühlten sich hier geborgen und zuhause. Es galt der Grundsatz: „Klein, aber mein." Hier hatten keine Bauämter hineingeredet, aber es war ein einheitliches Ortsbild entstanden, und es war nicht die monotone Einheitlichkeit von Genossenschaftssiedlungen. Dafür hatte das Leben gesorgt. Jedes der Häuser war ein Individuum, denn es war mit den Lebensverhältnissen der Bewohner gewachsen. Das Grundschema war zunächst ein ein- oder eineinhalb geschossiges Gebäude, teils mit dem Giebel zur Straße, teils mit der Querseite zur Straße. Die Häuser mit der Querseite zur Straße hatten an der Straßenseite ein kleines Fenster und eine Haustür. Die giebelseitigen Häuser hatten zur Straßenseite meist ein Fenster im Erdgeschoss und ein Fenster im Giebel. Daneben war et Höffje, mit einem Tor zur Straßenseite abgeschlossen. Nach hinten war noch ein Gärtchen für Gemüse und ein Ställchen für Gänse, Enten, Hühner, Karnickel und vielleicht auch eine Ziege. Das ganze war der Himmel auf Erden.

Im Dachgeschoss war oft der Duffes, der Taubenschlag. Die Taubenhaltung war sehr beliebt. Man ließ die Tauben im Freien Formation fliegen, dirigierte diese Formation mit einem kleinen Fähnchen von der Dachgaube aus und hatte seinen Spaß daran. Außerdem ist ja ein Taubenbraten auch etwas Feines. Ich erinnere mich, dass mein Großvater einmal sehr krank war und kaum etwas essen konnte. Ich wurde geschickt, für ihn ein Täubchen zu holen. Der Taubenbesitzer nahm mich mit, zeigte mir voller Stolz seine Tiere, nahm vorsichtig eines heraus, strich ihm liebevoll über den Rücken und drehte ihm den Hals um. Ich war entsetzt. Ich hatte die Angewohnheit, Leuten, die ich kannte, in meinem Innern einen Spitznamen zu geben. Der Taubenbesitzer war für mich von da an der „Joodmödig".

Wenn Kinder zur Welt kamen, konnte man das Dach etwas anheben oder „e Jäubche" einbauen. So war für die veränderten Lebensverhältnisse wieder Platz, und jedes Haus veränderte je nach Gegebenheiten sein Aussehen. Es entstand Vielfalt und keine Eintönigkeit. Noch heute ist ein solches Ensemble in der Adamstr. / Ecke Wilhelmstr. zu sehen. Alle paar Jahre wird etwas geändert, verschönert oder verbessert – wenn Sie es nicht kennen, gehen Sie hin und schauen Sie es an.

In der Zeit der großen Arbeitslosigkeit in den 20er Jahren konnte man sich hier auch als Arbeitsloser seine Unabhängigkeit bewahren. Das Häuschen verursachte fast keine Kosten, Reparaturen und Pflege konnte man selbst erledigen, und die Heizkosten waren gering. Ich erinnere mich in dieser Zeit an eine alte Frau, die man im Ort immer nur mit einer großen Tasche sah. Sie hob jedes Stückchen Holz und alles, was ihr brauchbar erschien, auf und steckte es in ihre Tasche. Gelegentlich half sie schon einmal als Waschfrau oder Hilfe aus und hielt sich so über Wasser. Sie war sicherlich arm, aber sie lebte in ihrem eigenen Haus, wo sie keiner auf die Straße setzen konnte. Bezeichnend ist, dass diese Leute, auch wenn es ihnen wirtschaftlich besser ging, in ihren Häuschen verblieben. Das Häuschen wurde verschönert und veredelt, aber es kam niemand auf den Gedanken, in eine moderne Mietwohnung zu wechseln.

Donnerstags zogen der Orjelsmann und andere Straßenmusiker durch das Dorf. Wenn sie in der Bärbelsjass waren, öffneten sich die Türen, die Frauen kamen heraus, drehten ihr Tänzchen und gingen wieder an ihre Arbeit.

Ein besonderer Tag im Leben des ganzen Dorfes war Fronleichnam. Die alten Gassen wurden mit Girlanden und Kirchenfahnen geschmückt. Jedes Haus errichtete in seinem Straßenfenster oder Törchen ein Altärchen. Zum Hausrat gehörte eine Gipsfigur der Madonna oder eine Herz-Jesu- Figur. Die wurde auf ein „ Postamentche" im Fenster gestellt und üppig mit Blumen und Kerzen dekoriert. Der Straßenbelag wurde – wie seinerzeit in Jerusalem – mit frischen grünen Blättern abgedeckt und mit bunten Blütenblättern z.B. in Form eines Kelches verziert. Dann kam die Prozession. Vorab gingen die Kommunionkinder, die Mädchen in ihren weißen Kleidern. Dahinter kam die Blaskapelle, die sonst zu Beerdigungen und nationalen Anlässe – wie dem Aufmarsch des Kriegervereins – spielte.

Der Pastor schritt mit der Monstranz unter dem Himmel (eine Art Baldachin, den vier Männer trugen), die Messdiener läuteten in regelmäßigem Rhythmus ihre Messglocken und schwenkten die Weihrauchfässer mit ihrem Wohlgeruch.

Und dann kam die Gemeinde, getrennt nach Männern und Frauen. Alle waren dabei - vielleicht mit Ausnahme einiger bekennender Sozialisten – und ohne die Person, die im Hause bleiben musste, um rechtzeitig die Kerzen anzuzünden. So zog die Prozession durch das alte Rodenkirchen, durch die Hauptstraße, die Wilhelmstraße, die Maternusstraße und die Bärbelsjass zum Rhein. Auf dem Treidelpfad ging es weiter zur „alten Kirche". Dort war – wie auch an anderen Stellen – ein großer Altar aufgebaut, und der

Rodenkirchener Strand mit der Anlegestelle des 1932 in der damaligen Uferstr. 16 eingezogenen Kölner Ruder-Club von 1931.

Pastor segnete die kniende Menge mit der Monstranz. Anschließend zog die Prozession in die neue Maternuskirche. Dort spielte bei der Ankunft die Orgel fortissimo „Großer Gott wir loben Dich" und die Leute sangen das Lied nicht nur mit, sondern sie empfanden auch so.

Und dann der Rhein, diese Lebensader des Dorfes. In der warmen Jahreszeit öffneten sich morgens in der Bärbelsjass die Törchen zum Höffje. Heraus kamen die Gänse und marschierten zielsicher hinunter zum Rhein. Dort war ein flacher Tümpel, der Kradepohl. Es war wohl der Rest eines Altwasserarmes. Der war voll von Kaulquappen, kleinen und großen Fröschen und kleinen Fischchen. Hier war für die Gänse das Schlaraffenland. Hier lungerten sie den ganzen Tag herum, fraßen, schnatterten und nahmen von Zeit zu Zeit im Rhein ein Bad. Gegen Abend, wenn die Sonne sank, versammelten sie sich und zogen im Gänsemarsch die Bärbelsjass wieder herauf. Jede kannte ihr Törchen, wo sie hingehörte.

Dann war da der Strand, mit seinem herrlichen weißen Sand, den schon die römischen Handwerker kannten, die an der Severinstraße ihre Werkstätten hatten, und den sie als Rohstoff für ihre herrlichen Glaswaren verarbeiteten. Dazwischen die Weiden, die lauschige Séparées boten, ein Badeparadies von der Bärbelsjass bis nach Weiss. Hier sonnten sich die Frauen aus der Bärbelsjass in ihren Unterröcken, die Jugend trug Badeanzüge, man brauchte keinen Eintritt zu bezahlen, konnte im Fluss baden und einen traumhaften Sommertag erleben. Auf dem Fluss zogen die Radschlepper mit bis zu 6 Kähnen an langen Stahltrossen gemächlich ihren Weg – nicht wie heute diese Gewaltmaschinen, die mit großer Geschwindigkeit flussauf und flussab donnern. Wenn die Kähne oft bis zum Süllrand vollgeladen tief im Wasser lagen, wagten gute Schwimmer auf die Kähne zu klettern. Wenn der Hund an Bord sie nicht vertrieb, fuhren sie 1 – 2 km flussaufwärts mit, um dann wieder in der Fluss zu springen und sich abwärts treiben zu lassen. In der Höhe vom Zeltplatz Berger gab es auch eine städtische Flussbadeanstalt.

Mannschaft des Rodenkirchener Strandbades 1937 oder 1938. Trotz des oft beschwerlichen Zuwegs stieg die Zahl der Badegäste.

Hier war zwischen 2 Kribben eine Abtrennung zum offenen Fluss geschaffen und es waren Rettungsschwimmer da, die aufpassten. Zwischen der Männer- und der Frauenabteilung war eine Holzwand errichtet, die Britz. Diese hatte zur Freude der Männer viele Astlöcher, und dem Vernehmen nach war davor immer Gedränge, weil man in den Himmel gucken konnte.

An schönen Sommertagen war viel Betrieb am Rhein. Den ganzen Tag hatten die Straßenbahnen Extrawagen eingesetzt, die in der Stosszeit alle 3-4 Minuten verkehrten. Ganze Großfamilien kamen, fuhren bis zur Endhaltestelle an der Mettfelderstraße und pilgerten dann zum Rhein, bepackt mit Einmachgläsern voll Kartoffelsalat, Knackwürsten, Limonade und den Dingen, die man sonst zum Baden so brauchte. Wer nicht früh kam, musste weit laufen, denn nahe waren keine Liegeplätze mehr frei. Der Fluss war voll von Ruderbooten, Segelbooten, Paddelbooten und Schwimmern wie Nichtschwimmern. Dazwischen die Raddampfer der Köln-Düsseldorfer auf ihrem Weg nach Königswinter, Linz und Niederbreisig. Es gab viel zu sehen, und am Spätnachmittag machte man sich müde und froh auf den Heimweg. Die Straßenbahnen fuhren im rollenden Einsatz. Wenn man an der Haltestelle Frankstraße nicht mitgekommen war, stand die nächste Bahn schon an der Maternusstraße. Die Straßenbahnen fuhren langsam. Die Leute standen draußen auf den Trittbrettern, was den Vorteil hatte, dass da kein Fahrgeld kassiert werden konnte. Man brauchte beide Hände um sich festzuhalten, und innen an den Türen waren Schilder mit der Aufschrift „ linke Hand am linken Griff".

Das war aber nicht das einzige Vergnügen an Sommersonntagen in den 1920er Jahren. Da, wo heute die Autobahnbrücke ist, waren der Stumpf einer Windmühle und die Rheinterrassen der Blatzheimbetriebe. Hierhin kam man von weit her, d.h. von Köln zum Kaffeetrinken. Auch die Rodenkirchener flanierten dort gerne vorbei und schauten sich das Treiben an. Am Samstag und Sonntag spielte dort eine Jazz-, nicht wie man neumodisch sagt, eine Jässkapelle. Zeitweise waren die Musiker Schwarze. Es war das erste Mal, dass ich als kleiner Junge einen Neger gesehen habe – den schwarzen König

Die frühere Rodenkirchener Mühle, Ippens Mühle genannt, wurde in das Ausflugslokal Rheinterrassen einbezogen und beim Bau der Rodenkirchener Autobahnbrücke 1938 niedergelegt.

an der Krippe ausgenommen, aber den hatte ich ja auch nicht persönlich gesehen -. Es war eine fremde Musik, laut und heftig, nicht mit den mir bekannten Kinder- und Volksliedern vergleichbar. Davor, auf einer Tanzfläche, schlichen Paare, die sich umarmten und zeitweise unmotivierte heftige Bewegungen machten. Mein Vater sagte mir, „die tanzen Tango", aber das ganze Geschehen kam mir fremd vor. Später, in der zweiten Hälfte der dreißiger Jahre, wurden der Windmühlenstumpf und die Rheinterrassen abgerissen. Hier entstand die Autobahnbrücke. Meine Mutter war sehr beunruhigt. In ihrer Kindheit, also deutlich vor dem 1.Weltkrieg, lebte in Rodenkirchen eine alte Frau. Sie soll das zweite Gesicht gehabt haben, und meiner Mutter war bekannt, dass sie einmal gesagt hatte: „Wenn die Mühle abgerissen wird, gibt es einen großen Krieg". Diese Aussage hat man belächelt. Man sagte, die alte Frau rede zeitweise wirr. Aber jetzt war es so gekommen. Ich glaube, nur wenige konnten sich daran erinnern, und ich höre heute noch meine Mutter sagen: „Hoffentlich hat sich da Sommers Täntchen geirrt."

Rodenkirchen: Typen und Originale

Hermann Joseph Genn

Das Dorf hatte auch seine Originale. Im „Kloster", dem heutigen Caritas Altenzentrum St. Maternus, lebten einige Nonnen, die neben anderem auch alte Leute versorgten. Es waren überwiegend alte Frauen, aber auch einige alte Männer dort untergebracht. Einer von ihnen war der „Stänse Max" - Max Stern. Er saß meistens an der heutigen Brückenstraße, die damals der schwarze Weg genannt wurde, auf einem Mäuerchen und wartete darauf, dass einer käme, um ihm zuzuhören. Wir wohnten gegenüber, und ich saß als kleiner Junge oft bei ihm und hörte mir seine Erzählungen an. Er hat mich trotz meines Alters von 4 –5 Jahren als Gesprächspartner voll akzeptiert und mir seine Gedankenwelt ausgebreitet. Er hatte wohl als junger Mann am Krieg von 1870/71 gegen Frankreich teilgenommen, und seine Erzählungen handelten meistens von „ de Franzuse". Wer das war, wusste ich nicht, aber de Franzuse mussten von ihm mächtig Prügel bekommen haben. Von Zeit zu Zeit gesellte sich zu uns noch ein Mann, der ebenfalls viel Zeit hatte, und den Max wohl sehr gut kannte. Er berichtete gelegentlich dem Max „ weiss de allt, de Franzuse sin am Fort". Dann sprang der Max auf, rannte in sein Zimmer, kam mit einem Prügel zurück und lief, so schnell ihn seine alten Füße tragen konnten, zum Fort. Nach einiger Zeit kam er wieder zurück und der Witzbold fragte ihn „ na Max, häs do se jesinn? Und Max antwortete „nä, se woren at fott".

In dieser Zeit kamen auch die Schreibmaschinen auf. Irgendeiner, der den Max wohl auch gut kannte, hat ein Blatt Papier in seine Maschine gespannt, als Überschrift das Wort „Urkunde" geschrieben und dann einen Text, dass das dankbare Vaterland sich an den tapferen Soldaten Max Stern erinnere und ihm hiermit eine besondere Belobigung ausspreche. Dann hatte der Autor ein Fünfmarkstück genommen, auf dessen Rückseite ja der Reichsadler abgebildet war, dieses auf ein Stempelkissen und dann auf die Belobigung gedrückt, einen Kringel als Unterschrift darunter geschrieben und das ganze zur Post gegeben. Als Max den Brief erhielt, hat ihm jemand den Text vorgelesen. Ehrlich, wer hat schon einmal vom dankbaren Vaterland, welches sich erinnert, eine Belobigung bekommen. Max war überglücklich. Er hat diesen Brief überall herumgezeigt, und die Tränen liefen ihm dabei die Backen herunter.

Ein anderes Faktotum war et „wiesse Antünnche". Eigentlich hieß er Anton Weiss. Er wohnte in einem jener kleinen Häuschen zwischen der Hauptstrasse und der Wilhelmstrasse, etwas nach hinten sodass es nur über ein kleines Pfädchen erreichbar war. Der Anton lebte von Gelegenheitsarbeiten wie Garten umgraben, Unkraut ausreißen und dergleichen. Zu seinem Häuschen gehörte ein größerer Garten. Hier zog Anton Gemüse – Erbsen, Möhrchen, Böhnchen, Spinat, Salat und dergleichen. Wenn jemand Wert auf ganz frisches Gemüse legte, ging er zum Anton und konnte es dort kaufen. Von ganz besonderer Qualität waren seine Salatköpfe. Mein Vater traf ihn einmal auf der Straße, und um ihm ein Kompliment zu machen fragte er ihn, wie er nur diesen prachtvollen Salat zustande bringe. Anton war bereit, meinem Vater das Rezept zu verraten. Er kam etwas näher heran, sprach etwas leiser und erzählte ihm : „Hinger mingem Hüsje iss dat Loch vun mingem Abtritt. Wenn der Salat bald fädig iss, holle ich do ne Emmer voll von dem Zeug un dunn dä an dä Salat. Dann wäden die Köpp esu", und dabei ballte er seine Faust, um die Größe und Festigkeit der Salatköpp zu demonstrieren. Meine Mutter hat von da an bei ihm nur noch junge Erbschen und Böhnchen gekauft.

In Rodenkirchen gab es in den dreißiger Jahren eine alte Frau – ET STÜMPCHENS MARIE- Sie war etwas unappetitlich, roch etwas scharf und hatte eine Vorliebe für Schnapps und Tabak. Wenn sie auf der Straße einen Zigarrenstummel entdeckte, griff sie in eine große Tasche, die sie immer bei sich hatte, holte ein Taschentuch heraus, welches dann ihrer zittrigen Hand entglitt und – zielsicher auf den Zigarrenstummel fiel. Anschließend war ihre Hand nicht mehr zittrig. Sie bückte sich blitzschnell, nahm das Taschentuch wieder auf in die Tasche, und – der Zigarrenstummel war weg. So weit, so gut.

Nun liegen nicht immer Zigarrenstummel auf den Straßen herum, aber bei der Kirche an der Frankstraße war das anders. Damals, in den dreißiger Jahren, ging ein guter Christ sonntags zur heiligen Messe, aber es gab da feine Unterschiede. Der gute Katholik ging in die Frühmesse, wo man auch die hl.Kommunion empfangen konnte. Um 11 Uhr gab es dann noch eine hl. Messe für diejenigen, die ein längeres Sonntagsschläfchen zu schätzen wussten, und die es etwas bequemer haben wollten. Sie machten sich, nachdem sie das Sonntagsfrühstück beendet hatten auf den Weg, und die Genießer unter ihnen zündeten sich für den Weg eine Sonntagszigarre an. Nun war Rodenkirchen damals noch klein, und wenn man bei der Kirche ankam, war die Zigarre etwa zur Hälfte geraucht. An dem Kircheneingang auf der Männerseite befand sich zur Verzierung ein Steingesims, und dort steckte man den Zigarrenrest hinein. Man gedachte, den Rest von dort wieder mitzunehmen und zu Ende zu rauchen. Aber je nachdem, wie die Predigt ausgefallen war, war die Zigarre vergessen, und es zog einen mehr zu einem Bierchen in die Wirtschaft oder zum Mittagessen nach Hause.

Zur heiligen Messe gehören auch die Messdiener, das waren in der Regel kleine oder nicht mehr ganz kleine Jungen. Unter anderem beteten sie in der Messe wechselseitig mit dem Priester Gebete, damals noch in lateinischer Sprache, und hatten ein braves Gesicht. Aber dahinter waren sie Lausejungen, genau wie die anderen. Auch sie kannten die Fundstelle für Zigarrenreste.

Nun ergab es sich, dass nach einer Messdienerversammlung, wo Termine und dergl. vereinbart wurden, noch Zeit für etwas Unfug auf dem Kirchplatz blieb, und siehe da, in etwa 200 Meter Entfernung kam „et Marie" angeschlurft. Sofort hatte einer die Idee.

Ein guter Zigarrenstummel war gleich zur Hand und wurde unauffällig der Marie auf den Weg gelegt. Wir gingen in Deckung und warteten ab. Marie hatte das Objekt ihrer

Begierde bald mit Adlerblick entdeckt, und es wiederholte sich das bekannte Spiel mit dem Taschentuch und der zittrigen Hand. In diesem Augenblick rief einer von uns überflüssigerweise aus dem Versteck „Marie, do litt ener". In dem Augenblick entdeckte et Marie die Jungenbande und knirschte hasserfüllt „ ührr Saujunge". Das Taschentuch steckte sie weg, ohne dem Zigarrenstummel noch einen Blick zu widmen. Aus meiner heutigen Sicht war die Feststellung mit den Saujunge so falsch nicht.

Aus den Erinnerungen eines Freundes habe ich noch eine Geschichte, die hier hin gehört. In der oberen Wilhelmstrasse wohnte ein Mann, stark, ein Mann zum „Anpacken". Er betätigte sich als Spediteur und betrieb mit seinem Pferd ein Roll-Fuhr-Unternehmen. Er wirbelte die schweren Kisten, Kasten und Lasten, kurz die Rolle genannt, nur so durcheinander, und da er zudem noch recht bockig sein konnte, besonders seinen Freunden gegenüber, nannte ihn alle Welt schon bald „DÄ-ROLLBOCK".

Damals gingen Beerdigungen noch vom Trauerhaus durch das Dorf zum Friedhof an der Frankstraße, und der Rollbock hatte erreicht, dass er den Auftrag für den Transport des Sarges von der Gemeinde erhielt. Um die Einkünfte aus seinem Rollfuhrunternehmen aufzubessern, hatte er den Auftrag gerne angenommen. Wenn nun eine solche Beerdigung anstand, wurde sein Plateauwägelchen in einen "staatsen" Leichenwagen umgewandelt.

Von einem schwarz lackierten Rahmengestell hingen dann schwarze "Plaggen" herunter, die mit Fransen besetzt waren. Vier Stangen, mit Fahnenknäufen versehen, trugen diese Trauerdekoration, und man konnte gar nicht erkennen, dass der Leichenwagen eigentlich ein Rollfuhrwek war. Schwerer als diese Aufmöbelung war es jedoch, dem "Fritz", seinem Rollpferd, die wüsten Rollfuhrmanieren abzugewöhnen und ihn zu einem zahmen und gesitteten Bestattungspferd umzuerziehen. Der Rollbock wusste, beide Geschäftszweige miteinander in Einklang zu bringen. Mit Stolz konnte er nun erklären, in öffentlichem Auftrag zu handeln und konnte schon einmal seine Speditionskundschaft warten lassen und die Leich besonders schön und feierlich zu Grabe bringen. Das Bestattungsgeschäft machte ihm geradezu Freude; denn jetzt fuhren er und Fritz in höherem Auftrag, und niemand konnte ihm dreinreden - auch die „zu Hause" nicht.

Zu diesem Auftrag gehörte auch, wenn am Rhein wieder einmal eine Wasserleiche angeschwemmt war, diese zum Totenhäuschen auf den Friedhof zu bringen, was durch den umfangreichen Badebetrieb im Rhein oft passierte. Wenn ein solcher Auftrag vorlag, begann für ihn ein Feiertag. Er fuhr mit „Fritz" die Papiere und die Rolle (die Wasserleiche) abholen, sargte den Toten ein, und nun begann die goldene Freiheit. Fritz und er fuhren nun nicht auf dem kürzesten Weg zum Friedhof an der Frankstraße, nein es begann eine festliche und immer gleiche Zeremonie. Der arme Deubel dort in der Kiste sollte in Ruhe von dieser Welt Abschied nehmen, in Schönheit beerdigt werden – und wo ist es schöner als an der Theke, und sie besuchte das Gespann – Fritz bekam nur Heu und Wasser und hielt durch – der ROLLBOCK aber nicht.

Wieder einmal hatte man einen aus dem Rhein gefischt. Wieder hatte er ihn bestens eingesargt und zu mehreren Wirtschaften gefahren, als ein schweres Gewitter aufzog. Sie fuhren jetzt zum Friedhof, und „Fritz" zuckte bei jedem Blitz zusammen und wurde sehr unruhig. Unser Rollbock bemerkte von Allem nichts und summte ein Lied, mit Gott und der Welt zufrieden. Sie erreichten auch den Friedhof und das kleine Leichenhaus, in das der Tote gebracht werden sollte. Schon ließ er den Wagen zurückdrehen und lockerte die Verschlüsse der Rückwand, als ein starker Blitz herunterzuckte, dem ein fürchterlicher Donner folgte. – Fritz bäumte auf, zog an und raste den Weg zurück dem Eingang zu, zog den Wagen mit sich, bog links in die Frankstraße und rechts in die Wilhelmstraße, zu seinem Stall dort an der Ecke Adamstraße. Doch noch ehe er die Adamstraße erreicht hatte, fuhr ein weiterer Blitz hernieder und „Fritz" ging steil in die Höhe, riss den Wagen mit sich in die Höhe und raste zu seinem Stall.

Rollbock wurde auf dem Friedhof fast nüchtern, konnte aber so schnell nicht folgen und bald erreichte er den führerlosen Leichenwagen. Dort war der Sarg (die Kiste) aus dem Wagen gerutscht und zur Erde gestürzt. Dabei hatte sich der Sarg geöffnet und der Tote lag am Straßenrand – halb aufgerichtet gegen eine Laterne gelehnt. Rollbock beherrschte die Situation noch nicht. Er sah das alles sehr verschwommen und undeutlich, nämlich, dass sich der Tote seiner schützenden Hand entziehen wollte, und dann wiederholte er DIE ERWECKUNG DES JÜNGLINGS ZU NAIM IN RODENKIRCHEN UND ER TRAT VOR DEN TOTEN UND RIEF: „Käälche, dat sagen ich dir ! - dat kannste mit mir nit maache ! Zorück in de Kess ! Oder ich werfe dich widder in der Ring." Als er jedoch keine Antwort erhielt und der Tote nicht mehr zum Leben zurückfand, versuchte er es im Guten. Er warf die „Schmeck" zur Seite und sagte: „ Käälche, wie küsste nur do in die Sod ? Dä ärme Fritz hätt sich esu verschreck!"

Rodenkirchen: Die Familie erinnert sich

Hermann Joseph Genn

Hier möchte ich noch einige Geschichten aus dem Umfeld meiner Mutterfamilie erzählen. Ich habe sie nicht selbst erlebt, aber immer, wenn ein Namenstag oder sonst ein Familienfest zu feiern war, tauchten sie auf - weißt Du noch ? - Die Beteiligten leben alle nicht mehr, und die Geschichten haben sich in der Zeit zwischen 1890 und 1915 zugetragen. Das Leben in der Familie lief damals anders ab als heute, und so spiegeln die Histörchen ein ganz anderes Lebensgefühl wider. Meine Mutter ist in einer Familie mit 12 Kindern aufgewachsen. Man war gut katholisch, wie man das damals nannte. Der Pastor war die unbestrittene Respektsperson des Dorfes, und wenn man etwas sehr Persönliches auf dem Herzen hatte, dann ging man zu ihm in den Beichtstuhl und nicht zum Psychologen. Er kannte seine Schäfchen genau und seine Ratschläge und Hilfe hatten einen anderen Ansatz als heute die der Psychologen.

Abwechslung wie heute Fernsehen, Computer und was es sonst noch alles in dieser Richtung gibt, waren noch nicht erfunden. Aber gelangweilt hat man sich deshalb nicht. Großvater hatte erfahren, dass in Köln in einem Saal in der Nähe des Waidmarktes der Film „Das schreckliche Leiden Christi" aufgeführt werden sollte. Eine gute Gelegenheit, die Kinder mit dem neuen Phänomen „Film" bekannt zu machen, und der Filmtitel war auch vielversprechend. So machte er sich am kommenden Sonntag mit seinen Kindern zu Fuß auf den Weg. Die Kleinen blieben bei der Großmutter, aber die Größeren sollten das Ereignis sehen. Der Film sollte um 11 Uhr beginnen, und man war pünktlich zur Stelle. Der Saal war noch geschlossen. Der Großvater schellte an der Tür und nach einiger Zeit kam ein verschlafener Mann und eröffnete der Gesellschaft, dass der Film erst am Nachmittag um 3 Uhr beginne. Was tun? Sollte man unverrichteter Dinge wieder nach Hause gehen? Die Kinder waren von dem langen Fußmarsch schon jetzt hungrig und müde, und so ging der Großvater mit den Kindern in den Dom und anschließend nach St.Maria im Kapitol, wo man den Apfel des heiligen Hermann Josef für das Jesuskind sehen, und den Kindern die schöne dazu gehörende Geschichte erzählen konnte. Währenddessen wurde der älteste Sohn, der schon nach Köln zum Gymnasium ging, zu Fuß nach Hause geschickt. Mutter sollte ein Paket Butterbrote und etwas zu trinken machen, und dann sollte er mit der Pferdebahn wieder zurückkommen.

Gegen 2 Uhr war er auch mit seiner Ladung wieder da, die Kinder stärkten sich und dann nahm man im Saal Platz. Als der Film anfing, war die ganze Gesellschaft fest eingeschlafen, und so haben sie vom Leiden Christi nichts mitbekommen. Als der Film zu Ende war, machte man sich erfrischt auf den Weg nach Hause. Es war ein schöner Sonntag.

Es gab noch keine Tiefkühlkost, keine Tomaten und keinen Spargel in Büchsen, es gab

Das Ehepaar Weyer (die Großeltern Genn mütterlicherseits), im Garten ihres Hauses Ecke Frankstr. / Wilhelmstr. Mit diesem Haus des Buchhalters Josef Weyer begann 1894 die Bebauung der Westseite der Wilhelmstr.

noch kein exotisches Obst im Winter wie Bananen oder gar Erdbeeren zu Weihnachten. Vielleicht zu Weihnachten ein paar Apfelsinen, die waren sauer, aber so gesund. Die gute Hausfrau musste selbst vorsorgen. Und wenn man dann einen Pflaumenbaum im Garten hatte, der gut trug, dann konnte man Essigpflaumen einmachen, und so geschah es auch in der Großelternfamilie. Dafür hatte man einen irdenen Topf, 50 cm hoch – oder auch etwas höher, 30 cm breit – oder auch etwas breiter – da hinein kam Zucker, Essig in einer Verdünnung lt. Rezept, die Pflaumen – vorher kurz aufgekocht – und etwas Salizyl. Das Ganze wurde dann abgekühlt, abgedeckt und kam in den Keller. So hatte man den ganzen Winter über für sonntags, oder auch andere besondere Anlässe, einen leckeren Nachtisch. Aber, schon nach kurzer Zeit waren die eingemachten Pflaumen stark eingegangen. Das war in den früheren Jahren nicht so gewesen, und in der Umgebung des Topfes waren auch Tropfen auf der Erde. Es war also klar, dass sich hier jemand bediente. Die Großmutter hat jeden einzelnen befragt, aber keiner war an dem Topf gewesen. Von draußen konnte es auch keiner gewesen sein, denn es war schon lange kein Fremder mehr im Haus. Großmutter war ratlos, ihre Kinder hatten sie offensichtlich angelogen. Am Abend beriet sie sich mit Großvater, und der hatte eine Idee. Großvater war Prokurist in einer Holzhandlung an der Schönhauser Straße und kam mittags zu Fuß zum Essen nach Hause, um anschließend wieder zu Fuß zum Büro zu gehen. Er sagte zur Großmutter, sie möge beim nächsten Mittagessen nicht erschrecken, sondern abwarten, was passieren würde.

Als die ganze Familie in froher Runde zusammen saß, sagte er unvermittelt: übrigens Mutter, die Essigpflaumen musst Du wegschütten, die sind vergiftet. Ich habe das Gläschen mit Salizyl mit einem Gift verwechselt, welches ich bei den Bienen gebrauche – Großvater hatte im Garten auch einige Bienenstöcke, und jeder wusste, dass die gepflegt werden mussten. Die Runde erstarrte, eisiges Schweigen. Der Erste: ich muss mal raus, der Zweite: ich habe keinen Hunger mehr und einer der Kleinen: wie viel muss man gegessen haben, eh man stirbt. Die kriminalistische Finte hatte geklappt, die Täter waren überführt. Aber Großmutter hat lange daran gekaut, dass ihre Kinder sie mit offenem Blick in die Augen belogen hatten.

Im Jahr 1910 wurde die Südbrücke über den Rhein eröffnet. Sie brachte nicht nur einen Rheinübergang für die Eisenbahn, sondern auch zwei Fußgängerspuren, wodurch für die Rodenkirchener die andere Rheinseite näher rückte. Großvater wollte seinen Kindern, soweit sie gut zu Fuß waren, diesen Fortschritt vor Augen führen. Außerdem war ihm wohl klar geworden, dass seine Kinder noch nie einen richtigen Wald gesehen hatten, nicht so etwas wie die mickrigen Auenwäldchen am Rhein, nein, einen richtigen großen Wald. Deshalb wurde für den kommenden Sonntag der Test für die neue Rheinbrücke angesetzt und eine Fußwanderung zum Königsforst unternommen. Man brach morgens schon früh auf, überquerte den Rhein und wanderte ostwärts. Es war ein weiter Weg. Nachdem die Gruppe auch die Wahner Heide durchwandert hatte, stand man vor dem Königsforst. Hier hielt Großvater inne, versammelte die Seinen um sich, deutete auf die riesige Ansammlung von alten Bäumen und erklärte seinen Kindern: „Das ist ein Wald." Daraufhin drehte man sich um und ging wieder nach Hause.

Im Herbst, wenn die Felder um das Dorf abgeerntet waren, war die große Zeit des Drachensteigens. Die Pattevuels wurden natürlich selbst gebastelt, und je größer sie waren, um so schöner waren sie. Man konnte natürlich auch beim Kaufmann einen erwerben, aber der Gedanke war abwegig. Aber so ganz abwegig war er wieder nicht, denn da gab es einen beim Kaufmann– leuchtend rot und mit einer gelben Sonne mit Strahlen, der hatte es einem der kleinen Brüder angetan, und der erschien ihm tausendmal schöner als seine Eigenproduktion. Auf die Idee von regelmäßigem Taschengeld war noch keiner gekommen. Taschengeld gab es nur, wenn schon mal eine der zu Besuch kommenden Tanten etwas springen ließ, aber das war dann auch direkt wieder ausgegeben. So ging er einfach an Omas Küchenportemonnaie, nahm sich 50 Pfg. und kaufte sich jenen Traum. Glücklich kam er nach Hause, und das Prachtstück wurde von allen bewundert, aber so ganz wohl war ihm doch nicht dabei, denn als Großmutter ihn fragte, wie er daran gekommen sei, antwortete er flott, der Kaufmann habe ihm den Pattevogel geschenkt. Nun kannte die Großmutter ihren Kaufmann so gut, dass sie wusste, dass der so schnell nichts verschenkte, und so brach das Lügengebäude schnell zusammen. Ohne alles wenn und aber musste er sein Prachtstück zurückbringen und dem Kaufmann sagen, er habe das Geld seiner Mutter gestohlen. Der Kaufmann hat ihm dann die 50 Pfg. wieder zurückgegeben. Es war sicherlich eine harte Strafe, aber der Übeltäter hat sich nie wieder an Großmutters Portemonnaie bedient.

Der Lebenswunsch meines Großvaters war, einmal im Leben nach Italien reisen, das Land, wo die Zitronen blühen erleben, Rom, die heilige Stadt sehen mit dem Petersdom, die vielen anderen Kirchen mit den Gräbern der heiligen Märtyrer betreten, das Kolosseum und die Ruinen des alten Roms sehen und eventl. sogar den Papst bei einer Audienz erleben.

Die Zeit der Reisebüros, die einem so etwas bezahlbar arrangieren und die Zeit der Billigflüge war noch fern, und so wurden diese Wünsche in der Datei „Utopia" abgelegt.

Großvater hatte einen Cousin. Sein Beruf war Privatier, etwas unpathetischer würde man sagen, er war ne Kappesbuur, der bei der Stadterweiterung sein Geld gemacht hatte. Er verstand sich mit diesem Cousin gut und als er hörte, der sei jüngst von einer Romreise zurückgekehrt, hielt es ihn nicht mehr. Am nächsten Sonntag fuhr er zu ihm, und er begrüßte ihn mit dem Ausruf „Josef, erzähl mir von Rom". Der Cousin war von der Reise sehr angetan. Er sprach vom fremden Essen und von gutem Wein, aber das wollte Großvater nicht wissen. Ja und sonst, erzähl doch. Du bist doch über die Alpen gefahren ? Jaaa – Und Rom, hast Du den Petersdom gesehen ? Dat weiss ich nit, et waren so viele Kirchen. Ja und die Landschaft, erzähl doch mal. Antwort: Jupp hür op ze froge - Bööm wie he och.

Die Großeltern hatten einen Nachbarn, den Jüd Marx. Herr Marx war Viehhändler. Der Großvater hatte zu ihm ein gutnachbarliches Verhältnis. Wenn man sich auf der Straße traf, hielt man ein Schwätzchen über die Politik und der Zeiten Verderbnis, halt so, wie solche Unterhaltungen unter Männern laufen. Herr Marx hatte die Angewohnheit, solche Gespräche mit einem kräftigen Wort von allgemeiner Bedeutung zu schließen, und so stellte er am Ende des Gespräches, von dem ich berichte, fest: dat will ich inne sage, Herr Weyer, zick dem dat die Wiever Löcher in der Blus han, (gemeint war die damals beliebte Lochstickerei in Damenblusen), zick dem doog et nit mie op der Welt. Er konnte nicht ahnen, wie weit es noch kommen würde.

Im Winter waren die Tage kurz und draußen war es kalt. Das Rodenkirchen meiner Großelternfamilie bot keine Abwechslung. Diskos und ähnliches sündiges Zeug gab es nicht, und so blieb man zu Hause. Die Jungen und der Großvater spielten verschiedene Musikinstrumente. So war schnell ein Quartett zusammen. Dazu kamen immer gerne Freunde und Freundinnen zu Besuch, und so waren die Sonntage Tage froher Entspannung. Alle Kinder sind in Rodenkirchen oder der Umgebung von Rodenkirchen geblieben, und solange noch einer von den Großeltern lebte, guckte man mindestens einmal in der Woche herein. Wenn meine Mutter auf ein Schwätzchen zur Großmutter ging, sagte sie immer: „Ich gehe mal für eine Stunde nach Hause."

Das Eulenhäuschen

Käthe Gosse, beigebracht von Margret Röhl

Links das Haus Eulen in der Maternusstr., rechts: der Hof mit der alten Frau Eulen und Margret Eulen, verh. Röhl im Kinderwagen.

Also, wie die Jroßeldere dat Hüsje, Maternusstr. 38 in Rudekirche jebaut hatte, do bestund die Stroß nur als lehmige Weg. Wenn et dann jerähnt hat, mohten die Fraue de Röck huh halde, öm die Kleider net voll Matsch se kriege. Wie uns Oma no ens weder över die Stroß, die eine Matsch wor, jon moht, met entsprechender Schängerei över die matschige Verhältnisse, do kom ene „feine Här" un moht sich och durch der Dreck möhe. Die Oma hat nu no ihrer Ansech eine, bei dem se sich su richtig Luft mache kunnt, över die fuul Beamte, die nix für ärm Lück don.

Der „feine Här" dät sich alles jedöldig anhüre un säht dann beschwichtigend: „Liebe Frau, das wird jetzt alles anders, ich bin nämlich der neue Bürgermeister!" Die Oma mit Schrecken und Staunen hierauf: „Leck mich am Arsch, Ihr sed der neue Bürgermeister, o Jot, o Jott, feiner Här!"

Die Oma war eine einfache, bescheidene Frau. Ein Sonntagskleid, ein Werktagskleid, so auch Schuhe. Ihr Leben war nur Arbeit und Fürsorge für die Ihren. Ich erinnere mich, dass die Oma noch 5 Kühe versorgte, da war sie schon 75 Jahre alt. 90 Jahre ist sie geworden. Früher haben die Töchter mit Eselchen und Wagen, weißgestärkten Schürzen, die Milch täglich an die feinen Haushalte der Marienburger Villen verkauft, sogar der Gerling-Haushalt wurde beliefert.

In dem Häuschen, von allen „dat Ühle-Hüschen" genannt, ging man vom Hof aus in eine kleine Küche, in der früher Milch an die Ortsansässigen verkauft wurde, und immer nur „et Kannedinge" bezeichnet wurde. Die Oma war sehr fromm. Sie war bis zu ihrem Tod Mittelpunkt der Familie. 8 Kinder, viele Enkel und später Urenkel hat sie gehabt. Alle wohnten in Rodenkirchen, bis auf die älteste Tochter Lies, die mit ihrem

Mann, Christian Breuer, der auch Rodenkirchener war, in Aachen wohnte, später als Witwe jedoch auch wieder nach Rodenkirchen zog. Es war täglich ein Kommen und Gehen im Häuschen. Zur Essenszeit wurde jeder, der gerade anwesend war, genötigt mitzuessen. Die Haus- bzw. Familiengemeinschaft bestand aus der Oma, meinen Eltern, meinem Vetter Jakob, der zur „Oma" Mutter sagte und mir. Der große Garten wurde von meinem Vater bearbeitet. Wir waren mit Gemüse, Kartoffeln usw. Selbstversorger. Es war auch eine große Scheune da, in der hing für mich eine Schaukel.

Bis zum Krieg hatte die Oma noch ein Pferd „Lisa". Nachdem die Oma keine Einnahmen mehr durch Milchverkauf hatte, hat sie ein Fuhrgeschäft angefangen. Jakob war der Fuhrmann und machte Speditions-Dienste für die damals in Rodenkirchen ansässigen kleinen Fabriken, meist wurden Güter zum Bahnhof transportiert. Später wurde ein LKW angeschafft. Anfang des Krieges wurde Jakob mit LKW eingezogen. Die Oma hat jeden Tag den Rosenkranz für alle eingezogenen Enkelsöhne gebetet und ich hörte sie dann oft sagen: „Su, jetz han ich ald wedder ne janze Rusekranz jebett, wenn inne nu jet passiert, kann ich net dofür." Alle Enkelsöhne sind gesund aus dem Krieg zurückgekommen. Der Opa war schon 1922 im Alter von 70 Jahren gestorben.

Haus, Hof, Garten und Scheune waren für mich als Kind ein Paradies. Vor allem war das die Geborgenheit in einer Großfamilie, in der gegenseitiger Beistand in Not selbstverständlich war. Zum Beispiel: Als Onkel Ludwig arbeitslos wurde, haben die Männer im Häuschen die gute Wohnstube (mit Vertiko [ein halbhoher Schrank mit Auflagemöglichkeit], Samtsofa, Majolikaofen etc.) leer gemacht und als Schlafzimmer hergerichtet, die sogenannte „Haferkammer", hier war das Pferdegeschirr und Hafer untergebracht, wurde zur Küche gestaltet. Meine Kusine Klärchen schlief mit uns in der 1. Etage, hier waren 3 kleine Schlafkammern. Im ganzen Haus gab es nur eine Wasserleitung. Im Winter waren die Schlafkammern eisig. Meine Mutter machte im Herd, der mit Briketts geheizt wurde, im Backofen Ziegelsteine heiß, wickelte diese in Wolltücher und legte in jedes Bett einen Stein. Einmal, ich glaube 1926, hat das Hochwasser sogar im Keller und Unterhaus gestanden. Daher bildete sich im Winter wie Rauhreif auf den Wänden im Treppenhaus und ich malte dann mit dem Zeigefinger allerhand Bilder hierauf. Und dann die Toilette! Das war ein Holzhäuschen auf dem Hof. - Die sogenannte gute, alte Zeit hatte wenig Annehmlichkeiten. - An Winterabenden saßen wir mit Verwandten und Bekannten hauteng in der sogenannten „jot Stuw" und es wurde erzählt und erzählt. Wenn alle gegangen waren, lüftete meine Mutter und kehrte die Stube aus. Es gab weder Eß- noch Trinkbares. Das war nicht nötig. Es war einfach nur gemütlich und es wurde viel gelacht; manchmal wurden Volkslieder gesungen.

Unser Jakob ging schon mal abends zu Freunden. Die Oma hatte aber keine Ruhe, bis er wieder zu Hause war. Eines späten Abends war sie aufgestanden, um in Jakobs Kammer nachzusehen, ob er schon zurück war. Es wurde kein Licht angemacht, das kostete ja Geld, denn kein Pfennig wurde verschwendet. Sie tastete im Dunkeln in Jakobs Bett rum und griff mit ihren Händen diesem mitten ins Gesicht. Jakob, traumverloren, würgte die arme Oma, da er glaubte, es mit einem Einbrecher zu tun zu haben. Übrigens: Haus- und Hoftüre wurden in meiner Kindheit nie abgeschlossen.

„Musik" in der Barbarastraße

Franz Bröhl

Es war ja schon 1928, die Zeit der großen Arbeitslosigkeit, und ich selbst war noch ein Kind der Barbarastr.[7] Ich folgte den Musikanten auf Schritt und Tritt, wenn der Donnerstag für die Frauensleute der Bärbelsgass Feiertag war, weil auf der ganzen Straße getanzt wurde. Die Musikanten kamen aus allen Teilen der Vorstadt, aus Bayenthal, Zollstock, darunter der singende Ziehharmonikaspieler Kellershoff aus Bayenthal. Zunächst mussten sie auf der Gemeindeverwaltung einen kleinen Betrag für die Spielgenehmigung zahlen. Aufgespielt wurden Walzer, Foxtrott und Volkslieder, zu denen auch getanzt wurde. Vor dem Häuschen von Gerta Sturm, verh. Frigge spielten die Musikanten: „Wer das Scheiden hat erfunden" und das „Forellchen", wie sie genannt wurde, sang mit. Und auf der Straße tanzten Frau Straub (Jötschel), Frau Badorf (Knüsel), Frau Fehrer mit Tochter Billa (Eus), Frau Pinzl, die keinen Spitznamen hatte, Frau Schmitz, Frau Hiertz, Frau Krögel, Frau Schüller, Frau Wellershausen (Engelchen), Frau Linden (Zänkse, Wibelstetzje) und et Bendermachers Ev. Die alte Frau Engels sah ich selten dabei. Die Musikanten bekamen kleine Geldstückchen zu 5 oder 10 Pfennig, seltener auch schon einmal 50 Pfennig in den Hut. Manchmal kamen auch Geldstücke vom ersten

Die Barbarastr. unmittelbar vor ihrer Zerstörung 1943. Links Steinmetzmeister Willi Heuft mit Elisabeth, geb. Bröhl und Tochter Renate, rechts August Lanz.

Das Foto zeigt die Barbarastr. mit ihrer Erstpflasterung um 1920. Damals lag noch keine Kanalisation in der Barbarastr., daher die gut sichtbare Gosse. Kanalisiert wurde zu Anfang der 1930er Jahre. Bei dem Pferdewagen handelt es sich wohl um das Gefährt eines Brikettändlers.

Rechts sind zu erkennen:
1 Haus Ackermann an der Ecke Hauptstr.
2 Haus Richartz, Stellmachermeister
3 kleines Haus, Werkstatt Tellers, Malermeister
4 Haus Braun, Schreinermeister
5 Haus Rodenkirchen, Brikettändler
6 Haus Habeth, Tochter von Lapps Tring
7 Haus Bröhl, Vater war von Beruf Dreher
8 Haus Albrecht, Postbeamter
9 Haus Bachmann und Frenger
10 Haus Spiees
11 Haus Winkelmolen

Die Häuser der linken Seite lässt die Kameraeinstellung kaum unterscheiden, lediglich das Haus Niedecker ist gut zu erkennen, an dessen Außenwand das Drogeriekreuz zu erkennen ist. Die Drogerie Conrad war im nicht sichtbaren Haus Arends mit dessen Gaststätte Jägerhof.

oder zweiten Stock in Zeitungspapier gewickelt. Böse wurden die Musikanten, wenn darunter auch einmal ein Hosenknopf in Papier war. Nacheinander kamen mal fünf Bläser, dann ein Harmonikaspieler, ein Geiger mit Saxophon, um dann weiter durch andere Straßen zu gehen. So also war auch in armen Zeiten in den Straßen Rodenkirchens immer etwas los. Wir Kinder hatten unsere Freude und die Alten ebenfalls. Keiner hat gejammert, auch wenn die einfachen Leute mit ihren vier oder mehr Kindern alle arm waren. So gab der musikalische Donnerstag den Wochenrhythmus, bis der Krieg begann und das Spiel aufhörte - wie viele andere Bräuche, von denen heute niemand mehr erzählen kann.

Als wir 16 und 17 wurden und schon zwischen Mann und Frau unterscheiden konnten und den Mädchen gegenüber respektvoll begegneten, traf man sich oft mit Schulkameradinnen zum Reden. Einmal, an einem Samstagabend trafen wir drei Kameradinnen mit ihren Eltern zufällig bei der Bank vor dem Seglerclub unterhalb des Lokals „Zum Treppchen", das die Erwachsenen aufsuchten. Käthe hatte zufällig ein kleines Kofferradio von Telefunken dabei, wie es viele der Paddler damals hatten, aus dem den ganzen Abend Tanzmusik übertragen wurde. Und das reizte uns zum Tanzen. Aber wohin? Ins Tanzlokal trauten wir uns nicht, da ja noch die Eltern in der Nähe waren. Aber da war die Villa Kolvenbach und die hatte beim Aufgang zum Haus eine große und verdeckte Vorterrasse. Also benutzten wir diese für unseren Tanzabend. Es war nett, es war schön und ab und zu hier ein Küßchen, da ein Küßchen. Wir waren im jugendlichen Liebeshimmel. Jedoch wurde der schöne Abend jäh unterbrochen, denn der Papa und die Mama unserer Schulfreundin tauchten auf, für zwei unserer Freundinnen gab es links und rechts Ohrfeigen, bis es der Mama zu dumm wurde: un loss doch endlich die Kinder en rou, mir han dat doch fröher och jedon. Also endete der schöne Abend mit einem Fiasko. Die armen lieben Mädchen mussten sofort nach Hause.

Die Freiwillige Feuerwehr Rodenkirchen
Franz Bröhl

Es brennt, es brennt, die Feuerwehr, die rennt - so reimte damals ein Slogan der Freiwilligen Feuerwehr Rodenkirchen. Und wir Kinder haben begeistert zugeschaut, wenn die Freiwillige Feuerwehr an der Kletterwand von Kempens Hof [das Hofgelände wurde 1930 als Marktplatz zum Maternusplatz planiert] ihre Übungen machte mit Klettern, Sprungtuch und der alten Handpumpe. Dort ist seit 1930 der Maternusplatz und gegenüber, nahe der Einmündung der Wilhelmstr. war neben der Mädchenschule an der Maternusstr. noch bis in den Krieg hinein das alte Spritzenhäuschen, in dem früher die Geräte, die Leitern, die Schläuche und auch die Handspritze aufbewahrt wurden, dann verlor das Spritzenhäuschen seine ursprüngliche Funktion und wurde zur Ausnüchterungszelle des Ortes.

Als 1929/30 der Kempenshof abgerissen wurde, entstand an der Hauptstraße eine riesige Lücke zwischen dem alten Seifenhaus Fein und dem neu errichteten Gemeindehaus (Windthorststr.). wo sich heute an der Hauptstr. die Passage befindet. Die Stelle wurde, da der Hof höher lag als der Maternusplatz, planiert und anstelle der früheren Hofzufahrt mit dem großen grüngestrichenen Tor wurde eine breite Treppe angelegt als Zugang von der Hauptstr. zum neuen Maternusplatz und zur Maternusstr. hin. Auf dem Hofgelände gab es vor den Scheunen noch ein großes Becken, die Einfassung des früheren Misthaufens, die zuletzt nur mit Wasser befüllt war und uns Kindern als Teich für eine Floßfahrt diente. Während des Krieges gab es auf dem Maternusplatz wieder zwei derartige Wasserbecken als Löschteiche für die Feuerwehr.

Jubiläum der Freiwilligen Feuerwehr Rodenkirchen 1930 - links Parade in der Hauptstr., oben Übungswand an der Scheune des noch 1930 abgerissenen Fronhofes, heute Maternusplatz

Dienstsiegel der Freiwilligen Feuerwehr Rodenkirchen von 1880

Die zur Leyboldstr. (Gustav-Radbruch-Str.) hin liegenden Stallungen wurden zusammen mit dem Hofgebäude abgerissen und nun waren die etwas höher gelegenen Gärten der Leyboldstr. einzusehen. Die Geländekante wurde dann angepasst, Gras gesät und mit mit einer langen Reihe junger Bäume bepflanzt. Anstelle der früheren Wiese mit ihren Kühen wurde jetzt der einplanierte Maternusplatz als Marktplatz eingerichtet und seine Oberfläche mit schwarzer Asche eingewalzt. Hier standen dann die Anbieter des Wochenmarktes.

Gab es Feueralarm, lief ein Feuerwehrmann mit dem Brandhorn durch die Straßen und alarmierte die Mannschaft, die dann uniformiert zur Bergstr. (damals: Auf dem Brand) lief, in Eile die dort bereitstehenden Feuerwehrfahrzeuge bestieg und zum Brandherd fuhr. Beim alten Schulhaus war auch die Gemeindewerkstatt. In drei Räumen standen die Einsatzfahrzeuge, eine Motorspritze und zwei Mannschaftswagen sowie die Geräte und Leiterwagen. Das heute noch stehende Backsteingebäude war bis um 1900 das Schulhaus, in das danach die Familie Schmitz einzog, denn Herr Schmitz war der Rohrmeister der Gemeinde Rondorf-Rodenkirchen. Viele immer wieder vorkommende kleine Brände wurden gelöscht. Oberbrandmeister war Heinrich Schmitz (Schaffur), die Rodenkirchener Brandmeister hießen Scheidt, Frenger und Kläsgen.

Selten gab es Großbrände wie 1931 in der Wachsfabrik. Über zwei Tage musste gelöscht und die Brandstelle beaufsichtigt werden. Brände gab es auch oft im Sommer auf den Hoffeldern, wenn die Strohschuppen zu brennen anfingen. Jedoch ein Brand übertraf die Möglichkeiten der Rodenkirchener Freiwilligen Feuerwehr. Ich erinnere mich an den 6. Januar 1929. Unsere Mutter hing abends gegen 18.30 Uhr im Garten in der Barbarastr. die gefrorene Wäsche ab und stürmte aufgeregt ins Haus: et brennt beim Pullem en de Schör. Alles lief aus dem Haus auf die Straße. Aber angesichts dieses Brandes war die Rodenkirchener Feuerwehr überfordert und die Kölner Feuerwehr wurde alarmiert, die mit zwei Löschzügen anrückte und mit Geläut in die Barbarastr. hinein zum Hof hin jagte. Sirenen gab es damals noch nicht. Das war ein Großereignis, mit

Aufmarsch der Freiwilligen Feuerwehr am neuen Marktplatz (Maternusplatz) mit Buden des Maternusfestes und dem Wohnhaus Windthorststr. im Hintergrund

dem die Freiwillige Feuerwehr nicht fertig werden konnte, dazu fehlte die Ausrüstung. Die ganze Nacht dauerten die Löscharbeiten und danach blieben die Brandwachen noch für zwei Tage. Das Wohnhaus und eine großer Teil der Stallungen und des Viehbestandes konnten gerettet werden. Denn der Schweizer Albert Trünchen hatte noch rechtzeitig das Vieh aus den Ställen befreien können, das dann durch die Straßen lief und von den Rodenkirchenern wieder eingefangen wurde. Es verbrannten jedoch viele Hühner, die in Panik auf das Feuer zugeflogen waren.

Der neue Marktplatz 1930
Franz Bröhl

Der heutige Maternusplatz war nach der Niederlegung und der Planierung des Kempen Hofs ab 1930 der Rodenkirchener Marktplatz, der auch als Kirmesplatz diente. Zweimal die Woche kamen Bauern aus der Gemeinde Rondorf und auch aus Rodenkirchen vom Hof Gammersbach, und an einem Marktstand war auch die Schwiegermutter von Karl Trümpener. Auch lieferte die Rodenkirchener Hühnerfarm (Weisser Str.) auf den Markt. Aus Rondorf kamen z.B. Frau Hahn und Frau Schürmann, die ihr Obst, Kartoffeln und Gemüse verkauften, aber keinen Spargel. Den Markt hatte Bürgermeister Arnold Freund, Bürgermeister von 1919 bis 1933, eingerichtet, und er wurde am Mittwoch und am Freitag gehalten. Der Markt war das ganze Jahr bis zum Winterbeginn, und begann dann wieder im April mit Porree, Kartoffeln, Kappes (Weißkohl) und Krauskohl (Grünkohl). Fleischverkauf und fliegende Händler gab es dort nicht. Die Marktstände hatten aber nicht wie heute eine Überdachung. Die Bauern hatten damals geflochtene Körbe stehen, und wenn es regnete oder schneite, wurde der Schirm aufgespannt.

Die Frauen aus der Wilhelmstr. trugen frisch zubereitetes Essen für die in Rodenkirchen wohnenden Farbrikarbeiter zum Kreuz am Marktplatz, und die unverheiratete Frau Klein lud dort das Essen auf und brachte es zur Maschinenfabrik Linde, und Frau Hafeneger brachte das Essen nach Sürth. Ich selbst habe einmal meinen Freund Fritz Bongartz zur BAMAG nach Bayenthal begleitet, wo dessen Vater Kesselschmied war. Für Essensträger hatte die Straßenbahn einen Sondertarif von 5 Pfennig die Fahrt, sonst kostete die Kurzstrecke 15 Pf., bis zum Chlodwig-Platz und in die Stadt Köln 25 Pfennig. Los ging es von der Haltestelle Barbarastr. über die Hauptstr. (St. Maternus) weiter nach Marienburg.

Der Markt auf dem späteren Maternusplatz war vielleicht noch bis 1936. Damals kam Johann Weyer, der Sohn von Tapeten-Weyer in der Hauptstr., in SA-Uniform und verkaufte aus dem Korb Eier und die Kinder, angestiftet von Hennes Eulen, riefen ihm hinterher „Da kütt der Weyer mit den Hitler-Eier".

Zusatz: Der NSDAP-Kampfbund für den Gewerblichen Mittelstand, Ortsgruppe Rondorf, Hauptstrasse 44 bat am 11. Juli 1933 den kommissarischen Bürgermeister Rudolf Goede in Rodenkirchen, „bei der Gemeindevertretung vorstellig zu werden, den Wochenmarkt aufzuheben", dieser sei der „Deckmantel für die verfehlte Platzspekulation des beurlaubten Bürgermeisters Freund."

Der Privatkindergarten Mia Blauvac in den 1930er Jahren

Franz Bröhl

In den 1930er Jahren hatten wir in Rodenkirchen den allseits bekannten katholischen Kindergarten im St. Maternusheim, der von Schwestern geleitet wurde. Dieser Kindergarten hieß hier allgemein „Verwahrschule". Nun gab es aber auch noch einen privaten Kinderhort an der Uferstr., in dem allerdings nur Kinder aus den besserdotierten Familien der Rodenkirchener Villen zu sehen waren. Die Leiterin war Mia Blauvac. Ihr Vater war Miteigner der Tonröhrenfabrik Kalscheuren. Die Familie war mir sehr gut bekannt, da ich Mutters frischgestärkte Wäsche jedes Wochenende zu ihnen austrug.

Kinder des privaten Kindergartens Blauvac (Uferstr. 49) 1931 mit Hans Wilhelm Limbach

Der Raum des Kinderhortes befand sich in einer großen Garage im Garten des Hauses Blauvac. Er war sehr schön mit Tischen und Stühlen ausgestattet. Die Wände waren mit schönen Bildern bemalt. Bei freundlichem Wetter sah man Mia dann oft mit 10 - 12 Kindern beim Rheinspaziergang. Mia hatte noch zwei Schwestern in der Familie. Irmgard war später verheiratet mit dem Studienrat Herrn Moser. Die jüngste der Schwestern wiederum war verheiratet mit einem Importeur für Südfrüchte, wohnte allerdings in München bzw. am Starnberger See in Gauting. Frau Blauvac war eine sehr honorige Frau, die echte Mutter der Familie. Sie war verwandt mit dem Unternehmer der Kaisers Kaffee-Filialen. Herr Blauvac, ein stattlicher Mann, war aus St. Goar gebürtig. Da ja seine Villa direkt hinter der Petersfabrik in Rheinnähe lag, hat er einmal die Hochwassergefahr angesprochen: „Wenn es dem Esel zu gut geht, dann baut er am Wasser." Er bat mich dann nach dem Zweiten Weltkrieg zu mancherlei Handwerksarbeiten.

Nach der Machtübernahme der NSDAP, so gegen 1933 - 1935 ging es mit dem Kinderhort zu Ende, da ja schon die Allerkleinsten in das Parteisystem eingebunden wurden, Kükenschar, Jungvolk, Hitlerjugend, BDM usw. Schade, wieder ein Bruch der alten Zeit. [Und in der Frankstr. enstand auf dem Grundstück Tack gleich neben dem Sitz der NSDAP an der Hauptstr. der neue Kindergarten.]

Straßenschlachten in Rodenkirchen 1932

Franz Bröhl

Vor der Machtübernahme der NSDAP 1933 erlebte ich als 10-Jähriger noch in der Weimarer Republik 1932 einen riesigen Demonstrationszug in Rodenkirchen, geführt von der KPD, aus Richtung Sürth kommend, die auf dem Marktplatz (Maternusplatz) eine Kundgebung abhalten wollte. Dazu jedoch sollte es nicht kommen, da aus der Gegenrichtung aus Köln der Demonstrationszug der NSDAP im Anmarsch war. Die Hauptstr. stand links und rechts voller Menschen und Schaulustiger. Genau zwischen Barbarastr. und Maternusstr. kam es zur Eskalation, die mit Knüppeln und von Seiten der SA so in Schlägereien ausartete, dass die Rodenkirchener Polizei machtlos war. Eine uns wohlbekannte Frau Becker schrie: „Nieder mit der Bande" - und spuckte den Nazis ins Gesicht, worauf die Krawalle sich noch verschlimmerten. Schließlich tauchte von Köln kommend das Überfallkommando der Kölner Polizei mit vier Autobesatzungen auf, die in der Lage waren, die Auseinandersetzung auf der Straße zu trennen und mit ihren Mitteln zu beherrschen. Es war auch die berittene Polizei alarmiert, die, von der Bonnerstr. kommend, auf ihren Pferden die Demonstrationszüge auseinandertrieb. Frau Becker war die Ehefrau des Chauffeurs der Familie Martin Fahrbach in der Friedenstr. 2 [Inhaber der alten Kunsthandlung Georg Fahrbach in Köln, Hohe Str. 137]. Das Garagenhaus steht heute noch.

Zusatz: In Rodenkirchen wurde im Jahre 1931 von der NSDAP die Ortsgruppe Rondorf gebildet. Die Leitung übernahm Parteigenosse Goede. Am 1. Juni 1931 fand hier die erste öffentliche Werbeversammlung in der Restauration Püllen [Reichsadler, Rodenkirchen] statt, der sich ein Propagandamarsch der SA aus Köln anschloss. Die Kommunisten hatten zu einer Gegendemonstration aufgerufen. Die Polizei löste diese aber bald auf. Am 22. Januar 1932 fand eine öffentliche Versammlung der Ortsgruppe Rondorf in Sürth in der Restauration „Krahforst" statt. Die Kommunisten versuchten in Massen in den bereits gut besetzten Saal einzudringen. Dies wurde jedoch durch den Saalschutz verhindert. Später musste auch hier die Polizei einschreiten. Die Ortsgruppe Rodenkirchen entwickelte eine rege Tätigkeit. So fand im Mai 1932 im Lokal „Barth" in Hochkirchen wiederum eine öffentliche Versammlung statt. Das Lokal „Barth" war das Parteilokal der Ortsgruppe. In ihm fanden vor dem Bestehen der Ortsgruppe Rondorf Versammlungen der Kölner Parteianhänger statt. (Die NSDAP im Landkreis Köln. Ein Ehrenblatt in der Geschichte der Bewegung, Heimatkalender des Landkreises Köln 1937, S. 22f.)

Teil II

Rodenkirchen von 1933 - 1945

Machtergreifung 1933

Seit Juni 1919 war Arnold Freund für die Zentrumspartei Bürgermeister der Gemeinde Rondorf zu Rodenkirchen. Gleich nach der Machtübergabe der Engländer hielt Freund am 29.11.1945 in seiner neuerlichen Bewerbung für das Bürgermeisteramt fest. Vom Ortsgruppenleiter der NSDAP Goede wurde ihm der Eintritt in die Partei nahegelegt. Die Gemeinderatswahlen vom 12.3.1933 hatten der Partei die Machtgrundlage gegeben und die Aberkennung der KPD- und SPD-Mandate hatte diese Machtbasis gefestigt. Als Freund nicht reagierte, stellte ihn Goede im April 1933 vor die Alternative, entweder Parteigenosse zu werden oder als Bürgermeister abzutreten.

Da am 1. Mai 1933 der Parteieintritt geschlossen wurde, erachtete es der Kreisvorsitzende der Zentrumspartei für zweckmäßig, auf Grundlage der zum Staatskirchenvertrag vom 20. Juli 1933 führenden Regierungserklärung Hitlers vom 23.3.1933 durch den Beitritt dazu beizutragen, die radikalen Elemente der NSDAP zurückzudrängen. Freund trat also der NSDAP bei. Doch Goede inszenierte am 20.6.1933 vor dem Rathaus in Rodenkirchen einen Protestaufmarsch der SA gegen den Etatvoranschlag Freunds, der eine Erhöhung der Grundvermögenssteuer um 5 % und die Einführung einer Getränkesteuer vorsah. Dazu war am 21. Juni 1933 im „Westdeutschen Beobachter" zu lesen: „Unser Fraktionsführer Goede wies dieses Ansinnen ganz energisch zurück und protestierte gegen jegliche Steuererhöhung. In der ganzen Zeit unseres Kampfes kämpften wir gegen diesen Steuerbolschewismus, wie ihn das Zentrum und die SPD in all den Jahren betrieben hat. Jetzt wurde unserem Führer Goede zugemutet, selbst sein Wort zu brechen und neue Steuern einzuführen. Man wollte auf diese Art und Weise unseren Parteigenossen Goede sowie die ganze nationalsozialistische Bewegung unmöglich machen. Nachdem Parteigenosse Goede in der Fraktionssitzung dieses bekanntgegeben hatte, brach eine ungeheure Empörung aus, welche sich wie ein Lauffeuer durch die ganzen Ortschaften unserer Gemeinde verbreitete. Heute Nachmittag gegen drei Uhr erschienen Menschenmassen und uniformierte Nationalsozialisten vor dem Bürgermeisteramt und verlangten unter stürmischen Protestrufen den sofortigen Rücktritt des Bürgermeisters. Es blieb daraufhin dem schuldigen Bürgermeister Freund nichts weiter übrig, wie sofort um seinen Urlaub zu bitten. Die Amtsgeschäfte werden von dem 1. Beigeordneten Ortsgruppenleiter Goede weitergeführt."

Goede selbst wurde damit kommissarischer Bürgermeister, bis der gewählte Dr. Josef Weitz Ende des Jahres sein Amt antrat. Währenddessen hatte das Zentrum am 6.7.1933 die Selbstauflösung beschlossen.

Sichtbares Zeichen der Machergreifung war die Änderung der Straßennamen vom 25.4.1933 mit folgenden Umbenennungen:
1. Oststraße in Horst-Wessel-Straße
2. Walther-Rathenau-Straße in Kaiserstraße

3. Uferstraße in Adolf-Hitler-Ufer
4. Stresemannstraße in Schlageterstraße (heute: Brückenstr.)
5. Friedrich-Ebert-Straße in Hindenburgstraße

Das Jungvolk exerziert (1934)

Jan Brügelmann (1921-2012)

1934 war ich für etwa sechs Monate im „Jungvolk", Ortsgruppe (oder so ähnlich) Köln-Marienburg. Fähnleinführer war Wolfgang Brecht (gefallen vor Moskau 1941). Die Familie Brecht wohnte in der Lindenallee.

Der (Exerzier-) Platz war (und ist) vermutlich die Decke des Fort VIII, etwa in der Größe fast eines Fußballfeldes. Wir (Knaben) übten (u.a.) die Bedienung eines Maschinengewehrs aus Holz mit Mündungsfeuer aus einer Batterie. Als bekannt darf ich voraussetzen, dass dem Fort eine baumfreie Zone vorgelagert war, ein freies Schussfeld gegen Angreifer aus dem Westen.

Nach dem Ersten Weltkrieg begann mein Vater ab ca. 1934 mit den Aufforstungen. Diese setzte ich nach dem Zweiten Weltkrieg als Vorsitzender des Marienburger Golf-Clubs verstärkt fort.

Golfplatz bei Fort VIII, Zustand 1927. Bis zum Frühjahr 1933 wird der Platz auf 18 Löcher ausgebaut und seit 1938 von der neuen Zufahrtsstraße zur Autobahnbrücke überbaut.

Die Verhaftungswellen von 1933 und 1938

Gleich nach der Machtergreifung wurden die möglichen Gegner angegriffen oder verhaftet. Als dem Zentrum nahestehende Personen wurden am 13. März 1933 verhaftet der spätere Bürgermeister Rodenkirchens Josef Kallscheuer und Jakob Eich, ferner J. Kallscheuers Amtsvorgänger Rudolf Buch (SPD). Ein anderes Mal wurde die Wilhelmstr. ausgehoben, von beiden Enden mit Flakscheinwerfern ausgeleuchtet. In diesem Zusammenhang werden genannt Käthe und Fritz Jorzig (Wilhelmstr.), Hubert Dahl und Johann und Maria Müller geb. Dardowski (Mittelstr.).

Die Zusammenstellung von 327 in Schutzhaft genommenen Personen aus der Zeit nach dem Reichtagsbrand vom 27. Februar 1933 ist nur ein zufällig greifbarer Ausschnitt des Gesamtbildes. Es handelt sich um 327 Verhaftete aus dem Landkreis Köln aus KPD, Roter Frontkämpferbund (RFB) und Revolutionäre Gewerkschaftsopposition (RGO). Über ein Dutzend davon kam aus Rodenkirchen (Übersicht von Josef Wißkirchen nach HStAD, LA Köln 365 - siehe Kasten). Hinzuzuzählen sind Verhaftungen aus SPD und Zentrum und aus weiteren Personengruppen.

Übersicht über die Verhaftungswellen von 1933 und 1938

Die Verhaftungswelle von 1938 bereitete Landrat Heinrich Loevenich im Schreiben vom 29.8.1936 vor: „Für Staatspolitische Zwecke benötige ich die Namen aller kommunistischen und marxistischen Kreisausschuss- und Kreistagsmitglieder, die nach der Novemberrevolution von 1918 den Kreisausschuss bzw. Kreistag des Landkreises Köln angehört haben. Bei den Namen bitte ich auch die Angabe des Wohnortes zu machen. Da die Sache keine Verzögerung verträgt, ersuche ich um die Angaben binnen bestimmt 3 Tagen." (Kreisarchiv Rhein-Erft-Kreis, Bestand AK Köln A1001)

Nr.	Festnahme	Name	Wohnort	Beruf	Polit. Tätigkeit	Haftanstalt	Entlassung
167	1.3.33	Adam Laubach	Rodenkirchen	Arbeiter	RGO	Köln K	20.05.33
168	1.3.33	Adolf P.	Rodenkirchen	Arbeiter	RGO	Köln K	
169	1.3.33	Franz Skubig	Rodenkirchen	Arbeiter	RFB	Köln K	
170	1.3.33	Wilhelm Schmitz	Rodenkirchen	Arbeiter	RFB	Köln K	
171	1.3.33	Johann W.	Rodenkirchen	Arbeiter	RFB	Köln K	29.06.33
172	3.3.33	Heinrich Merten	Rodenkirchen	Arbeiter	KPD u. RFB	Köln K	
173	3.3.33	Peter Josef K.	Rodenkirchen	Arbeiter	KPD u. RFB	Köln K	
174	3.3.33	Jakob T.	Rodenkirchen	Drogist	KPD	Köln K	20.05.33
197	3.3.33	Wilhelm Scheven Weiss	Rodenkirchen	Schlosser	KPD	Köln K	
175	24.3.33	Marianne B.	Rodenkirchen	Ehefrau	KPD, Hetzerin	Köln K	entlassen
176	4.4.33	Fritz D.	Rodenkirchen	Arbeiter	KPD	Köln K	
177	4.4.33	Richard S.	Rodenkirchen	Schlosser	KPD	Köln K	
202	6.5.33	Hubert G.	Rodenkirchen	-	KPD	Köln K	
221	7.6.33	Joh. Holler	Rodenkirchen	-	KPD	Köln K	22.09.33*
224	7.6.33	Wilh. R.	Rodenkirchen	-	KPD	Köln K	06.11.33
	1938	Lorenz Brambach + Fritz Dohmen, Andreas Koll	G.-Stresemann-Str. 1 Sürther Str.	Gärtner			
	1938	Willi Wahn +	Siller & Co				
	1938	Andreas Wahn					
	1938	Hans Wahn					
	1938?	Helene Laubach (Ehefrau von Adam Laubach)				Ravensbrück	
	1938?	Josef Laubach		Kupferschmied / Vorsitzender des Arbeiter Wassersport-Vereins			
	1938	Emil? Robertz	Hauptstr. / Karlstr.				
	1938	Jakob? Kautz	Rheinstr. / Karlstr.				

* Einen Tag später wegen subversiver Tätigkeit wieder festgenommen bis zum Kriegsende am 8.5.1945

Zeit der Verfolgung: Politisch Verfolgte
Jill Beier

Zwei politisch Verfolgte waren das Ehepaar Adam (Jg. 1894) und Helene Laubach (Jg. 1897), die in der Gartenstraße 18 in Rodenkirchen wohnten. Beide Laubachs waren KPD-Mitglieder und wurden, wie viele Kommunisten, kurz nach der Machtübernahme verhaftet. Sie kamen in den Klingelpütz, wo sie von Ende Februar bis Ende April 1933 inhaftiert waren. Sie blieben dann eine Zeitlang frei, wurden aber immer drangsaliert und verhört und am 30. September 1937 wieder verhaftet wegen ‚Vorbereitung zum Hochverrat'. Sie kamen ins damalige Gestapo-Hauptquartier, das EL-DE-Haus*, und blieben bis Ende des Jahres dort. Adam Laubach schrieb, dass sie dauernd misshandelt wurden. Seiner Frau wurde im EL-DE-Haus durch Fußtritte der Unterkiefer gebrochen. Die Ernährung war ungenießbar. Alle, die die Zellen im EL-DE-Haus besichtigt haben, wissen, dass das Ehepaar die Beschreibung ihrer Behandlung eher untertrieben hat.

Neujahr 1938 wurden sie nochmals zum Klingelpütz gebracht und kamen im Mai zum Oberlandesgericht Hamm, wo sie verurteilt wurden. Adam Laubach kam ins Zuchthaus Siegburg und blieb dort von Juni 1938 bis Dezember 1939. Nach ihrer Verurteilung in Hamm zu dreieinhalb Jahren Zuchthaus kam Helene Laubach im Juli 1938 nach Ziegenhain ins Zuchthaus, vermutlich ein Frauen-Zuchthaus. Im Juni 1944 wurde sie nach Ravensbrück, das größte Frauen-KZ des Dritten Reiches, transportiert, wo sie blieb - und überlebte - bis zum 2. Mai 1945.

Von August 1944 bis März 1945, fast zur gleichen Zeit der Inhaftierung seiner Frau, war Adam Laubach flüchtig. Offensichtlich hat eine Familie P. in der Hindenburgstr. [= Friedrich-Ebert-Str.], Helene Laubach denunziert, aber dies ist nicht nachzuweisen. Es würde vielleicht erklären, warum nur sie verhaftet wurde und Adam Laubach gerade noch Zeit hatte der Gestapo zu entkommen. Das Ehepaar wurde verfolgt und misshandelt, sie hatten auch Angst um ihre Tochter Elly, denn Helene Laubach berichtete in ihrem Anerkennungsantrag, sie wusste nicht, wer sich um ihre Tochter kümmern könnte.

Andererseits hatte Elly, die glücklicherweise von Familie Schumacher geschützt und gut aufgehoben wurde, große Angst um ihre Eltern. Frau Kunigunde Parr, geb. Schumacher, erzählt, wie Adam Laubach seiner Tochter und anderen Familienangehörigen Nachrichten von ihm und seiner Frau zukommen ließ, zumindest als sie im Klingelpütz waren. Der katholische Gefängnis-Pfarrer dort war auch Religionslehrer am Irmgardis-Gymnasium in Bayenthal, wo Kunigunde Parr Schülerin war, und er konnte der Direk-

---

* Das EL-DE-Haus ist ein nach den Initialen seines Erbauers Leopold **D**ahmen genanntes ursprünglich als Wohn- und Geschäftshaus konzipiertes Haus in Köln im Stadtteil Altstadt-Nord, das als ehemalige Gestapo-dienststelle und Gefängnis zwischen 1935 und 1945 zum Inbegriff nationalsozialistischer Schreckensherrschaft in Köln wurde. Seit 1988 beherbergt es das NS-Dokumentationszentrum der Stadt Köln.

torin Briefe von Laubach geben, die er aus dem Gefängnis schmuggelte. Sie gab sie weiter an Kunigunde Parr, die sie an die Familie Laubach weitergeben konnte.

Beide Laubachs wurden als politisch verfolgt anerkannt und sind nach dem Krieg politisch aktiv geblieben, vor allem Helene Laubach. Sie setzte sich sehr für die Anerkennung anderer politisch Verfolgter ein und gehörte in den Nachkriegsjahren zu dem Ausschuss für rassisch, politisch und religiös Verfolgte. Sie kam aber mit Bürgermeister August Weyer nicht zurecht. Zwar hatte ihr Mann ihn gedrängt, das Amt als Bürgermeister anzunehmen, aber für Helene Laubach hatte er manche Verfolgte nicht genügend unterstützt und wenig getan, um die Probleme der Wohnungsnot zu lösen. Das führte zu einem Eklat am 4. März 1946, als Weyer als Bürgermeister zurücktreten musste (siehe Lokalpolitik - August Weyer wird Bürgermeister).

Das KPD-Mitglied Adolf Sattler (Jg.1907), der aus Wasenach (Kreis Mayen) kam und vermutlich in Rodenkirchen wohnte, wurde auch verfolgt. 1937 wurde er wegen ‚Vorbereitung zum Hochverrat' verhaftet und kam bis Mai 1938 auch in den Klingelpütz und nach Hamm. Nach 14 Tagen wurde das Verfahren gegen ihn wegen Mangels an Beweisen eingestellt, aber danach wurde er dauernd im EL-DE-Haus verhört und verprügelt und musste sich zweimal täglich bei der Polizei melden. Eine Anerkennung als politisch Verfolgter wurde trotz Aussagen von drei Zeugen, Adolf Pfeiffer, Helene Laubach und Richard Seltmann, im Juni 1946 abgelehnt. Erst zwei Jahre später, am 19. November 1948 wurde er vom Kreis-Sonderhilfeausschuss anerkannt.

Ein weiterer politisch Verfolgter aus Rodenkirchen war Heinrich Müller (Jg. 1901), der in der Uferstraße 18 wohnte. Er wurde auch nach der Machtergreifung Ende Februar 1933, verhaftet und kam in den Klingelpütz. Nach zwei Monaten kam er frei, wurde aber am 30. September 1937 nochmals verhaftet und kam ins EL-DE-Haus bis Ende Dezember 1937. Dort wurde er von dem gefürchteten SA-Mann Hoegen misshandelt und 14 Tage lang in Fesseln gehalten. Danach kam er wieder in den Klingelpütz, wo er bis April 1938 blieb, dann kam er nach Hamm und wurde Ende Juli 1938 wegen ‚Hochverrat' verurteilt. Danach kam er, wie Adam Laubach, ins Zuchthaus Siegburg und danach zum Aschendorfer Moor, wo er bis September 1939 blieb. Am 12. September 1946 wurde er als politisch Verfolgter anerkannt.

Adolf Pfeiffer (Jg.1902) wohnte im Mühlenweg 2 in Rodenkirchen. Er war aktives KPD-Mitglied und wurde am 1. März 1933, direkt nach der Machtergreifung, inhaftiert und zum Klingelpütz gebracht, wo er bis Ende Mai blieb. Im November 1937 wurde er zum zweiten Mal verhaftet und kam nochmals dorthin bis Ende April 1938. Dann kam er nach Hamm und wurde zu 2 Jahren und 9 Monaten Zuchthaus wegen ‚Vorbereitung zum Hochverrat' verurteilt. Er kam ins Zuchthaus Siegburg von Juni bis Dezember 1938, dann bis Anfang August 1940 zum Aschendorfer Moor. Ende August 1944 kam er nach Buchenwald, wurde aber Anfang Oktober entlassen. Diese Vorgänge sind etwas unklar. In seiner Beantragung auf Anerkennung schreibt er, dass er Prügel und Schikanen erleiden musste.

Noch ein Verfolgter war Johann Wolber (Jg. 1903), der in der Leyboldstr. 5 wohnte. Er wurde am 15. Februar 1933 verhaftet wegen ‚Vorbereitung zum Hochverrat' und kam zum Klingelpütz, wo er bis zum 17. Juni blieb. Er wurde nochmals im September 1937 verhaftet, kam wieder dorthin, wo er bis zum 8. Dezember 1937 blieb. Zeugen für ihn waren Helene Laubach und Adolf Pfeiffer. Sein Antrag wurde im Juni 1946 zuerst abgelehnt, und es dauerte drei Jahre, bis er doch am 13. Juni 1949 als Verfolgter anerkannt wurde und das offensichtlich nur durch die Aussage von Helene Laubach und nach Einsicht in die Akten vom Oberlandesgericht Hamm.

Richard Seltmann (Jg.1902) wohnte mit seiner Ehefrau Erna (Jg.1902) und den zwei Söhnen Erich (Jg.1928) und Günter (Jg.1930) in der Sürther Straße. Wie üblich wurde er am 1. September 1937 wegen ‚Vorbereitung zum Hochverrat' verhaftet und kam in den Klingelpütz, wo er bis April 1938 blieb. Dann wurde er vom Oberlandesgericht verurteilt und kam im Juli ins Zuchthaus Siegburg und im August zum Aschendorfer Moor, wo er verhaftet blieb bis Ende Dezember 1940. Im Juni 1946 wurde er als Verfolgter anerkannt. Zeugen waren Willi Hoppe aus Sürth und Fritz Domen aus Rodenkirchen. Er musste nach Aussage seiner Frau sehr krank gewesen sein und seelisch und körperlich außerordentlich stark gelitten haben. Er war offensichtlich arbeitsunfähig und starb im Oktober 1947. Zuerst wurde die Betreuung für seine Frau eingestellt, aber im Juli 1947 wurde sie als Hinterbliebene eines politisch Verfolgten anerkannt.

Werner Tollmann (Jg.1903) wohnte in der Barbarastr. 43. Am 24. November 1944, in der Terrorwelle vor Kriegsende, wurde er aufgrund von ‚Hochverrat' verhaftet. Die verschiedenen Phasen seiner Verfolgung glichen den Haftzeiten von Erich Rosenberg. Zuerst kamen beide - mehr oder weniger zur gleichen Zeit wie Konrad Adenauer - ins Gestapo-Gefängnis Brauweiler, wo sie bis Mitte Februar 1945 inhaftiert blieben. Von dort aus kamen sie ins Zuchthaus Siegburg, wo sie bis Mitte März blieben, bevor sie ins KZ Rockenberg gebracht wurden. Dort blieben sie bis zum 6. April. Wann genau Werner Tollmann als politisch Verfolgter anerkannt wurde, ist unklar. Auf jeden Fall war es vor April 1949, denn der Gemeindedirektor hat am 20. April einen Antrag auf Bewilligung einer Beschädigtenrente an den Oberkreisdirektor geschickt. Zeugen waren Peter Hochkeppler und Erich Rosenberg. Möglich ist es, dass er im Juli 1946, gleichzeitig mit seiner Frau, als Verfolgter anerkannt wurde.

Eine starke und manchmal unbequeme Persönlichkeit in der politischen Szene in Rodenkirchen war der Kommunist und Verfolgte Heinrich Meyer (Jg.1900), Uferstraße 15. In seinem Antrag auf Anerkennung machte er eine detaillierte Beschreibung seiner Verfolgung. Nach eigener Angabe war er im Jahr 1933 als Buchhalter im Verlag der Sozialistischen Republik tätig. Er wurde zu dieser Zeit bis 1934 von der Gestapo gesucht und wechselte des Öfteren die Wohnung. Im Herbst 1933 wurde er von zwei befreundeten Jüdinnen, die im Kaufhof Tietz (siehe Anmerkung S. 224) arbeiteten, gewarnt, eine Kollegin hätte behauptet, er wäre ein gefährlicher Kommunist. Seine Wohnung wurde beobachtet und im September 1934 wurde er auf Grund einer Anzeige von der Gestapo gestellt und verhört. Im Januar 1935, nach zwei Jahren Arbeitslosigkeit, bekam er endlich Arbeit in der Maschinenfabrik Alfred Schulte in Köln-Poll, aber dort gab es Auseinandersetzungen mit Partei-Mitgliedern wegen seiner Äußerungen gegen Hitler und die Nazis. Im Februar 1938 kam er in Haft und wurde von einem der brutalsten und gefürchtetsten SA-Männer, Hoegen, misshandelt, höchst wahrscheinlich im EL-DE-Haus oder in Brauweiler. Er wurde aus der Haft entlassen, hatte aber seine Stelle verloren und blieb arbeitslos. Im Juli und im November 1943 wurde er in Düsseldorf ausgebombt. Anscheinend lebte er dort, weil er von seiner Frau geschieden war, aber nach der Bombardierung zog er zu seiner Frau zurück, die noch in der Wohnung in der Uferstraße wohnte. Anfang September 1944 wurde wegen der Unterbringung eines Ausländers, der von der Gestapo entflohen war, nach ihm gefahndet und in den ersten zwei Wochen des Monats war er flüchtig. Zu dieser Zeit wurde er von einem Nachbarn in der Uferstraße, einem Ingenieur K., denunziert. Er hatte auch zwei Polen für einige Tage und eine Halbjüdin für drei Wochen untergebracht. Sie kam allerdings später durch einen Luftangriff um. Er beantragte seine Anerkennung als politisch Verfolgter am 3. April 1946 und verschiedene Leute bestätigten seine Verfolgung, auch seine geschiedene Frau, Hedwig Meyer. Er wurde anerkannt, aber von der Aktenlage her ist unklar, wann.

Nach dem Krieg war Heinrich Meyer politisch aktiv, hat sich aber mit dem Bürgermeister heftig gestritten. Es gab schon einen Konflikt im August 1945, als er an August Weyer schrieb mit der Bitte um seine Unterstützung bei der Militärregierung, um einen Verein für alle Körperbehinderten innerhalb der Gemeinde Rondorf zu gründen, der die Spezialinteressen dieser Menschen wahrnehmen sollte. Dies wurde aber schnell abgelehnt. Meyer reagierte heftig und drohte „aus ethischen Gründen", die Angelegenheit den beiden Linksparteien zur weiteren Bearbeitung und Stellungnahme zu übergeben. Wie sich alles entwickelte, ist nicht dokumentiert. Im November 1945 versuchte er eine Einheitsgewerkschaft zu gründen, aber wie viel Erfolg er hatte, ist unbekannt. Im gleichen Monat schrieb er an den Bürgermeister in einer anderen Angelegenheit. Es ging um die ärztliche Betreuung für politisch Geschädigte. Er fühlte sich übergangen, weil er - im Gegensatz zu anderen - nicht aufgefordert worden war, sich bei einem Amtsarzt vorzustellen. Es ging hauptsächlich um zusätzliche Lebensmittel für Verfolgte. August Weyer antwortete, dass die Anordnungen von der Nord-Rheinprovinz Abteilung Landwirtschaft kämen und deshalb sei durch ihn, Weyer, keine Aufforderung ergangen. Selbstverständlich hatte Meyer das Recht, unter Vorlage der verlangten Unterlagen, ebenfalls zusätzliche Lebensmittel zu beantragen. All diese Konflikte spitzten sich in der sogenannten Plakat-Affäre - einer Verleumdungskampagne gegen Weyer - zu, woran Heinrich Meyer vermutlich beteiligt war.

Heinrich Meyer war auch als Journalist tätig. Er schrieb für die KPD-Zeitung „Die Volksstimme" und am 11. März 1946 erschien ein Bericht über die Gemeindesitzung vom 4. März. Diese war eine Krisensitzung, wo Rudolf Buch als Nachfolger von Weyer vorgeschlagen und angenommen wurde. Der Artikel in „Die Volksstimme", der Weyer stark kritisierte, wurde H.M.R. unterzeichnet und Weyer vermutete, es stecke Heinrich Meyer aus Rodenkirchen dahinter.

Ein Überlebender aus Weiß war Erich Rosenberg, der Antifaschist und Jude war. Er wurde Ende November 1944 ‚wegen Hochverrat' verhaftet und zum Gestapo-Sonderkommando Brauweiler gebracht. Danach kam er ins Zuchthaus Siegburg und im März 1945 ins Zuchthaus Rochenberg. Er wurde starken Misshandlungen und Folterungen in Brauweiler ausgesetzt, wobei er Verletzungen an der Wirbelsäule und an den Beckenknochen erlitt. Im Spätsommer 1945 wollte Rosenberg das Sürther Lichtspieltheater übernehmen, aber sein Antrag wurde abgelehnt. Er versuchte danach Arbeit im Kino von Rodenkirchen zu bekommen. Ob etwas daraus geworden ist, ist unklar.

Seine Frau, Marianne Rosenberg, wurde auch politisch verfolgt und ebenfalls in Brauweiler verhört. Sie wurde verurteilt ‚wegen Hochverrat' und kam ins Zuchthaus Siegburg. Im März 1945 wurde sie ins KZ Wipperfürth verschleppt, bis sie Anfang April ins KZ Hunswinkel bei Lüdenscheid kam, wo sie bis Mitte April blieb. Sie wurde im Juni 1946 als politisch Verfolgte anerkannt, höchstwahrscheinlich zur selben Zeit wie ihr Mann.

In Sürth lebten auch Verfolgte, hauptsächlich KPD-Mitglieder, die die Nazi-Zeit überlebten und als politisch verfolgt anerkannt wurden. Der Bildhauer Matthias Merkenich aus Sürth zum Beispiel wurde mehrmals im Klingelpütz inhaftiert, frei gelassen, mit Deportation bedroht und wieder inhaftiert. Er verlor seine Lizenz zur Ausübung seines Berufes als Bildhauer. Georg Pilgram, auch aus Sürth, der von einer Frau L. vom Holzweg in Sürth denunziert wurde, wurde zuerst im Klingelpütz inhaftiert wegen ‚Vorbereitung zum Hochverrat' und danach im Zuchthaus Siegburg. Wilhelm Josef Scherer kam vermutlich aus Sürth, denn er arbeitete in der Maschinenfabrik, bis er als politisch unzuverlässig entlassen wurde. Er wurde auch von Frau L. (Holzweg in Sürth) denunziert und verhaftet. Helene Tollmann (Jg. 1902) wurde ‚wegen Hochverrat' verhaftet und im Gestapo-Gefängnis Brauweiler inhaftiert und misshandelt. Christina Tollmann aus Weiß wurde auch als politisch verfolgt anerkannt. Vielleicht war sie mit Helene Tollmann verwandt, aber weitere Einzelheiten sind nicht vorhanden.

Mehrere dieser Kommunisten wurden gleichzeitig verhaftet, hauptsächlich kurz nach der Machtergreifung. Darunter waren Adam und Helene Laubach, Matthias Merkenich, Heinrich Müller, Adolf Pfeiffer, Johann Wolber und Georg Pilgram, und sie kamen alle zuerst in den Klingelpütz. Es ist nicht dokumentiert, ob diese und andere Menschen, die verhaftet wurden, eine feste Gruppe bildeten. Möglich ist es. Wir wissen, dass Frau L., eine direkte Nachbarin von Matthias Merkenich, der im Holzweg 17 in Sürth wohnte, Georg Pilgram und Wilhelm Scherer denunzierte. Vielleicht hatte diese Frau L. Pilgram und Scherer und andere Gleichgesinnte beobachtet, als sie sich bei Matthias Merkenich trafen. Nach dem Krieg haben sie, zusammen mit anderen, als Zeugen ausgesagt und manche wurden in der Gemeinde in verschiedenen Ausschüssen politisch aktiv. [8]

Verhaftungen 1938

Franz Bröhl

Die Verhaftung meiner älteren Arbeitskollegen in der Firma Siller & Rodenkirchen im Jahr 1938 wurde durch die SA vorgenommen. Ich arbeitete von 1936 bis 1940 bei genannter Firma in Rodenkirchen und erlebte als 17-Jähriger die stille Verhaftung der Kollegen Andreas Koll (Dreher), Wilhelm Scheven (Schweißer), Peter Schuhmacher und Heinrich, gen. Ibbi. Die gesamte Belegschaft war betreten und keiner sprach vom Geschehen. Die Verhafteten wurden von den unauffälligen Zivilbeamten ins Auto verbracht und nach Köln zum EL-DE-Haus transportiert. Warum: ihre Gesinnung galt als linksgerichtet. Sie gehörten zu ordentlichen Arbeiterfamilien.

Meine genannten Kollegen erschienen nach den Verhören nach gut einer Woche wieder am Arbeitsplatz, still und gedrückt. Kein Wort darüber. Nur einer äußerte sich, Andreas Koll: „Das gönne ich meinem schlimmsten Feind nicht." Nur einer äußerte sich uns jungen Burschen gegenüber, wenn man sich im „Treppchen" beim Bier traf, Herr Laubach, dessen Frau viel für die Rodenkirchener Kinder erreichte und später ins KZ Ravensbrück kam.

Verhaftet wurden Fritz Dohmen und seine Frau, Richard Seltmann kam in ein Konzentrationslager wie Adam Laubach und seine Frau Lena, die aber überlebten. Der Gärtner Lorenz Brambach, der am Marktplatz verkaufte, erhängte sich nach der Tortur im EL-DE-Haus in Köln. Von Hans Wahn aus der Rheinstr. weiß ich allerdings nicht, wie er endete. Herr Willi Wahn aus der Steinstr. war ebenfalls KPD-Mitglied und wurde im EL-DE-Haus in Köln von den Schergen der Nazis zu Tode geprügelt [Fritz Massia (*1901) hat die Wunden des aufgebahrten Toten gesehen]. Hier wurden viele der ehrbaren Rodenkirchener zu Tode gequält. Einige überlebten, andere nicht. Franz Skubisch wurde als KPD-Mitglied verhaftet, er hatte in Rodenkirchen die Parteizeitung „Die rote Fahne" ausgetragen. Was sich mit der Familie Kautz abspielte, blieb mir unbekannt. Vermutlich war Hermann Kautz ein Opfer der Verhaftungsaktion. Johann Holler d.Ä., der Sattlermeister aus der Wilhelmstr., war als SPD-Mitglied wohl nur kurzfristig verhaftet, dafür aber kam sein Sohn Jean als KPD-Mitglied ins KZ. Er bekleidete nach dem Krieg in Frankfurt als Verfolgter wohl ein politisches Amt.

Der Tennisplatz der Rheinterrassen 1935/36
Franz Bröhl

Wo heute die Trasse der Autobahnbrücke verläuft, standen früher die „Rheinterrassen" mit ihren drei Tanzflächen im inneren und äußeren Bereich. Es war ein Blatzheim-Betrieb, der Name wurde später durch Romy Schneider bekannt. Neben der Rodenkirchener Mühle - Ippens Mühle - und der Villa Hecker lag die Zufahrt zu den 12 Tennisplätzen einschließlich Turnierplatz. Im inneren Bereich war der Parkplatz der Klubmitglieder, die fast alle mit dem Auto beim Klubhaus vorfuhren, neben dem sich auch das Balljungenhaus befand.

Die Klubmitglieder des Tennis-Clubs Rot-Weiss waren meist gut betuchte Leute und Mittelständische. Die meisten Spieler dort galten aber plötzlich als Juden, alle kompetent und sehr nett auch zu uns Balljungen. Fangen wir mit den damaligen Platzmeistern an, wie z.B. Herrn Krieger mit seiner Frau, die beide auch das Klubhaus hinter dem Ausflugslokal „Rheinterrassen" am Ortseingang von Rodenkichen bewohnten. Dies ging so bis 1935, da tauchte plötzlich ein gewisser Herr Buchholz mit Familie als Platzmeister auf, der uns nicht so zugetan war. Sein Sohn Ernst, der zusammen mit uns Balljunge war, wurde als Tennisass in der Welt bekannt - als Wimbledon-Spieler.

Kommen wir zu den Trainern bzw. Tennislehrern. Dr. Goldberg [Adressbuch 1934: Hans Goldberg, Tennislehrer, Hauptstr. Rodenkirchen], jüdischen Glaubens, Dr. Walter J. Cohn, dessen Privatballjunge und stiller Vertrauter Josef Schmitz aus Bayenthal war, Dr. Bach, der sich oftmals Eskapaden leistete und bekannt war für seine morgendliche Frühsportsendung im Rundfunk. Diese drei waren in Ordnung, aber ein gewisser Herr Kaminski, der im Vorstand des Tennisvereins war, der war schlimm! Er verbot den Trainern Cohn und Goldberg, am Nachmittag Trainingsstunden zu geben. So fing der Hass im Klub gegen die Juden an. Die Krone der Frechheit besaß ein gewisser Herr Kirfel, der sich erdreistete, den jüdischen Mitgliedern das antisemitische Wochenblatt „Der Stürmer" auf die Terrassentische zu legen. Der Stürmer war die Zeitung, die den Judenhass provozierte. Nebenbei bemerkt: Herr Kirfel war ein unscheinbares Männlein in SA-Uniform. Das Wochenblatt verbreitete er in ganz Rodenkirchen.

Einige der übrigen Mitglieder sind mir noch in Erinnerung. Da war Fräulein Gerlach, die auch als Sängerin im Rundfunk auftrat, Herr Haugh mit Familie, den wir Papa Haugh nannten, Herr Roberts mit Sohn, Fräulein Harnisch, Tochter eines Fabrikanten aus Sürth, Herr Rollmann, dessen Eltern Schuhfabrikanten in Pirmasens waren. Sohn Rollmann verabschiedete sich 1936 in den Urlaub, sogar von uns Balljungen, und ward nie wieder gesehen. Die Familie hatte sich, wie man später erfuhr, in die Schweiz abgesetzt. Sie waren jüdischen Glaubens. Herr Ernst v. Klippstein war ein damals bekannter Filmschauspieler, auch die Ehefrau Dr. Bach war als Filmschauspielerin unter dem

Tennisplatz hinter dem Ausflugslokal „Rheinterrasse" am Rhein. Das Gebäude, aufgrund der Rayonbestimmungen in Hohlbauweise - wurde 1938 beim Bau der Autobahnbrücke abgerissen.

Namen Lotte Rausch bekannt und wirkte später in der Serie „Familie Schölermann" mit. Herr Nüsslein war bekannter Deutscher Meister, Cilli Aussem war erste deutsche Wimbledon-Siegerin.

Zu dem vom „Stürmer" verbreiteten Judenhass gab es keinen Anlass. Mein Bruder Hans Bröhl, der ebenfalls Balljunge war, wurde einmal von Herrn Dr. Cohn gebeten, ihm bei seiner Frau auf der Marienburg zwei Tennisschläger zu holen, wobei er in Höhe der Gärtnerei Walter mit dem Fahrrad in den Stacheldraht stürzte. Leicht blutend traf er bei Frau Dr. Cohn ein und wurde zuerst von ihr medizinisch versorgt und mit den beiden Schlägern und einem guten Trinkgeld verabschiedet. So korrekt waren unsere jüdischen Nachbarn und voller Anstand. So fand ich auf dem Tennisplatz nach einem vorausgegangenen Spiel einen Ring, wie sich herausstellte von einer jüdischen Tennisspielerin. Abends, bei der Auszahlung des Balljungengeldes konnte ich die Eigentümerin des Ringes erreichen, die mich dann mit einem fetten Trinkgeld von 20 Reichsmark verblüffte.

Olympiade 1936

Franz Bröhl

An das Jahr 1936 erinnere ich mich nicht gern. Die Nationalsozialisten waren knapp drei Jahre an der Macht und schickten sich an, das Großdeutsche Reich durch Verbote und Gleichschaltung zu verwirklichen. Wir 14-Jährigen waren fast durchweg Mitglieder der 1935 verbotenen Katholischen Jugend. Uns blieb unser Sportverein TSVR 1906, der Rodenkirchener Fußballclub. Aber natürlich zogen die Olympischen Spiele 1936 das Interesse aller Sportbegeisterten auf sich, zumal wir in Rodenkirchen zwei Olym-piasieger vom Kölner Kanu-Klub hatten, dessen Vereinsbootshaus in Höhe unserer Kirche auf dem Rhein lag. Es waren die beiden Kanuten Landen und Wevers. Sie hatten die Goldmedaille im Zweier errungen. Und jetzt, nach den Spielen, mussten auf Geheiß der NS-Größen alle verbliebenen Vereine Rodenkirchens einen pompösen Empfang vorbereiten.

Initiator war der NS-Bürgermeister Dr. Weitz, der zum Abendempfang der Olympiasieger in NS-Uniform alle Ordensträger der Partei, die Blutordenträger und die Ordensträger des Ersten Weltkrieges mit dem Eisernen Kreuz um sich scharte. Dazu mussten alle Rodenkirchener Vereine antreten, meine Wenigkeit mit dem TSVR 1906. Voraus marschierte die SA, dahinter die SS und die Hitler-Jugend, dann das Jungvolk, alle als NS-Angehörige und nach den Klängen der Musikkapelle der SA. Weiter hinten waren unsere Dorfmusikanten eingegliedert und durften die vorgeschriebenen deutschnationalen Hymnen spielen.

Ludwig Landen bei der Olympiafeier in der Gastwirtschaft Johann Nenner, Hauptstr. 53 in Rodenkirchen, zwischen dem seit 1935 hauptamtlichen Bürgermeister Dr. Josef Weitz und dem Beigeordneten Karl v. Mering (rechts). Seit 1937 hat Landen als Elektromonteur seinen Wohnsitz in der Hindenburgstr. 3 (Friedrich-Ebert-Str.).

Wer war alles an diesem sonnigen Freitag im September 1936 mit dabei? Natürlich - auf Befehl - alle örtlichen Vereine, die verbliebenen Veteranen von 1870/1871, der Taubenverein, die beiden Schützenvereine, Fahrradclub, Musik- und Trötenverein, Angelverein und eben der Fußballverein mit der Fußballjugend im Sportdress und brennenden Pechfackeln, und nicht zu vergessen die Rodenkirchener Freiwillige Feuerwehr mit Oberbrandmeister Heinrich Schmitz, genannt „Schaffur". So ging es nach der Aufstellung auf dem Maternusplatz zur Gemeindeverwaltung an der Hauptstraße gleich hinter der Frankstraße gegenüber der Kirche. Vor dem mit Blattgirlanden geschmückten Rathausgebäude wurde in sogenannter Karostellung zum Empfang formiert. Die Hauptstraße war ohne Verkehr und die Straßenbahn von Köln fuhr nur bis zum Rheinpavillon. Dann fuhren im weißen offenen Wagen stehend die Goldmedaillengewinner in weißen Anzügen mit ihren Klubkameraden im Schrittempo vor. Dazu erklangen zum erhobenen rechten Arm das Deutschland- und Horst-Wessel-Lied und dann folgte das „Sieg Heil". Nun trat als erster Redner Bürgermeister Dr. Weitz auf die Rednertribüne und dankte den Helden des Tages, durch die Kraft des Führers beseelt für den Großen Sieg. Und wieder erschall das „Sieg Heil!" Es folgten noch einige Lobreden von weiteren örtlichen Parteigrößen. Schließlich zeigten sich noch einmal die beiden Olympiasieger zusammen mit Dr. Weitz unter den Klängen des Deutschlandliedes auf dem kleinen Balkon der Gemeindeverwaltung. Damit klang die öffentliche Feier aus.

Für geladene, der NSDAP nahestehende Gäste ging es weiter in der Gaststätte Nenner an der Hauptstraße und dort übergab Dr. Weitz den Olympiasiegern den Ehrendolch der NSDAP. Für alle anderen klang die Siegesfeier am Rheinufer aus. Die Bootshäuser waren mit bunten Lampions festlich geschmückt und zum Schluss gab es ein Feuerwerk über dem Rhein. Und all die vielen Neugierigen traten dann auch wieder den Heimweg an.

Eine solche Begeisteung sah Rodenkirchen noch nie. Zeitungsfoto von der Begrüßung des Sportlers 1936 durch den Beigeordneten Edmund Bauer.

Das Maternusfest 1937

Auszug aus dem Manuskript „Rodenkirchen am Rhein" (13.9.1937) [9]

Michael Hammer

Heute, am 13. September 1937, beginnt das Maternusfest (Maternus, der erste Bischof von Köln) mit feierlichem Levitenamt und Festpredigt von einem Kölner Franziskaner-Mönch. Dauer des Festes mit heute: 17 Tage.

Die Maternus-Bruderschaft zog heute nach dem Festgottesdienst mit Musik und Fahne zum Hochamt, nach Beendigung desselben in gleicher Weise durch die Straßen des Ortes. Viele Häuser zeigen Beflaggung durch die Reichsfahne. Viele Masten am Eingang der Pfarrkirche zeigen die päpstliche Beflaggung in Weiß und Gelb und die christlichen Fahnen in Weiß und Blau (bischöflich) und Weiß und Rot. Heute Abend findet der Maternus-Festakt im Restaurant Johann Nenner, Hauptstraße 52 gegenüber der Sparkasse in Anwesenheit des Pfarrers bzw. Dekans und des Kirchenchors statt. Mit Abschluß der Oktave beginnt eine 8-tägige weltliche Ortsfeier, die eigentliche Kirchweih-Kirmes. Während der kirchlichen Feier wird ein Andachtsbüchlein zu Ehren des hl. Bischofs Maternus an die Gläubigen verabreicht zur Benutzung der Gebete während des Gottes-

Die wie beschrieben festlich geschmückte Rheinstr., rechts die Bootshalle Schmitz, in der die 1927 gegründete Paddlergilde Köln e.V. ihren Gründungsort und Sitz hatte.

dienstes und zum Lesen der täglich stattfindenden Abendandacht nachmittags 17 Uhr. Es ist um diese Zeit in Rodenkirchen Sitte, die Fronten der Häuser zu diesem schönen christlichen Feste neu zu streichen.

Die katholische Bevölkerung nimmt regen Anteil an den kirchlichen Handlungen und bekennt dadurch ihre Treue zur römisch-katholischen Kirche.

Zahlreiche Wallfahrtsprozessionen von umliegenden Ortschaften kommen nach Rodenkirchen, um die Verehrung des hl. Bischofs zu bekunden und zwar in aller Öffentlichkeit. Die „alte Kirche" ist dem Besuch der Ortseinwohner geöffnet und es findet dort jeden Freitag während der Dauer der Festtage ein Gottesdienst statt. Heute kommen z.B. die Wallfahrer von dem Orte Poll am gegenüberliegenden Ufer des Rheinstromes. Während die kirchlichen Feiern - Gottesdienst, Predigten, Andachten und Wallfahrten - der Erneuerung des inneren Seelenlebens und der Liebe an Christus dienen, kommt in der dreitägigen weltlichen Feier der Volksgemeinschaft die Zusammengehörigkeit der Bewohner des Ortes, die Liebe zueinander in ungezwungenen Unterhaltungen und Festaufführungen zum Ausdruck. Selbstredend muß sich alles in angemessenen Schranken halten, eingedenk der Wahrheit: „Lustig in Ehren, kann niemand wehren." Besonderes lustiges Treiben zeigt sich dann auf dem Marktplatz, woselbst Menschen versammelt und der freudigen Stimmung in Wort und Tat Ausdruck verleihen. So wird dieses Fest in Rodenkirchen alljährlich in der gleichen Zeit begangen.

Hitler auf dem Rhein 1938

Franz Bröhl

Es war ein schöner Septembertag. Man las den Stadt-Anzeiger und die Allgemeine Zeitung, wir bezogen auch die Kölnische Illustrierte. Man wusste, dass sich Hitler und Chamberlain in Bad Godesberg zur Frage des Sudetenlandes treffen würden. So wollten wir jungen Burschen das Spiel auf dem Rhein ansehen, denn wie schon 1934 bei der Fahrt zur Saartreuekundgebung auf dem Ehrenbreitstein kam Hitler auf der großen Motorjacht der Familie Gerling. Ein uns gut bekannter Rodenkirchener bot uns an, mit seinem Metallboot möglichst nahe an die Gerling-Jacht heranzufahren. Wir drei Freun-

Hitler am 26. August 1934 auf der Fahrt zur Saartreuekundgebung in Koblenz auf der Gerling-Jacht, die er 1938 wieder benutzte.

de waren sofort einverstanden, mit Jean Obermauer das Wagnis zu unternehmen, fuhren also bis zur dritten Kribbe hoch und erwarteten die Jacht in Höhe der Barbarastr. Auf der Motor-Jacht standen wohl acht Personen, Hitler trug eine braune Hose und Jacke, ein weißes Hemd mit schwarzem Schlips, Koppel und Schulterriemen sowie eine Schirmmütze. Mit erhobener Hand lächelte er uns zu. Die sonst beim Kölner Segler-Club liegenden Kutter der Marine-HJ, darunter die „Skagerrak", hatten abgelegt und salutierten mit hochgestellten Rudern. Das Treffen mit Chamberlain war dann im Hotel Dreesen in Bad Godesberg. Wir landeten nach diesem Erlebnis wieder bei der ersten Kribbe und hatten die Episode bald wieder vergessen.

Der Progromfreitag 1938

Franz Bröhl

Wie alle Tage traf man sich nach der Arbeit mit Freunden gegen 18 Uhr zum abendlichen Spaziergang auf der Ecke Barbarastr./Hauptstr. am Tabakgeschäft Ackermann. Diesmal waren wir zu dritt und wollten um 20 Uhr in die Abendvorstellung der Maternus-Lichtspiele am Maternusplatz. Wir waren damals zwischen 17 und 18 Jahre alt. Keiner von uns war Mitglied der NS-Jugend. Es sollte für uns drei ein besonders aufregender Abend werden.

Plötzlich kreischende Autobremsen, Getöse und Krawall. Was war los auf der Hauptstr.? Wir begaben uns in Höhe der Oststr. genau vor den Kolonialladen Schwindling. Dort war eine Kolonne von SA-Leuten in Uniform, wohl 8 - 10 SA-Männer, zwei davon mir bekannte Rodenkirchener, darunter der später die Drossen-Evakuierung begleitende Herr Müller, die gerade dabei waren, der Familie Vasen[10], die jüdischen Glaubens war, das gesamte Inventar des Elektro- und Installationsgeschäftes samt den Wohnungsmöbeln mit Getöse auf die Straße zu werfen. Einige Zuschauer protestierten, die auch noch bedroht wurden, die überwiegende Mehrheit schwieg aus Angst. Die Familie Vasen hatte sich, wie man später erfuhr, auf dem Speicher versteckt. Sie wurde später verhaftet, auf Nimmerwiedersehen. So begann vom 9. auf den 10. November 1938 in ganz Deutschland die sogenannte (Reichs-)Kristallnacht, die sich auch über Rodenkirchen hinwegzog. Nach getaner verbrecherischer Arbeit ging es weiter zur nächsten jüdischen Familie.

Blick auf Haus Schwindling - Ecke Hauptstr./Oststr.; rechts daneben die Giebelfront vom Haus Vasen (heute dm-Markt)

In der Kaiserstr. (Walther-Rathenau-Str.) war man jedoch gewarnt. Von wem? Jedenfalls wurde von den Nazis versucht, die Tür des Hauses Nr. 10 gewaltsam zu öffnen. Da trat die mächtige Gestalt des Notars Dr. Kurt Jovi (Adressbuch 1939: Uferstr. 28) in voller Weltkriegsuniform mit den hohen Auszeichnungen als Offizier heraus und war weithin im Licht der Türbeleuchtung zu sehen: „Wer in das Haus vor Ihnen eintreten will: Nur über meine Leiche" - woraufhin die, die bereits ihre Heldentaten vollbracht hatten, beschämt vom Haus des

Schutzmarke der Westdeutschen Wellpapierfabrik Stern

Bankiers Simon von dannen zogen und wir wie geplant in die Abendvorstellung zum Maternusplatz gingen. Als wir gleich nach dem Kino zu „Scheffers Bock" in der Wilhelmstr. zum Reibekuchenessen gingen, erfuhren wir, dass, obgleich wir von Polizei und Feuerwehr nichts gehört hatten, auch die Wellpapierfabrik von Otto Stern in der Hauptstr. 128 in Flammen aufgegangen war. Idyllisch lag hinter den beiden Lindenbäumen beim alten Wegkreuz das Werkstor. Dort arbeiteten damals Johann Bloch und Lorenz Schmitz.

Der NS-Trupp muss auch noch die Familie Deutsch in der Kaiserstr. 13 bedrängt haben, sie wurde aber von einem der Söhne Eggermann aus dem Haus Kaiserstr. 15 geschützt, den man später aber tot auffand. In der Hauptstr. traf es auch noch die Metzgerei Heydt. Otto Heydt und Leo Heydt hatten wie ihr Vater Arnold ebenfalls Schlachter- und Metzgereibetriebe in Rodenkirchen. Beide Betriebe waren bereits weitergegeben, das Geschäft von Leo und Paula Heydt, denen auch das Eckhaus Maternusstr. 1 gehörte, an die Familie Iltgen, das Geschäft von Otto Heydt Hauptstr. 76 bzw. 64 an den früheren Gesellen Franssen. Nach Altersaufgabe der Familie Iltgen übernahmen die beiden Angestellten der Metzgerei, Heinz Westerbusch und seine spätere Fau Maria den Betrieb. Nach Zerbombung des Geschäftes betrieben die beiden die Metzgerei Ecke Weißer Str. / Sürther Str. bis zu ihrem Tode weiter. Heinz Westerbusch, geb. 1916, verstarb 2006, Maria, geb. 1920 im Jahre 2005. Beide waren ehrbare Geschäftsleute und sehr kameradschaftlich.

Metzgerei Arnold Heydt, Hauptstr. 77, dann seit 1922 Otto Heydt, nach Umnummerierung Hauptstr. 64

Ich habe viele jüdische Familien in Rodenkirchen gekannt, denen wohl nie etwas Schlechtes nachgesagt werden konnte. Ich erwähne noch, dass wir als Kinder zusammen mit dem Sohn Karl Vasen und dem kleinen Leo Heydt auf dem Marktplatz Fußball spielten. Beide Jungens waren Jahrgang 1920. Was aus ihnen wurde, blieb uns unbekannt. Damals verschwand auch Frau Israelski (wohl Elfriede Israelski, geb. 1.7.1893, + Auschwitz), die einen Geschäftsbetrieb in Sachen Unterwäsche und Kurzwaren in der Fleischmengergasse beim Neumarkt betrieb. Mutter kaufte dort ein und hatte Frau Israelski noch vor den NS-Schergen gewarnt.

Die Oberschlesier in Rodenkirchen 1939

Franz Bröhl

Am 1.9.1939 begann der Zweite Weltkrieg mit dem Einmarsch in Polen, den die Nazis mit hinterhältigen Argumenten vom Zaun brachen. Der kurze Feldzug dauerte zwar nur 18 Tage, aber der damit beginnende Krieg dauerte 6 lange Jahre und rottete meinen Jahrgang 1922 fast ganz aus. Dass der Krieg mit dem Polenfeldzug erst begann, ahnte man in Rodenkirchen, als plötzlich eine Kompanie des Oberschlesischen Pionierbataillons Einzug hielt. Es wurde um Privatquartiere für die Soldaten gebeten, die auch alle gut untergebracht wurden. Jedoch lief noch einer von ihnen gegen Abend auf Quartiersuche herum und traf auf unsere Mutter. Mutter voller Erbarmen: „Komm met, Jong, för dich hammer noch e Zimmerche frei!" Und wer war es? Ein herzenswarmer braver Oberschlesier, der Frantek. Sein Name war Franz Weißbrich aus Lindenwiese bei Neiße. Frantek wurde in der Familie aufgenommen wie ein Bruder oder Sohn der Eltern. Mutter wusch alle seine Wäsche mit und wir jungen Burschen zogen mit ihm natürlich zum Treppchen, wo sein Lieblingsgetränk Kirsch mit Rum war, was auch gelegentlich mit einem Rausch endete. Im Ort selbst waren die Oberschlesier alle sehr beliebt. Einige von ihnen blieben nach dem Krieg hier hängen und heirateten Rodenkirchener Mädchen. So zum Beispiel ein Franz Wrobel, der Lieschen Esser noch während des Krieges heiratete. Die Ehe aber zerbrach nach dem Krieg, denn der Franz kam erst spät aus der Gefangenschaft aus Russland, er blieb aber in Rodenkirchen und heiratete später Lieschen Knüttgen.

Ein weiterer aus der Oberschlesischen Kompanie war der auch beliebte Kamerad Stark, der das Dreimüller-Mädchen aus der Wilhelmstr. heiratete. Er war später im Rathaus als Auskunftsbeamter tätig, da er während des Krieges einen Arm verloren hatte. Trinkfest waren sie alle. Zu erwähnen wäre auch, dass der frühere Minister Erich Mende damals als Unteroffizier zur Oberschlesischen Kompanie gehörte.

Die Feldküche mit der Gulaschkanone stand damals in der Barbarastr. im Hof und in der Garage des Installateurs Riemeyer. Die Truppe wurde dann im Januar oder Februar 1940 nach Niederaußem im Kreis Bergheim verlegt und ging von dort an die Westfront nach Frankreich. Unser Franz Weißbrich fiel leider im Frankreichfeldzug, was uns alle sehr traurig machte. Franz Wrobel arbeitete den Rest seines Lebens bei der Firma Ziehl in Rodenkirchen. Ich selbst war mit Franz befreundet, sein jüngerer Bruder lebt heute noch in Sürth. Franz liegt mit seiner Frau auf dem Friedhof Frankstr., ebenfalls Kamerad Stark mit Frau.

Während des Polenfeldzugs galt in ganz Deutschland ein Tanzverbot, das aber zu der Zeit, als die Oberschlesier in Rodenkirchen lagen, für eine kurze Dauer von zwei Wochen aufgehoben war. Dann herrschte während der gesamten Kriegszeit ein totales Tanzverbot.

Der als Weinlokal der Rudergesellschaft von 1877 vor dem Ersten Weltkrieg neben der „Rheinterrasse" gegründete „Rhein-Pavillon", weitergeführt von Albert Werther. Der Holzbau brannte während des Zweiten Weltkrieges ab.

Zusatz: An die Aufhebung des Tanzverbots erinnert sich Christel Engelmann. Sie war Oberschlesiern begegnet, die in einer Halle an der heutigen Gudrunstr. einquartiert waren. Eine Nachbarin aus der Rotdornstr. hatte von der Aufhebung des Tanzverbots gehört und man war zum Tanzen in den Rhein-Pavillon am Ortseingang gegangen. Dieses beliebte Lokal war beim Bau der Autobahnbrücke vom Abriss verschont geblieben und wurde von der Familie Werther geführt. Hier trafen sie auch die genannten Oberschlesier wieder.

Die Deportation 1942/43

Im Zuge des Aktions-Progroms von 1938 gab es eine erste Anordnung zu Verhaftungen wohlhabender männlicher Juden im Alter von 48 bis 50 Jahren mit anschließender Internierung im Konzentrationslager Dachau [Josef Wißkirchen, Von Brauweiler nach Dachau: Deportation rheinischer Juden nach dem Novemberprogrom 1938, Pulheimer Beiträge zur Geschichte, 30 (2006) 315 - 340]. Diese Deportation sogenannter „Aktionsjuden" wird auch Rodenkirchen betroffen haben, lässt sich aber bislang nicht verfolgen.

Peter Rodenkirchen sah die ersten auf die Kleidung aufgenähten Judensterne bei einer Arbeitskolonne am Autobahndamm zur Autobahnbrücke 1939. Es kann sich um eine Gruppe von Polen gehandelt haben. Franz Bröhl ergänzt: „Im Spätherbst nach dem Polen-Feldzug 1939 war ich mit vier Freunden in Köln unterwegs zum Kino Schauburg auf der Hohe Straße. Kurz vor dem Kino trafen wir auf zwei mit gelben Judensternen ausgezeichnete Männer im Alter von etwa 40 Jahren. Ich bin auf einen von ihnen zugegangen und drückte ihm wortlos die Hand, worauf er mich erstaunt ansah und lächelte. Das war das erste Mal, dass ich den Judenstern sah. [In der Kölnischen Zeitung war am 25.12.1938 von der Eingabe der polnischen Nationalen Einigung zu lesen: „Die Regierung wolle deshalb dafür Sorge tragen, daß für die Auswanderung der Juden aus Polen entsprechende Siedlungsgebiete und internationale Geldmittel sichergestellt würden."]

Im September 1941 wurde im Deutschen Reich verfügt, den Judenstern „sichtbar auf der linken Brustseite des Kleidungsstückes in Herznähe fest aufgenäht zu tragen". Wenig später setzte die Enteignung von Wohnraum und Zwangseinweisung in die als Sammelstellen eingerichteten Judenhäuser ein. Der Verfolgungswelle sind die vier Gruppen der heute ins Straßenpflaster Rodenkirchens eingelassenen Denksteine der Maternusstr. und der Walther-Rathenau-Str. zuzuordnen. Damals wurde der frühere Hof Weyer in der Maternusstr. als sogenanntes Judenhaus eingerichtet und seit dem 13. März 1942 „mit einem weißen Judenstern aus Papier" als Judenhaus gekennzeichnet. Diese Adresse Maternusstr. erscheint dann in den Kölner Deportationslisten.

Dem Judenhaus Rodenkirchen sind im Gedenkbuch „Die jüdischen Opfer des Nationalsozialismus aus Köln" (1995) zuzuordnen Clara, Ilse und Siegmund Deutsch, Salomon Salomon, Anna, Emma Esther und Siegfried Simon, Oskar Friedrich Stern. Die sogenannten Evakuierungen nach Theresienstadt erfolgten nach Dieter Corbach (1994): 6:00 Uhr ab Messe Köln-Deutz. Deportationen im Juni 1942 (962 Personen, 37 Überlebende) und Juli 1942 (1163 Personen, 88 Überlebende). Mit dem Evakuierungstransport vom 27. Juli 1942 kamen nach Theresienstadt die drei Familienmitglieder Deutsch mit dem Ausgangsort Judenhaus Maternusstr. 36 und Salomon Salomon, während der Gründer der Rodenkirchener Papierfabrik Oskar Stern dem Ausgangsort Köln Müngersdorf (Fort V) zugeordnet ist. Die drei Familienmitglieder Simon aber waren vom Kölner Haus Beethovenstr. 16 bereits mit dem Evakuierungstransport vom 16. Juni 1942 nach Theresienstadt gebracht worden.

Käthe Gosse

Rechts von unserem Haus in der Maternusstr. 38 wohnte eine alte Frau Weyer, Witwe, mit ihrer Tochter Mariechen Mai, ebenfalls Witwe. Diese hatte 2 Söhne, Fritz und Theo. Diese Familie bekam eines Tages eine große, moderne Wohnung von den Behörden zugewiesen. - In diesem kleinen Häuschen wurden jüdische Mitbürger untergebracht – man kann sagen: zusammengepfercht. Meiner Erinnerung nach waren diese Bewohner: Ein Metzger aus Sürth mit seinem Sohn, der ein Rabbi war. Dieser Sohn war verheiratet mit einer Frau, die aus einer Weberei in Wuppertal stammte. Dann musste die Familie des Prof. Deutsch mit seiner blinden Frau und seiner Tochter (Studienrätin, ca. Mitte 50) ihre Villa, m. E. damalige Kaiserstr., verlassen und mit in das winzige Häuschen ziehen. Herr Prof. Deutsch war hoher Offizier im Ersten Weltkrieg mit hohen Auszeichnungen gewesen.

Das 1932 bezogene Wohnhaus des Gymnasialprofessors Siegmund Deutsch in der Walther-Rathenau-Str. 13

Eines Tages kam ich von meiner Arbeit nach Hause und sah von weitem einen Lastwagen vor Mais Häuschen stehen. Ich hörte Schreien und lautes Männergeschimpfe. Der Kommissar von Rodenkirchen, mit Namen Wolf, leitete ein Kommando mit mehreren Männern, die die jüdischen Bewohner, von denen sich die Tochter schreiend an ihre Mutter hing, in grober Weise in den LKW „verluden". Ich hatte einen regelrechten Schock und versteckte mich im Hausflur des Zigaretten- und „Kamelle"- Geschäftes Schäfer auf der gegenüber liegenden Straßenseite.

Willi Kuhn

Meine Familie hat bis zum 10. Mai 1940 in Weiß, dem Geburtsort meiner Mutter gewohnt; auch ich bin in Weiß am 2. Mai 1931 geboren. Ab dem 10. Mai 1940 (Beginn des Frankreichfeldzugs) haben wir in Rodenkirchen gewohnt. Meine Eltern hatten am Mühlenweg 13 ein Haus gebaut, das am 15. Oktober 1944 total zerstört worden ist. Danach haben wir uns „durchgeschlagen", verloren noch 4 mal ! unsere immer geringer werdende Habe, bis es uns dann am 10. Januar 1945 reichte. Der Bunker in der Maternusstraße, fast neben dem „Judenhaus", war von zwei Bomben getroffen worden, wir sind aber lebend wieder rausgekommen. Pioniere hatten die verkanteten Eisentüren rausgebrochen. Die Familie Deutsch war auch mir bekannt, sie ist nach meiner Erinnerung spätestens im Frühjahr 1943 deportiert und, wie wir wissen, ermordet worden. Ich erinnere mich noch an einen Samstag, als wir Dienst im „Deutschen Jungvolk" hatten, an einen Marsch durch die Maternusstraße zum Bahnhof, da haben wir am Maternusplatz mit dem Lied „Die blauen Dragoner, sie reiten" zu singen begonnen. Als wir am Judenhaus vorbei kamen, begann der Refrain „Krumme Juden ziehn dahin, daher. Wir Deutschen schlagen zu, die Welt hat Ruh". Das war so eine Zeitlang die Regel.

Erika Landsberg

Von Oberhausen aus kam ich in die Maternusstraße, Ilse [Deutsch] zu besuchen. Es war jammervoll. In einem Zimmer wohnten sie, mit ein paar Möbeln, der Vater konnte nicht mehr allein aufstehen, die Mutter war blind. Es waren sechs jüdische Familien in diesem alten Haus zusammengepfercht. Deutschs waren die einzigen Christen*. Man mied sie. Man war mißtrauisch – auch von dieser Seite. Ilse litt namenlos unter der Vorstellung, daß sie bei einem Lageraufenthalt auch die Feindschaft der Juden aushalten müßte. Auch drohte immer wieder eine Trennung von den Eltern. Ilse verschenkte alles, was sie hatten. Auch ich mußte einiges mitnehmen. Es ging dann bei Evakuierung und Bombenangriffen fast alles mit.

In diesen Tagen hat Ilse ihre Schwester vermißt, weil ihr die Bürde schwer wurde. Dankbar erzählte sie, daß einige Freunde auch in diese Behausung kämen. Sie wußte immer, daß nicht alle Deutschen zu den Schlächtern des Dritten Reiches gehörten. Einmal, es war wohl schon 1943, kam ein Polizist, um zu melden, daß Deutschs am nächsten Morgen zum Abtransport bereit sein müßten. Die Eltern und Ilse getrennt! Da nahm Ilse alle Kraft zusammen. Sie sprach mit diesem Mann, den sie kannte, der die Familie kannte. Er ging zurück, kam wieder und hatte tatsächlich Aufschub erreicht.

In der Zwischenzeit rannte ich, um Lebensmittel zu besorgen. Überall in den Läden bekam ich etwas, als ich erzählte: „Deutschs müssen weg!" — Die Verkäuferinnen weinten. Niemand wollte das. Was aber sollte einer tun? Ilse sank neben ihrer Mutter auf die Knie. Sie betete mit ihrer Mutter laut das „Vater Unser...". Nach einer Weile erklärte sie mir: „Das ist ein Anruf an die tiefsten Quellen unserer inneren Kraft!"
(Erika Landsberg, Matzerath, 1985, S. 186)

* ***Zusatz***: Schnellbrief Reichsinnenminister Frick vom 30. September 1935: „Bis zum Erlaß von Durchführungsbestimmungen zum Reichsbürgergesetz vom 15. September 1935 (RGBl. I S. 1146) sind die jüdischen Beamten, die von drei oder vier der Rasse nach volljüdischen Großelternteilen abstammen, mit sofortiger Wirkung vom Dienst zu beurlauben. Als volljüdisch gilt ein Großelternteil ohne weiteres dann, wenn er der jüdischen Religionsgemeinschaft angehört hat."

Die Familie von Prof. Siegmund Deutsch war Mitglied der katholischen Gemeinde Rodenkirchen; drei Großelternteile von Siegmund Deutsch müssen in den standesamtlichen Registern als der jüdischen Religionsgemeinschaft zugehörig registriert gewesen sein.

Gedichte von Ilse Franziska Deutsch (1900 - 1943)

Zerstörtes Spiel

Sieh! Wo wir einst im weißen Sand gekniet,
Mit spitzer Gerte scharfe Kreise zogen,
Der eignen Bitte froh im eignen Bogen,
Der heiter eins vom lieben andern schied –
Wie schwillt landeinwärts brauner Flut Gedränge:
Vermischt, verschluckt sind unsre Kinderzeichen.
O, laß uns schnell vom bangen Ufer weichen;
Mir ist, als ob sich unser Blut verschlinge.

Ilse Deutsch (1932)

Fatum

Unendlich webt des Horizontes Bogen:
Noch keinem Kreise ward ich einbezogen.
Noch keinem Volke würdig zugezählt,
Noch keiner Sippe feierlich vermählt.
Als deine Hand mich brüderlicher streifte,
Da wußt ich, daß die Frucht des Abschieds reifte.

Ilse Deutsch (1932)

Gericht

Du tust mir recht, und darum such' ich nicht,
Mich schwerer Buße flüchtend zu entwinden.
Du würdest mich auf jeder Straße finden,
Flöh' ich vor deinem zürnenden Gesicht.

Du sprichst an jedem Morgen neu Gericht,
Du weißt mit hartem Griff mich hier zu binden,
Schälst mich heraus aus allen festen Rinden,
Zerrst mich in deiner Augen heißes Licht.

So muß ich jetzt vor deinem Antlitz stehen,
Und fühle mich im Innersten gefangen
Und fühle mich im Innersten verwehen.

Ich bin nicht mehr, ich bin nur ein Verlangen,
In deinem weißen Lichte zu vergehen
Und eine neue Kindheit anzufangen.

Ilse Deutsch [veröffentlicht in: Zeitwende, 1932, S. 301]

An das dann im Januar 1945 zerstörte Judenhaus erinnert die von Elmar Hillebrand geschaffene und von Gerhard v. Dreusche und Marie-Theres Ley eingeweihte Gedenkplatte mit Datum der Deportation Juni 1942 in der Maternusstr. - das Gedenkzeichen für Salomon Salomon liegt direkt vor der früheren Hofstelle Maternusstr. 36. Weitere Denkzeichen liegen im Pflaster vor den Häusern der Familien Deutsch und Simon in der Walther-Rathenau-Str. in Rodenkirchen.[11]

Links der 1940/1941 als „Judenhaus" umgewidmete Hof Weyer in der Maternusstr. beim Hochwasser von 1926

Denkmäler für die Deportation von Sommer 1942
oben beim Judenhaus in der Maternusstr.,
unten vor den Häusern Deutsch und Simon in der Walther-Rathenau-Str.

Die Adolf-Hitler-Brücke

Der Bau der Autobahnbrücke von 1938 bis 1941 galt der Rheinüberbrückung für die geplante Verbindung London - Istanbul. Der Ingenieurbau von Weltrang faszinierte. Sein Konstrukteur Dr. Ing. Fritz Leonhardt wohnte seit 1939 in der Frankstr. Durch den Brückenbau verschwanden am Ortseingang das Ausflugslokal „Rheinterrassen" und die Rodenkirchener Mühle. Auch das dort eben gerade fertiggestellte Wohnhaus der Familie Hecker wurde gleich wieder abgerissen. Die Arbeitskräfte, darunter Handwerker und Mitglieder des Reichsarbeitsdienstes (RAD) waren in Baracken beim Fort VIII auf dem Gelände des 1933 erweiterten Rodenkirchener Golfplatzes untergebracht. Mehrfach sind Luftangriffe auf diese Unterkünfte erwähnt. Seit 1939 wirkten für die Erdarbeiten des eigentlichen Autobahnbaus vermutlich auch jüdische Zwangsarbeiter aus Polen mit. Die Ausführung der Brückenkonstruktion lag in Händen der Firma Polensky & Zöllner, eine Bau- unternehmung aus Köln.

Titelblatt der Gedenkschrift zur Gründung der Autobahnbrücke von 1938

Die Einweihung der Autobahnbrücke ist im persönlichen Fotoalbum von Dr. Ing. Fritz Leonhardt eingetragen: „Einweihung der ‚Adolf Hitler Brücke' am 20. Sept. 1941" - mit einem Foto von Fritz Todt, der das weiße Band durchschneidet. Die Einweihungsrede hatte Todt oben auf der Brücke von einer steinernen Tribüne aus gehalten. Leonhardt selbst war Mitglied der Ortsgruppe Rodenkirchen der NSDAP (Ausweisnr. 7266993 vom 15. Dezember 1939).

Zur Einweihung sind die Volksschulklassen, Hitlerjugend (HJ) und Bund Deutscher Mädel (BDM) angetreten. Willi Kuhn: „Ich war nur als Pimpf am Rande und in Formation dabei, weit entfernt von allen Offiziellen, ebenso wie eine große Gruppe Soldaten, meist Pioniere. Das Wetter war schön, die Fahnen flatterten. Ich erinnere mich an Wehrmachtsautos, aber keine befestigten Fahrzeuge, und dass der Lehrer Bermel mir auf dem Nachhauseweg einiges über die großartigen Autobahnen erzählt hat. Amerika war zu diesem Zeitpunkt noch nicht im Kriege, und die Engländer hatten ihre Luftwaffe noch nicht ausgebaut."

Offizielle Inbetriebnahme der Autobahnbrücke war Dienstag, der 21. Oktober 1941. Rodenkirchener Schulkinder, darunter der Volksschuljahrgang 1938 mit Lehrerin Hermes, sangen zur Eröffnungszeremonie. Willi Kuhn ergänzt: „Ich erinnere mich an einen Wochentag, an dem außer uns Pimpfen auch Pioniersoldaten ‚ohne Tritt', also nicht im Marschschritt, und Zivilisten über die Brücke gingen. ‚Ohne Tritt' hieß: die Brücke

Brückenpanorama: Ein Panoramafoto von 1937 gibt eine Übersicht über die damals vor Rodenkichen auf dem Rhein liegenden Bootshäuser. Das Originalfoto hat Christel Engelmann von ihrem Vater erhalten. Dieser war Geldbriefträger in Rodenkirchen und bekam es vom Ingenieur der Brücke geschenkt, der damals in der Frankstr. wohnte.

Bootshäuser linksrh.
oberhalb der Südbrücke:
1. Bootshaus HJ./BDM.
2. Wassersport-Verein „Rheinkraft"
3. Kölner Schwimm-Verein „Rhenus" v. 1897
4. Kanuclub „Wiking Colonia" e.V.
5. Bootshaus Marine-Hitler-Jugend
6. Bootshaus Reuter
7. „Gerling"
8. „Ww. Ferd. Linden"
9. „Conrad"
10. Post-Sportverein Köln e. V.
11. „Hansa" Wassersport-Gesellschaft e.V.
12. Kölner Club für Wassersport e.V.
13. Ruderklub „Preußen" e.V.
14. Wassersport Rodenkirchen e.V.
15. Wassersportverein „Rheingold"
16. Ruderverein am Stadt-Gymnasium u. Realgymnasium Kreuzgasse
17. Verein für Kanusport Cöln e.V.
18. Bootshaus Adam Schmitz
19. Kölner Segler-Club
20. Kölner Motor-Yacht-Club
21. Kölner Ruder-Verein v. 1877 e.V.

Linksrh. unterhalb der Mülh. Brücke:"
1. Bootshaus u. Restaurant „Schiff Johanna"
2. Wassersport „Ahoi" e.V. Köln
3. Restaurant „Schiff Elsa"

Rechtsrh. oberhalb der Südbrücke:
Bootshaus Peltzer

Rechtsrh. unterhalb der Mülh. Brücke:
Mülheimer Wassersport e.V. (2 Stück)

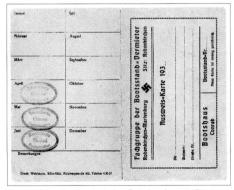

Ausweiskarte des bei der Brückenbaustelle liegenden Bootshauses Conrad (heute Rhein Roxy)

Die künftige Autobahnbrücke mit Fußgängerüberweg, Zeichnung zum Baubeschluss vom Dezember 1937 auf Grundlage des nebenstehenden Fotos

durfte nicht in Schwingung geraten. Die Brücke war mit vielen Fahnen geschmückt.

Die Rodenkirchener Autobahnbrücke hat als 1941 vollendetes technisches Baudenkmal ihren Reiz, sie hat aber auch ihre dunkle Seite, denn sie hat den Ort Rodenkirchen tief in den Zweiten Weltkrieg hineingezogen. Die Brücke war in Gegenrichtung London strategisch wichtig und hat daher im Zweiten Weltkrieg frühzeitig die Angriffe riesiger Bombergeschwader auf sich gezogen. Das Tagebuch der Rodenkirchener Feuerwehr (siehe Seite 120 ff.) berichtet Tag für Tag über das Geschehen.

Horst Noll hat jüngst die auf den Luftaufnahmen sichtbaren Bombentrichter kartiert und zeigen können, dass die Streumuster unterschiedlicher Angriffe sämtlich auf die Rheinbrücke zielten, aber durch Lageverschiebungen den Ort trafen. Kunigunde Parr weiß von ihrem Ehemann als früherem Angehörigen der Royal Air Force (RAF), dass dann bei der RAF in einem Übungszenter die Zerstörung der gegen Bombenangriffe technisch vorbereiteten Brücke durch Tiefflieger trainiert wurde. Sie hat selbst - zusammen mit ihrem Vater - an einem sonnigen Sonntag nach einem Besuch ihrer an Blinddarmentzündung erkrankten Freundin Elly Laubach den entscheidenden Angriff auf die Tragseile im frühen Januar 1945 miterlebt, vermutlich war das der 14. Januar und nicht der 28. Januar 1945.

Kriegstagebuch der Freiwilligen Feuerwehr Rodenkirchen 1939 - 1944

Vorbemerkung

Das weitgehend von Wehrführer Theodor Wolf geführte Tagebuch der Freiwilligen Feuerwehr Rondorf mit dem Hauptsitz Rodenkirchen überliefert auf 73 Schreibmaschinenseiten das Kriegsgeschehen mit all seinen zermürbenden Alarmen und Bereitschaften sowie friedens- und kriegsmäßigen Einsätzen für den Zeitraum Oktober 1939 bis September 1944. Damit liegt ein Dokument für den Ablauf der Zerstörungen im Gemeindegebiet aus der Sicht der Feuerwehr vor und ein tagesgenaues Gegenstück zu der die Vernichtung Kölns schildernden Chronik von Heinz Pettenberg (Starke Verbände im Anflug auf Köln. Eine Kriegschronik in Tagebuchnotizen 1939 - 1945, Köln 1985). Das Gesamtbild ergänzt die umfassende Darstellung der Flugabwehr des Kölner Großraums von Gebhard Aders: Die Kölner Flugabwehr im Zweiten Weltkrieg und ihre Schülersoldaten (Rechtsrheinisches Köln, Bd. 19, 1993, 65 - 184, Bd. 20, 1994, S. 109 - 201 und Bd. 21, 1995, S. 101 - 168). Die Flakstellungen liegen vorzugsweise im Bereich der ehemaligen Gürtelfestung Köln, die auch den Ort Rodenkirchen mit einschließt, sowie an der neuen Autobahnverbindung über den Rhein und an den Verkehrsknotenpunkten des Eisenbahnverkehrs.

Von den vielfältigen Luftschutzräumen und Bunkern erfährt man so wenig wie von den Hilfsleistungen der Pioniereinheiten vor Ort oder den ständigen Konflikten zwischen Militär und Parteifunktionären. In den auch von eingezogenen Rodenkirchenern geführten Flakstellungen werden zunehmend notdürftig weiter unterrichtete Gymnasiasten meist aus dem Kölner Stadtgebiet eingesetzt. Auch die Freiwilligen Feuerwehreinheiten versuchen, die militärischen Einberufungen erfahrener Feuerwehrleute durch Zwangsverpflichtungen von Bürgern und durch die Ausbildung von Schülern und Frauen auszugleichen. Doch schließlich vermag die Feuerwehr so gut wie nichts mehr auszurichten: Kein Einsatz der Wehr.

Bis zum September 1944 wird im Tagebuch vom Untergang der Wohngebäude des Ortes Rodenkirchen und den eigentlich der Autobahnbrücke geltenden Angriffen berichtet, von Schäden an den Bootshäusern, aufreibenden, oft mehrfachen nächtlichen Alarmierungen und Brandwachen-Bereitstellungen, von tatsächlichen Einsätzen im Gemeindegebiet, im Bereich des Landkreises, in der Hansestadt Köln und weiteren Gebieten bis nach Wuppertal hin, den Versuchen, die zunehmend zum Wehrdienst eingezogenen Feuerwehrleute durch Dienstverpflichtungen von Jugendlichen, Frauen und älteren Gemeindemitgliedern nach Möglichkeit zu ersetzen, von technischen Modernisierungen und dem zunehmenden Mangel an Löschwasser und Treibstoff. Die Flakstellungen um Rodenkirchen und abgeschossene Feindflugzeuge sind gelegentlich erwähnt. Die Präzison der Zeitangaben und Berichte gibt das authentische Bild der fortschreitenden

1936: Im Dezember wird die Räumung des Rayons der früheren Gürtelfestung Köln zugunsten des Autobahnbrückenbaus angekündigt.

[Zusatz: Rayon ist eine Zone im Bereich einer Festung, die militärischen Beschränkungen hinsichtlich Bepflanzung, ziviler Bauwerke und Veränderung des Geländes unterliegt.]

1937: Im Frühjahr Räumung des Rayongebietes und Baubeschluss.

1938: 23. November: Reichsgesetz über das Feuerlöschwesen. Einrichtung der Feuerschutzpolizei. 1938 wird die Rodenkirchener Löschgruppe motorisiert. Im gleichen Jahre beginnen die Bauarbeiten der Autobahnbrücke. Die beauftragte Baufirma wird in den Protokollen genauso genannt wie zugeordnete Baracken des Reichsarbeitsdienstes, Flakstellungen und Vernebelungsanlagen.

1939: Einwohnerzahl der Gemeinde Rondorf am 1.1.1939

Rodenkirchen	6864	Weiß	1189	Sürth	3101
Godorf	851	Meschenich	1365	Immendorf	439
Höningen	300				
Rondorf mit Hahnwald / Hochkirchen			1929	Gesamtgemeinde	16038 Einwohner

17.-19.1. Luftschutzübung dauerhafte Verdunkelung im Regierungsbezirk Köln
3.9.: Beginn der Austeilung von Lebensmittelkarten.
4.9.: 15:15 Uhr: erster Fliegeralarm, Entwarnung 16:50 Uhr - blinder Alarm.
5.9.: 3:50 Uhr: Britische Flugzeuge werfen über Köln Flugblätter ab.
10.9.: Läuteverbot und Verdunkelung aus wehrtechnischen Gründen.
13.9.: 0:30 bis 0:55 Uhr: Bayenthal, Blindgänger in der Fa. Leybold, 1 Bombe Caesarstr. und 1 Bombe Rheinauhafen mit Treffer im Käselager der Fa. ADA, Rodenkirchen.
2 Bomben auf die Südbrücke ohne Wirkung.
24.10.: Durchführungsverordnung des Reichsminister des Innern - die Dienstaufsicht über die Feuerschutzpolizei und der dieser zugeordneten Freiwilligen Feuerwehr erhält der Reichsführer-SS und Chef der Deutschen Polizei im Reichsministerium des Inneren und Reichsleiter der NSDAP Himmler. Anmerkung: Aber auch für die allgemeine Landesverteidigung sind auf diesem Gebiet Aufgaben und Pflichten erwachsen: „Ihr seid nunmehr Angehörige der deutschen Polizei als Feuerschutzpolizei oder freiwillige Hilfspolizei mit allen gesetzlichen Vollmachten und Pflichten. (Himmler) (Kölnische Zeitung, 1.12.1938)

Zerstörung des alten Rodenkirchen wider.

Ab Juli 1942 wird immer häufiger auch während des Tages alarmiert, man liest von der Vernebelung Rodenkirchens und erhält eine Übersicht über die Gefangenenlager.[17] Zwischenberichte schildern die Gesamtlage aus statistischer Distanz. Gleichwohl bleibt die tatsächliche Zerstörung unausgesprochen sowie die mit den Tagesangriffen steigende Hilflosigkeit den Angriffen gegenüber und die steigenden Opferzahlen. Das wird erst durch die von Pfarrer Theo Weißenfels zusammengestellte Liste der militärischen und zivilen Toten der katholischen Gemeinde Rodenkirchen (100 Jahre St. Maternuskirche zu Rodenkirchen, Wiesbaden 1967, S. 22ff.) und das wenige überlieferte Bildmaterial greifbar.

Das Tagebuch der Freiwilligen Feuerwehr folgt vorgegebenen Anweisungen und hat zunächst den Zweck einer Jahresstatistik der eigenen Einsätze und Dienstzeiten, jahresweise vom Berichterstatter und Kreisfeuerwehrmeister abgezeichnet. Zunehmend greift die Vereinfachung der Tagebuchführung. Sichtbar wird die Rekrutierung bewährter Feuerwehrleute zum Militärdienst und die immer schwieriger werdende Rekrutierung von Hilfs- und Ersatzkräften. Mit den immer schwerer werdenden Angriffen verliert die Feuerwehr an Bedeutung, hat kaum noch Kraftstoff für Fahrzeuge und Pumpen und kann auch wegen der wirkungslos gewordenen Flugabwehr, dem ausfallenden Warnsystem und Tieffliegerangriffen nur noch selten zu Einsätzen ausrücken. Gelegentlich sind ausführliche Berichte über Zivileinsätze zur Löschung kleinerer Brände eingeschaltet. Sie stehen in merkwürdigem Kontrast zu den Berichten über die schweren Bombenangriffe, denen ganze Stadtteile, ganze Straßenzüge zum Opfer fallen.

So ist nur andeutungsweise ein Blick freigegeben auf das tatsächliche Geschehen, wie es der Journalist Heinz Pettenberg in seinem privaten Tagebuch für Köln aufgezeichnet hat. Dies lebendig geschriebene Gegenstück beginnt mit einem Eintrag für den 4. September 1939, 16 Uhr, als vier Flugzeuge über Köln von der Flugabwehr beschossen werden und endet mit dem 5. März 1945 - dem Einmarsch der Amerikaner in Köln. Die im Rodenkirchener Tagebuch lediglich aufgelisteten Alarmzeiten sind bei Pettenberg weiter ausgeführt, das Wirken der Flakstellungen, die schützenden Bunker, die Schäden, der Einsatz der Feuerwehr. Mancher Alarm erweist sich als Angriff auf andere Städte. Gelegentlich ist aus dem Landkreis Köln berichtet, knapp auch über Rodenkirchen und die Autobahnbrücke. Dann hat man aus beiden Quellen ein umfassendes Bild.

Ein weiteres Dokument der Freiwilligen Feuerwehr beleuchtet auch die Zeit, in der das linksrheinische Gebiet von amerikanischen Truppen besetzt ist, das rechtsrheinische Gebiet aber noch von deutschen Truppen gehalten wird, die dann von dort mit Geschützen über den Rhein hinweg das in Ruinen daliegende Rodenkirchen beschießen. Anfang März hat die politische Führung mit den restlichen Truppenverbänden über eine vor der Kirchstr. eingerichtete Fährverbindung das linksrheinische Gebiet verlassen. Die verbliebenen Rodenkirchener Familien sollen mit ins Bergische folgen. Es heißt: Die Amerikaner werden nie über den Rhein kommen. Am 28. März 1945 unterzeichnet daher Wehrführer und Polizeiinspektor Wolf in Vertretung des längst irgendwo an die Front abkommandierten Bürgermeisters Dr. Josef Weitz in der Ortschaft Hesper im Bergischen den Fahrbefehl des letzten Fahrzeugs der Freiwilligen Feuerwehr Rodenkirchen nach Minden. Dieser Fahrbefehl belegt, dass im März die Verwaltung des Landkreises Köln einschließlich der Bürgermeisterei Rondorf jenseits des Rheins im Bergischen weiterexistierte, während der Ruinenort Rodenkirchen selbst längst unter amerikanischer Mititärverwaltung stand und noch unter dem Artilleriebeschuss deutscher Geschütze litt.

Dokumentation Kriegstagebuch der Freiwilligen Feuerwehr Rondorf 1939 - 1944

1939 (Kriegsausbruch 30.9.1939)

Zugstärke der Wehr:

Mot. Zug Rodenkirchen	40 Feuerwehrmänner (SB).
Feuerlöschtrup Sürth	18 Feuerwehrmänner (SB)
Feuerlöschtrupp Godorf	15 Feuerwehrmänner (SB)
Feuerlöschtrupp Immendorf	25 Feuerwehrmänner (SB)
Feuerlöschtrupp Meschenich	20 Feuerwehrmänner (SB).

Die Mobilmachung lichtet diese Reihen um etwa 40% durch Einziehung von Feuerwehrleuten zum Heeresdienst darunter 1 Zugführer und 1 Haupttruppführer vom mot. Zug Rodenkirchen.

Oktober: Auffüllen der ausgefallenen Kräfte der Wehr durch Hitlerjungen und intensive Ausbildung derselben als brauchbare Feuerwehrleute. Keine Brandbekämpfung oder sonstige Inanspruchnahme der Wehr.

November: Einziehung weiterer Wehrleute zum Heeresdienst. Auffüllung dieser Lücken durch Heranziehung von Kameraden aus der Altersabteilung.

Brandbekämpfung: 2 Kaminbrände, 1 Mittelfeuer. Einsatz bei dem Mittelfeuer 1 Führer 8 Mann. 1 Feuerwehrmann erlitt bei der Brandbekämpfung Verletzungen leichter Art.

Dezember: Weitere Einziehung von Feuerwehrleuten zum Heeresdienst. Verpflichtung von selbständigen Handwerkern (Garagen-und Autoreparaturwerkstättenbesitzer) auf Grund der Notdienstpflichtverordnung als Fahrer und Maschinisten für den mot. Zug Rodenkirchen. Intensive Ausbildung der Ersatzkräfte. Brandbekämpfung: 2 Müllgrubenbrände in Rodenkirchen und Rondorf.

Kriegsjahr 1940

Januar: Fortdauernde Ausbildung der Ersatzkräfte. Einrichtung von Bereitschaften innerhalb des mot. Zuges Rodenkirchen und der Feuerlöschtrupps in den übrigen Ortschaften der Gemeinde. Bestimmung der Luftschutzkeller in der Nähe der Gerätehäuser, in denen die Feuerwehrleute bei Luftalarm anzutreten haben. Einrichtung von Beobachtungsposten für den Fall des Abwurfs von Brandbomben in den einzelnen Ortschaften. Die Beobachter beziehen bei Luftalarm die Posten und zwar immer 2 Mann mit festgelegter Ablösung. Als Standpunkte für die Beobachtungsposten wurde in jeder Ortschaft ein überragendes Haus in der Nähe der Bereitschaftsräume bzw. Gerätehäuser ausgesucht, vor denen eine gute freie Beobachtung über die ganze Ortschaft möglich ist. Für Rodenkirchen z. B. das Flachdach des Bürgermeisteramtes. Kein Brandeinsatz bzw. anderweitige Inanspruchnahme der Wehr.

Februar. Intensive Ausbildung der Feuerwehrleute und der Ersatzkräfte. Brandbekämpfung: 1 Mittelfeuer. Einsatz 1 Führer, 10 Mann. Dauer 1 Stunde. Weiter 1 Müllgrubenbrand in Sürth.

März: Weitere Ausbildung der Ersatzkräfte insbesondere der dienstverpflichteten Maschinisten und Fahrer. Brandbekämpfung von 2 Kleinfeuern mit Kleinfeuerlöschgeräten.

April: Weitere Ausbildung der Feuerwehrleute und Ersatzkräfte. Heranziehung durch die Vollzugspolizei zur Absperrung und Aufräumung bei einem großen Autounglück auf der Köln-Bonner-Landstrasse am 14.4. Dauer 3 Stunden. Einsatz 1 Führer und 12 Mann. Keine Brandbekämpfung.

Zusatz: Ab Mai 1940 lautet der Standardeintrag des Kriegstagebuches: „Bereitschaften und Beobachtungsposten bezogen. Kein Einsatz der Wehr." Der Schlusssatz am Ende jedes Monats: „Uebungen mit den Feuerwehrleuten wurden wie festgelegt auch im Monat Mai abgehalten." Andererseits werden tatsächlich Einsätze vermerkt, so dass in der Wiedergabe diese Formelsätze ohne Informationsverlust entfallen können. Mit der „Vereinfachung der Tagebuchführung" August 1944 ist diese Kürzung der Einträge ohnehin angeordnet. Christel Engelmann erinnert sich, dass ihr Vater den Eindruck hatte, dass die ersten Angriffe einer bestimmten Stelle des Grüngürtels beim Rodenkirchener Strandbad galten, was an einem wohl wieder aktivierten Munitionslager der Gürtelfestung des Ersten Weltkriegs lag.

Anstelle der im Original-Dokument ausgeschriebenen Monatsnamen werden hier die arabischen Ziffern verwendet, ferner wird hier das Wort Fliegeralarm durch **FA** ersetzt.

Mai: Vom 1. - 11.5. keine besonderen Vorkommnisse. 12.5.: Erster Feindangriff mit Flugzeugen (kein Fliegeralarm gegeben). Bombenabwurf in der Ortschaft Meschenich im freien Felde neben dem Bahnkörper der Reichsbahn. 15.5.: **FA** 23 - 1 Uhr. Bereitschaften bezogen und Beobachtungsposten besetzt. Keine besonderen Ereignisse. 19.5.: **FA** 23:30 – 1:00 h. Abwurf von 3 Sprengbomben an der Bonnerstrasse in Hochkirchen. Bereitschaften und Beobachtungsposten bezogen. Kein Einsatz der Wehr. 22.5. **FA** 23 – 24 Uhr. Bereitschaften und Beobachtungsposten bezogen. Abwurf von 2 Sprengbomben im freien Felde in der Ortschaft Sürth. Kein Einsatz der Wehr. 28.5.: **FA** 00:05 – 2:00 Uhr. Bereitschaften und Beobachtungsposten bezogen. Keine besonderen Ereignisse. Uebungen mit den Feuerwehrleuten wurde wie festgelegt auch im Monat Mai abgehalten.

Juni: Mit Verfügung vom 16. Mai des Herrn Landrats in Köln wurde der bisherige Wehrführer Verw. Inspektor Wolf endgültig zum Wehrführer der Gemeinde Rondorf ernannt.
5.6.: **FA** 24 - 2 h. Abwurf von Brandbomben in der Gemarkung Godorf. 15.6.: **FA** von 0:50 – 2:50 h. 17.6.: Müllgrubenbrand in Rodenkirchen. **FA** 11:45 – 1 h. 12.6.: **FA** 1:02 – 3:10 h. 19.6: **FA** 0:50- 2:50 h. 19.6: Kleinfeuer in einem Hause in Rodenkirchen. Einsatz mit Kleinfeuerlöschgeräten. **FA** 1:04 – 2:58 h. 22.6. **FA** 1:42 – 2:05 h. 24.6.: **FA** 1:15 – 2:41 h. 25.6.: **FA** 0:16 h – 2:28 h. 26.6.: **FA** 0:43 – 2:05 h. 27.6.: **FA** 0:12 – 2:55 h. Abwurf von 3 Sprengbomben in Weiss und zwar in den Rheinstrom. 28.6.: **FA** 1:42 – 2:45 h. Abwurf von 3 Sprengbomben in Weiss und zwar am Rheinufer. 29.6.: **FA** 0:30 – 3:18 h. Flakgeschoß in die Anlagen der Maschinenfabrik Sürth eingeschlagen. Einsatz der Werkfeuerwehr der Maschinenfabrik Sürth.

30.6.: Mittelfeuer in der Konditorei Kläger in Rodenkirchen. Brand in der Backstube und im Vorratsraum. Einsatz 1 Führer 10 Mann. Dauer des Einsatzes 1 ½ Stunde. **FA** 0:25 – 2:54 h.
Zusatz: Verwaltungs-Inspektor Theodor Wolf, Nibelungenstr. 1, Leiter der Verwaltungspolizei Wilhelm Stark, Hindenburgstr. 15 Bezirksschornsteinfegermeister und Kreisfeuerwehrführer

Juli: 1.7.: **FA** 0:25 – 2:32 h. 2. 7.: **FA** 0:24 – 1:36 h. 3.7.: **FA** 0:28 – 2:10 5.7.: **FA** 0:55 h – 2:04 h. 6.7.: **FA** 0:45 – 2:06 h. 7. 7.: **FA** 12:52 – 13:24 h. Weiterer **FA** 0:19 – 3:01 h. 9. 7. : **FA** 0:39 – 1:46 h. 10.7.: **FA** 1:10 – 2:07 h. 12.7. **FA** 0:55 – 3:20 h. Flakgeschoß in Meschenich krepiert. Sachschäden an den umliegenden Wohnhäusern. 13.7.: **FA** 0:55 h – 3:20 h. In Sürth, Hauptstrasse krepierte ein Flakgeschoß. Sachschaden an und in Wohnhäusern. 14.7.: **FA** 0:50 - 1:53. Meschenich wiederum ein Flakgeschoß auf der Hauptstrasse krepiert. Sachschaden.18.7.: **FA** 0:39 – 1:38 h. 19.7.: **FA** 0:37 – 1:38 h. 27.7.: **FA** 0:07 – 1:04 h. Es wurden cirka 700 Brandbomben in die Feldflure Rodenkirchen u. Meschenich geworfen. 30.7.: **FA** 0:11. - 2:25 h. 31. 7.: **FA** 0:34 – 2:54 h. Bombenabwurf von 3 Stück in der Ortschaft Meschenich. Sachschaden nur in geringem Umfange.

August: 2. 8.: **FA** 0:34 - 2:54 h. 5. 8.: **FA** 0:31 – 1:10 h. 6. 8.: **FA** 23:58 – 1:37 h. 8. 8.: **FA** 23:57 – 1:36 h. 9.8. : **FA** 23:40 – 2:16 h. 10. 8.: **FA** 23:21 – 2:00 h. 10.8.: **FA** 0:06 – 1:37 h. 11. 8.: **FA** 23:42 – 0:47 h. 13.8.: **FA** 23:47 – 1:37 h. 15. 8.: **FA** 2:14 – 3:24 h. 16.8.: **FA** 23:20 – 2:02 h. 22. 8.: **FA** 23:50 – 3:34 h. In Höflingen wurden 40 Brandbomben abgeworfen, die nur Flurschaden verursachten. 24. 8.: **FA** 23:12 – 1:51 h. 25. 8.: **FA** 0:31 – 1:21 h. 26. 8.: **FA** 23:30 – 1:43 h. 27. 8.: **FA** 23:40 – 1:35 h. 29. 8.: **FA** 3:14 – 4:18 h. 29. 8.: **FA** 23:27 – 3:50 h. Bei dem Fliegerangriff wurde ein Feindflugzeug durch Flak abgeschossen, welches brennend über der Ortschaft Sürth abstürzte. Einsatz der Feuerwehr: 1 Führer und 20 Mann zur Löschung des brennenden Flugzeuges. Bei den Löscharbeiten wurden Tetralöscher verwendet.

Auszug aus der abgegebenen Einsatzmeldung: Brennendes abgeschossenes Feindflugzeug neuester Typ erbaut im Monat Mai dieses Jahres. Lage des Flugzeuges: 300 m südöstlich der großen Maschinenfabrik Sürth und etwa 200 m von der Hammerschmidtstraße der geschlossenen Ortschaft Sürth. Beim Aufschlagen des Feindflugzeuges hat eine Explosion stattgefunden, die verschiedene Teile des Flugzeugs, so u.a. den Benzintank, in nächster Nähe der Häuser der Hammerschmidtstraße warf. Aus den Trümmern des Flugzeugs erfolgte dauernde Explosion der Maschinengewehrmunition. Zuwerfen der brennenden Trümmer mit den von der Wehr mitgeführten 12 Spaten, und zwar mit losgehauener Erde. Da die immer wieder durchschlagenden Stichflammen, die allem Anscheine nach von den in den Trümmern liegenden Brandbomben hervorgerufen wurden, sind mitgeführte Tetralöscher eingesetzt worden. Durch das sofortige schnelle Eingreifen, auch mit Tetralöschern, war das brennende Flugzeug selbst in etwa einer halben Stunde gelöscht, sodass die später erscheinenden 6 Feindflugzeuge, erkennbar durch die 6 getrennt suchenden Scheinwerferbündel, die sich immer mehr auf die Brandstelle hinzogen, kein Feuer mehr ausmachen konnten, wodurch den feindlichen Flugzeugen eine Angriffsmöglichkeit auf die Maschinenfabrik Sürth oder Ortschaften Sürth bzw. Weiss genommen wurde. Zwei mit Fallschirmen abgesprungene Piloten sind über den Rhein abgetrieben und konnten in den Ortschaften Wahn und Porz gefangen genommen werden.

30.8.: **FA** 23:49 – 1:33 h. 31.8.: **FA** 0:35 – 2:15 h.

Zusatz: Tetralöscher mit dem Löschmittel Tetrachlorkohlenstoff, CCl_4. Den Abschuss vom 29. August bei Sürth erwähnt Pettenberg (1985, 24).

September: 1. 9.: **FA** 22:46 – 0:09 h. 2. 9.: **FA** 22:35 – 1:00 h. 5. 9.: **FA** 23:02 – 0:56 h. 11. 9.: **FA** 22:38

– 23:04 h. 20. 9.: **FA** 1:14 – 3:15 h. In der Guntherstrasse in Rodenkirchen wurden 4 schwere Sprengbomben abgeworfen, wodurch eine Anzahl Häuser erheblich beschädigt wurden.[12] Die Wehr wurde von der Vollzugspolizei zum Absperrdienst und zu Aufräumungsarbeiten herangezogen. Dauer des Einsatzes noch während des Fliegerangriffs von 1:55 – 8:00 h. Ein Führer und 20 Mann. 28. 9.: **FA** 22:23 – 3:42 h. Am Jugendheim in Sürth ging ein Flakgeschoss nieder und krepierte, wodurch Sachschaden angerichtet wurde.

Oktober: 1. 10.: **FA** 21:59 – 23:49 h. 5. 10.: **FA** 21:50 – 23:19 h. 7. 10.: Ein Mittelfeuer in der Ortschaft Sürth. Einsatz 1 Führer, 8 Mann. **FA** 22:11 – 23:17 h. 8. 10.: **FA** 22:12 – 23:37 h. 9. 10.: In der Ortschaft Rodenkirchen Müllgrubenbrand. **FA** 0:58 – 3:25 h. 10. 10.: **FA** 1:12 – 3:05 h. In der Nähe der Ortschaft Weiss wurden 5 Sprengbomben und eine größere Anzahl Brandbomben abgeworfen. Einsatz der Wehr: 1 Führer,12 Mann mit je 1 ½ Arbeitsstunden.

Fliegerschaden vom 21. September 1940 am Haus Johannes Weber, früher Guntherstr. 31

Auszug aus der abgegebenen Einsatzmeldung: Durch Abwurf von Spreng- und Brandbomben geriet eine große Strohmiete in Brand und es rückte zur Bekämpfung des Feuers der Löschtrupp II aus. Eine Brandbekämpfung konnte nur durch Auseinanderreißen der angrenzenden Strohmiete erfolgen, die jedoch ohne Erfolg war, da ein weiteres Feindflugzeug noch weitere Sprengbomben auf Grund des großen Feuerscheins an dieser Stelle abwarf und während dieser Zeit das Feuer auch auf die Nachbarmiete übergegriffen hatte. Die Mieten waren außerhalb der Ortschaft Weiss aufgebaut und daher kein Wasser für eine intensive Brandbekämpfung vorhanden. Eine erneute Besichtigung heute Morgen ergab, dass 60 Brandbomben und 5 Sprengbomben mit einem Gewicht von je 120 kg geworfen worden sind. Die Gewichtsangabe bezieht sich auf die Sprengbomben. In der vorhergehenden Nacht waren an der gleichen Stelle ebenfalls 5 Sprengbomben abgeworfen ohne jedoch irgendeinen Schaden anzurichten.

In der Ortschaft Immendorf krepierte in der gleichen Nacht ein Flakblindgänger in dem Hause Giesdorferstr. Nr. 4. Für Absperrdienst, Aufräumungsarbeiten und Bergung eines Schwerverletzten aus dem Hause wurde der Löschtrupp 4 eingesetzt. Dauer des Einsatzes 2 Stunden, 1 Führer und 12 Mann. Der Schwerverletzte ist in der gleichen Nacht noch im Krankenhaus gestorben.

11. 10.: **FA** 22:30 – 23:10 h. In der Ortschaft Weiss fielen zwei Sprengbomben. Großer Sachschaden. Einsatz der Wehr: Für Absperrdienst und Aufräumungsarbeiten 1 Führer und 12 Mann. 12. 10.: **FA** 21:00 – 22:17 h. Drei Sprengbomben in der Ortschaft Rodenkirchen gefallen. Großer Sachschaden. Heranziehung der Wehr durch die Ortspolizeibehörde zum Absperrdienst und zu Aufräumungsarbeiten. 13. 10.: **FA** 21:16 – 22:34 h. 15. 10.: **FA** 21:53 – 23:08 h. 20. 10.: **FA** 20:28 bis 23:37 h. 21. 10.: **FA** 20:32 - 0:21 h. Flakblindgänger in einem Bootshaus niedergegangen. Größerer Sachschaden. In der gleichen Nacht wurden eine größere Anzahl Brand- und Sprengbomben auf die Reichsautobahn geworfen und es erfolgte Einsatz

der Wehr in einem getroffenen Reichsarbeitsdienstlager. Einsatz: 1 Führer, 20 Mann.Dauer des Einsatzes: ½ Stunde.24. 10.: **FA** 5:31 – 6:36 h. 26.10.: **FA** 2:16 – 3:07 h. 2. **FA** 3:34 – 4:34 h. 3. **FA** 1:06 – 2:44 h. 27. 10.: **FA** 22:07 – 23:46 h. 28. 10.: **FA** 20:45 7- 22:26 h. Abwurf von 4 Sprengbomben und 40 Brandbomben in der Flurgemarkung Rodenkirchen. 29. 10.: **FA** 21:26 – 22:17 h und 22:47 – 23:08 h. 30. 10.: **FA** 20:26 – 21:04 h.

November: 6. 11.: **FA** 20:50 – 23:48 h. Weitere Fliegerangriffe von 0:29 – 0:50 h: 2,19 - 3:00 h, 4:27 – 6:50 h. 8. 11.: **FA** 20:30- 0:38 h. 9. 11.: **FA** 20:07 – 20:50 h und 21:52 – 0:13 h. 10. 11.: **FA** 2:00 – 4:28 h. Abwurf von Sprengbomben in der Gemarkung Weiss. Nur Flurschaden. 13. 11.: **FA** 1:55 – 4:45 h. 2. Fliegerangriff 19:48 – 20:45 h. 14. 11.: **FA** 20:47 – 21:26 h. 17. 11.: **FA** 19:45 – 20:17 h. 19. 11.: **FA** 2:45 – 3:45 h. 20. 11.: **FA** 1:07 – 4:05 h und 5:47 – 6:28 h. 22. 11.: **FA** 20:10 – 21:28 h und 1:32 – 2:19 h. 4 Sprengbomben in Weiss gefallen. Nur Flurschaden. 23. 11.: **FA** 1:58 – 21:49 h. 26. 11.: **FA** 19:45 – 22:00 h und 5:38 – 7:27 h. 27. 11.: **FA** 21:07 – 2:05 h, 2:53 – 3:45 h und 5:17 – 7:27 h. 28. 11.: **FA** 19:17 – 22:50 h. 29. 11.: Fliegerangriff 21:05 – 23:03 h.

Dezember: 3. 12.: **FA** 20:43 – 21:14 h. 4. 12.: **FA** 3:17 – 4:00 h und 19:07 – 20:37 h. 5. 12.: Müllgrubenbrand in Rondorf. **FA** 0:04 – 1:32 h, 6:28 – 7:10 h und 20:07 – 21:0.2 h. 7. 12.: **FA** 19:45 – 22:46 h. 8. 12.: **FA** 20:00 – 22:56 h. 10. 12.: **FA** 21:28 – 22:58 h. 11.12.: **FA** 6:02 – 6:32 h. 2. Fliegerangriff 20:51 – 21:36 h. 12. 12.: Müllgrubenbrand in der Ortschaft Rodenkirchen. Einsatz der Wehr.15. 12.: Mittelfeuer in der Ortschaft Rodenkirchen. Einsatz der Wehr: 1 Führer, 8 Mann. Dauer: 1 Stunde. **FA** 3:46 – 4:53 h. 16. 12.: **FA** 21:26 – 22:17 h. 18. 12.: **FA** 21:49 – 22:10 h. 19. 12.: **FA** 19:53 – 21:47 h. 21.12.: **FA** 5:45 – 8:15 h und 21:14 – 23:11 h. Abwurf von 4 Sprengbomben auf die Reichsautobahn. 22.12.: **FA** 0:38 – 1:15 h und 7:36 – 8:40 h. 4 Sprengbomben in der Ortschaft Weiss. Nur Flurschaden. 23. 12.: **FA** 5:27 – 8:15 h. 29. 12.: **FA** 20:29 – 22:04 h.

Aus den bisherigen Aufzeichnungen ist ersichtlich, dass die Mitglieder der Freiwilligen Feuerwehr der Gemeinde Rondorf im Kriegsjahr 1940 ihre Pflicht für Führer und gegenüber den Volksgenossen treu erfüllt haben. In vielen Fällen ist der Einsatz noch während des Fliegeralarms erfolgt und bestand demnach für die Leute erhöhte Lebensgefahr. In vielen Fällen mussten sich die Feuerwehrleute nach durchwachter Nacht aus den Bereitschaften nach Beendigung des Einsatzes sofort zu ihren Arbeitsstellen begeben. Erfreulich ist festzustellen, dass infolge der vielen Einsätze Verluste an Feuerwehrleuten nicht zu verzeichnen sind.

Ich danke den noch wenigen Feuerwehrleuten, die von der Einziehung zum Militär bisher nicht erfasst wurden, den zum Dienst herangezogenen Kameraden von der Altersabteilung, sowie den Jungkameraden, die mir aus der Hitlerjugend zur Verfügung gestellt wurden und den auf Grund der Notdienstpflicht-Verordnung zum Dienste in der Feuerwehr verpflichteten Männern, für ihre stete Bereitschaft und ihre Einsätze während Fliegerangriffen, sowie bei den vorgenommenen sonstigen Feuerbekämpfungen im Kriegsjahre 1940. [13]

Rodenkirchen-Rhein, den 31.12.1940

Zusatz: Am 31. Dezember 1940 griff die Deutsche Luftwaffe London an: „Die Feuerbrünste erstreckten sich von der Fleet Street ostwärts. Bald war das ganze Stadtviertel ein einziges Flammenmeer, in dem die Feuerwehrleute verzweifelt kämpften. Von allen Teilen Londons höte man das Gebimmel und Geklingel der anrückenden Feuerwehren, die auf die City zujagden. Bald aber mußten sie ihre Aufgabe darauf beschränken, isolierte Brände zu löschen ..." (Kölnische Zeitung, 2.1.1941)

Kriegsjahr 1941

Januar: 9.1.: **FA** 20:23 – 1:57-h. 22.1.: **FA** 20:12 – 21:40 h und 22:12 – 23:14 h.

Februar: 3. 2.: Wehrführer i.R. Haas gestorben.[14] 4. 2.: **FA** 20:29 – 22:00 h. 7. 2.: Beerdigung von Wehrführer i.R. Haas. Beteiligung der Wehr der Gemeinde Rondorf und Wesseling sowie der Führer der Wehren des Landkreises Köln und des Kreisführers Stark. 11.2.: **FA** 23:36 – 24:00 h. 14. 2.: **FA** 21:01 – 23:07 h. 15. 2.: **FA** 6:17 – 7:30 h und 21:00 – 0:24 h. Müllgrubenbrand in Sürth. 16. 2.: **FA** 5:04 – 5:20 h. 22. 2.: **FA** 5:35 – 6:11 h. 25. 2.: **FA** 21:06 – 23:09 h. 26. 2.: **FA** 21:30 – 0:27 h.

März: 1.3.: **FA** 21:59 – 1:41 h. Bereitschaften und Beobachtungsposten bezogen. Abwurf von Brand- und Sprengbomben in der Ortschaft Rodenkirchen. Einsatz des mot. Zuges. Dauer von 22 h bis 9 ½ h. 1 Führer und 30 Mann.

Auszug aus der abgegebenen Einsatzmeldung: In der Ortschaft Rodenkirchen: 3 Zimmerbrände, 1 Lagerbrand, 1 Brand auf einem Bootshaus durch Brandbomben. Ein vierstöckiges Haus wurde von einer Sprengbombe vom Dach bis in den Keller durchschlagen. Brandbekämpfung mit Wasser sowie Tetralöscher. Erfolg der Arbeit gut, jedoch großer Sachschaden. Außerdem Löschen von vielen Brandbomben auf den Strassen mit Sand und Erde.

Nachbarliche Löschhilfe im Stadtbezirk der Hansestadt Köln. Anforderung um 23 ½ h. Sofortiger Abmarsch und Stellung in der Feuerwehrwache Köln, Vondelstrasse. Einsatz nach Köln-Marienburg zur Bekämpfung von 3 Dachstuhlbränden hervorgerufen durch Brandbomben. Trafen als erste Einheit auf den Brandstellen ein. Kein Löschwasser vorhanden. Daher sofortige Aufstellung der Motorspritze am Rhein und 75er Schlauchleitung gelegt soweit Schlauch auf unserem Fahrzeug vorhanden war. Vom SHD telefonisch und durch Melder 3 Motorspritzen zur Zwischenschaltung und ein Schlauchwagen angefordert. Stellung des Angeforderten in kurzer Zeit. 75er Schlauchleitung auf 830 Meter bis zu den Brandstellen verlängert und sofort zweite 75er Schlauchleitung in der gleichen Länge gelegt unter Einschaltung der Zwischenpumpen. Hierdurch genügend Wasser und Erfolg der Brandbekämpfung gut. Nach Abrücken von diesen Stellen um 7 h erneuter Einsatz an einem Hausbrand in Köln-Bayenthal. Genügend Wasser aus dem Hydranten, daher Brandbekämpfung gut. Um 9 ½ h in den Standort Rodenkirchen entlassen.

Sowohl während der Fahrt von Rodenkirchen nach Köln, wie zum Einsatz in Köln-Marienburg hielt der Feindangriff an und es krepierten außer den vielen Brandbomben auf der Fahrbahn in unmittelbarer Nähe unserer Fahrzeuge allein 9 Sprengbomben. Hierbei zeichnete sich besonders der Fahrer und Maschinist Obertruppmann Matthias Frenger vom Löschzuge Rodenkirchen durch Mut und Tapferkeit aus, indem er das Fahrzeug mit anhängender Motorspritze durch Bombentrichter und Drahtgewirr der heruntergefallenen Oberleitung der elektrischen Straßenbahn, unerschrocken zum Stellungsort Köln, Vondelstrasse, wie auch zum Einsatzort Marienburg ohne Aufenthalt brachte. Der Unterzeichnete, als Führer des Einsatzes, bescheinigt sämtlichen bei der nachbarlichen Löschhilfe eingesetzten Männern vom mot. Zuge Rodenkirchen bewiesenen Mut und Tapferkeit.

Zusatz: SHD = Sicherheits- und Hilfsdienst[15]

3.3.: **FA** von 21:58 – 0:47 h. 10.3.: **FA** 22:05 – 0:04 h. 14.3.: Entlassung des Haupttruppführers Frenger vom Militär auf gestellten Uk.- Antrag. **FA** 22:20 – 1:00 h. 15.3.: **FA** 22:18 – 23:49 h. Bereitschaften und Beobachtungsposten bezogen. In Weiss hinter dem Schießstand 3 Sprengbomben explodiert. Am Gutshof Leikert in Meschenich Brandbomben abgeworfen. Westlich Godorf zwei Sprengbomben abgeworfen. 19.3.: **FA** 21:58 – 23:37 h.

April: [Ohne Aufzeichnung, Pettenberg 1985, 43 nennt Alarm und Angriff für den 4./5., 10./11., 17./18., 20./21., 29./30. April]

Mai: 3.5.: **FA** 0:08 – 2:50 h. 5.5.: **FA** 23:38 – 3:58 h. 10.5.: **FA** 0:21 – 3:30 h. 12.5.: **FA** 1:42 – 2:08 h. 13.5.: **FA** 0:30 – 3:25 h. 15.5.: **FA** 0:20 – 1:14 h. 17.5.: **FA** 0:17 – 2:47 h. 18.5.: **FA** 0:22 – 3:06 h. Feindangriff auf die Hansestadt Köln. Leistung von nachbarlicher Feuerlöschhilfe. 1 Führer, 10 Mann. Dauer des Einsatzes von 3 – 6 h. 24.5.: **FA** 0:48 – 3:06 h. 28.5.: **FA** 1:15 – 3:35 h. 30.5.: Mittelfeuer in Godorf. Einsatz 1 Führer und 8 Mann. Dauer 1 Stunde. **FA** 12:15 – 12:20 h.

Im Monat Mai sind von der Freiwilligen Feuerwehr der Gemeinde Rondorf an Bereitschaftswachen geleistet worden: Bei 10 Bereitschaften von 475 Feuerwehrleuten 1076 Bereitschaftsstunden und von 187 Mitgliedern der Jugendwehr 438 Stunden.

Juni: 3. Juni: **FA** 0:41 – 3:38 h. 9.6.: **FA** 1:37 – 2:50 h. 12.6.: **FA** 0:35 – 3:24 h. In Höningen, Brühlerstrasse 7, Sprengbomben geworfen, davon 1 Blindgänger. Nur Flurschaden. 13.6.: **FA** 0:46 – 3:01 h. 14.Juni: **FA** 1:35 – 3:12 h. 15.6.: Einsatz im Hochwasserdienst. Sicherung eines abtreibenden Bootshauses auf dem Rheinstrom. 1 Führer, 12 Mann. Dauer des Einsatzes 4 Stunden. **FA** 0:57 – 2:50 h. 16.6.: **FA** 0:45 – 3:15 h. In der Ziegelei Groß-Rott: Bomben gefallen. Sachschaden. Konraderhof ein Blindgänger explodiert. 4 Verletzte. 17.6.: **FA** 0:53 – 3:17 h und 11:15 – 11:30 h. In der Ortschaft Immendorf zwei Bomben abgeworfen. Zwischen Sürth und Bonnerstrasse ein Blindgänger. In der Nähe der Wachsfabrik 3 Bomben explodiert. Nur Sachschaden. 18.6.: **FA** 1:02 – 3:16 h. 20.6.: **FA** 1:04 – 3:00 h. 100 Meter vom Langenackerhof eine Bombe geworfen. 21.6.: **FA** 1:32 – 2:39 h. 22.6.: **FA** 0:58 – 3:18 h. Bereitschaften und Beobachtungsposten bezogen. Bombenabwurf zwischen Meschenich und Gut Leikert. Blindgänger in der Ulmenallee in Sürth. Wäscherei „Rheinsonne" Sprengbomben geworfen. Blindgänger zwischen Sürth und Godorf. Einsatz 1 Führer, 20 Mann. Dauer von 2:40 h – 6:10 h.

Auszug aus abgegebener Einsatzmeldung: Durch Brandbomben waren 3 Wohnhäuser getroffen worden. In 2 Wohnhäusern wurden die Brandherde durch die Bewohner selbst gelöscht. Das dritte Haus stand bei unserem Eintreffen vom ersten Stockwerk an (3 Stockwerke) in Flammen. Das Treppenhaus brannte bis zur Parterre aus. Es wurden gelegt: 3 C Leitungen, eine Leitung durch Haustüre und Treppenhaus bis erstes Stockwerk. Zweite Leitung über Hakenleiter ins erste Stockwerk. Dritte Leitung über Schiebeleiter ins zweite Stockwerk und Speicher. Ein Übergreifen auf Nachbarhäuser wurde verhindert durch eine Löschgruppe mit 2 C Rohren. Infolge der zu späten Benachrichtigung der Wehr war das Wohnhaus bis Parterre in hellen Flammen und ein Innenangriff durch das Treppenhaus in die Stockwerke nicht möglich. Deshalb erfolgte der Angriff über Leitern. Großfeuer, Leiter der Löschgruppe Rodenkirchen: Zugführer Eberhard Frenger, Leiter der Löschgruppe Sürth: Truppführer Hanf. Bei dem gleichen Angriff wurde außerdem eine Großwäscherei in Sürth durch Bomben zerstört. Ein in derselben im Entstehen begriffener Brand konnte sofort gelöscht werden. Die bei der Zerstörung tödlich verunglückten beiden Nachtwächter wurden von der Feuerlöschgruppe Sürth aus den Trümmern geborgen. Außerdem fielen nordöstlich der Maschinenfabrik Sürth

Mitwirkende des Bunkerbaus Gartenstr. wohl 1942, darunter Karl Burgwinkel, Ferdi und Karl Reinartz und Matthias Esser, rechts die Kinder Rudolf Scheer, Rudi Breuer, Theo Riem und Karl Reinartz

6 Sprengbomben und in die Maschinenfabrik selbst verschiedene Brandbomben. Hier wurde die Werksfeuerwehr eingesetzt.

23.6: **FA** von 1:43 – 2:25 h. 24.6.: **FA** 1:16 – 2:57 h. Am Gleis der Kölnstrasse ein Blindgänger geworfen. 25. Juni: **FA** 1:07 – 3:29 h. Spreng- und Brandbomben in der Ortschaft Godorf. Einsatz der Wehr: 1 Führer, 38 Mann. Mot. Zug Rodenkirchen und Feuerlöschtrupp Sürth. Dauer des Einsatzes von 2:45 – 11:45 h.

Auszug aus abgegebenen Einsatzmeldungen: Durch Brandbomben waren 1 große Scheune, 2 Pferdeställe, 1 Schweinestall und 1 Wohnhaus getroffen. Der große Viehbestand mit vielem Jungvieh (Kühe, Pferde u. Schweine) wurde von den Eigentümern, dem sofort am Brandort erschienenen Löschtrupp Godorf und Zivilisten geborgen und auf die Weide getrieben. Der an der brennenden Scheune angrenzende Viehstall war feuergefährdet. Der Brand im Wohnhaus wurde mit Kübelspritzen gelöscht. Wasserleitung ist auf dem Gutshofe, sowie in der Mühle nicht vorhanden; nur eine kleine elektrische Pumpe. Für die Entnahme von Löschwasser kam nur der Rheinhafen der Union-Braunkohle, welcher 300 Meter vom Gutshofe entfernt liegt, in Frage. Zwei hintereinander geschaltete Motorspritzen vom mot. Zuge Rodenkirchen brachten das Löschwasser vom Rheinhafen zur Brandstelle. 1 B und 5 C Rohre wurden zur Brandbekämpfung eingesetzt. Ein Übergreifen auf nicht von Brandbomben getroffene Gebäude wurde durch 2 C Rohre verhindert. Das im Hafen zum Einsatz eingefahrene Löschboot der Union-Braunkohle brauchte nicht in Tätigkeit zu treten. Es handelte sich um ein Großfeuer und waren zur Brandbekämpfung eingesetzt: Löschtrupp Godorf 1 – 16 Löschzug Rodenkirchen 1-20, Gesamtleitung der Unterzeichnete. Das Feuerlöschboot der Braunkohlen-Reederei, sowie eine Löschgruppe der Amtsfeuerwehr Wesseling wurde durch den Kreisführer Herrn Stark alarmiert und war im Anschluß hieran der Kreisführer dauernd auf der Brandstelle.

26. 6.: **FA** 1:45 – 2:07 h. 27. 6.: **FA** 1:00 – 2:26 h. 28. 6.: **FA** 1:18 – 2:05 h. Im Monat Juni sind von der Freiwilligen Feuerwehr der Gemeinde Rondorf an Bereitschaftswachen geleistet worden: Bei 21 Bereitschaften von 1044 Feuerwehrleuten 2299 Bereitschaftsstunden und von 272 Mitgliedern der Jugendwehr 668 Stunden.

Juli: 1. 7.: **FA** 0:59 – 3:03 h. 3. Juli: **FA** 1:12 – 2:34 h. Brandbomben am Bahnhof Rodenkirchen. Einsatz der Wehr: 1 Führer und 15 Mann. Dauer von 1-5 h.

Auszug aus abgegebener Einsatzmeldung: Beim Eintreffen der Feuerwehr stand bereits ein Waggon, der mit Natriumnitrit beladen war, in hellen Flammen. In einem weiteren leeren Waggon brannte noch eine Brandbombe. Weitere Brandbomben waren in verschiedene am Bahnhof liegende Industriewerke gefallen; auch in das im Bau befindliche neue Feuerwehrdepot. Die Brandbombe in dem leeren Waggon sowie die in den Industriewerken brennenden Brandbomben wurden mit kleinen Feuerlöschgeräten bekämpft. Für die Feuerbekämpfung des mit Natrium Nitrit beladenen brennenden Waggons und für den Dachschutz des sehr gefährdeten Industriewerks Hugo Hammelsbeck, sowie der gefährdeten Bestände an Holz und sonstigen Baumaterialien der Firma Kohlen- und Baustoff A.G. Wurden 1 B-Leitung und 3 C-Leitungen eingesetzt. Der Erfolg der Arbeit war gut und brauchte die von dem Herrn Kreisführer Stark von der Feuerschutzpolizei Köln vorsichtshalber angeforderte Löschgruppe nicht in Tätigkeit zu treten. Herr Kreisführer Stark war bei der Brandbekämpfung am Anfang zugegen. In Rodenkirchen 5 Sprengbomben gefallen, 1 Blindgänger. In Höningen 3 Sprengbomben gefallen, 1 Blindgänger. In Godorf ein Blindgänger.

4.7.: **FA** 0:55 – 3:18 h. 5. 7.: **FA** 1:22 – 2:04 h. 6. 7.: **FA** 1:15 – 2:04 h und von 10:10 – 10:57 h. 7. 7.: **FA** 1:05 – 2:13 h. Spreng- und Brandbomben in Rodenkirchen. Einsatz der Wehr: 1 Führer und 20 Mann. Dauer von 1 – 4 h. 8. 7.: **FA** 0:55 – 3:41 h. Sprengbomben in der Ortschaft Rondorf. Einsatz des mot. Zuges Rodenkirchen und des Feuerlöschtrupps Rondorf. Absperrung und Aufräumungsarbeiten. 2 Schwerverletzte gestorben. Einsatz 1 Führer, 20 Mann. Dauer des Einsatzes 4 Stunden. Bei Meschenich Sprengbomben gefallen. In der Ortschaft Godorf 4 Bomben gefallen, 1 Blindgänger. Hierbei kein Einsatz der Wehr. 9. 7.: **FA** 1:35 – 2:28 h. Feindangriff auf die Hansestadt Köln. Leistung von nachbarlicher Feuerlöschhilfe. Einsatz: 1 Führer u. 24 Mann. Dauer des Einsatzes: von 3 – 7 h. 10.7.: **FA** 1:00 – 2:46 h. 11.7.: **FA** 1:09 – 3:17 h. In der Ortschaft Sürth ein Flakblindgänger niedergegangen. Nur Sachschaden. In der Ortschaft Weiss ein Blindgänger detoniert. 15.7.: **FA** 1:33 – 2:37 h. 16.7.: **FA** 0:39 – 2:20 h. 18.7.: **FA** 0:45 – 3:13 h. 21.7.: **FA** 0:14 – 3:08 h. In der Ortschaft Godorf Abwurf von Spreng- und Brandbomben. 22.7.: Müllgrubenbrand in Rodenkirchen. **FA** 0:12 – 3:08 h. 23.7.: **FA** 0:27 – 3:54 h. 24.7.: **FA** 0:24 – 3:08 h. 26.7.: **FA** 2:40 – 3:59 h. 31.7. : **FA** 1:19 – 3:19 h. Bereitschaften und Beobachtungsposten bezogen. Kein Einsatz der Wehr. Im Monat Juli sind von der Freiwilligen Feuerwehr der Gemeinde Rondorf an Bereitschaftswachen geleistet worden: Bei 19 Bereitschaften von 970 Feuerwehrleuten 2640 Bereitschaftsstunden und von 313 Mitgliedern der Jugendwehr 825 Stunden.

August: 4. 8.: **FA** 0:20 – 3:30 h. 6. 8.: **FA** 0:09 – 3:23 h. 8. 8.: **FA** 1:04 – 3:37 h. 12. 8.: **FA** 2:40 – 4:05 h und von 12:18 – 13:06 h. 13. 8.: **FA** 2:29 – 3:02 h. 16. 8.: **FA** 24:00 – 4:32 h. Bereitschaften und Beobachtungsposten bezogen. In der Ortschaft Rodenkirchen Spreng- und Brandbomben geworfen. In der Ortschaft Meschenich 5 Sprengbomben gefallen. In Meschenich kein Einsatz. In Rodenkirchen Einsatz des mot. Zuges Rodenkirchen:1 Führer, 34 Mann. Dauer des Einsatzes von 24h bis 4:30 h.

Auszug aus der abgegebenen Einsatzmeldung: Bei 3 in der fraglichen. Nacht erfolgten Fliegerangriffen über der Ortschaft Rodenkirchen wurden 14 Sprengbomben (5 und 10 Zentner – Bomben), sowie ca. 150 Brandbomben (1,7 und 12,5 kg, letztere mit Brandsätzen) abgeworfen. Hierdurch entstanden in vier Strassen der Ortschaft Rodenkirchen viele Brandstellen in Wohnhäusern usw. Während des ersten Angriffs rückte sofort der Feuerlöschzug Rodenkirchen aus. Eingeteilt in zwei motorisierte Feuerlöschgruppen, 2 Hydrantengruppen und in verschieden kleine Gruppen von je 2 Feuerwehrleuten mit Kleinlöschgeräten, wurden die bereits entstandenen bzw. in Entstehung begriffenen vielen Brände in Angriff genommen. Ohne Rücksicht auf die anhaltenden Feindangriffe setzte jeder Feuerwehrmann – auch die Jungkameraden – die unter die älteren Feuerwehrleute verteilt waren – alles daran, den bereits vorhandenen Bränden sowie der noch fallenden Brandbomben oder explodierenden Brandsätzen Herr zu werden. Wie Herr Kreisführer Stark sich überzeugen konnte, war der Erfolg des Einsatzes und der Arbeit in der fraglichen Nacht gut, so dass auf nachbarliche Feuerlöschhilfe verzichtet werden konnte. Die Schäden sind trotz der schweren Angriffe auf ein Mindestmaß gehalten worden. Einer Reihe von Zivilisten, die Brandwunden erlitten, wurde von den Sanitätern des mot. Zuges Rodenkirchen die erste Hilfe zu teil. Die Disziplin der Zivilisten war sehr gut und leistete ein sehr großer Teil derselben, angespornt durch die Arbeit der Feuerwehrleute, bei den Bekämpfungsmaßnahmen wertvolle Hilfe. Durch Brandbomben wurden 3 Längen C Schlauch unbrauchbar. Bei diesem Einsatz handelt es sich um den zwölften Einsatz des mot. Zuges Rodenkirchen während Fliegerangriffe, davon 9 im eigenen Bezirk und 3 als nachbarliche Feuerlöschhilfe im Ortspolizeibezirk der Hansestadt Köln. Verluste, während dieser Angriffe 1 Feuerwehrmann tot und 3 Feuerwehrleute verletzt.[16]

19. 8.: **FA** 1:54 – 4:24 h. 23. 8.: **FA** 1:15 – 3:44 h. 24. 8.: **FA** 23:45 – 1:39 h. 25. 8.: **FA** 23:14 – 1:55 h. 27. 8.: **FA** 1:16 – 4:10 h. 2. **FA** 23:14 – 1:57 h. 29. 8.: **FA** 2:05 – 4:37 h. 30. 8.: **FA** 0:07 – 2:47 h. 31. 8.: **FA** 22:47 – 1:31 h. Im Monat August sind von der Freiwilligen Feuerwehr der Gemeinde Rondorf an Bereitschaftswachen geleistet worden: Bei 16 Bereitschaften von 902 Feuerwehrleuten 3380 Bereitschaftsstunden und von 298 Mitgliedern der Jugendwehr 1224 Stunden.

September: 1. 9.: **FA** 23:07 – 1:12 h. Meschenich Abwurf von Sprengbomben. 6.9.: **FA** 23:57 – 0:33 h. 7. 9.: **FA** 23:06 – 0:04 h. 8. 9.: **FA** 22:52 – 3:06 h. 13. 9.: **FA** 0:17 – 2:47 h. 15. 9.: **FA** 22:37 – 23:14 h. 20. 9.: **FA** 23:00 – 0:30 h. 26. 9.: **FA** 22:47 – 0:05 h. Im Monat September sind von der Freiwilligen Feuerwehr der Gemeinde Rondorf an Bereitschaftswachen geleistet worden: Bei 10. Bereitschaften von 543 Feuerwehrleuten 854 Bereitschaftsstunden und von 230 Mitgliedern der Jugendwehr 348 Stunden.

Oktober: 10.10.: **FA** 2:15 – 5:48 h. Bei Wegelin eine Sprengbombe in den Waschraum gefallen. 11. 10.: In der Ortschaft Sürth ca. 8 Sprengbomben gefallen. Am Rheinufer Sürth Bomben gefallen. In der Rotdornallee Sprengbomben gefallen. Einsatz der Wehr: 1 Führer und 10 Mann. Dauer des Einsatzes 3 Stunden. Absperrung und Aufräumsarbeiten. Bergung von Verletzten. 13. 10.: **FA** 3:53 – 5:46 h, von 21:13 – 23:77 h. 14. 10.: **FA** 4:13 – 5:45 h. 15. 10.: **FA** 20:30 – 22:52 h. 17. 10.: **FA** 2:57 – 5:20 h. 21. 10.: **FA** 20:45 – 22:50 h. 23. 10.: **FA** 1:45 – 2:50 h. Giesdorferstrasse 4 Sprengbomben und 1 Blindgänger abgeworfen. Einsatz der Wehr: 1 Führer und 10 Mann. Dauer 2 Stunden. Absperrung und Aufräumungsarbeiten. 24. 10.: **FA** 21.45 – 23:09 h. 28. Oktober: **FA** 20:47 – 21:37 h. Nach der Bereitschaft verunglückte der Maschinist und Fahrer Feuerwehrmann Bode auf seiner Arbeitsstelle tödlich. Im Monat Oktober sind von der Freiwilligen Feuerwehr der Gemeinde Rondorf an Bereitschaftswachen geleistet worden: Bei 9 Bereitschaften von 485 Feuerwehrleuten 1445 Bereitschaftsstunden und von 242 Mitgliedern der Jugendwehr 713 Stunden.

November: 1.- 3. 11.: Keine Einsätze und keine Bereitschaften. 4.11.: **FA** 21:11 – 23:26 h. 7.11.November: **FA** 20:46 – 1:56 h. Abwurf von 4 schweren Sprengbomben in der Godorfer- und Bergstrasse in Sürth. Einsatz der Wehr zu Absperrungs- und Aufräumungsarbeiten, sowie Bergung von einer Toten und und Verletzten. Einsatz:1 Führer und 44 Mann.

In der fraglichen Nacht war bereits um 20 h Fliegeralarm. Der Feuerlöschtrupp Sürth, sowie auch alle anderen Löschtrupps in den übrigen Ortschaften und der mot. Zug Rodenkirchen der Gemeinde Rondorf, begaben sich beim Fliegeralarm auf ihre Bereitschaftsstationen. Um 22:20 h erfolgte auf die Ortschaft Sürth ein Fliegerangriff und gingen hierbei 4 schwere Sprengbomben in die Godorfer- und Neustrasse nieder. Hierdurch wurden 2 Häuser vollkommen und ein weiteres Haus zum größten Teil zerstört.

In einem zerstörten Hause brach durch Feuer im Küchenherd ein Brand aus. In dem zweiten zerstörten Hause wurde eine Frau getötet, die unter den Trümmern lag.

Der Feuerlöschtrupp Sürth begab sich sofort zur Godorfer- und Neustrasse und bekämpfte das ausgebrochene Feuer, welches gerade im Entstehen war, mit 2 Schlauchleitungen. Mit Unterstützung des mot. Zuges Rodenkirchen wurden Abstützungsarbeiten und Absperrdienste verrichtet; außerdem wurden Trümmer des einen Hauses soweit entfernt, dass die unter den Trümmern liegende Leiche geborgen werden konnte. Die erfolgte Arbeit war gut und bewiesen die Feuerwehrleute bei dieser während des Fliegerangriffs Mut und Tapferkeit.

8.11.: Großfeuer in Hochkirchen. Brand der Baracken und Büroräume der Firma Polensky und Zöllner. Einsatz 1 Führer und 18 Mann und mot. Zug Rodenkirchen. Einsatzdauer: 5 Stunden. Nachbarliche Feuerlöschhilfe wurde geleistet von einem mot. Zuge der Feuerlöschpolizei Köln. **FA** 20:07 - 22:50 h. 13. 11.: Kellerbrand (Mittelfeuer) (Betten im Luftschutzkeller) in Rodenkirchen, Hauptstrasse Nr. 37. Einsatz: 1 Führer und 5 Mann. Dauer: 1 Stunde. 15. 11.: Kaminbrand in Rodenkirchen, Mainstrasse. Einsatz: 2 Mann. Dauer: 1 Stunde. 22. 11.: Brand (Mittelfeuer) ein Holzschuppen in der Rhein-Pavillon GmbH. In Rodenkirchen. Einsatz:1 Führer und 10 Mann.Dauer des Einsatzes: 1 Stunde. 27. 11.: **FA** 19:54 - 21:47. Abwurf von 3 Sprengbomben zwischen den Ortschaften Sürth und Godorf. 29.11.: Brand (Mittelfeuer) des kath. Jugendheimes in Rondorf, in dem obdachlose, fliegergeschädigte Familien untergebracht sind. Einsatz 1 Führer und 8 Mann. An Bereitschaften wurden im Monat November geleistet: Bei 4 Alarmierungen 220 Feuerwehrleute 632 Bereitschaftsstunden. Von der Jugendwehr bei 4 Alarmierungen 76 Jungkameraden 250 Bereitschaftsstunden

Dezember: 8. 12.: **FA** 4:30 - 6:10 h. 11. 12.: **FA** 19:34 - 21:56 h. 4 Sprengbomben und 60 Brandbomben zwischen den Ortschaften Godorf und Immendorf. 23.12.: **FA** 20:07 - 22:00 h. 27. 12.: **FA** 19:34 bis 22:40 h. Abwurf von 9 Sprengbomben auf den Golfplatz in Rodenkirchen, 6 Sprengbomben in den Rheinstrom, von der Rheinbrücke Rodenkirchen bis kath. Kirche Rodenkirchen. An Bereitschaften wurden im Monat Dezember geleistet: Bei 5 Alarmierungen 272 Feuerwehrleute 703 Bereitschaftsstunden. Von der Jugendwehr bei 5 Alarmierungen 131 Jungkameraden 365 Bereitschaftsstunden.

Damit schließen die Aufzeichnungen über die Bereitschaften und den Einsatz der Freiwilligen Feuerwehr der Gemeinde Rondorf für das Kriegsjahr 1941. Feuerwehrleute, die Dienstverpflichteten, sowie die aus der Hitlerjugend zur Verfügung gestellte Feuerlöschreserve haben getreu des dem Führer geleisteten Eide ihre Freiwillig übernommenen Pflichten erfüllt. Während eines Fliegerangriffs wurde beim Einsatz ein Feuerwehrkamerad getötet und ein weiterer Feuerwehrkamerad verletzt. Bei Brandbekämpfung verletzte sich weiter ein Feuerwehrmann; ein anderer Feuerwehrmann verunglückte auf seiner Arbeitsstelle tödlich.

Ich danke den Kameraden der Wehr für ihren Einsatz und der Dienstfreudigkeit, sei es in Brandfällen oder beim Einsatz, bedingt durch feindliche Fliegerangriffe im hiesigen Gemeindebezirk oder als nachbarliche Feuerlöschhilfe im Ortspolizeibezirk der Hansestadt Köln.

Rodenkirchen-Rhein, den 31.12.1941

Kriegsjahr 1942

Januar: 6. 1.: **FA** 15:15 - 15:36 h. 7. 1.: **FA** 6:18 - 7:27 h. 9. 1.: **FA** 21:41 - 22:08 h. 13. 1.: **FA** 21:20 - 22:00 h. 28. 1.: **FA** 21:02 - 22:58 h. 28. 1.: Um 5:20 h Ausbruch eines Feuers in den Baracken der Firma Polensky & Zöllner an der Reichsautobahn in Hochkirchen (Mittelfeuer). Auf Anordnung rückte der Feuerlöschtrupp Rondorf mit 9 Mann aus. Dauer der Lösch- und Aufräumungsarbeiten 2 Stunden. An Bereitschaften wurden im Monat Januar geleistet: Bei 5 Alarmierungen 170 Feuerwehrleute, 510 Bereitschaftsstunden. Von der Jugendwehr bei 5 Alarmierungen 159 Jungkameraden, 237 Bereitschaftsstunden.

An jedem Sonntagmorgen Ausbildung der Feuerlöschkräfte insbesondere der aus der Hitlerjugend zur Verfügung gestellten Hitlerjungen zur Erwerbung des Leistungsabzeichens am 1. Sonntag im Monat März ds. Jrs.

Februar: 5. 2.: Ofenrohrbrand (Kleinfeuer) in Rodenkirchen, Frankstrasse Nr. 12. Einsatz 2 Mann. Dauer ½ Stunde. 6. 2.: Zimmerbrand (Kleinfeuer) in Godorf. Einsatz 2 Mann. Dauer des Einsatzes 4 Stunden. 11. 2.: **FA** 21:49 - 2:09 h. 14. 2.: **FA** 22:02 - 23:28 h und 4:36 - 6:15 h. 18. 2.: **FA** 5:37 - 5:48 h. 19. 2.: **FA** 21:11 - 21:50 h. 21. 2.: **FA** 21:47 - 2:09 h. An Bereitschaften wurden im Monat Februar geleistet: Bei 5 Alarmierungen 264 Feuerwehrleute, 1.056 Bereitschaftsstunden. Von der Jugendwehr bei 5 Alarmierungen 139 Jungkameraden, 556 Bereitschaftsstunden,

Bei der Sammlung am „Tag der Deutschen Polizei" am 14. und 15. Februar 1942 wurden von den Mitgliedern der Feuerwehr aus privaten Mitteln insgesamt 170,70 RM gezeichnet. Bei der Reichsstrassensammlung am gleichen Tage wurden von den Mitgliedern der Feuerwehr insgesamt 987,73 RM gesammelt.

Zusatz: Reichsstrassensammlung = Straßensammlung des Winterhilfswerkes.

März: 1.3.: Vornahme einer Prüfung der Hitlerjugend zum Erwerb des Hitlerjugendleistungs-Abzeichens. Teilgenommen haben an dieser Prüfung 22 Hitlerjungen der hiesigen Wehr. Die Jungen wurden vorgeführt durch Wehrführer Wolf und die Prüfung erfolgte durch Kreisführer Stark. An der Prüfung nahmen weiter teil der Bürgermeister als Ortspolizei-Verwalter, ein Beauftragter des Bannführers sowie die Zug- und Truppführer der hiesigen Wehr. Im Auftrage des Kreisführers wurden die Prüfungsfragen durch Zugführer Frenger gestellt. Die Prüfung erstreckte sich auf Theorie und Praxis und bestanden sämtliche Jungen die Prüfung mit gut. In anschliessender Zusammenfassung des Prüfungsergebnisses brachte Kreisführer Stark zum Ausdruck, dass die Ausbildung der Hitlerjungen in der kurzen Zeit, für sie die Feuerwehr zur Verfügung standen, als sehr gut zu bezeichnen wäre. Der Vertreter des Bannführers hielt daraufhin ebenfalls eine längere Ansprache an die Hitlerjungen und verteilte anschliessend die Leistungsabzeichen an diese. 9.3.: **FA** 2:42 - 5.30 h. 10.3.: **FA** 22:08 - 0:30 h. 13.3.: Schornsteinbrand in Rodenkirchen. Einsatz 2 Feuerwerleute. Dauer eine Stunde. **FA** 22:24 - 0:32 h. Bereitschaften und Beobachtungsposten bezogen. Nachbarliche Feuerlöschhilfe gemäß Einsatzmeldung. Im Bezirk der Gemeinde Rondorf wurden 6 Sprengbomben abgeworfen, davon explodierten 4 und 2 waren, Blindgänger. Bei diesem Bombenabwurf entstand in der Ortschaft Groß-Rott Sachschaden; in der Ortschaft Godorf nur Flurschaden. 15.3.: Großfeuer: Brand eines Flakstandes in Rodenkirchen. Bei diesem Brand explodierten 2.400 Schuss Flakmunition. Einsatz des mot. Zuges Rodenkirchen zu Absperr- und Löscharbeiten. Einsatz 2 Führer und 15 Mann. Dauer 4 Stunden. 21.3.: Schornsteinbrand in Rodenkirchen. Einsatz 2 Feuerwehrleute. Dauer 1 Stunde. 25.3.: **FA** 22:32 - 0:50 h. 26.3.: **FA** 23:03 - 23:47 h. 28.3.: Großfeuer in Sürth: Brand einer Scheune und eines Viehstalles. Einsatz 1 Führer und 14 Mann. Dauer 2 Stunden. An Bereitschaften wurden im Monat März geleistet: Bei 6 Alarmierungen 243 Feuerwehrleute, 729 Bereitschaftsstunden. Von der Jugendwehr bei 6 Alarmierunegn 91 Jungkameraden, 275 Bereitschaftsstunden.

April: 2. 4.: **FA** 1:25 - 2:34 h. 6. 4.: **FA** 1:00 - 4:45 h. Bereitschaften und Beobachtungsposten bezogen. Abgeworfen wurden 34 Sprengbomben in den Ortschaften Rodenkirchen, Weiss und Meschenich. Der mot. Zug Rodenkirchen wurde zu Aufräumungsarbeiten und Absperrdienst an einem total zerstörten Hause in Weiss, Weidengasse eingesetzt. Geborgen wurden aus den Trümmern eine Frau und zwei Kinder im Alter von 9 und 13 Jahren, die total zerrissen waren. 7. 4.: **FA** 2:00 - 4:18 h. 10.4.: **FA** 23:45 - 2:12 h. 13. 4.: **FA** 0:21 - 3:25 h. 14. 4.: Schornsteinbrand in einem Wohnhaus in Rodenkirchen, Mainstrasse 12. Einsatz

3 Feuerwehrleute. Dauer 2 Stunden. 15.4.: **FA** 0:25 - 3:48 h. Abwurf von neun Sprengbomben und einer Flüssigkeitsbrandbombe. 16. 4.: **FA** 1:31 - 4:25 h. 23.4.: **FA** 23:40 - 1:43 h. Abwurf von 14 Sprengbomben. 27.4.: Großfeuer um 13 h in der Wellpappenfabrik Sieger in Rodenkichen, Sürtherstrasse Nr. 3. Am 27. ds. Mts. brach in der Wellpappenfabrik Sieger in Rodenkirchen und zwar in einer Halle, in der eine Verarbeitungsmaschine im Werte von 150.000.- RM untergebracht war, aus. Der Brand entstand allem Anscheine nach infolge der vorgenommenen Schweißarbeiten an einem Boiler in dieser Halle. Werksangehörige versuchten Trocken- und Nasslöschern den Brand zu bekämpfen, was Ihnen nicht gelang. Daraufhin meldete die Firma Sieger um 13 $^1/_2$ Uhr der Ortspolizeibehörde Rodenkirchen den Brandausbruch, worauf der mot. Zug Rodenkirchen sofort alarmiert wurde. In kürzester Frist rückte der mot. Zug Rodenkirchen zur Brandstelle aus. Gleichzeitig mit der Meldung an die Ortspolizeibehörde hat die Firma Sieger auch die Feuerschutzpolizei Köln von dem Ausbruch des Feuers benachrichtigt, was weder der Ortspolizeibehörde noch dem Wehrführer bekannt war. Beim Eintreffen des mot. Zuges auf der Brandstelle hatte das Feuer bereits auf den ganzen Maschinenraum und auf die Papiervorräte in einem nebenan liegenden Raum übergegriffen. Der aus Holz bestehende Dachstuhl, der mit Dachpappe versehen ist, stand bereits teilweise in Flammen. Der mot. Zug Rodenkirchen wurde im Innen- und Aussenangriff eingesetzt. Der Innenangriff war sehr schwierig durch die eingetretene starke Rauchentwicklung. Der Brand im Dachstuhl wurde begünstigt durch den herrschenden starken Ostwind. Etwa 20 Minuten nach Einsatz des mot. Zuges Rodenkirchen erschien die Feuerschutzpolizei Köln ebenfalls auf der Brandstelle. Den beiden motorisierten Zügen gelang es in vereinten Kräften das Feuer nach etwa einstündigem Einsatz zu bekämpfen. Der größte Teil des Materialvorrats sowie die wertvollen Maschinen – ausser einer Maschine im Werte von 150.000,- RM – konnten gerettet werden. Der Dachstuhl ist nur von einem Maschinenraum zum Teil verbrannt. Die um diesen Raum herumliegenden weiteren Maschinenhallen und Verarbeitungsräume sind von dem Übergreifen des Feuers geschützt worden. Der Schaden ist daher nicht so groß wie anfänglich erwartet, insbesondere, da nach späterer Mitteilung der Firma Sieger die Maschine im Werte von 150.000,- RM wenig Schaden gelitten hat und wieder repariert werden kann. Einsatz vom mot. Zug Rodenkirchen 16 Mann je 5 Stunden. Einsatz der Feuerschutzpolizei Köln 16 Mann je 2 Stunden. 28. April: Fa von 0:09 bis 2:10 h.

Bei dem Großangriff in der Nacht vom 27. auf 28. ds. Mts. wurde auch die Ortschaft Rodenkirchen von verschiedenen Feindflugzeugen angegriffen. Gegen 0:45 h wurden ca. 50 Brandbomben über der Ortschaft Rodenkirchen abgeworfen, von denen ein großer Teil in Industrieanlagen, Wohnhäusern und Stallungen zündete. Der mot. Zug Rodenkirchen rückte mit 2 Löschgruppen und einer Hydrantengruppe sofort aus. Die in den Strassen liegenden Brandbomben wurden meistens von den hier stationierten Soldaten und Zivilisten gelöscht, die auch viele kleinere Brände in Wohnungen bekämpften. Nach Ausbruch der Brände wurden 15 schwere Sprengbomben abgeworfen. Die zur Brandbekämpfung in einem größeren Industriewerk auf der Hauptstraße in Rodenkirchen eingesetzten Feuerwehrleute wurden von einem tieffliegenden Feindflugzeug mit Maschinengewehr beschossen, jedoch wurde von den Feuerwehrleuten hierdurch keiner verletzt. Der äußerst heftige Sturm erschwerte die Brandbekämpfung außerordentlich und musste durch den Kreisführer nachbarliche Löschhilfe angefordert werden, die von den Freiw. Feuerwehren Wesseling und Hermülheim sowie von einem SHD. Zug Wesseling gestellt wurde. Löschwasser war genügend vorhanden. Durch erhaltene Verstärkung war der Erfolg trotz des herrschenden Sturmes gut und konnte die in Anspruch genommene nachbarliche Löschhilfe nach vierstündigem Einsatz entlassen werden. Der mot. Zug Rodenkirchen arbeitete mit 49 Feuerwehrleuten 13 Stunden lang mit einer Gesamtstundensumme von 338.

Um 20 h großer Müllgrubenbrand am Auenweg in Rodenkirchen. Einsatz des mot. Zuges Rodenkirchen zum Ablöschen wegen Fliegergefahr für die kommende Nacht. Einsatz 20 Mann. Dauer 3 Stunden.

Die der Freiw. Feuerwehr der Gemeinde Rondorf zur Verfügung gestellten Hitlerjungen haben zum größten Teil ihren Einberufungsbefehl zum Militär erhalten und werden in den ersten Tagen des Monats Mai zum Militär eingezogen. Die Stellung von Ersatzleuten für die Wehr wird in den nächsten Tagen mit dem Ortspolizeiverwalter besprochen. An Bereitschaften wurden im Monat April geleistet: Bei 9 Alarmierungen 492 Feuerwehrleute, 3064 Bereitschaftsstunden. Von der Jugendfeuerwehr bei 9 Alarmierungen 151 Jungkameraden, 838 Bereitschaftsstunden.

Mai: In der Zeit vom 1. bis 5. Mai ist der größte Teil der Hitlerjungen zum Militär einberufen worden. Mit dem Ortspolizeiverwalter wurde festgelegt, dass an deren Stelle – für den mot. Zug Rodenkirchen 20 Volksgenossen aus Rodenkirchen auf Grund der Notdienstpflicht-Verordnung verpflichtet werden. Die Regelung für die Löschgruppen der übrigen Ortschaften der Gemeinde Rondorf wird zurückgestellt.

16.5. **FA** 16:05 - 16:30 h. 20.5.: **FA** 0:12 - 1:50 h. Abwurf von 5 Sprengbomben und etwa 60 Brandbomben. 31.5.: **FA** 0:17 - 3:20 h.

Bei dem feindlichen Großangriff in der Nacht zum 31. ds. Mts. warf der Feind über dem Stadtbezirk Köln und der angrenzenden Gemeinde Rondorf viele Brandbomben ab, die im hiesigen Bezirk sowohl in der Ortschaft Rodenkirchen, Sürth und Rondorf in einer Reihe von Wohnhäusern, in einem landwirtschaftlichen Betrieb sowie in einer großen Industrieanlage zündeten. Nach dem Angriff von Brandbomben gingen weitere Flugzeugwellen des Feindes zum Angriff mit Sprengbomben und Minenbomben über. Der mot. Zug Rodenkirchen, die Löschgruppe Rondorf und die Löschgruppe Sürth und außerdem einige Hydrantengruppen wurden sofort eingesetzt. Der Einsatz erfolgte sofort noch während des Angriffs nach Feststellung der Brände durch die eingerichtete Brandbeobachtung. Durch die disziplinierte Haltung der Bevölkerung konnten eine ganze Reihe von Wohnungsbränden bereits im Entstehen gelöscht werden, was eine wertvolle Hilfe darstellte. Der Erfolg der Arbeit war deshalb gut, weil die Löscheinheiten auf Grund der Meldungen von der Brandbeobachtung aus sofort eingesetzt wurden, ehe die Brände größere Ausmaße angenommen hatten.

An Bereitschaften wurden im Monat Mai geleistet: Bei 3 Alarmierungen von 337 Feuerwehrleuten 541 Bereitschaftsstunden. Von der Jugendwehr bei 3 Alarmierungen von 89 Jungkameraden 197 Bereitschaftsstunden. Im Monat Mai wurde ein Feuerwehrmann beim Einsatz verletzt.

Bei dem schweren Fliegerangriff in der Nacht vom 30. auf 31.Mai wurden abgeworfen: cirka 1000 Brandbomben und Phosphorkanister, 43 Sprengbomben, 5 Minenbomben à 18 und 36 Zentner davon 2 Blindgänger. Es entstanden 84 Wohnungsbrände, 1 Scheunenbrand, 1 Industriewerkbrand sowie ein Wohnhaus, welches vollkommen niederbrannte.

Juni: 1.6.: Schornsteinbrand in Rodenkirchen. Einsatz 3 Feuerwehrleute. Dauer eine Stunde. **FA** 20:35 – 21:15 h. 2.6.: Küchenbrand in Rodenkirchen. Einsatz 4 Feuerwehrleute. Dauer eine Stunde. **FA** 0:03 - 3 h, 7:20 - 7:36 h und 13:45 – 15:15 h. 3.6.: **FA** 1:40 - 3:15 h. 5.6.: **FA** 1:04 - 2:58 h. 9.6.: **FA** 0:54 - 0:59 h. 17.6.: **FA** 1 - 3 h. 23.6.: Strohmietenbrand mit Waldbrand zwischen Rodenkirchen und Weiss. Einsatz 12 Feuerwehrleute. Dauer 7 Stunden. 26.6.: **FA** 2:08 - 2:25 h. An Bereitschaften wurden im Monat Juni geleistet: Bei 6 Alarmierungen von 402 Feuerwehrleuten 3326 Bereitschaftsstunden. Von der Jugendwehr bei 6 Alarmierungen von 252 Jungkameraden 1998 Bereitschaftsstunden.

Infolge erneuter Einziehung von vielen Feuerwehrleuten zum Militär wurden für den mot. Zug Rodenkirchen 20 Mann aus Rodenkirchen dienstverpflichtet sowie 20 Jungen aus der Hitlerjugend als Feuerlöschreserve zur Verfügung gestellt. Die intensive Ausbildung dieser Kräfte erfolgte jeden Mittwochabend und Sonntagmorgen. Nach Mitteilung sind die Truppmänner Jakob Steden und Johann Jakobs in Russland und der Truppmann Peter Kann auf dem Felde der Ehre gefallen. Für den mot. Zug Rodenkirchen wurde eine 800 Ltr. Motorspritze mit Anhänger geliefert.

Juli: 3.7.: **FA** 1:45 – 2:47 h. 14.7.: **FA** 1:45 – 2 h und 2:18 – 3:08 h. 18. 7.: **FA** 12:48 – 13:12 h. 19. 7.: **FA** 12:25 - 12:47 h. 22. 7.: **FA** 0:39 - 2:37 h. 23. 7.: **FA** 12:44 - 12:58 h. 24. 7.: **FA** 2:12 - 3:15 h. 25. 7.: **FA** 13:45 - 14:16 h. 26. 7.: **FA** 8:10 - 8:36 h. 28. 7.: **FA** 11:20 - 11.36 h, 14:05 - 14:30 h, 17:55 - 18:40 h, 18:45 – 19 h, 19:05 - 20:05 h, 22:45 - 23:00 h und 23:15 - 23:20 h. 29. 7.: **FA** 13:55 - 14: 54 h, 15:55 - 16:10 h, 16:25 - 17:13 h, 17:49 – 18 h und 19:45 - 21:10 h. 30. 7.: **FA** 1:08 - 1:58 h. 31. 7.: Kleinbrand in der Schreinerei Preckel in Sürth. Einsatz 10 Feuerwehrleute und 1 Führer. Dauer eine Stunde. FA 10:35 – 11:20 h, 12:48 - 14:10 h und 14:35 - 15:15 h. An Bereitschaften wurden im Monat Juli geleistet: Bei 7 Alarmierungen von 492 Feuerwehrleuten 3437 Bereitschaftsstunden. Von der Jugendwehr bei 7 Alarmierungen von 151 Jungkameraden 1046 Bereitschaftsstunden. Die Tagesalarme im Monat Juli sind nicht berücksichtigt, da ein Antreten bisher durch die Feuerwehrleute nicht erfolgte. Bei den Tagesalarmen wurden die Bereitschaften von den Führern der Feuerwehr bezogen.

Infolge der vielen Einberufungen von Hitlerjungen aus der Feuerlöschreserve zum Militär wurden die gelichteten Reihen in den einzelnen Einheiten der Wehr aufgefüllt wie folgt: Rodenkirchen auf 20 Jungen, Sürth auf 15, Godorf auf 15, Immendorf auf 5, Rondorf auf 10, Meschenich auf 10. Der mot. Zug Rodenkirchen wurde um ein neu geliefertes schweres Löschgruppenfahrzeug und um eine tragbare 800 Ltr. Motorspritze verstärkt. Die Ausbildung der Notdienstverpflichteten sowie der Hitlerjugend aus der Feuerlöschreserve erfolgt an jedem Mittwoch.

August: 2. 8.: **FA** 15:16 – 15:49 h. 5. 8.: **FA** 3:12 – 3:37 h, 12:40 – 13:20 h und 14:35 – 14:45 h. 6. 8.: **FA** 0:04 – 2:12 h, 13:20 – 14:23 h und 19:40 – 19:50 h. 7. 8.: **FA** 2:15 – 4:05 h, 14:22 – 15:25 h. 9. 8.: **FA** 14:00 -14:47 h und 18:40 – 19:08 h. 10. 8.: **FA** 2:17 – 3:19 h und 7:50 – 8:20 h und 9:33 – 10:22 h. 11. 8.: Schornsteinbrand in Immendorf, Hauptstrasse Nr. 29. Einsatz 1 Feuerwehrmann, Dauer eine Stunde. 12. 8.: **FA** 1:10 – 3:42 h und 7:55 – 8:00 h. 13. 8.: **FA** 0:40 – 3:21 h, 6:46 – 7:23 h, 7:28 – 7:49 h, 9:02 – 9:45 h, 10:04 – 10:15 h. 14. 8.: **FA** 12 – 13:13 h. 15. 8.: **FA** 13:49-14:14 h. 16. 8.: **FA** 2:50- 4:18 h, 12:32 – 13:12 h und 13:43 – 14:27 h. 17. 8.: **FA** 12:47 – 13:22 h. 19. 8.: **FA** 13:35 – 14:15 h. 24. 8.: **FA** 23:55 – 2:36 h. 25. 8.: **FA** 17:45 – 18:12 h, 18:45 -19:13 h und 21:25 – 21:50 h. 26. 8.: **FA** 12:01- 12:36 h. 27. 8.: **FA** 13:33 – 14:25 h und 17:00 – 17:30 h. 28. 8.: **FA** 12:30 – 13:44 h und 22:56 – 2:45 h. 31. 8.: **FA** 13:21 – 13:46 h. An Bereitschaften wurden im Monat August geleistet: Bei 22 Alarmierungen von 1.342 Feuerwehrleuten 4.086 Bereitschaftsstunden. Von der Jugendwehr bei 22 Alarmierungen von 644 Jungkameraden 2.162 Bereitschaftsstunden. Die Ausbildung der Notdienstverpflichteten sowie der Hitlerjugend aus der Feuerlöschreserve erfolgt an jedem Mittwoch.

Am 12.August 1942 fand auf Anordnung des BdO. Ein Planspiel in Rodenkirchen statt.[17, 18]

Zusatz: BdO. = Befehlshaber der Ordnungspolizei GenMaj. d. Polizei Dr. Heinrich Bernhard Lankenau 1939 - 1942.

September: 1.9.: **FA** 2:52 - 4:20 h. 2. 9.: **FA** 12:04 - 12:20 h, 13:48 - 14:20 h, 20:44 - 21:19 h und 23:56 - 0:15 h. 3. 9.: **FA** 1:26 - 3:10 h und 12:14 - 13:37 h. 4. 9.: **FA** 18:24 - 19:08 h. 6. 9.: **FA** 17:28 - 18:21 h. 7. 9.: **FA** 3:25 - 5:20 h. 8. 9.: **FA** 18:38 - 19:07 h und 19:55 - 20:14 h. 9. 9.: **FA** 20:37 - 20:40 h. 10. 9.: **FA** 22:49 - 1:21 h. 11. 9.: Vorwarnung von 16:00 - 16:17 h. 13. 9.: Vorwarnung von 11:40 - 12:55 h. 14. 9.: **FA** 4:25 - 5:16 h. 16. 9.: Vorwarnung von 13:07 - 13:24 h und 19:48 - 20:20 h. **FA** 22:51 - 1:17 h. Bei dem Fliegerangriff am 16.9. ds. Jrs. wurden in Rondorf 3 Sprengbomben abgeworfen. Es entstand nur Sach- und Flurschaden. An Bereitschaften wurden im Monat September geleistet: Bei 16 Alarmierungen von 1.339 Feuerwehrleuten 4.862 Bereitschaftsstunden. Von der Jugendwehr bei 16 Alarmierungen von 738 Jungkameraden 2.332 Bereitschaftsstunden.

Ab 1. Oktober cr. erfolgt in den Herbst- und Wintermonaten die Ausbildung der Feuerwehrleute, Dienstverpflichteten und der Feuerlöschreserve Sonntags von 9 bis 11 h. Zur Herbeiführung eines schnellen Brandschutzes für die vielen im westlichen Teil der Gemeinde liegenden Gutshöfe wurde der Feuerlöschgruppe Immendorf ein Kraftfahrzeug (Mannschaftswagen) mit anhängender 800 Ltr. tragbaren Motorspritze zugeteilt. Die Ausbildung der Mannschaft der Feuerlöschgruppe Immendorf an diesen Geräten ist im Gange.

Zusatz: SLG Schaumlöschgerät; KVK Kriegsverdienstkreuz. Die immer wiederkehrende Abkürzung „cr." steht für currentis, d.h. im laufenden Jahr.

Oktober: 1.10.: **FA** 12:20 - 13:42 h und 14:20 - 14:46 h. 2. 10.: **FA** 19:56 - 20:25 h und 21:34 - 23:14 h. 5. 10.: **FA** 12:37 - 12:57 h und 20:57 - 23:24 h. 6.10.: **FA** 13:42 - 14:58 h und 22:53 - 23:53 h. 8.10.: **FA** 15:57 -16:41 h. 9. 10.: **FA** 7:12 - 8:01 h. 11. 10.: **FA** 19:25 - 20:00 h. 15. 10.: **FA** 21:10 - 24.23 h. 23. 10.: **FA** 14:02 - 15:30 h 24. 10.: **FA** 0:53 - 1:38 h. 25.10.: **FA** 1:48 - 2:50 h.

Bei dem Fliegerangriff am 15.10. wurden in Rodenkirchen, Sürth und Immendorf insgesamt 3 Sprengbomben, 2 Minenbomben, 85 Phosphorbomben und ca. 2000 Stabbrandbomben abgeworfen. Es entstanden Brände in Sürth, die von dem Feuerlöschtrupp Sürth und in Immendorf, die von dem Feuerlöschtrup Immendorf gelöscht wurden. Von dem mot. Zug Rodenkirchen wurde eine Gruppe mit dem SLG als nachbarliche Löschhilfe angefordert und im Gruhlwerk in Kierberg-Heide eingesetzt.

Am 31.10. d. Jrs. brach in Meschenich in einem landwirtschaftlichen Anwesen ein Scheunenbrand aus, der von dem Feuerlöschtrupp Meschenich gelöscht wurde. Die zur Hilfe ausgerückten mot. Gruppen Rodenkirchen und Immendorf brauchten nicht einzugreifen. Von der Feuerlöschgruppe Meschenich waren 12 Mann eingesetzt. Die Löscharbeiten dauerten 3 Stunden. An den vorstehend angeführten Fliegeralarmen wurden die Bereitschaften und Beobachtungsposten bezogen.

Im Monat Oktober wurden eine große Anzahl Feuerwehrleute sowie der Feuerwehr zugeteilten S.H.D. - Leute sowie Hitlerjungen zum Militärdienst eingezogen. Dem Zugfuhrer Eberhard Frenger und Maschinist Matthias Frenger wurden das Kriegsverdienstkreuz II. Klasse mit Schwertern verliehen. Die Aushändigung erfolgte am Sonntag den

1.11. cr. durch den Ortspolizeiverwalter in Anwesenheit des Kreisführers vor dem angetretenen mot. Zug Rodenkirchen an Eberhard Frenger. Der Maschinist Matthias Frenger ist zum Militär eingezogen und das K.V.K. wurde mit Urkunde dem Führer der zuständigen Einheit zwecks Überreichung an Frenger übersandt.

An Bereitschaften wurden im Monat Oktober geleistet: Bei 7 Alarmierungen von 616 Feuerwehrleuten 4.304 Bereitschaftstunden. Von der Jugendwehr bei 7 Alarmierungen von 296 Jungkameraden 2,336 Bereitschaftsstunden.

November [ohne Datum]: **FA** 16:25 – 16:30 und 17:15 - 17:30 h. Kein Einsatz der Wehr bei diesen Alarmierungen.

Im Berichtsmonat ist ein Kleinfeuer in Rondorf zu verzeichnen, welches von dem Feuerlöschtrupp Rondorf bekämpft wurde. Nach den ministeriellen Bestimmungen untersteht der E-Dienst der Feuerwehr. Es werden daher bei der Wehr zwei Entgiftungstrupps gebildet. Hierfür sind 20 Männer aus der Bevölkerung in Rodenkirchen ausgesucht, die am Sonntag den 13.Dezember ds. Jrs. für diesen Dienst dienstverpflichtet werden. Bezugscheine für die Schutzkleidung dieser Männer ist beantragt. Die erforderlichen Geräte sind bestellt.

Dezember.: 2. 12.: **FA** 17:50 - 19:15 h. 3. 12.: **FA** 3:44 - 6:48 h. 4. 12.: **FA** 11:53 - 11:58 h. 6. 12.: **FA** 12:44 - 13:08 h. 8. 12.: **FA** 16:45 - 16:53 h. 17. 12.: **FA** 12:07 - 12:20 h. 20. 12.: **FA** 19:45 - 20:50 h. 22. 12.: **FA** 20:43 - 21:08 h. 23. 12.: **FA** 11:40 - 12:35 h und 20:00 - 21:11 h. 24. 12.: **FA** 19:23 - 19:55 h. An Bereitschaften wurden im Monat Dezember geleistet: Bei 10 Alarmierungen von 475 Feuerwehrleuten 1.076 Bereitschaftsstunden. Von der Jugendwehr bei 10 Alarmierungen von 187 Jungkameraden 438 Bereitschaftsstunden.

Für die Zeit vom 24. - 31. ds. Mts. war in der neuen Feuerwehrunterkunft in Rodenkirchen, Schillingsrotterstrasse eine ständige Feuerwache mit einer Feuerlöschgruppe eingerichtet. In der Weihnachtsnacht wurde diese ständige Wache in zwei Fällen in Anspruch genommen.

Außerdem sind in der vorgenannten Zeit drei weitere Einsätze der Wehr bei Kleinbränden zu verzeichnen. Aus den angeordneten Aufzeichnungen für das Kriegsjahr 1942 ist ersichtlich, dass die Männer der Wehr bei schweren Einsätzen sowohl im hiesigen Gemeindebezirk oder als nachbarliche Löschhilfe in den Polizeibezirken der Hansestadt Köln und der Stadt Brühl gemäß ihrem geleisteten Eide treu und unerschrocken ihre Pflicht erfüllten. Im Jahre 1942 erfolgten weitere Einziehungen von aktiven Feuerwehrleuten zum Militär. Die hierdurch in der Wehr entstandenen Lücken sind durch Dienstverpflichtungen von Einwohnern aus dem hiesigen Gemeindebezirk ausgefüllt worden. Diese Notdienst-Verpflichtungen stellen keine Ideallösung dar, da bei manchem der Dienstverpflichteten der gute Wille fehlt. Die Heranziehung dieser Einsatzkräfte sowie der dauernde Wechsel in der HJ-Feuerwehrschar bedingt, dass außer den allsonntäglichen Übungen diese Ersatzkräfte auch noch an Wochentagen theoretisch und praktisch geschult werden, um sie als brauchbare Kräfte zum Dienste in der Wehr auszubilden. In das Kriegsjahr 1943 tritt die Wehr mit folgendem Mannschaftsbestand ein:

75 aktive Mitglieder
70 Notdienstverpflichtete
75 Mitglieder der HJ.-Feuerwehrschar
12 Mitglieder der Altersabteilung.

Erfreulich ist festzustellen, dass bei den vielen Einsätzen der Wehr im Berichtsjahr 1942 bei Fliegerangriffen sowie bei sonstigen Bränden entgegen dem Vorjahre keine Todesfälle oder ernstliche Verletzungen von Feuerwehrleuten zu beklagen sind. Fünf Feuerwehrleute erlitten Verletzungen oder Verbrennungen leichterer Art, die nach zwei- bis dreiwöchiger Arbeitsunfähigkeit wieder ausgeheilt waren. Von den zum Militär eingezogenen Feuerwehrleuten sind im Berichtsjahre fünf Männer auf dem Felde der Ehre gefallen.

Zur Hebung der Schlagkraft der Wehr sind im Jahre 1942 unbedingt erforderliche Neuanschaffungen von Geräten und Ausrüstungsstücken erfolgt und danke ich der Gemeindeverwaltung für die Bereitstellung der hierfür erforderlich gewordenen Mittel. Für das Jahr 1943 sind weitere Anschaffungen dieser Art vorgesehen und hat die Gemeindeverwaltung die Übernahme dieser Kosten bereits zugesagt.

Den Kameraden der Wehr danke ich für ihre Dienstfreudigkeit bei der Übungen sowie bei den Einsätzen, sei es während feindlichen Fliegerangriffen oder bei sonstigen Brandfällen im Bezirk der Gemeinde Rondorf oder als nachbarliche Löschhilfe ausserhalb desselben.

Rodenkirchen – Rhein, den 31.12.1942

Zusatz: Benno Ladwig: Jugendfeuerwehren in Deutschland von 1865 - 1965 (1986)

Kriegsjahr 1943

Januar: 1. 1.: **FA** 13:16 - 13:33 h. 3. 1.: **FA** 19:42 - 20:16 h. 4. 1.: **FA** 19:40 - 2:42 h. 8. 1.: **FA** 5:38 - 6:25 h und 19:37 - 15:50 h. 9. 1.: **FA** 11:58 -12:30 h und 19:20 - 20:02 h. 11. 1.: **FA** 19:03 - 20:10 h. 13. 1.: **FA** 5:54 - 6:55 h und 15:08 - 20:05 h. 15. 1.: **FA** 23:40 - 0:27 h. 16. 1.: **FA** 11:55 - 12:06 h und 19:35 - 19:58 h. 21. 1.: **FA** 19:20 - 20:32 h. 23. 1.: **FA** 19:29 - 20:33 h. 27.1.: **FA** 21:22 - 21:42 h. 30. 1.: **FA** 21:56 - 23:28 h. Kein Einsatz der Wehr bei diesen Alarmierungen. An Bereitschaften wurden im Monat Januar geleistet: Bei 13 Alarmierungen von 516 Feuerwehrleuten 2.580 Bereitschaftsstunden. Von der Jugendwehr bei 13 Alarmierungen von 480 Jungkameraden 2.400 Bereitschaftsstunden.

Einsätze: Mot. Zug Rodenkirchen am 20.1. bei einem Zimmerbrand im Wohnhause Finken in Rodenkirchen, Feuerlöschtrupp Rondorf auf den Gutshof Josef Conzen in Rondorf bei einem Balkenbrand in der Mauer hinter dem Kachelofen. Mot. Zug Rodenkirchen am 1.1. bei einem Müllkippbrand in der Dammstrasse.
Februar: 2. 2.: **FA** 20:40 - 21:46 h. 3. 2.: **FA** 19:30 - 20:37 h. 4. 2.: **FA** 10:12 - 10:28 h. 5. 2.: **FA** 1:23 - 1:43 h. 6. 2.: **FA** 20:47 - 21:49 h. 8. 2.: **FA** 1:32 - 1:49 h und 11:02 - 12:15 h. 10. 2.: **FA** 0:42 - 1:02 h.

Blick auf die Maternusstr. / Ecke Augustastr. nach dem Bombenangriff vom 4. Juli 1943

11. 2.: **FA** 20:36 - 21:01 h. 12. 2.: **FA** 20:16 - 20:56 h. 13. 2.: **FA** 20:58 - 21:53 h. 14. 2.: **FA** 19:53 - 21:10 h. 16. 2.: **FA** 3:03 - 3:30 h. 17. 2.: **FA** 20:30 - 21:00 h. 19. 2.: **FA** 20:53 - 21:18 h. 24. 2.: **FA** 20:56 - 21:56 h. 25. 2.: **FA** 20:59 - 21:26 h. 26. 2.: **FA** 0:12 - 1:35 h 12:10 - 12:26 h, 13:24 - 13:40 h, 14:20 - 15:05 h, 16:15 - 16:36 h: 16,45 - 17:13 h, 20:46 - 22:02 h. 27. 2.: **FA** 15:24 - 16:48 h und 22:24 - 23:50 h. 28. 2.: **FA** 14:59 - 15:33 h, 16:54 - 17:12 h und 21:40 - 21:57 h. An Bereitschaften wurden im Monat Februar geleistet: Bei 28 Alarmierungen von 675 Feuerwehrleuten 7.425 Bereitschaftsstunden. Von der Jugendwehr bei 28 Alarmierungen von 570 Jungkameraden 6.270 Bereitschaftsstunden.

Fliegerangriff in der Nacht vom 14. auf 15.2.1943. Kurz nach Fliegerwarnung setzte schlagartig ein Abwurf von Sprengbomben, Minenbomben, Stabbrandbomben, Phosphorbomben (14 kg), Brandkanister sowie 113 kg Benzol- und Kautschukbomben ein. Der Nebenschuppen der Feuerwehrunterkunft des mot. Zuges Rodenkirchen wurde getroffen. Fahrzeuge, Motorspritzen pp. Wurden sofort sichergestellt; ebenso in der von Brandbomben getroffenen Feuerwehrunterkunft der mot. Gruppe Immendorf. Nach Mitteilung des Leiters der Befehlsstelle der Schein- und Flakeinheiten, der sich ebenfalls im Bürgermeisteramt Rodenkirchen befindet, waren an dem Fliegerangriff auf den hiesigen Gemeindebezirk etwa 25 Feindflugzeuge beteiligt. Bei Einlauf der vielen Meldungen über größere im Entstehen begriffene Brände wurde der mot. Zug Rodenkirchen noch während des Feindangriffs nach und nach je nach Fall mit mot. Geräten oder Hydrantengruppen eingesetzt. Ebenso wurde eingesetzt auf Anforderung die Werkfeuerwehr der Maschinenfabrik Sürth. Durch den Kreisführer sind als nachbarliche Löschhilfe mot. Gruppen der Freiwilligen Feuerwehren Wesseling, Frechen und Brühl angefordert worden. Diese erschienen in kürzester Frist. Für die Brandbekämpfung in dem im hiesigen Gemeindebezirk liegenden wichtigen Wasserwerk der Hansestadt Köln war ein mot. Zug der Feuerlöschpolizei Bonn angefordert. Später erschienen auf dieser Brandstelle auch noch mot. Gruppen der Feuerlöschpolizei Köln und Wuppertal. Die Anforderung der Feuerlöschpolizeien erfolgte durch den Generaldirektor des Wasserwerks. Die hiesige Wehr war im Wasserwerk nicht eingesetzt.

Die Wasserverhältnisse waren gut. Das Wasserrohrnetz ist nicht getroffen worden. Der Einsatz der Feuerlöschkräfte war daher von Erfolg. Sehr viele in Wohnungen und Stellungen gefallene Brandbomben sind von den Wohnungsinhabern mit den bereit gehaltenen Löschmitteln bekämpft worden; auch bereits ausgebrochene Brände wurden von Zivilpersonen im Verein mit Soldaten der hier stationierten Militärformationen mit Luftschutz- und Kübelspritzen mit Erfolg bekämpft. Die Disziplin der Bevölkerung und der Soldaten war mustergültig.

Alle an diesem Einsatz beteiligten Feuerwehrmänner einschließlich der HJ. Feuerlöschreserve haben sich nach besten Kräften auch noch während des Fliegerangriffs eingesetzt.

Bombenabwurf in der Nacht vom 14. auf 15.2.: 2 Minenbomben, 42 Sprengbomben, 3000 Stabbrandbomben, 100 Phosphorbomben à 14 kg, 1 Kautschukbenzolbombe

Wohnhäuser beschädigt: 15 schwer, 50 mittelschwer, 325 leicht beschädigt.

Der Marktplatz (Maternusplatz) mit dem ausgebrannten Gemeindehaus Windthorststr. und der Schillingsrotter Str. im Hintergrund nach dem Angriff vom 4. Juli 1943

Fliegerangriff in der Nacht vom 26. auf 27.2.1943: Infolge Abwurf vom Brandbomben über der Ortschaft Godorf waren einige Zimmerbrände entstanden. Die Löschgruppe Godorf setzte sofort einige Hydrantentrupps zusätzlich mit Kleinlöschgeräten ein. Bei einem ausgebrochenen Brand in einem landwirtschaftlichen Gut (Stallgebäude) wurde eine Handsaug- und Druckspritze eingesetzt. Durch den Schnelleinsatz der Hydrantentrupps mit zusätzlichen Kleinlöschgeräten konnten die Zimmerbrände auf ihren Herd beschränkt werden. Es entstand nur Inventarschaden. Aus dem brennenden Stall wurde von den Feuerwehrleuten sämtliches Vieh gerettet. Da in dem Wasserrohr an diesem Gehöft – es handelt sich um eine Endleitung – kein Druck war, wurde die Handsaug- und Druckspritze an der Jauchegrube des Gehöfts aufgestellt und das Feuer mit Jauche bekämpft. Dieses Feuer konnte ebenfalls auf seinen Herd beschränkt bleiben. Das Übergreifen des Feuers auf Stallungen und Wohnhäuser konnte verhindert werden. Der Erfolg der Arbeit war gut.

Bombenabwurf in der Nacht vom 26. auf 27.2.: 3 Sprengbomben, 2000 Stabbrandbomben 1 Kautschukbenzolbombe. 8 Wohnhäuser wurden leicht beschädigt.

Durch die vielen Einziehungen von Feuerwehrleuten und Hitlerjungen zum Militär herrscht ein Kommen und Gehen in der Wehr. Dauernd müssen weitere Dienstverpflichtungen vorgenommen werden und nimmt die Ausbildung dieser neuen Männer sehr viel Zeit in Anspruch.

Auf Anforderung des Kreisführers für den Landkreis Köln sind gemäß Erlass des RFSS und Chef der deutschen Polizei im Reichsministerium des Innern O.Fw. 1145 Nr. 1/43 vom 14.1.1943 eine Anzahl Frauen und Mädchen als Ergänzungskräfte zur Feuerwehr heranzuziehen. Dieser Anordnung ist insofern nachgekommen, dass für den mot. Zug Rodenkirchen 30 Frauen und Mädchen dienstverpflichtet wurden. Erstmaliges Antreten fand am Donnerstag den 25.2. ds. Jrs. in der Schule Rodenkirchen statt. Anwe-

Ergänzungskräfte von 1943, darunter Lilli Holler und Maria Braun

send waren bei diesem Antreten der Ortspolizeiverwalter als örtlicher Luftschutzleiter, Kreisführer Stark sowie Rev. Leutnant Keppler. In einem Referat legte Kreisführer Stark den Sinn und Zweck der Heranziehung „von Frauen und Mädchen als Ergänzungskräfte der Feuerwehren" eingehend dar. In einem weiteren Referat sprach Rev. Leutnant Keppler über „die Tätigkeit und Pflichten der Frau im jetzigen Kriege im SHD."

Die Übungen der Frauen und Mädchen finden jeden Donnerstag von 16 - 18 h in der Feuerwehrunterkunft in Rodenkirchen statt. Eine Schutzkleidung mit blauer Leinenkombination, Stahlhelm, Schiffchen und Lederkoppel ist vorgesehen. Die Frage der Fußbekleidung steht noch offen.

Zusatz: RFSS Reichsführer SS (Himmler) SHD Sicherheits- und Hilfsdienst SLG Schaumlöschgerät TS Tragkraftspritze

März: 1. 3.: **FA** 11:17 - 11:35 h, 22:23 - 0:58 h. 2. 3.: **FA** 20:58 - 22:13 h. 3. 3.: **FA** 21:35 - 22:43 h. 5. 3.: **FA** 10:45 - 16:58 h und 22:59 - 0:00 h. 8. 3.: **FA** 20:54 - 21:46 h. 9. 3.: **FA** 21:48 - 23:41 h. **FA** 23:09 - 23:25 h. 10. 3.: **FA** 22:19 - 22:54 h. 26. 3.: **FA** 21:31 - 22:33 h. 28. 3.: **FA** 19:10 - 19:24 h. 29. 3.: **FA** 22:38 - 23:45 h. 30. 3.: **FA** 3:53 - 4:29 h. Im Berichtsmonat erfolgten keine Einsätze der Wehr. An Bereitschaften wurden im Monat März geleistet: Bei 14 Alarmierungen von 336 Feuerwehrleuten 1.627 Bereitschaftsstunden. Von der Jugendwehr bei 14 Alarmierungen von 260 Jungkameraden 1.240 Bereitschaftsstunden.

April: 1. 4.: **FA** 7: 12 - 7: 22 h. 3. 4.: **FA** 22:40 - 23:59 h. 4. 4.: **FA** 10:25 - 10;54 h. 6. 4.: **FA** 20:12 - 20:56 h. 8. 4.: **FA** 23:14 - 1:37 h. 9. 4.: **FA** 20:47 - 21:15 h, von 23:04 - 23:42 h. 10. 4.: **FA** 19:20 - 19:45 h. 11. 4.: **FA** 2:47 - 4:22 h. 14. 4.: **FA** 23:58 - 1:28 h. 17. 4.: **FA** 2:45 - 4:45 h. 19. 4.: **FA** 21:17 - 21:51 h. 26. 4.: **FA** 20:59 - 21:40 h. 27. 4.: **FA** 2:05 - 3:40 h. 28. 4.: **FA** 8:56 - 9:04 h. Während der Berichtszeit erfolgten keine Einsätze der Wehr. An Bereitschaften wurden im Monat April geleistet: Bei 14 Alarmierungen von 710 Feuerwehrleuten 4.640 Bereitschaftsstunden. Von der Jugendwehr bei 14 Alarmierungen von 450 Jungkameraden 3.270 Bereitschaftsstunden.

Am 8. d.s. Mts. erfolgte eine Besichtigung der zum mot. Zug Rodenkirchen verpflichteten Frauen und Mädchen als Feuerwehrhelferinnen. An der Besichtigung nahmen teil: Generalmajor der Polizei Schnell vom Reichsamt der Freiw. Feuerwehr in Berlin mit seinem Stab, der Abschnittsinspekteur Wolf als Vertreter des Regierungs-Präsidenten und der Landrat Regierungsrat Lehmann und Oberinspektor Klein sowie Beigeordneter von Mering als Vertreter des Bürgermeisters. Die Vorführung der Feuerwehrhelferinnen erfolgte durch Kreisführer Stark auf dem Gelände an der Guntherstrasse in Rodenkirchen. Die mündliche Prüfung erfolgte durch Generalmajor Schnell selbst. Anschließend erfolgte die Vorführung von 2 Gruppenhelferinnen und zwar eine übungsmäßig am SLG.

Und eine angriffsmäßig an der TS. Die Leistungen der Feuerwehrhelferinnen waren zufriedenstellend wie Generalmajor Schnell in seiner Kritik zum Ausdruck brachte.[19]

Die Übungen in der Wehr sind für die Sommermonate auf Mittwoch- und Samstagabend von 19 – 21 h festgelegt.

Mai: 1. 5.: **FA** 2:47 - 3:48 h. 2. 5.: **FA** 16:53 - 17:56 h. 4. 5.: **FA** 1:37 - 2:28 h. 12. 5.: **FA** 18:12 - 18:39 h. 13. 5.: **FA** 1:56 -. 3:09 h. 14. 5.: **FA** 1:40 - 3:19 und 11:14 - 11:46 h. 16. 5.: **FA** 18:36 - 19:24 h und 23:46 - 1:50 h. 17. 5.: **FA** 23:23 - 23:31 h. 18. 5.: **FA** 10:16 - 10:45 h. 24. 5.: **FA** 1:01 - 2:50 h. 26. 5.: **FA** 1:00 - 2:58 und 10:58 - 11:22 h. 27. 5.: **FA** 20:45 - 21:19 h. 28. 5.: **FA** 0:48 - 1:59 h. 29. 5.: **FA** 19:12 - 19:59 und 20:49 - 21:15 h. 30. 5.: **FA** 0:10 - 2:36 h. An Bereitschaften wurden im Monat Mai geleistet: Bei 19 Alarmierungen von 630 Feuerwehrleuten 1060 Bereitschaftsstunden. Von der Jugendwehr bei 19 Alarmierungen von 504 Hitlerjungen der Feuerlöschreserve 1030 Bereitschaftsstunden. Einsätze: Mot. Zug Rodenkirchen am 6.5.: Kaminbrand in Rodenkirchen. 8.5.: Kippbrand in Rodenkirchen. 16.5.: Kippbrand in Rodenkirchen. 14.5.: Baracken einer Flakeinheit in Rodenkirchen durch Feindeinwirkung. 26.5. stellte eine Gruppe mit L.F.15 in der Feuerlöschbereitschaft des Landkreises Köln zum Einsatz in Bedburg zur Brand-Bekämpfung infolge Feindeinwirkung. Einsatz 5 Stunden. 30.5. stellte 1 mot. Gruppe mit L.F.15 in der Feuerlöschbereitschaft des Landkreises Köln zum Einsatz in Wuppertal-Barmen infolge Feindeinwirkung. Einsatz 30 Stunden.

Flakstellung nach dem Krieg im Bereich Forstbotanischer Garten mit Ilse Kühlen auf dem Geschütz

Im Berichtsmonat wurden die Feuerlöschgruppen Meschenich und Godorf mit je einer Motorspritze L.F. 8 ausgerüstet. Am 30.5. wurden abgeworfen auf den Bezirk der Gemeinde Rondorf: 2 Sprengbomben, 100 Stabbrandbomben und 25 Phosphorbomben je 14 ½ Kilo schwer.

Zusatz: L.F.8 = Löschgruppenfahrzeug 8; L.F.15 = Löschgruppenfahrzeug 15. Aders bildet eine beschädigte Luftwaffenhelferunterkunft der Flakstellung Rondorf ab (1995, 104), die schwere Flak Rondorf Abb. bei Aders, 1994, 139.

Juni: 11. 6.: **FA** 10:52 - 11:38 h und 0:45 - 2:58 h. 12. 6.: **FA** 8: 45 - 9:31 h. 13. 6. : **FA** 1:11 h - 1:55 h. 14. 6.: **FA** 1:20 - 1:23 h. 15. 6.: **FA** 0:36 - 2:31 h. 17. 6: **FA** 0:46 - 2:37 h. 18. 6.: **FA** 2:04 - 2:36 h und 7:12 - 7:37 h. 20. 6.: **FA** 2:02 - 2:36 h, 12:50 - 13:05 h, 14:55 - 15:35 h und 18:35 - 19:23 h. 21. 6.: **FA** 2:15 - 2:32 h und 15:19 - 15:37 h. 22. 6.: **FA** 1:18 - 2.38 h, 9:46 - 10:03 h und 20:05 - 20:23 h. 23. 6. : **FA** 0:39 - 2:30 h. 24. 6.: **FA** 1:58 - 2:26 h und 20:14 - 2:30 h. 25. 6.: **FA** 0:32 - 2:48 h. 26. 6. : **FA** 1:11 - 2:17 h. 29. 6.: **FA** 1:12 - 2:50 h. An Bereitschaften wurden im Monat Juni geleistet: Bei 15 Alarmierungen von 510 Feuerwehrleuten 2040 Bereitschaftsstunden. Bei der Jugendwehr bei 15 Alarmierungen von 445 Hitlerjungen 1960 Bereitschaftsstunden.

29. 6.: Einsatz in der Ortschaft Meschenich. Infolge Abwurf von Brandkanistern, Phosphor und Stabbrandbomben wurden beim Eintreffen der Wehr 11 Brandstellen festgestellt. Aus den brennenden Ställen wurde unter Beistand von einigen Militärurlaubern sowie Zivilpersonen Vieh aus 5 Ställen sichergestellt. Mit Unterstützung von Mitgliedern des Reichsluftschutzbundes wurde, da kein Löschwasser aus den Hydranten zur Verfügung stand, solches mittels langer Schlauchleitung aus den zusätzlichen Löschwasserstellen zu den einzelnen Brandstellen herangeführt. Verschiedene Brände konn-

ten mittels Kleinlöschgeräten bekämpft werden. Der Erfolg der Arbeit ist als gut zu bezeichnen.

29. 6.: Einsatz in der Ortschaft Rondorf. Beim Eintreffen der Feuerwehr standen infolge des Abwurfs von Brandkanistern, Phosphor- und Brandbomben eine Reihe von Häusern darunter zwei Bauernhöfe in Flammen. An der Viehbergung aus den brennenden Gehöften wurde sich sofort seitens der Feuerwehr beteiligt. Aus den Hydranten war Löschwasser nicht zu erhalten. Es stand jedoch genügend Löschwasser in einer außerhalb der Ortschaft Rondorf gelegenen Kiesgrube, die auch als zusätzliche Löschwasserstelle besonders hergerichtet und gekennzeichnet ist, zur Verfügung. Durch Zwischenschaltung von Pumpen konnte daher genügend Löschwasser zu den einzelnen Brandstellen herangebracht werden. Durch die vielen abgeworfenen Phosphorbomben wurden die Löscharbeiten sehr erschwert: der Erfolg der Arbeit ist als gut zu bezeichnen. Im Bezirk der Gemeinde Rondorf wurden in der Nacht vom 29. Juni 1943 abgeworfen: 4 Minenbomben, 4 Sprengbomben davon zwei Blindgänger, 2000 Stabbrandbomben und 120 Phosphorbrandbomben.

Jakob Hoffend, Sürth, Wesselinger Straße, wirkt als hochdekorierter Kampfmittelräumer.

Im Berichtsmonat wurde der Wehrführer Wolf von dem Herrn Landrat in Köln zum Stellvertreter der Kreisführer anstelle des zum Militär eingezogenen Wehrführers Kirsch von der Feuerwehr Brühl ernannt. Weiter wurde im Berichtsmonat eine Feuerwehrbereitschaft für den Kreis Köln aufgestellt, an der die Freiwillige Feuerwehr der Gemeinde Rondorf mit einem L.F. 15 beteiligt ist. Führer dieser Bereitschaft ist der Wehrführer Wolf als stellvertretender Kreisführer. Im Monat Juni erfolgte eine weitere Ausrüstung des mot. Zuges Rodenkirchen mit 1 L.E.G.

Juli: 3.7.: **FA** 0:36 - 1:21 h. 4.7.: **FA** 0:37 - 2:35 h. 5.7.: **FA** 1:25 - 1:50 h. 6.7.: **FA** 1:40 - 2:25 h. 7.7.: **FA** 1:25 - 1:55 h. 8.7.: **FA** 1:20 - 1:50 h. 9.7.: **FA** 0:20 - 2:10 h. 10.7.: **FA** 0:58 - 2:45 h. 13.7.: **FA** 0:45 - 1:15 h. 14.7.: **FA** 1:05 - 2:35 h. 15.7.: **FA** 12:25 - 1:35 h. 17.7.: **FA** 1:15 - 5:40 h. 19.7.: **FA** 1:00 - 1:45 h. 25.7.: **FA** 1:13 - 1:45 h. 26.7.: **FA** 0:10 - 1:50 h. 28.7.: **FA** 11:20 - 12:05 h. 30.7.: **FA** 0:45 - 1:10 h. 31.7.: **FA** 0:40 - 2:30 h. An Bereitschaften wurden im Monat Juli geleistet: Bei 18 Alarmierungen von 610 Feuerwehrleuten 4060 Bereitschaftsstunden. Bei der Jugendwehr ebenfalls bei 18 Alarmierungen von 410 Hitlerjungen 2084 Bereitschaftsstunden.

Einsätze infolge Feindeinwirkung: 4.7: In der fraglichen sternklaren Nacht wurde bei Alarm die Ortschaft Rodenkirchen mit der Adolf-Hitler-Rheinbrücke künstlich vernebelt. In diesen Nebel warf der Feind 70 Minuten lang Spreng-, Brand- und Phosphorbomben und zwar soweit festgestellt werden konnten: 12 Minenbomben, 83 Sprengbomben über 3000 Brandbomben 1,7 Kilo und über 2000 Phosphorbomben 14 Kilo. Eingesetzt wurden noch während des Abwurfs der Bomben 3 Gruppen des mot. Zuges Rodenkirchen. Das Waserrohrnetz war sofort ohne Druck und daher musste Löschwasser aus dem Rhein und der zusätzlichen vorhandenen Löschwasserstellen entnommen werden. Ebenfalls waren die Telefonleitungen sofort zerstört und daher wurde nachbarliche Löschhilfe durch Kradmelder angefordert. Nach Eintreffen der nachbarlichen Löschhilfen konnten weitere ausreichende Zubringerleitungen - zu 1 ½ Kilometer Länge vom Rhein aus gelegt werden. Durch diese genügende Wasserversorung wurden die ausgedehnten Brände (ganze Strassenzüge) abgeschnitten und die Weiterverbreitung des Feuers verhindert. Erst dann konnte von Haus zu Haus unter ganz schweren Verhältnissen zur Feuerbekämpfung vorgedrungen werden.

Hauptstr., Konditorei Kläger und Gertrudenhof nach dem Angriff vom 4.7.1943

Bei diesem Einsatz haben sich die Männer des mot. Zuges Roderkirchen. (S.B.) dadurch besonders ausgezeichnet, dass sie sofort bei Beginn des Angriffs eingesetzt wurden und ihre Pflicht im Bombenhagel erfüllten, trotzdem ihre Familien teilweise verschüttet waren und nicht wie andere Einwohner der Ortschaft Rodenkirchen noch etwas vor ihrem Hab und Gut retten konnten.

Die Hauptstr. nach dem Angriff vom 4.7.1943 in der Gegenrichtung aufgenommen

Auf Anordnung des Kreisführers Stark wurde eine Gruppe des mot. Zuges Rodenkirchen zur nachbarlichen Feuerlöschhilfe nach Knappsack, Roddergrube, Vereinigte Ville eingesetzt. Bei Eintreffen dieser Gruppe wurde dieselbe als Zwischenschaltpumpe in der Zubringerleitung eingeschaltet. Es brannte der Abraum in einer Braunkohlengrube in einer Länge von zirka 600 Metern. An der Feuerbekämpfung war die Gruppe nicht beteiligt, da sie mit ihrem Fahrzeug, wie bereits erwähnt, als Zwischenschaltpumpe in der Zubringerleitung eingesetzt war.

Zusatz: Angriffsziel die Autobahnbrücke Rodenkirchen, die Pionierkasernen Westhofen (Pionier-Bataillon 186, PiEB 253) und dort ein zentrales Flakversorgungslager. Für die Vernebelung waren seit Sommer 1943 acht Nebelkompanien mit russischen Hilfskräften zuständig, die bei bevorstehenden Angriffen 100-Liter Stahlblechfässer mit Nebelsäure öffneten - ein Gemisch aus Chlorsulfonsäure und Schwefeltrioxid, bei deren Zerstäubung Salz- und Schwefelsäure entstanden (Aders, 20, 1994, 143). Pettenberg, 1985, S. 169 erwähnt: In Bayenthal und Rodenkirchen zahlreiche Bomben, für beide Stadtteile die bisher schwerste Angriffsnacht. Die Bonner Bahn bei Sürth ist unterbrochen.[20]

August: 1. 8.: **FA** 11:28 - 11:45 h. 4. 8.: **FA** 27:55 - 0:23. h. 6. 8.: **FA** 23:50 - 0:22 h. 8.8.: **FA** 4.15 - 4.50 h. 9. 8.: **FA** 23:37 - 0:16 h. 10. 8.: **FA** 27.40 - 0:50 h. 11. 8.: **FA** 23:31 - 0:18 h. 12. 8.: **FA** 8:50 - 10:00 h. 17. 8.: **FA** 11:30 - 1213 h 27. 8.: **FA** 0:28 - 2:04 h. 28. 8.: **FA** 3:15 - 3:55 h. 30. 8.: **FA** 5:03 - 5:33 h. 31. 8.: **FA** 2:13 - 4:03 h und 23:07 - 24:00 h. An Bereitschaften wurde im Monat 8. geleistet: Bei 15 Alarmierungen von 520 Feuerwehrleuten 2030 Bereitschaftsstunden. Bei der Jugendwehr ebenfalls bei 15 Alarmierungen von 435 Hitlerjungen 1230 Bereitschaftsstunden.

Am 13. 8.: Großfeuer in einer Müllkippe in Rodenkirchen. Eingesetzt waren 7 Mann. Dauer 3 Stunden.

September: 1. 9.: **FA** 1:45 - 2:55 und 3:45 - 4:12 h. 2. 9.: **FA** 24:00 - 0:30 h. 3. 9.: **FA** 23:09 - 0:10 h. 4. 9.: **FA** 10:40 - 11:05 h. 5. 9.: **FA** 22:40 - 23:18 h. 6. 9.: **FA** 0:55 - 1:57 h und 23:30 - 23:50 h. 18. 9.: **FA** 22:01 - 22:25 h. 20. 9.: **FA** 3:40 - 3:57 h. 22. 9.: **FA** 13:40 - 17:53 h. 23. 9.: **FA** 21:44 - 0:01 h. 24. 9.: **FA** 22:07 - 22:28 h. 25. 9.: **FA** 22:25 - 22:48 h. 26. 9.: **FA** 23:29 - 00:07 h. 27. 9.: **FA** 22:11 - 22:19 und 23:11 - 23:49 und 5:31 - 6:02 h. 30. 9.: **FA** 13:19 - 13:27 h. An Bereitschaften wurden im Monat September geleistet: Bei 19 Alarmierungen von 540 Feuerwehrleuten 3040 Bereitschaftsstunden. Bei der Jugendwehr bei 19 Alarmierungen von 400 Hitlerjungen 2400 Bereitschaftsstunden. Keine Einsätze infolge Feindeinwirkung.

Bei einem Einsatz bei der Firma Sieger in Rodenkirchen beim Brand eines Autoanhängers waren 14 Feuerwehrmanner je 1 Arbeitsstunde tätig.

Im Monat September wurden 15 Kriegsverdienstkreuze mit Schwertern verliehen, so dass nunmehr 17 Feuerwehrleute im Besitze dieser Auszeichnug sind.

Die Feuerlöschtrupps Meschenich und Godorf sind mit einer 800 Liter Motorspritze ausgerüstet worden. Sonst keine besonderen Vorkommnisse in der Wehr im Berichtsmonat.

Oktober: 1. 10.: **FA** 21:50 - 27:15 h. 2. 10.: **FA** 21:36 -. 22:22 h. 3. 10.: **FA** 17:50 - 18:15 h und 22:17 - 0:34 h. 4. 10.: **FA** 20:40 - 23:45 h. 5. 10.: **FA** 8:30 - 9:08 h. 7. 10.: **FA** 10:25 - 10:56 h, 21:39 - 22:01 h und 22:59 - 23:21 h. 9. 10.: **FA** 0:59 - 1:34 h, 1:55 - 2:32 h und 12:44 - 13:32 und 15:41 - 16:00 h. 10. 10.: **FA** 14:55 - 15:51 h.12.10.: **FA** 14:41 - 14:56 h, 15:08 -15:19 h und 22:06 - 22:30 h. 13. 10.: **FA** 19:55 - 20:25 h, 14 10.: **FA** 13:32 - 14:17 h. 16. 10.: **FA** 16:20 - 20:37 h. 17. 10.: **FA** 20:08 - 21:00 h. 18. 10.: **FA** 14:59 - 15:26 h. 19. 10.: **FA** 20:20 - 21:20 h. 20. 10.: **FA** 9:09 - 9:41 h, 14:05 - 14:44 h, 20:04 - 22:4,2 h und 23:01 - 23:22 h. 21. 10.: **FA** 13:03 - 13:20 h und 20:07 - 21:05 h. 22. 10.: **FA** 19:30 - 21:28 h und 22:17 - 22:45 h. 24. 10.: **FA** 19:33 - 21:03 h. 30. 10.: **FA** 9:17 - 9:31 h, 13:09 - 13:31 h und 14:02 - 14:25 h. 31. 10.: **FA** 19:08 - 19:44 h und 20:04 - 20:28 h. Kein Einsatz durch Feindeinwirkung. Der Feuerlöschtrupp Sürth wurde im Berichtsmonat dreimal bei Kippbränden eingesetzt. Hierbei leisteten 30 Feuerwehrleute 57 Arbeitsstunden. An Bereitschaften wurden im Monat 10. geleistet: Bei 57 Alarmierungen von 540 Feuerwehrleuten 2170 Bereitschaftsstunden. Bei der Jugendwehr ebenfalls von 510 HJ. Jungen 1066 Bereitschaftsstunden.

Der Feuerlöschtrupp Sürth wurde mit einer 880 Ltr. Motorspritze ausgerüstet. Der offene Mannschaftswagen und Gerätewagen vom mot. Zuge Rodenkirchen wurde diesem Feuerlöschtrupp ebenfalls zugeteilt.

November: 3. 11.: **FA** 19:10 - 20:50 h. 4. 11.: **FA** 19:00 - 20:41 h. 5. 11.: **FA** 13:15 - 14:10 h. 21:58 - 22:28 h. 6. 11.: **FA** 23:30 - 23:55 h. 7. 11.: **FA** 11:10 - 11:50 h. 18:06 - 18:41 h. 8. 11.: **FA**. 2:05 - 3:30 h. 5:37 - 5:55 h. 18:13 - 18:42 h. 19:22 - 20:02 h, 20:02 - 20:28 h. 9. 11.: **FA** 19:28 - 20:58 h. 10. 11.: **FA** 19:15 - 19:4o h. 11. 11.: **FA** 6:31 - 6:46 h. 12. 11.: **FA** 19:31 - 19:58 h. 20:05 - 20:58 h. 13. 11.: **FA** 19:34 - 20:07 h. 15. 11.: **FA** 19:10 - 20:57 h. 16. 11.: **FA**: 13:33 - 13:40 h. 19:19 - 20:38 h. 17. 11.: **FA** 19:24 - 21:31 h. 18. 11.: **FA** 15:38 - 15:41 h. 19:02 - 21:08 h. 19. 11.: **FA** 12:28 - 12:57 h. 18:51 - 20:18 h. 22. 11.: **FA** 18:32 - 19:54 h. 23. 11.: **FA** 18:50 - 19:47 h. 25. 11.: **FA** 1:23 - 4:06 h. 29. 11.: **FA** 19:12 - 21:21 h. 18:58 - 19:40 h. 30. 11.: **FA** 11:15 - 12:35 h. 19:10 - 19:45. h. An den Bereitschaften wurden im Monat November geleistet: Bei

33 Alarmierungen von 841 Feuerwehrleuten 2084 Bereitschaftsstunden. Bei der Jugendwehr ebenfalls von 610 H.J. Jungen 1720 Bereitschaftsstunden.

Friedensmässiger Einsatz: Die Feuerlöschgruppe Immendorf wurde bei einem normalen Zimmer- und Dachstuhlbrand im Berichtsmonat eingesetzt. Hierbei leisteten 9 Feuerwehrleute 9 Arbeitsstunden.

Dezember: 1. 12.: **FA** 11:20 - 12:38 h. 2. 12.: **FA** 18:25 - 19:04 h. 20:48 - 23:06 h. 4. 12.: **FA** 4:07 - 4:30 h. 4:59 - 6:12 h. 14:57 - 15:20 h. 18:49 - 19:44 h. 5. 12.: **FA** 11:20 - 11:24 h. 10. 12.: **FA** 18:33 - 19:54 h. 11.12.: **FA** 18:45 - 19:39 h. 12. 12.: **FA** 18:40 - 19:37 h. 13. 12.: **FA** 18:59 - 19:41 h. 19:48 - 20:25 h. 20:36 - 20:41 h. 15. 12.: **FA** 18:18 - 19:24 h. 16. 12.: **FA** 20:34 - 20:57 h. 20.12.: **FA** 18:47 - 19:41 h. 19:43 - 21:33 h. 22. 12.: **FA** 1:22 - 2:07 h. 13:52 - 14:11 h. 19:01 - 19:46 h. 21:18 - 20:26 h. 23. 12.: **FA** 11:38 - 12:06 h. 24. 12.: **FA** 1:44 - 3:30 h. 4:09 - 4:58 h. 28. 12.: **FA** 18:25 - 18:42 h. 29. 12.: **FA** 18:34 - 19:57 h. 20:00 - 21:24 h. 21:34 - 22:27 h. 30. 12.: **FA** 3:19 - 4:05 h. 14:54 – 15:07 h. 18:30 – 19:11 h. 19:35 – 20:21 h. An Bereitschaften wurden im Monat Dezember geleistet: Bei Alarmierungen von 892 Feuerwehrleuten 3288 Bereitschaftsstunden. Bei der Jugendwehr von 730 Hitlerjungen 2940 Bereitschaftsstunden.

Im Berichtsmonat erfolgten keine Einsätze infolge Feindeinwirkung. Zu verzeichnen ist ein friedensmässiger Einsatz und zwar ein Kippbrand an der Flakstellung Dammstr. Rodenkirchen. Eingesetzt war 1 Gruppe. Dauer der Feuerbekämpfung eine Stunde.

Die eingerichteten Frauengruppen beim mot. Zuge Rodenkirchen wurden aufgelöst, da diese sich nicht bewährt haben insbesondere nicht bei Einsätzen unter Feindeinwirkung.

Damit schließen die Aufzeichnungen für das Kriegsjahr 1943. Den Kameraden der Wehr danke ich für ihre Dienstfreudigkeit bei den Übungen sowie bei den Einsätzen im eigenen Gemeindebezirk sowie den Einsätzen in Köln, Wuppertal, Barmen und Düsseldorf. Bei den Einsätzen im Berichtsjahr wurden 7 Feuerwehrleute verletzt, davon eine Verletzung ernster Natur.

Rodenkirchen, den 31. Dezember 1943.

Kriegsjahr 1944

Januar: 1. 1.: **FA** 18:50 – 20:25 h. 20:30 - 21:17 h. 2. 1.: **FA** 4:30 - 5:37 h. 19:03 - 19:78 h. 3. 1.: **FA** 4:41 - 4:59 h. 4. 1.: **FA** 4:49 - 5:52 h. 19:59 - 20:46 h. 23:12 - 23:42 h. 5. 1.: **FA** 11:19 - 12:30 h. 13:03 - 13:30 h. 19:04 - 20:18 h. 21:03 - 21:51 h. 22:31 - 23:24 h. 6. 1.: **FA** 19:54 - 20:16 h. 7. 1.: **FA** 116:56 - 11:4o h. 21:15 - 21:55 h. 8. 1.: **FA** 18:59 - 20:53 h. l0. 1.: **FA** 18:39-- 19:38 h. Von 19:47 - 20:08. h. 14. 1.: **FA** 3:57 - 5:52 h. 19:47 - 19:53 h. Von 20:07 - 20:46 h. 20. 1.: **FA** 20:56 - 22:06 h. 21. 1.: **FA** 22:23 - 22:51 h. 23:45 - 0:54 h. 23. 1.: **FA** 20:24 - 21:30 h. 22:32 - 23:26 h. 24. 1.: **FA** 3.05 - 3:20 h. 10:35 - 11:25 h. 26. 1.: **FA** 11:15 - 11:52 h. 27. 1.: **FA** 22:08 - 23.43 h. 28. 1.: **FA** 20:04 - 20:35 h. 20:48 - 21:57 h. 29. 1.: **FA** 16:35 - 10:51 h. 19:12 - 19:56 h. Von 21:05 - 21:33 h. 30. 1.: **FA** 13:11 - 13:37 h. 13:54 - 14:04 h. 19:12 - 21:57 h. Von 22:11 - 22:41 h. 31. 1.: **FA** 14:22 - 15:06 h. 17:03 - 17:21 h. An Bereitschaften wurden im Monat Januar 1944 geleistet: Bei Alarmierungen von 902 Feuerwehrleuten 3400 Bereitschaftsstunden. Bei der Jugendwehr von 763 Hitlerjungen 3006 Bereitschaftsstunden.

Einsätze infolge Feindeinwirkung erfolgten im Berichtsmonat nicht. An friedensmässigen Einsätzen waren 2 Schornsteinbrände zu verzeichnen.

Drei Generationen der Familie Spieß in der Freiwilligen Feuerwehr Rodenkirchen

Ärmelabzeichen der HJ-Feuerwehrscharen

Feuerwehr HJ des Schuljahrgangs 1930 mit Peter Körtgen (Ausbilder), Hans Wirges, Willi Langen, Karl Schiffer, Arnold Spieß, Werner Schmitz, Heinz Becker, Willi Krapohl und Heinrich Schmitz

Von dem Herrn Landrat in Köln sind am 27.1.44 88 Männer für die Feuerlöschtrupps auf den Ortschaften des hiesigen Gemeindebezirks mit kurzfristiger Notdienstverpflichtung herangezogen worden.

Im Berichtsmonat Januar sind an die der Feuerwehr zugeteilten Hitlerjungen Schelling, Spiess und Gecks Kriegsverdienstmedaillen verliehen worden. Bisher haben von der Wehr 20 Feuerwehrleute das Kriegsverdienstkreuz II. Kl. Mit Schwertern und 3 H. Jungen die Kriegsmedaille erhalten.

Am 22. ds. Mts. fand in Brühl ein Kreisfeuerwehr-Appell statt. Der Kreisfeuerwehrführer gab einen Rechenschaftsbericht über die Tätigkeit der Feuerwehren des Landkreises Köln im Jahre 1943 ab.

Februar: 4. 2.: **FA** 11:15 - 12:25 h. 12:45 - 13:00 h. 8. 2.: **FA** 11:10 - 12:25 h. 10. 2.: **FA** 12:59 - 13:23 h. 20. 2.: **FA** 12:33 - 13:06 h. 14:13 - 15:13 h. 22. 2.: **FA** 15:36 - 16:26 h. 25. 2.: **FA** 23:17 - 1:48 h.

Infolge der vielen öffentlichen Luftwarnungen wurde eine Neuregelung dahingehend getroffen, dass bei diesen nicht mehr die gesamte Wehr antritt sondern beim mot. Zuge Rodenkirchen jeweils nur eine Gruppe; ebenfalls bei den Feuerlöschgruppen auf den übrigen Ortschaften. Für die Tagebuchführung werden daher ab 1.2. cr. nur noch die Alarme registriert. An Bereitschaften wurden im Berichtsmonat geleistet: Bei Alarmierung von 260 Feuerwehrleuten 504 Bereitschaftsstunden. Bei der Jugendwehr von 190 Hitlerjungen 360 Bereitschaftsstunden.

Einsätze infolge Feindeinwirkung erfolgten im Berichtsmonat nicht.

An friedensmässigen Einsätzen war ein Mittelfeuer zu verzeichnen. In diesem Falle handelte es sich um einen Brand im Gefolgschaftsraume mit Dachstuhlbrand bei der Fa. Ziehl.

Dem Anwärter der Fw. Hubert Axer vom mot. Zuge Rodenkirchen wurde das Kriegsverdienstkreuz II. Klasse mit Schwertern verliehen.

März: 2.3.: **FA** 12:33 - 13:31 h. 3. 3.: **FA** 13:48 - 14:53 h. 4. 3.: **FA** 11:25 - 17:15 h. 4. 3.: **FA** 17:32 - 16:09 h. 17. 3.: **FA** 20:45 - 21:29 h. 18. 3.: **FA** 21:45 - 23:18 h. 23. 3.: **FA** 10:17 - 12:39 h. 24. 3.: **FA** 3:52 - 9:45 h. 26. 3.: **FA** 22:20 - 23:13 h. 27. 3.: **FA** 21:18 - 21:51 h. 30. 3.: **FA** 23:40 - 2:54 h. An Bereitschaften wurden im Monat März 1944 geleistet: Bei 12 Alarmen waren 424 Feuerwehrmänner angetreten, die 745 Bereitschaftsstunden leisteten. 210 Hitler Jungen leisteten 324 Bereitschaftsstunden. Bei öffentlichen Luftwarnungen leisteten 630 Feuerwehrleute 998 Bereitschaftsstunden. 340 Hitler Jungen 400 Bereitschaftsstunden.

Es waren keine Einsätze infolge Feindeinwirkung im Berichtsmonat zu verzeichnen; jedoch ein schwerer Kellerbrand in Rodenkirchen, Schillingsrotterstrasse
April: 4. 4. **FA** 22:15 - 23:58 h. 5. 4. **FA** 14:35 - 15:10 h. 6. 4. **FA** 22:27 - 23:19 h. 8. 4. **FA** 15:19 - 17:00 h. 9. 4. **FA** 22:28 - 23:18 h. 11. 4.**FA** 22:18 - 24:18 h. 12. 4. **FA** 13:10 - 15:15 h. 13. 4. **FA** 13:07 - 15:55 h. 13. 4. **FA** 22:40 - 23:35 h. 17. 4. **FA** 22:41 - 23:51 h. 19. 4. **FA** l0:41 - 11:47 h. 21. 4. **FA** 1:49 - 7:40 h. 22. 4. **FA** 4:20 - 5:09 h. 22. 4. **FA** 18:31 - 20:30 h. 22. 4. **FA** 12:55 - 2:22 h. 23. 4. **FA** 22:50 - 24:00 h. 24. 4. **FA** 23:22 - 2:24 h. 25. 4. **FA** 23:09 - 23:54 h. 26. 4. **FA** 10:08 - 10:44 h. 26. 4. **FA** 1:31 - 2:25 h. 28. 4. **FA** 1:17 - 2:48 h. An Bereitschaftsstunden wurden im Monat April 1944 geleistet: Bei 21 Alarmen waren 630 Feuerwehrmänner angetreten, die 1537 Bereitschaftsstunden leisteten. 320 HJ leisteten 644 Bereitschaftsstunden. Ausserdem 61 öffentliche Luftwarnungen mit zusammen 52 ½ Stunden Dauer.

In der Berichtszeit waren 3 Kaminbrände und 2 Brände auf Müllabladeplätzen zu verzeichnen. Mit 3 mot. Feuerlöschgruppen nahm die Wehr beim Grossangriff auf die Hansestedt Köln teil. Hierbei leisteten 36 Feuerwehrmänner 471 Arbeitsstunden. Der Einsatz war im übrigen wie folgt: Es handelt sich um einen Einsatz mit der Feuerwehrbereitschaft des Landkreises Köln im Bezirk der Hansestadt Köln bei dem Grossangriff am 21.4. ds. Jrs. Die Anfahrt wurde erschwert durch den noch stattfindenden Bombenabwurf und eigenes schweres Flakfeuer, die vielen Bombentrichter und Trümmer auf den Strassen sowie durch die herunterhängenden Überleitungen der Strassenbahn. Letztere mussten um eine Weiterfahrt zu ermöglichen, sehr oft durchschnitten werden.

Durch die vielen eingesetzten Motorspritzen und teilweisem Ausfallen der Wasserversorgung aus dem betroffener Wasserrohrnetz mussten in den meisten. Fällen zusätzliche Wasserlöschstellen und mit Wasser gefüllte Bombentrichter in Anspruch genommen werden. In einem Falle wurde aus einem auf der ersten Etage gelegenen Schwimmbassin Löschwasser entnommen. Das Heraufbringen einer TS 8 gestaltete sich sehr schwierig.
Mai: 1. 5.: **FA** 27:04 - 1:27 h. 2. 5.: **FA** 23:14 - 1:01 h. 4. 5.: **FA** 23:10 - 23:49 h. 5. 5.: **FA** 23:15 - 1:09 h. 6. 5.: **FA** 2:15 - 3:7-2 h. 7. 5.: **FA** 19:09 - 19:23 h. 8. 5.: **FA** 1:24 - 2:01 h. 9. 5.: **FA** 9:21 - 9:43 h. 10. 5.: **FA** 27:17 - 1:15 h. 11. 5.: **FA** 13:44 - 1:09 h. 15. 5.: **FA** 3:17 - 4:01 h. 15. 5.: **FA** vor 23:42 - 24:25 h. 19. 5.: **FA** 23:43 - 24:25 h. 19. 5.: **FA** 10:34 - 11:18 h. 20. 5.: **FA** 23:21 - 24:25 h. 20. 5.: **FA** 23:21 - 24:33 h. 22. 5.: **FA** 1:07 - 2:25 h. 22.5.: **FA** 23:28 - 2:11 h. 24. 5.: **FA** 23:34 - 1:45 h. 25. 5.: **FA** 1:03 - 3:00 h. 25. 5.: **FA** 8:14 - 9:03 h. 26. 5.: **FA** 12:08 - 1:15 h. 28.n5.: **FA** 2:04 - 2:55 h. 28. 5.: **FA** 13:00 - 13:30 h. 28. 5.: **FA** 14:32 - 16:28 h. 29. 5.: **FA** 0:11 - 1:15 h. 29. 5.: **FA** 13:02 - 13:13 h. 31. 5.: **FA** 2:37 - 2:58 h. 31. 5.: **FA** 2:37 - 2:58 h. 31. 5.: **FA** 10:36 - 11:00 h. 31. 5.: **FA** 11:30 - 12:02 h. An Bereitschaftsstunden wurden im Monat Mai 1944 geleistet: Bei 33 Alarmen waren 642 Feuerwehrleute angetreten, die 1607 Bereitschaftsstunden leisteten. Desgleichen 340 Angehörige der H.J. Feuerlöschreserve: die ebenfalls 508 Bereitschaftsstunden leisteten.

Kriegsmässige und friedensmässige Einsätze waren in der Berichtszeit nicht zu verzeichnen. Zwei Alarme und zwar je ein Tag- und Nachtalarm wurden mit der der Feuerwehrbereitschaft des Landkreises Köln angehörigen mot. Gruppe des mot. Zuges Rodenkirchen durchgeführt.

Kriegsverdienstkreuze mit Schwertern wurden an die Maschinisten Wagner und Wieland, ohne Schwerter an die Feuerwehrmänner Kann, Klouth und Koch verliehen.

Juni: 2. 6.: **FA** 23:50 - 1:19 h. 4. 6.: **FA** 24:11 - 1:36 h. 5. 6.: **FA** 1:50 - 2:35 h. 7. 6.: **FA** 12:55 - 1:45 h. 7. 6.: **FA** 2:50 - 3:03 h. 8. 6.: **FA** 12:15 - 12:50 h. 13. 6.: **FA** 12:08 - 1:25 h. 14. 6.: **FA** 7:19 - 7:53 h. 17. 6.: **FA** 1:02 - 1:38 h. 22. 6.: **FA** 1:03 - 2:14 h. 2 6.: **FA** 1:01 - 1:38 h. 27. 6.: **FA** 12:26 - 1:16 h. An Bereitschaftsstunden wurden im Berichtsmonat geleistet: Bei 12 Alarmen 131 Feuerwehrleute 590 Stunden. 95 H. Jungen 460 Stunden. Bei 21 öffentlichen Luftwarnungen 168 Feuerwehrleute 800 Stunden, H. Jungen 314 Stunden. Bei Kasernierung: 36 Feuerwehrleute 396 Stunden, 30 H. Jungens 330 Stunden. Friedensmässige Brände waren im Monat Juni nicht zu verzeichnen.

Bei dem in der Nacht vom 22. zum 23.6. cr. erfolgten Fliegerangriff wurden im Gemeindebezirk Rondorf 59 Bomben, darunter 11 Minenbomben abgeworfen. Hierdurch entstand umfangreicher Gebäudeschaden insbesondere in der Ortschaft Godorf, Immendorf und Giesdorf. Von der Feuerwehr brauchte bei diesem Angriff nur die mot. Löschgruppe Rondorf zur Bekämpfung eines Brandes von 6 mit Braunkohle beladenen Waggons auf der Rheinwerft in Godorf eingesetzt zu werden. Von dieser Gruppe leisteten hierbei 12 Feuerwehrleute 60 Arbeitsstunden. Für die Feuerwehr erfolgte wiederum ein Abzug an Benzin und Dieselkraftstoff an den monatlichen Zuteilungen. Für 3 Fahrzeuge und 5 Motorenspritzen erhält die Wehr nunmehr monatlich 65 Ltr. Benzin und 40 Kilo Dieselkraftstoff.

Zusatz: Kasernierung: in der Feuerwache Schillingsrotter Str.

Juli: 6. 7.: **FA** 0:55 - 1:45 h. 11. 7.: **FA** 0:25 - 1:14 h. 15. 7.: **FA** 0:14 - 1:07 h. 17. 7.: **FA** 0:12 - 0:50 h. 18. 7.: **FA** 0:55 - 2:03 h. 19. 7.: **FA** 7:50 - 10:45 h. 19. 7.: **FA** 9:24 - 11:08 h. 20. 7.: **FA** 12:09 - 13:20 h. 20. 7.: **FA** 1:06 - 2:00 h. 21. 7.: **FA** 8:41 - 10:12 h. 21. 7.: **FA** 11:70 -14:09 h. 24. 7.: **FA** 18:04 - 18:15 h. 25. 7.: **FA** 11:14 - 21:40 h. 26. 7.: **FA** 0:40 - 1:02 h. 28. 7.: **FA** 8:17 - 11:14 h. 30. 7.: **FA** 1:27 - 2:24 h. 31. 7.: **FA** 1:16 - 13:40 h. An Bereitschaften wurden im Berichtsmonat geleistet: Bei 17 Fliegeralarmen 164 Feuerwehrleute 720 Stunden, 60 J. Jungen 410 Stunden. 36 öffentliche Luftwarnungen 260 Feuerwehrleute 430 Stunden, 55 H. Jungen 127 Stunden. Bei Kasernierung 25 Feuerwehrleute 510 Stunden, 10 H. Jungen 190 Stunden.

Infolge Feindangriff auf die Ortschaft Wesseling und Union-Kraftstoffwerk wurde eine mot. Gruppe mit der Bereitschaft des Landkreises Köln eingesetzt und zwar am 19.d. Mts. von 2 - 22:00 h. Geleistet wurden von dieser mot. Gruppe 240 Arbeitsstunden. Eingesetzt war die Gruppe bei zwei Wohnhausbränden und in drei brennenden Industriewerken.

An friedensmässigen Bränden waren zwei Kaminbrände, ein Kippenbrand und ein Scheunenbrand zu verzeichnen. Hierbei leisteten 23 Feuerwehrleute 64 Arbeitsstunden.

August: Infolge Vereinfachung der Tagebuchführung werden die Alarme im einzelnen nicht mehr aufgeführt. An Bereitschaften wurden im Berichtsmonat geleistet: Bei 24 Fliegeralarmen 410 Feuerwehrleute 1200 Arbeitsstunden. 84 Hitlerjungen 190 Arbeitsstunden. Bei 60 öffentlichen Luftwarnungen 560 Feuerwehrleute 810 Arbeitsstunden. 80 H. Jungen 240 Arbeitsstunden. Bei Kasernierung 60 Feuerwehrleute 480 Arbeitsstunden. Keine Einsätze bei Feindangriffen.

An friedensmäßigen Einsätzen waren 1 Stallbrand, 2 Fruchtschoberbrände zu verzeichnen. Hierbei leisteten 40 Feuerwehrleute 100 Arbeitsstunden.
Durch stärkeren Abgang zum Militär aus den Reihen der Feuerwehr wurden zur Erhaltung der Schlagkraft der Wehr 34 Männer infolge Notdienstverpflichtung zur Dienstleistung in der Feuerwehr herangezogen.

September: Im Berichtsmonat wurden an Bereitschaften geleistet: Bei 25 Fliegeralarmen 460 Feuerwehrleute 1840 Arbeitsstunden. 34 H. Jungen 144 Arbeitsstunden. Bei öffentlichen Luftwarnungen 730 Feuerwehrleute 970 Arbeitsstunden. Bei 6 Bereitschaften 60 Feuerwehrleute 480 Arbeitsstunden. Keine Einsätze bei Fliegerangriffen.[21]

[Ende des Tagebuchs der Freiwilligen Feuerwehr]

Zusatz: Am 9. September Verhaftungswelle, am 10. September 1944: Jagdbomber schießen um 13:20 h den Personenzug P 1630 auf der Aggerbrücke zusammen: 45 Tote, 39 Schwerverletzte. Die Toten werden später auf dem Michaelsberg in Siegburg zur Identifizierung aufgebahrt. Im Zug sitzen Maria Golz und ihre Tochter Marita, um von Rodenkirchen aus den Bruder Franz, der bereits das Gymnasium Kreuzgasse in Köln besucht, in der Landverschickung in Herchem zu besuchen. Marita sitzt am Fenster, bemerkt die ersten Einschüsse, duckt sich und nimmt wahr, wie ihre Mutter auf den Nebenplatz getroffen wird und nach hinten umsinkt. Sie selbst nimmt keinen körperlichen Schaden (11.7.2013).

Der kleine Römerkrug

Peter Rodenkirchen

Erinnerungsskizze von Peter Rodenkirchen

Am 04. Juli 1943 wurde bei einem Luftangriff das Haus der Familie Schiefer zerstört. Im Erdgeschoss befand sich die Gaststätte der Familie Schiefer (Ecke Hauptstr./Rheinstr.). Einige Herren aus der Nachbarschaft hatten mit Schiefers überlegt, aus dem Bierkeller einen Luftschutzkeller zu bauen.

Nachdem die Gaststätte vom Schutt befreit war, hat man auf den Boden Eisenträger an Eisenträger gelegt und mit Beton gefüllt. Der Bierkeller, der darunter war, wurde mit Betonwänden verstärkt. Dafür mussten die Wände nach unten frei gelegt werden. Der Lehm wurde nach draußen in die Rheinstraße gebracht.

An einem Nachmittag kam ich an dem Lehmberg vorbei und sah mehrere Scherben von Tonkrügen, die man aus dem Boden ausgegraben hatte. In einem dickeren Lehmklumpen sah ich auch eine Scherbe. Diesen Klumpen hatte ich mir dann etwas genauer angesehen und dabei den kleinen Römerkrug entdeckt, der noch ganz war. Zuhause säuberte ich den Krug und hatte nun ein Andenken aus vergangenen Zeiten. Der Krug überstand auch den Rest des Krieges.

Mein Großvater hatte nach dem Krieg in allen Gaststätten Rodenkirchens Bierleitungen gereinigt und repariert. Als meine Großmutter, die immer auf den Krug aufgepasst hatte, verstorben war, bekam mein Großvater Besuch von Herrn Jansen, Wirt der Bahnhofsgaststätte, mit der Bitte, eine Bierleitung zu reparieren. Herr Jansen wollte den Krug schon immer für sein Regal in der Gaststätte haben, da er solche Sachen sammelte. Mein Großvater verkaufte ihm den Krug für kleines Geld.

Nun stand der Krug im Bahnhof, bis er abgerissen wurde. „Minge Krog wor fott.

Rodenkirchener Bahnhofsgaststätte von Willi Jansen

Das „Sprengkommando" (1943)

Peter Rodenkirchen

An einem schönen Tag im Herbst 1943, traf ich mich mit meinen Freunden auf der Hauptstraße. Einer hatte Rauchpatronen mitgebracht. Diese wurden zur Bekämpfung von Wühlmäusen benötigt. Zündete man diese an, sprühten Funken, für uns das richtige Spielzeug. Mein Freund stand vor dem Haus von Peter Mack, welches zerstört war. Er warf mir die Patrone auf die andere Straßenseite zu. Ich hob sie sofort auf, da in diesem Moment ein paar Mädels vorbeikamen, die wir erschrecken wollten. Diese rannten daraufhin schnell weg.

Vor dem Haus war ein Kanalschacht von der Post, der sich mit Gas gefüllt hatte, was wir jedoch nicht wussten. In diesem Moment, als die Patrone auf den Deckel aufschlug, kamen Funken in den Kanal und durch diese entzündete sich das Gas, wobei der Deckel direkt hochflog, meinem Freund vor die Füße. Vor Schreck sahen wir uns an. In dem Moment flog ca. dreißig Meter weiter der nächste Deckel hoch, auf dem noch der Schutt des Hauses der Familie Meyer lag. Dieser verteilte sich über die ganze Straße, so dass die Straßenbahn ca. zwei Stunden nicht fahren konnte. Wir Kinder waren allerdings über alle Berge. Jedoch ist der Verräter überall. Die Zaungäste, die alles sahen, aber nicht dazu gehören wollten, haben uns verraten. Zufällig kam der Lehrer Herr Obermauer vorbei, und ist mit den Verrätern durchs Dorf gelaufen, um uns zu finden, was ihnen jedoch nicht gelang.

Am nächsten Morgen in der Schule, kam Herr Obermauer in unsere Klasse und sagte:„Sprengkommando vortreten!" Prügel gab es keine, es wurde uns nur ein Vortrag gehalten. Danach mussten wir zur Polizeiwache gehen, wo uns schon der Polizeioberst empfing, und uns noch mal einen Vortrag hielt.

Nun wussten wir Bescheid, was man durfte und nicht durfte.

Die Verhaftungswelle vom September 1944
Jill Beier

Im Dritten Reich wohnten mehrere jüdische Familien in Rodenkirchen. Viele dieser Menschen wurden deportiert und im KZ ermordet, andere flüchteten.[22] Manche jedoch überlebten die Zeit und kehrten zurück. Einige Schicksale dieser Menschen, die zurückkehrten, wurden im Historischen Archiv der Stadt Köln dokumentiert, sind aber durch den Einsturz nicht mehr auffindbar, zumindest vorläufig. Vor dem Einsturz konnte ich mich über manche solcher Schicksale informieren, darunter die von Luise Romberg und Alex Rosen aus Rodenkirchen und Klara und Hilde Scheven aus Weiß. Sie wurden alle in der Terrorwelle vom September 1944 verhaftet und zuerst nach Fort V in Müngersdorf verbracht, das als Zwischenlager vor der Deportation genutzt wurde. Fast alle Rückkehrer wurden als verfolgt anerkannt, hauptsächlich im Sommer 1946, aber nicht immer ohne Verzögerungen und Schwierigkeiten.

Luise Romberg (Jg.1913) wohnte am Auenweg 60. Sie wurde von den Nationalsozialisten als ‚Halbjüdin' eingestuft und blieb zunächst frei. Im September 1944 aber verschärfte sich die Situation und sie wurde mit ihrem kleinen Sohn Wilhelm, der nicht ganz drei Jahre alt war, verhaftet und kam nach Fort V. Als sie nach Kassel deportiert werden sollte, gelang ihr die Flucht und sie konnte sich in Thüringen verstecken. Am 28.06.1945 kehrte sie nach Rodenkirchen zurück. Ihren Sohn hatte sie ins Lager nach Müngersdorf mitgenommen, aber er konnte nach 14 Tagen von ihrem deutschen Mann, der Urlaub bekommen hatte, nach Rodenkirchen gebracht werden. Da ihr die Flucht nach kurzen Zeit gelungen war - sie entkam den Nazis am 2. Oktober 1944 - wurde ihr Antrag von März 1946 zuerst abgelehnt: Es hieß aber, dass ihr ein Recht auf Berufung zustehe. Das hat sie genutzt und nach einem Hin- und Herschreiben bekam sie im August 1946 die Anerkennung als rassisch Verfolgte. Am 5. Februar 1949 reichte sie einen Antrag für finanzielle Beihilfe als rassisch Verfolgte ein. Ihr Sohn habe Kinderlähmung und die Familie habe kein Einkommen. Vermutlich war der Ehemann gestorben.

Alex Rosen (Jg.1876), der in der Leyboldstraße wohnte, wurde im Juni 1946 als rassisch verfolgt anerkannt. Er wurde mit seiner Frau im September 1944 verhaftet, kam auch nach Fort V in Müngersdorf und wurde im Februar 1945 von dort aus nach Theresienstadt deportiert. Er überlebte die Zeit, kam im Juli 1945 frei und kehrte nach Rodenkirchen zurück. Im Juni 1946 wurde er als Verfolgter anerkannt, seine Frau aber nicht. Sie war keine Jüdin und es ist unklar, ob sie auch nach Theresienstadt deportiert wurde.

Obwohl die zwei Jüdinnen, Frau Klara Scheven (Jg.1903) und ihre Tochter Hilde Scheven (Jg.1928) nicht aus Rodenkirchen kamen, waren sie mit Alex Rosen und Luise Romberg bekannt, oder sie hatten sich in Fort V kennengelernt, denn sie haben in ihren

Anträgen auf Anerkennung als rassisch Verfolgte gegenseitig die Inhaftierung und Verfolgung bestätigt.

Klara Scheven war Jüdin und Hilde wurde als sogenannte ‚Halbjüdin' eingestuft, weil der Vater Deutscher war. Beide wurden am 9. September 1944 verhaftet und zum Fort V in Müngersdorf gebracht. Von dort aus wurden sie ins Lager Lichtenau, eine Frauenaußenstelle des KZ Buchenwald-Birnau, deportiert und sind dort bis zum Kriegsende geblieben. Dort sollten die Häftlinge Zwangsarbeit für Dynamit-Nobel leisten und Sprengstoff herstellen. Die Arbeitsbedingungen waren katastrophal. Sie mussten mit hochgiftigen Chemikalien umgehen und viele erkrankten daran oder starben. Die Schevens überlebten und am 12. März 1946 beantragte Klara Scheven die Anerkennung als rassisch Verfolgte. Hilde tat es zwei Monate später. Hilde wurde im August 1946 anerkannt und höchstwahrscheinlich Klara auch, obwohl das Datum nicht genau dokumentiert ist.

Anderen Juden und Jüdinnen, die umkamen, wurde mit einer bronzenen Gedenkplatte in der Maternusstraße gedacht. Sie waren Opfer, die 1942 dort von dem Judenhaus in der Maternusstr. deportiert wurden, und darunter waren Ilse Deutsch und ihre Familie, deren Schicksal von Dr. Erika Landsberg in „Kölner erinnern sich" erzählt wird. Auf jeden Fall wohnte die Familie ab 1933 in der Walther-Rathenau-Straße 13. Es waren die Eltern und drei Kinder (ein Sohn und zwei Töchter). Ilse war Referendarin an der Königin-Luise-Schule. Sie konnte nicht promovieren, wegen des Antisemitismus ihres Professors. Anfang 1933 verlor sie ihre Stellung und später musste die Familie im Judenhaus in der Maternusstr. wohnen. 1942 wurde die Familie, außer der anderen Schwester Liccy, die entkam, deportiert und ermordet. Leider wurde die Anbringung der Gedenkplatte im März 1996 nicht von allen Rodenkirchener Bürger begrüßt und später sogar mit Teer beschmiert.

Der Denkstein Salomon Salomon aus Zündorf liegt vor dem früheren Hof Weyer, denn dessen letzte Wohnadresse war Maternusstraße 36. Wie die anderen kam er mit dem Transport vom 27.7.1942 zunächst nach Theresienstadt und von dort aus nach Treblinka. Es fehlt ein Gedenkstein für Karoline Salomon, die entweder die Ehefrau oder die Schwester war. Die Salomons hatten ein Kolonialwarengeschäft in der Sürther Hauptstraße. Dort gehört der Denkstein doch eigentlich hin.

Eine bekannte jüdische Familie in Rodenkirchen war die Familie Heydt. Der Vater und seine zwei Söhne waren Metzger und sie hatten ihr Geschäft auf der Hauptstraße. Die Familie war gut angesehen in Rodenkirchen und hatte eine rege Kundschaft. Trotzdem wurden die Nazis aktiv und wie sie einen der Söhne, Otto Heydt, fertig machten, ist in der NSDAP-Zeitung „Westdeutscher Beobachter" im Mai 1935 unter dem Titel „Jud Heydt als Chemiker - Jüdischer Metzgermeister als Lebensmittelfälscher - Eine nette Sippschaft" zu lesen. Es wurde behauptet, er habe schlechtes Hackfleisch gefärbt und die Schikane ging so weit, dass auch die Kunden bedroht und angezeigt wurden, weil sie dort kauften. Auch der Bruder Leo wurde im ‚Westdeutscher Beobachter' angegriffen.

Schließlich sah sich Otto Heydt genötigt auszuwandern und emigrierte nach Amerika. Diese Geschichte hatte aber ein Nachspiel, als der Krieg zu Ende war, denn im August 1946 schrieb die Ehefrau von Otto Heydt an den Entnazifizierungsausschuss in Rondorf / Rodenkirchen, dass ihr Mann Jude sei und nach 1941 in die USA flüchten musste. Sie beschreibt, wie eine Familie M. in der Brückengasse die Heydts in der Nazi-Zeit quälte und schikanierte, vor allem der 17-18-jährige Sohn. Frau Heydts Brief wurde schnell an den Deutschen Entnazifizierungsausschuss für den Landkreis Köln nach Frechen geleitet. Es gab eine weitere Korrespondenz und am 20. Dezember 1946 wurde der Entnazifizierungsantrag vom Sohn M. abgelehnt.

Noch eine Jüdin, die unter anderem als Heirats- und Hypothekenschwindlerin im „Westdeutscher Beobachter" diffamiert wurde, war Frau Merkelbach. Unter dem Titel „Die Mischpoke erbte - der Deutsche geht stempeln" wurde behauptet, sie hätte ihren Stiefsohn um sein Erbe gebracht. Das weitere Schicksal dieser Frau ist nicht festzustellen.

Eine gerettete Jüdin, die untergetaucht war, hieß Elsbeth Jansen (geb. Rosenbaum). Sie wohnte in der Weisser Str. 45. Als ‚Halbjüdin' eingestuft und als Ehefrau eines ‚Ariers' lebte sie bis zur Endphase des Krieges relativ geschützt. Bis dahin wurde sie mehr oder weniger in Ruhe gelassen und litt nur unter kleineren Schikanen, solange sie unauffällig lebte. Im September 1944 aber, als die Jagd auf Juden immer brutaler wurde, wusste Frau Jansen, dass sie in Lebensgefahr war. Sie ging zu August Weyer, der nach dem Krieg Bürgermeister wurde und das Ehepaar Jansen kannte, und bat ihn um Hilfe. Sie sollte innerhalb 24 Stunden in ein Barackenlager übersiedeln. Ihr Ehemann, Dr. Jansen, der Richter war, befand sich am Westwall bei Schanzarbeiten und konnte deswegen seine Frau nicht schützen. Weyer bat den Rechtsanwalt Dr. Wilhelm Mathey um Hilfe und er ging sofort mit Frau Jansen zur Gestapo. Dr. Mathey hatte gute Beziehungen dort und konnte den Übersiedlungstermin von 24 auf 72 Stunden verlängern. Mehr war nicht zu erreichen, und da er wusste, dass die Frau in Lebensgefahr war, sorgte er für einen Unterschlupf für sie und rettete sie dadurch. Während Frau Jansen untergetaucht war, hat Helmut Weyer, Sohn des Bürgermeisters, Lebensmittelkarten für sie besorgt, was nicht ungefährlich war. Im August 1945 setzte sich Bürgermeister Weyer bei der Militärregierung für Dr. Mathey ein, damit er seinen Beruf weiter ausüben konnte. Er hatte, trotz Gefahr für sich selbst und seine Familie, Frau Jansen gerettet.

Andere Juden aus Rodenkirchen waren Adolf Isay, Uferstr. 30, Dr. Arthur Isay, Hauptstr. 48, Hans Rosen und Josef Rosen, Schillingsrotter Str. 45.

Über Juden, die in Sürth lebten und flüchteten oder ums Leben kamen, hat J. Kübbeler (1992) in seinem Buch „Sürth - gestern und heute. Eine Chronik" geschrieben. Darunter waren Mitglieder der Familie Menkel, die Familie Wolf und Louis Kahn.

Begegnung mit den „Fliegenden Festungen" (15. und 17. Oktober 1944)

Willi Kuhn

Am 15. Oktober 1944, einem strahlend schönen Sonntagmorgen, beim Frühstück gegen 9 Uhr und kurz vor dem Kirchgang gab es Fliegeralarm. Wir hörten und sahen schon bald eine große Anzahl „Fliegender Festungen" - viermotorige Großbomber von Typ Boeing B9 - von Westen her anfliegen und hörten heftiges Flakfeuer. Alle nahmen ihre „Bunkertaschen" und ab in den 500 Meter entfernten Luftschutzbunker. Kaum waren wir in dem Bunker, hörten wir heftige Explosionen und konnten nach einer viertel Stunde den Bunker wieder verlassen.

Unser Haus war total zerstört worden. Sehr schnell kamen Feuerwehr und Pioniere, die die Trümmer absicherten und was zu retten war, noch rausholten. Meine Eltern und die beiden Schwestern fanden Unterkunft in der Nachbarschaft, ich fuhr mit dem heilgebliebenen Fahrrad meines Vaters zu Tante Gretchen und Tante Gertrud nach Weiß.

Am 17. Oktober wollte ich nach dem Frühstück wieder mit dem Fahrrad nach Hause fahren, um zu helfen. Aber es kam wieder plötzlich ein Fliegeralarm, und bald fielen zwei Bomben in der Nähe des Hauses meiner Tante.

Im Ort Weiß gab es viele Zerstörungen, u. a. wurde die alte Pfarrkirche zerstört. Aus Angst und Sorge wollte ich unbedingt wieder nach Rodenkirchen zu meiner Familie und fuhr gegen den Willen meiner Tante doch nach Rodenkirchen. Am Ortsausgang Weiß waren plötzlich schnelle amerikanische Jagdbomber am Himmel (Aders, 1995, S. 122 nennt für den 16./17. Oktober einen Angriff von 38 Mosquitos). Einer hatte es auf mich abgesehen und nahm mich unter Beschuss. Ich sprang vom Fahrrad und konnte mich in einen sog. „Splittergraben" retten. Der Flieger kam dreimal zurück und nahm mich noch dreimal unter Beschuss. Die Granatexplosionen machten einen höllischen Krach, ich hatte fürchterliche Angst. Plötzlich kam ein Lastwagen mit Soldaten, die mich und mein Fahrrad dann mit nach Rodenkirchen nahmen.

Es war ein sehr trauriger Tag, keine richtige Unterkunft, aber es gab gute Verpflegung (leckere Butterbrote, Erbsensuppe, Gulasch mit Kartoffeln), die von den Pionieren aus Westhofen mit Booten über den Rhein gebracht worden war, aber alle, auch die Soldaten, hatten Angst vor neuen Angriffen.

Ein Brief vom 15. Oktober 1944
Albert Hufschmidt

Lebenszeichen von Ludwig Trein vom 16.10.1944

Rodenkirchen, Sonntag, den 15.10.1944, 14.30 h

Liebe Frau Lauscher,

in Eile schnell einige Zeilen, denn erstens ist das Essen noch nicht fertig und dann ist man in Erwartung der nächsten Welle. Seit gestern morgen 5:30 h - vor 2 Stunden Terrorangriffe ohne Pause. In den letzten drei Wochen haben wir mehr böse als gute Stunden am Tage gehabt. Haben auch schon viel schwere Angriffe hinter uns. Aber was wir seit 30 Stunden erleben, ist in Worte nicht zu fassen.

Gestern morgen war der Großangriff schon über und und noch kein Alarm. Notdürftig bekleidet landete ich im Bunker Kohl und Ihre Mutter bei Friederichs. Nach dem Angriff war Köln und die weitere Umgebung ein Flammenmeer, wie ich es im Leben noch nicht gesehen habe. Es hat keinen Zweck über die Höhe der Opfer zu berichten, erst recht nicht über Gebäude und sonstige Schäden. Nur einiges will ich erwähnen, die stolze Mülheimer Brücke liegt im Rhein, die großen Mühlen und Kühlhäuser im Deutzer Hafen in Flammen. Volltreffer auf Hauptbahnhof, der Kölner Hafen brennt usw. usw. Man darf gar nicht denken, geschweige denn, sich darüber unterhalten, sonst wird man verrückt.

Von 9 h gestern früh bis 13:30 h gingen ununterbrochen Teppiche auf uns nieder. Wo wir gestern in Rodenkirchen noch Glück hatten, hat es uns heute schwer getroffen. Vergangene Nacht haben wir im Ada-Bunker zugebracht. Alarm kam auch wieder zu spät und bei dem Hasten in den Bunker ist Ihre Mutter vor Liesegangs Haus böse zu Fall gekommen. Flieger waren über uns, ließen fallen, wir hörten es, zum Glück ein Blindgänger.

Heute morgen 6 h konnten wir ins Bett gehen, an Schlaf aber nicht zu denken. 8:30 bis Mittag ein Verband nach dem anderen über uns. Wieder das Stadtgebiet von Köln mit Brand- und Sprengbomben teppichartig belegt. Und heute waren die südlichen Außenbezirke mit dabei. In Rodenkirchen große Zerstörungen, desgl. in Weiß, Sürth, Rondorf. Wir sind heute morgen mit dem Wagen nach Weiß gefahren, überall wo man hinsieht, Brand und Zerstörung. In dieser Elendstimmung mischt sich ohne Unterlass das Trommelfeuer der Front. Man hört es von Tag zu Tag deutlicher, heute so stark, dass die Fenster in der Wohnung klirren.

Es sind schon Tote geborgen und man fahndet nach Verschütteten. Als tot gemeldet, Kampermann und Frau – Eissalon – in der Karlstr. Verschiedene Leute, frühere Metzgerei Heydt, neben Schumachers auf der Hauptstraße Volltreffer, Gebr. Rodenkirchen Fabrik, Dr. Siller und Rodenkirchen, Gebr. Hayn, Spiess, Wahl und verschiedene andere, auf dem Mühlenweg die Häuser fortrasiert. Ihr Onkel Max Knütgen hatte in der Wohnung

Else Müller, geschiedene Steinert, sich in der vergangenen Woche eingerichtet .... gewesen. Große Zerstörungen auf dem Bahnhof. Sind ohne Licht, Wasser, Gas. Ich will nicht weiter berichten, sonst werde ich noch irre.

[...] Was wir vorhaben und tun werden, muss nun mit aller Vorsicht überlegt werden. Trifft es uns nicht, werden wir so bald wie möglich das Weite suchen. Man hält es nicht mehr aus.

Gebe diesen Brief nach außerhalb mit, denn von hier geht keine Post mehr. Es wird auch keine ankommende ausgetragen.

Sind Sie guten Mutes. Herzliche Grüße
Ihr Albert Hufschmidt

Weißenfels (1967) gibt für den 15.10.1944 folgende Opfer an:

Gertrud Becker, geb. Schelling	(25. 9.1871 - 15.10.1944)
Wendel Kampermann	(8.7.1895 - 15.10.1944)
Gertrud Kampermann, geb. Kautz	(9.10.1895 - 15.10.1944)
Agnes Kampermann	(29.1.1921 - 15.10.1944)
Johann Mertens	(15.11.1881 - 15.10.1944)
Peter Schelling	(4.4.1867 - 15.10.1944)
Andreas Geurden	(10.6.1899 - 17.10.1944)
Hilda Spies, geb. Binder	(2.5.1872 - 17.10.1944)

Zerstörung des Rodenkirchener Kapellchens (17. Oktober 1944)

Peter Rodenkirchen

Am 17. Oktober 1944 war ich mit meinem Onkel nach Weiß gefahren, um dort Öl aus dem Rhein zu schöpfen, das von einem dort versenkten Schiff stammte. Es war ein schöner, heller Sommertag. Als wir nun mit unseren Fahrrädern nach Hause fahren wollten, war plötzlich über uns starkes Motorengeräusch zu hören, das von einer starken Bomberstaffel herrührte. In großer Höhe waren unzählige schwarze Punkte zu sehen, die in Richtung Köln flogen. Plötzlich wurden über Rodenkirchen Markierungen gesetzt und im Sonnenlicht konnte man unzählige Bomben sehen, die im Fall wie Lametta in der Sonne blitzten. Bei diesem Anblick dachten wir, in Rodenkirchen wird kein Stein mehr auf dem anderen stehen. Wir sind noch eine Zeit im Feld liegengeblieben, bis wir von diesem Angriff nichts mehr hören und sehen konnten und dann sind wir mit unseren Fahrrädern am Rhein entlang nach Hause gefahren. In Höhe der Barbarastr. konnten wir schon sehen, dass unsere Maternuskapelle zerstört war. Als wir nach Hause kamen in die Bergstr. (Auf dem Brand) / Ecke Rheinstr., waren wir froh, dass hier noch alles unversehrt war. Aber 100 m weiter in der Karlstr. und in der Kirchstr. waren Häuser zerstört und ihre Bewohner lagen unter den Trümmern und waren tot.

Blick auf die zerstörte Kirche Alt St. Maternus

Am nächsten Tag, am 18. Oktober 1944 traf ich den Herrn Dr. Wahlen. Der wohnte in der Bergstr. als Nachbar und so kannten wir uns. Herr Dr. Wahlen war ein in Rente lebender Pastor, der üblicherweise morgens in der Kapelle einen Gottesdienst feierte. Er bat mich, mit ihm zum Kapellchen zu gehen. Er hatte durch die Trümmer auf dem Altar gesehen, dass von seinem Altarschmuck noch einiges zu retten war. Er bat mich, durch die Trümmer zu klettern und den Altar abzuräumen. Er freute sich, weil die Altardecken noch von seiner Mutter stammten, die sie vielleicht in mühevoller Arbeit gehäkelt hatte.

Am 19. Oktober führte uns unser Weg wieder zum Kapellchen. Ein Freund und ich sahen überall Knochen liegen, die aus den Gräbern dort stammten, vom Friedhof, der am Kapellchen angelegt war. Denn auf den Friedhof war eine Bombe gefallen. Sie hatte auch ein Stück Mauer weggerissen, was heute noch zu sehen ist. Nachdem wir die

Blick in das zerstörte Kirchenschiff kurz nach der Zerstörung mit den noch stehenden Kirchenbänken, Aquarell Brigitte Trost, 1945

Blick auf das zerstörte Kirchenschiff von Alt St. Maternus

Knochen eingesammelt hatten und uns umsahen, wo wir sie begraben konnten, haben wir sie in den Bombentrichter gelegt und mit Erde bedeckt, wo sie wahrscheinlich heute noch liegen. Am Jüngsten Tag wird es wohl Ärger geben, wenn jeder seine Knochen sucht.

In der letzten Woche des Jahres 1946 habe ich wiederum mit einem Freund, mit Herrn Claren, festgestellt, dass im Turm die Glocke noch hing. Wir kamen zu dem Entschluss, die Glocke zum Jahreswechsel zu läuten. Ein langes Seil hatte ich, den Klöppel habe ich in der Schrottsammlung meines Großvaters in der Bergstr. gefunden, ein alter Wasserhahn musste herhalten. Und pünktlich 0 h 1947 haben wir die Glocke geläutet.

Zusatz: Helmut Ricke erinnert sich, dass er - wie auch Peter Rodenkirchen - während des schweren Angriffs auf Rodenkirchen zusammen mit seiner Mutter am Rhein Öl schöpfte und dann mit anderen mit dem Fahrrad nach Rodenkirchen zurückradelte und im ADA-Bunker Schutz suchte. Die vor dem Bunker abgestellten Räder wurden von einer Bombe getroffen und sämtlich zu Schrott. Damals wurde auch das Haus Wilhelm Meier, Maternusstr. 28., schwer beschädigt.

Typische Bunkerausstattung für mehrtägigen Schutzaufenthalt, nach Victor Gollancz, In Darkest Germany (1947)

Rekonstruktion der Ereignisse seit Oktober 1944

Oktober, 5.10.: Wasserversorgung unterbrochen, später Gas und Elektrizität. 15., 17. und 28.10.: Luftangriffe auf Rodenkirchen. Am 17. und 28. Oktober werden in Rodenkirchen die beiden katholischen Kirchen von Bomben getroffen. Die Verluste sind nicht ganz so groß, weil vor Sürth ein Ölschiff gekentert ist und die Bewohner sich dort versorgen. Abschuss eines amerikanischen oder britischen Flugzeuges Hauptstraße/Hombergstraße. 5 Kanadier sind gefallen. An anderer Stelle werden die Flieger fast behelligt. [Der Angriff auf die Rodenkirchener Brücke am 17. Oktober bei Gebhard Aders: Die Kölner Flugabwehr im Zweiten Weltkrieg und ihre Schülersoldaten: Teil 3: Rechtsrheinisches Köln: Bd. 21: 1995: S. 122]

November, 5.11.: Jagdbomberangriffe auf die Rheinbrücken. 25.11.: Evakuierung Maternus-Heim nach Sachsen (Weißenfels).

Dezember, 28.12. = 2. Weihnachtstag: 11 h und 30.12.: 20 Tote bei Bombenangriffen auf Rodenkirchen (Liste Weißenfels, Nr. 43-46 bzw. Aders, 1995, S. 129f.).

Brief von Sibille Flieters zum Bombenangriff vom 30.12.1944 an Ilse Kühlen in Etterwinden bei Eisenach/Thüringen

Liebe Ilse.

Zuerst wünsche ich Dir nebst meiner Mutter und Geschwister die besten Grüße und alles Gute in der Fremde, Deine Freundin Sibylle. Es hat mich wirklich sehr gefreut, etwas von Dir zuhören. Na, wie ist es denn nun dort. Du hast mir nämlich so einen dicken Brief geschrieben, daß ich das Ende kaum noch lesen konnte.

Wir haben seit dem 29. Dez. [1944] viel mitgemacht. Unsere Flak hat an diesem Tage drei Flugzeuge herunter geholt, eins ist da nieder gekommen, wo früher der Katzenburg gewohnt hat. Es sind viele Tote in Rodenkirchen. 34 haben sie schon, aber begraben noch nicht. Auch der Reuland aus der Apotheke ist tot [Heinrich Reuland, geb. 13.9.1895]. In der Mainstaße der Bunker ist auch getroffen worden. Auf der Hauptstraße ist nur noch der Metzger Richartz. Bei Euch sind die Fenster kaputt. Wir haben wieder großes Glück gehabt, daß wir noch aus dem Keller gekommen sind. Alles was im Dorfe noch steht, ist mit Ada-Brettern zugemacht. Liebe Ilse, was macht denn der Kleine. Nun will ich schließen,

es grüßt Dich Deine Freundin Sibille
Viele Grüße an Deine Mutter

Bitte Antwort.

1945

Januar, 6.1.: 11:36 - 12:55 h, Die Südbrücke wird zerstört (dazu Aders, 1995, 130; Helmut Neßeler, Die Südbrücke, Rechtsrheinisches Köln, Bd. 21, 1995, S. 91 und Pettenberg, 1985, S. 339). Unter den Opfern sind in Rodenkirchen arbeitende polnische Zwangsarbeiterinnen, die gerade über die Südbrücke gehen, als der Angriff erfolgt.

10. 1.: Tagesangriff, unter dem besonders die Maternusstr. in Rodenkirchen leidet und zur Evakierung nach Ossig führt.

14. 1.: 10:32 - 14:10 h, letzter Angriff von 148 B-17-Bombern gegen die Rheinbrücken (Aders, 1995, S. 130) - der 14. Januar offizielles Datum der Zerstörung der Rodenkirchener Autobahnbrücke (Zur Einweihung der Köln-Deutzer Brücke 16. Oktober 1948, Köln 1948, S. 17; Denkschrift zur Verkehrsübergabe der wiederhergestellten Autobahnbrücke über den Rhein bei Rodenkirchen am 9. Dezember 1950, Köln und Düsseldorf 1950, S. 13f.). Schwere Schäden in Rodenkirchen. Die Totenliste Weißenfels (1967) verzeichnet: Pütz, Anna geb. Hartmann (18.8.1864 - 14.1.1945), Wadenpohl, Peter (29.11.1878 - 14.1.1945), Wadenpohl, Maria geb. Reinartz (4.12.1878-14.1.1945).

15.1.: In Guhrau in Schlesien beginnt ein Flüchtlingstreck nach Westen mit einer Gruppe zuvor evakuierter Rodenkirchener.

20.1. - 31.1.: Kälteeinbruch -12°C

28.1.: Sonntag. Die Brücke wird nochmals getroffen und im Kabelspannlager der Rodenkirchener Seite finden Mitglieder der Brückenwache den Tod.

Ein Brief vom 27. Februar 1945
Paul Renner

Lieber Herbert!

Heute vor 48 Jahren waren wir Abiturienten geworden, vor 8 Jahren kamen wir zu einer einzigartigen Gedenk- und Wiedersehensfeier zusammen. 6 von den damals 15 noch Lebenden sind seitdem aus unserer Mitte geschieden. Möge es uns 9 noch auf Erden Weilenden vergönnt sein, uns in 2 Jahren zur 50-Jahrfeier wiederum vereinen zu können. Und heute? O quae mutatio rerum! Unsere Zuversicht heißt: Deus providebit!
20 km vor Köln stehen die USA-Soldaten. Fliegeralarm fast den ganzen Tag. Der Kanonendonner kommt immer näher. Einschläge schon bis Weiden und vor Ehrenfeld. Da wollen wir umso enger zusammenstehen ....

[handschriftlicher Zusatz:] Hoffentlich hat's Dir weiter gut gegangen. Mein Haus steht noch, ich muß aber auswärts nächtigen. Brücke am 28.1. ganz zerstört.

Die bei den Angriffen vom 14. und 28. Januar 1945 zerstörte Rodenkirchener Autobahnbrücke

Weißenfels (1967) schreibt, am 25. Januar 1945 um 11 h sei nach einem 2. Bombenteppich die Autobahnbrücke völlig eingestürzt. Aders (1995, S. 131f.) berichtet zum 28. Januar 1945, dass beim Angriff der 8. amerikanischen Luftflotte auf Flittard eine Maschine „irrtümlich" die Ostseite der Autobahnbrücke traf. Ebenso notiert Pettenberg zum 28. Januar 1945 (1985, S. 345) - was wiederum der Angabe im abgedruckten Brief von Paul Renner entspricht: „Später erfahren wir, dass ein handfester Angriff mit vielen Teppichen auf den Kölner Bereich niedergegangen ist. Einer davon sehr erfolgreich auf die Autobahnbrücke, sie liegt im Wasser - die dritte Kölner Brücke, die vernichtet wurde. Der Wurf war so exakt, dass nur zwei Bomben aufs Kölner Ufer schlugen, dagegen alle anderen die Brücke trafen, die sofort in den Rhein kippte."

Fotoserie von Wilhelm Brade nach dem Angriff vom 14. Januar 1945. Wilhelm Brade wollte seine Familie nur nach Drossen begleiten und verstarb im Zuge der Re-Evakuierung. Seine Bildserie zeigt die Zertörungen im Bereich Nibelungenweg / Gustav-Radbruch-Str. / Ecke Schillingsrotter Str.

1

2

3

4

5

6

1 Lebensmittelgroßhandlung Jakob Schwindling, Hauptstr. / Ecke Oststr.
2 Schwindling, Hauptstr. / Oststr., recht das frühere Haus Vasen in der Frankstr.
3 Windthorststr / Nibelungenweg / Leyboldstr. / Schornstein der Rhenania Früchteverwertung
4 Nibelungenweg / Leyboldstr.
5 Schillingsrotter Str. / Nibelungenweg / Leyboldstr.
6 Nibelungenweg, im Hintergrund Fabrikhalle der Rhenania Früchteverwertung

1

2

3

4

5

6

1 Tapetenhandlung Weyer (Hauptstr. 82), Metzgerei Wendel Obermauer (Hauptstr. 80), dann der Gertrudenhof und die Konditorei Kläger (78-76).

2 Hauptstr. 82 - 76

3 Gaststätte Wilhelm Schiefer, Hauptstr. 61

4 Frühere Nibelungenstr. 2

5 Sürther Str. vor Siegstr.

6 Sürther Str. vor Siegstr.

Das Drossener Ereignis Januar 1945

Auf Anordnung der Nationalsozialistischen Volkswohlfahrt (NSV) erfolgt aufgrund der hohen Verluste an Wohnraum die Zwangsevakuierung nach Drossen[23] am 19. Januar 1945 ab Bahnhof Rodenkirchen, es heißt nach Thüringen. Organisationsleiter der NSV mit Sitz im Lehrerwohnhaus an der Hauptstr. gegenüber dem Parteisitz der NSDAP Ecke Frankstr. war damals der Lehrer Johannes Bermel. Begleitet wird der Evakuierungszug von dem in SA-Uniform mitreisenden Karl Müller. Am Bahnhof Rodenkirchen spielt zum Abschied Carola Wagener (Postbeamtin, später führt sie die Bootshalle in der Barbarastr.) mit ihrer Ziehharmonika. Aber nicht Nossen bei Meißen, sondern Drossen (30 km östlich von Frankfurt/Oder) ist das Ziel. Die Fahrt führt über Brühl und die letzte funktionstüchtige Eisenbahnbrücke bei Neuss. Hanna Kallscheuer steigt in Berlin aus. Beim Eintreffen in Drossen am späten Nachmittag des 22. Januar 1945 werden bereits am Bahnhof Evakuierungswohnungen zugewiesen oder vorübergehend in der wie ein Internat geführten Aufbauschule Drossen einquartiert. Sie ist leer. Die Schüler sind 120 km nach Osten an die Front geschickt worden. Trude Brade wird von einem zur Front abgehenden Panzerkommandanten auf Kölnisch angesprochen.

Einige Rodenkirchener erfahren vom Frontzusammenbruch im Weichselbogen und setzen sich in Richtung Westen ab, so die Familien Bors (dazu gehörend: Anton ter Smitten *1877, Maria, geb. Wellershausen *1873, Marlene *1935 und Friedrich *1940 sind am 26. Januar in Berlin) und Else und Käthe Gammersbach (über Frankfurt/Oder nach Thüringen). Für den 1. Februar ist dann die Evakuierung von Ortsansässigen und die Re-Evakuierung der Rodenkirchener organisiert. Der eingesetzte Evakuierungszug gerät gleich hinter dem Bahnhof Drossen unter sowjetischen Panzerbeschuss. Etwa 200 Personen kommen unmittelbar zu Tode.

Nach dem Scheitern des Evakuierungsversuchs ist die Gaststätte im umkämpften Drossen Sammelpunkt der Überlebenden, im gegenüberliegenden Haus wird die 15-jährige Käthe Schumacher zusammen mit ihrer Großmutter erschossen. Die Verbliebenen verteilen sich schließlich auf verschiedene Gruppen und erleben ganz unterschiedliche Schicksale. Eine Gruppe von 18 Personen erreicht von Drossen aus den Gutshof Heinersdorf und sucht Schutz in einer Gesindekammer mit Tapetentür, Codewort „Bloodwoosch" (vgl. den Karnevalsschlager „Sag ens Bloodwoosch" - so erkennt der Kölner einen Immigranten).

Die Evakuierung nach Drossen
Willi Kuhn

Am 2. Februar 1985 habe ich in der Pfarrgemeinde St. Maternus in Rodenkirchen aus

Anlass des vierzigsten Jahrestages des Panzerbeschusses von Drossen am 2. Februar 1945 eine Gedenkrede auf die Toten von Rodenkirchen gehalten, die ich inzwischen vervollständigt und kommentiert und durch kriegshistorische Zusätze aus allgemein zugänglichen Quellen ergänzt habe.

Es war einmal eine gute Tradition, dass in der Pfarrkirche St. Maternus jährlich am 2. Februar der Kriegsopfer von Drossen gedacht wurde. Auch am 2. Februar 1985 haben wir uns dort zum Gedächtnis an die Toten von Drossen versammelt. Ich habe dieses Jahrgedächtnis zum Anlass genommen, dem Pfarrer dieser Gemeinde vorzuschlagen, dass ich als Augenzeuge einmal über die Hintergründe dieses heute wohl für viele unverständlichen Kriegsereignisses sprechen könnte. Pastor Weißenfels hat sein Interesse geäußert und seine Zustimmung für diesen Vortrag gegeben:

Ich habe mich während und insbesondere am Ende meines Studiums mit der Geschichte der Vertreibung der Deutschen aus Ost-Mitteleuropa beschäftigt und bin dabei in diesen offiziellen Dokumenten auch auf Berichte über Drossen gestoßen. Warum eigentlich sind etwa 120 Rodenkirchener Bürger nach Drossen evakuiert worden und warum sind dort, in der Ostmark Brandenburg, 30 km östlich von Frankfurt an der Oder, vierzig von ihnen nur wenige Monate vor Ende des Krieges ums Leben gekommen? Das ist eine Verlustquote von gut 30 Prozent!

Die Ursache dafür lag letztlich in den nicht mehr zu ertragenden Bombenangriffen der englischen und amerikanischen Luftwaffen, von denen auch Rodenkirchen hart getroffen worden ist und die viele Todesopfer gefordert hatten. Diese „Terrorangriffe", wie zunächst Winston Churchill und die anglo-amerikanischen Militärstellen sie bezeichnet hatten, ein Begriff, der sofort von der NS-Propaganda übernommen wurde, hatten die Zivilbevölkerung mürbe gemacht, allerdings nicht in dem Maße, wie man sich das auf alliierter Seite eigentlich gedacht hatte. Aber eines war offensichtlich: Die Bombenangriffe der letzten neun Monate des Krieges, der immer näher an die deutsche Grenze heranrückte, waren unerträglich geworden. Die heftigen Bombenangriffe auf Rodenkirchen am 15. und 17. Oktober (siehe Seite 155) und 31. Dezember 1944 sowie am 10. und 14. Januar 1945, hatten noch viele Todesopfer gefordert und schwere Zerstörungen verursacht. Am 31. Dezember 1944 wurde in der Mainstraße ein Luftschutzbunker von Bomben getroffen und zum Einsturz gebracht, wobei alle 35 Insassen getötet worden sind. [24]

Die amerikanische Front stand jetzt näher bei Düren. Die alliierten Bombenangriffe und die immer häufiger werdenden Jagdbomberangriffe auf Zivilpersonen terrorisierten die Bevölkerung, die gerne ein schnelles Kriegsende herbeigesehnt hätte. Aber die Eroberer (oder auch Befreier) blieben noch bis Ende Februar/Anfang März 1945 in der Eifel stehen. Wir würden heute von „Psychoterror" sprechen, wenn man die seelische Belastung der Menschen beschreiben soll. Solche Ereignisse förderten die Bereitschaft unter der Bevölkerung, sich evakuieren zu lassen. So kam es schließlich dazu, dass sich am 19. Januar 1945 etwa 120 Rodenkirchener einem Evakuierungszug anschlossen und das kampfnahe Gebiet am Rhein verließen, um den Terrorangriffen[25] zu entkommen und in den sichereren Gebieten des Reiches eine bessere Überlebenschance zu bekommen.

Ziel unseres Transportes sollte Thüringen oder Sachsen sein. Ob es nun die Unfähigkeit der Parteidienststellen oder die Absicht übergeordneter Parteileitzentralen gewesen ist, ist bis heute unbekannt, und warum nun ausgerechnet dieser Rodenkirchener Evakuierungstransport nicht nach Mitteldeutschland geleitet worden ist, sondern fast in die Nähe der alten deutsch-polnischen Grenze in die Neumark Brandenburg, 30 km östlich von Frankfurt an der Oder, kann nicht mehr geklärt werden. Dieses Gebiet war plötzlich durch herannahende russische Truppen zu einer Gefahren- und Kampfzone erster Ordnung geworden, und schnell wurde allen deutlich, dass man die Aussicht auf das baldige Ende im Westen gegen eine völlig ungewisse Situation im Osten Deutschlands eingetauscht hatte.[26]

Der Transport ging ab Bahnhof Rodenkirchen nach Brühl und von dort nach Zusammenstellung mit anderen Teilzügen über Neuß durchs Ruhrgebiet (es waren Hochofenfeuer zu sehen!) in Richtung Osten, erst am Sonntag dem 21. Januar sahen wir die Berliner S-Bahn. Es war ein kalter strahlend schöner Tag, der Dampf der Lokomotiven war überall zu sehen. Nachmittags gegen 17 h fuhren wir in den Bahnhof Frankfurt (Oder) ein und sahen dort drei oder vier weiße Lazarettzüge, die in Richtung Westen fuhren. Das war schon ein Menetekel! Die Männer sprachen davon, dass das wohl ein Zeichen der nahenden Front sein könnte. Der Zug fuhr weiter über Reppen nach Drossen. Dort wurden wir von den Dorfautoritäten, Polizei und Männern in Parteiuniform empfangen. Ein Teil der Evakuierten wurde in der Aufbauschule einquartiert, die eine Internatsschule gewesen sein muss, Betten- und Aufenthaltsräume waren getrennt. Diese Schule war sehr gut eingerichtet, die Wasch- und Toilettenanlagen waren gut ausgestattet und ausreichend vorhanden. Die Familien wurden bei der Verteilung der Etagenbetten zusammengelegt, es gab gute Verpflegung. Wir Jugendlichen konnten uns unter Aufsicht eines Lehrers in der Bibliothek umsehen, ich habe mich besonders für die Landkarten interessiert und wurde hier auf den Ort aufmerksam, bei dem der Alte Fritz schon von den Russen geschlagen worden war, nämlich Kunersdorf (12. August 1759).

Die Schneelandschaft war sehr schön, wir fuhren auch Schlitten. Die Drossener Bevölkerung war über unser Kommen sehr verwundert, da sie selber schon ihre Sachen packten und „über die Oder machen wollten", aber sie durften nicht. Der Ort wurde am Abend sichtbar von SS-Soldaten bewacht, die uns gegenüber freundlich und hilfsbereit waren. So hatten wir praktisch eine gute Woche, keine Bomben, keine Alarme, keine Jagdbomber.

Gegen Ende der Woche wurde es aber anders, wir hörten Geschützdonner. Die Optimisten sagten, der Führer rückt zum Endsieg an, die Pessimisten sagten hinter der vorgehaltenen Hand, die Russen kommen. Sie haben Recht behalten! Auch die Parteiautoritäten wurden nervöser. Jetzt hieß es plötzlich, dass die Bevölkerung nach Westen evakuiert werden würde, es würde aber alles in Ordnung gehen. Am 1. Februar 1945 wurden wir in der Aufbauschule davon in Kenntnis gesetzt, dass sich am 2. Februar um 9:00 h alle am Bahnhof einzufinden hätten, wo ein Transportzug für uns bereitstehen würde. Es musste also schnell wieder gepackt werden, unsere schwereren Sachen wurden sogar zum Bahnhof gefahren. Bis 10:00 h war immer noch kein Zug da, wir warteten am Bahnsteig im Tauwetter mit Regen, da kam plötzlich ein Zug aus östlicher Richtung, und wir konnten zügig einsteigen in jeweils ein Sechser-Abteil. Es wurde viel geredet und gerüchtet. Gegen 11:00 h fuhr der Zug ab in Richtung Reppen nach Frankfurt, wie man uns sagte. Weitere Informationen gab es nicht.

Der Zug fuhr nicht schnell, nach kurzer Zeit hörten wir plötzlich Geschützfeuer, das typische Knallen der Panzergeschütze, es gab einen starken Knall, der Dampfkessel der Lokomotive war getroffen und dann wurde auf die Abteilwagen geschossen.

Maria Wojton, geb. Kuhn (*1921) wieder am Bahnhof Drossen

Der Zug stand, und nochmal wurde auf den Zug geschossen. Wir flohen aus den Wagen aufs freie Feld und liefen schreiend auf ein Waldstück zu, um uns in Deckung zu bringen. Da zeigte es sich, dass ein- über das andere Abteil getroffen worden war und viele im Zug tot oder schwer verletzt zurückgeblieben waren. Aber jeder lief um sein Leben und viele schrien nach ihren Angehörigen. Wir sahen auch plötzlich zwei T-34-Panzer in der Nähe des Zuges hinter uns, und mehrere sowjetische Soldaten inspizierten den Zug von vorne bis hinten. Sie hatten viele Tote gesehen und gingen dann mit gesenkten Maschinenpistolen wieder zu ihren Panzern zurück und sagten einigen zurückgebliebenen Flüchtlingen, dass wir das Gepäck holen könnten. Dann fuhren die Panzer wieder ab, und auch wir gingen zum Zug, um wenigstens einen Teil unseres Gepäcks, in der Hauptsache die Wintersachen, zu holen, denn wir waren ohne diese Sachen aus dem Abteil gesprungen.

Die darauf folgende Nacht haben alle im Freien bei Tauwetter im Walde verbracht. Ich weiß noch, dass ich mich nicht hingelegt habe, weil der Boden nass war, ich habe mich an einen dicken Baum gelehnt. Plötzlich hörten wir Pistolenschüsse. Da hatte ein kriegsversehrter Luftwaffenoffizier in Uniform seine junge Frau, das kleine Baby und sich selbst mit seiner Pistole erschossen. Kurze Zeit danach kam eine russische Patrouille mit vorgehaltenen Maschinenpistolen und mit einem Offizier vorbei, und als sie die Toten sahen, salutierte der Offizier und die vielleicht sechs Soldaten standen in

Wilhelm Kuhn wieder bei der früheren Aufbauschule Drossen

Hab-Acht-Stellung. Wir waren sehr beeindruckt davon. Hier fing ich vielleicht an, mein durch die NS-Propaganda bestimmtes Russenbild unbewusst zu überdenken.

Es blieb der Gruppe im Wald bei Tauwetter und Nässe keine andere Möglichkeit, als bei Tagesanbruch nach Drossen zurückzukehren und eine Unterkunft zu suchen. Wir hatten alle Angst, weil keiner wusste, wie sich die sowjetischen Soldaten uns gegenüber verhalten würden. Die NS-Propaganda hatte ausgiebig über die Morde an der Zivilbevölkerung in Nemmersdorf (Kreis Gumbinnen) berichtet. Am 20. Oktober 1944 hatte die Rote Armee bei Gumbinnen die deutsche Reichsgrenze erstmals überschritten und in dem Ort Nemmersdorf die gesamte Zivilbevölkerung geschändet und ermordet, insgesamt 72 Personen. Man fand Frauen, die an Scheunentoren gekreuzigt worden waren. Nach der Rückeroberung des Gebietes hatte die deutsche Wehrmacht eine Ärztekommission des Internationalen Roten Kreuzes angefordert, die den Fall untersucht und festgestellt hatte, dass es sich hierbei um Kriegsverbrechen der Roten Armee gehandelt hat. In dieser Kommission waren Vertreter der neutralen Staaten Schweiz und Schweden sowie kriegsgefangene amerikanische und englische Ärzte, Holländer, Belgier und Franzosen. Das alles war in der deutschen Presse ausgiebig bekannt gemacht worden und hatte zeitweise noch den Widerstandswillen verstärkt. Der Aufruf des Schriftstellers Ilja Ehrenburg vom 17. September 1944 an die Soldaten der Roten Armee lautete wie folgt:

„Die Deutschen werden die Stunde verfluchen, da sie unseren Boden betraten. Die deutschen Frauen werden die Stunde verfluchen, in der sie ihre Söhne – Wüteriche – geboren haben. Wir werden nicht schänden. Wir werden nicht verfluchen. Wir werden nicht hören. Wir werden totschlagen."

In diesem Aufruf steht nicht, dass die deutschen Frauen vergewaltigt werden sollten. Man kann aber heute nicht mehr nachweisen, ob es diese Aufforderung tatsächlich gegeben hat oder ob sie eine von der NS-Propaganda manipulierte Verschärfung gewesen ist. Der Aufruf selbst ist eindeutig. Das alles hatten wir von deutschen Soldaten, die auf Urlaub kamen, gehört, u. a. von meinem Schwager. Es konnte aber auch jeder durch die NS-Propaganda erfahren, wie die Lage an der russischen Front war.[26]

Aus den Jalta-Dokumenten, die erst viel später nach dem Tod von Stalin zugänglich gemacht worden waren, geht hervor, dass Roosevelt und Churchill in der Jalta-Konferenz Stalin aufgefordert hatten, diese Übergriffe seiner Soldaten zu beenden, da sie dazu beitragen würden, den Krieg an der Ostfront zu verlängern und den Widerstandswillen der Deutschen zu verstärken.

Mit diesem Wissen gingen wir also nach Drossen zurück und liefen dort direkt einem motorisierten Kampfverband in die Arme. Die Soldaten fuhren auf amerikanischen Jeeps und gepanzerten Fahrzeugen. Gegen unsere Erwartung winkten sie uns zu sich, begrüßten uns mit dem Satz „Hitler bald kaputt, dann wojna [der Krieg] auch kaputt". Sie gaben den Erwachsenen Gläser mit Rotwein und sagten „Nasdarowje". Ihre Haltung war zurückhaltend freundlich. Wir waren sehr verwundert darüber. Der Trupp fuhr bald weiter in Richtung Reppen/Oder. Von weiteren Soldaten haben wir an diesem Tag bis zum Abend nichts mehr gesehen.

Das Schlimme kam dann am Abend, als weitere größere Kolonnen anrückten. Wir hatten eine Unterkunft im Hause der Lehrersfamilie Müller gefunden und uns mit der Familie Fernholz in diesem Hause eingerichtet. Jetzt wurde auch mit Geschützen geschossen. Wie ich nach dem Krieg gehört habe, war die Evangelische Kirche ausgebrannt und der Pfarrer vor dem Altar zusammen mit mehreren Personen erschossen worden. Als ich im Mai 1990 mit meiner Schwester Maria den Ort Drossen besucht habe, war die Kirche eine katholische Kirche geworden und in gutem Zustand – im Gegensatz zum Ort selbst und zum Bahnhof „Osno-Lubuskie".

Die Nacht vom 3. zum 4. Februar 1945 war eine Nacht voller Angst und Verzweiflung. Jetzt kam es zu Übergriffen wie Brandschatzungen, Plünderungen und Vergewaltigungen. Immer wieder kamen betrunkene Soldaten ins Haus und riefen „Frau, Frau komm mit!" Viele Frauen hatten sich schon mit Asche und sonstigen Mitteln hässlich gemacht, manche Soldaten sagten: „Du hässlich, aber deutsche Frau ist doch schön!" Es wurde viel geschrien, geweint, geschlagen und getreten. Mein Vater bekam von einem Rotarmisten zwei Tritte in den Bauch und konnte kurzzeitig nicht mehr atmen. Aber meine Mutter und meine beiden Schwestern blieben wie durch ein Wunder von Vergewaltigungen während unseres gesamten Aufenthaltes in dem Evakuierungsgebiet verschont. Am 5. Februar 1945 konnten einige Personen, darunter mein Vater, meine Schwester Christine und ich noch einmal unter Bewachung von zwei russischen Soldaten zum zerstörten Zug gehen. Wir konnten noch einiges Gepäck retten, aber wir sahen auch, wie der Zug nach dem Beschuss aussah. Für mich und für alle war es ein grauenhafter Anblick, die zerschossenen Abteilwagen mit den Toten zu sehen. Der Zug hatte noch an der Lokomotive eine Rot-Kreuz-Fahne, aber am Ende auf einem Waggon auch ein Vierlings-Flakgeschütz. Jetzt wurde auch klar, warum der Zug so heftig beschossen worden war. Die weiteren Tage und Nächte standen unter der dauernden Angst vor den Übergriffen der Soldaten.

Einige russische Soldaten waren von polnischen Zwangsarbeitern des Drossener Lagers auf Personen des deutschen Bewachungspersonals hingewiesen worden, das sich an ihnen vergriffen und sie gequält hatte. Wir Jugendlichen gingen schon mal wieder auf die

Straße, um zu sehen, ob ggf. ein Kontakt zu den Soldaten möglich wäre. Ich hatte eine Kaninchenfell-Weste unter meinem Mantel und auch noch einen Marschkompass in der Tasche. Die Weste und der Kompass wurden mir abgenommen. Dann gab es plötzlich Geschrei und Weinen einer Drossener Familie. Drei Soldaten kamen mit Maschinenpistolen, die einen Deutschen, Herrn Lederer, mitnahmen, an eine Wand schleppten und an einem Pfahl festbanden. Einer der Soldaten legte an und erschoss den Mann mit zahlreichen Schüssen. Die Polen, die dabei waren, tanzten und sangen vor Freude, dass der Mann in seinem Blut lag und tot war. Später erfuhr ich auch, dass eine Mitschülerin, Katharina Schumacher, bei einem Vergewaltigungsversuch zusammen mit ihrer Großmutter erschossen worden war und ihre Mutter einen Lungendurchschuss erlitten hatte, den sie aber überlebte und auch nach Rodenkirchen zurückgekehrt ist.

Am 10. Februar 1945 mussten wir innerhalb kurzer Zeit am Dorfausgang antreten und wurden des Ortes verwiesen, wohin wurde uns nicht gesagt, aber jedenfalls nach Osten Richtung Zielenzig. Die erwachsenen Männer ab 18 Jahren wurden in der Nähe des Ortes Buchholtz aus der Gruppe herausgenommen, darunter auch mein Vater, Herr Fernholz, Herr Hoffend und Herr Claren, die ich kannte. Sie wurden von Soldaten auf Pferden und bellenden Hunden vorwärts gejagt und sind später bei den Verhören auch geschlagen und getreten worden. Einige Männer lagen tot am Boden, sie waren nach Schwächeanfällen durch Kopfschüsse getötet worden.

Die Soldaten haben die Zivilisten nicht misshandelt. Die Nacht zum 11. Februar haben wir im Schneematsch und bei Kälte an einem See in der Nähe von Lieben verbracht. Am anderen Morgen sind wir dann mit einer Ziege weitergezogen bis in den Ort Breesen, wo wir in einer Landarbeiterkate mit Plumpsklo auf dem Hof zusammen mit der Familie Fernholz Unterkunft gefunden haben. Die Ziege war uns abhanden gekommen, wir hätten sie auch sowieso nicht geschlachtet. Dort haben wir bis etwa Mitte März gelebt, Belästigungen durch russische Soldaten gab es immer wieder, aber durch Lärm, Schreie und Rufe nach dem Kommandanten in der Nähe unserer Behausung konnten sie erfolgreich verjagt werden. In diesem Ort, der aus zwei Gutshöfen und vielen kleinen Katen bestand, gab es schon genügend Möglichkeiten, an Getreide und Kartoffeln heranzukommen. Russische Soldaten zeigten uns aber auch Kartoffelmieten, die wir öffnen durften.

Etwa gegen Ende März mussten wir auch diesen Ort verlassen, weil die Gegend zum Aufmarschgebiet der Roten Armee wurde. Wir fuhren mit unserem Handwagen weiter in die Stadt Zielenzig, hatten diesmal auch Kartoffeln, Einweckgläser mit Fleisch und selbstgebackenes Brot bei uns. Man kann sagen, dass wir ab jetzt die Zeit des elenden großen Hungers hinter uns hatten, man konnte wieder etwas aufatmen. Zielenzig war eine alte Garnisonsstadt. Wir kamen in die Nähe einer großen und weiträumigen Kaserne, die jetzt zum Kriegsgefangenenlager für deutsche Soldaten geworden war, und ergatterten mit der Familie Fernholz eine Unteroffizierswohnung mit Wasser und Toilette auf der Etage. Es war zwar etwas eng für eine zehnköpfige Belegung, aber es war doch eine totale Verbesserung gegenüber der Landarbeiterkate in Breesen.

Die Erinnerungskultur

In den Totenbüchern der katholischen Pfarre St. Maternus sind insgesamt 129 gefallene Soldaten und 90 durch Kriegseinwirkung in der Heimat umgekommene Zivilisten registriert, zusammen also 219 Kriegstote. Zu den hier Registrierten müssen aber noch die Gefallenen der evangelischen Gemeinde hinzugezählt werden.

Die Zahl der Toten von Drossen ist in der katholischen Pfarre mit 17 registriert, von denen acht das Todesdatum 1.2.1945 tragen. Durch eigene Umfragen habe ich festgestellt, dass insgesamt jedoch 28 Personen getötet worden und verstorben sind, davon

9 durch den Panzerbeschuss
3 durch russische Soldaten getötete Frauen
3 verschleppt und in der Gefangenschaft verstorben
13 durch Verwundung, nicht behandelte Krankheiten, Hunger und Schwäche gestorben.

Bis zum Tode von Pastor Weißenfels war in der Pfarrkirche St. Maternus in der Mitte des rechten Seitenschiffs eine Gedenktafel der Gefallenen beider Weltkriege und auch der durch Bomben und durch das „Drossener Ereignis" getöteten Rodenkirchener Bürger angebracht. Die Gedenkmesse für die „Drossener" wurde seit 1946 immer am 2. Februar unter großer Anteilnahme der Kirchenbesucher gelesen. Die Gedenktafeln sind nach meiner Kenntnis von den damaligen Kirchenbesuchern immer liebevoll gepflegt worden und waren ein Ort des stillen Gebetes. Leider sind diese Gedenktafeln entfernt und die Tradition der jährlichen Messen nach 1988 eingestellt worden, weil sich für die Stifterin der Gedenkmesse, Frau Agnes Widdig geb. Spelten, nach ihrem Tod kein Nachfolger mehr gefunden hat.

Meine heute 89 Jahre alte Schwester Maria hat die Agnes Spelten gut gekannt. Sie und ihre Mutter waren ebenfalls in Drossen. Die Mutter ist bei dem Feuerüberfall verwundet worden und konnte u. a. wegen starker Schmerzen nicht mehr gehen. Mein Vater und ich sowie zwei andere Männer haben die alte Frau auf einer an den Ecken geknoteten Decke durch den Wald getragen, oft mehr geschleppt als getragen; später hatten wir einen Handwagen gefunden und damit die alte Frau Spelten nach Drossen zurückgebracht. Danach haben wir sie aus den Augen verloren. Sie hat aber überlebt, und beide Frauen sind auch wieder nach Rodenkirchen zurückgekehrt. Hiermit erklärt sich auch die Stiftung der jährlichen Gedenkmesse durch Frau Widdig.

In Zielenzig haben wir bis Mitte Juni gelebt. Russische Offiziere halfen uns Ende März bei einer sehr gefährlichen Plünderungssituation durch einen Soldaten. Meine Schwester Christine war auf die Straße gelaufen und hatte drei sowjetische Offiziere um Hilfe gerufen. Diese konnten den jungen Soldaten gefangennehmen, der die Marinehose von Herrn Fernholz mitgenommen hatte. Zwei Stunden später kamen sechs Offiziere, um uns zu verhören. Meine Mutter sagte in dem Verhör, dass sie große Angst um uns habe, wenn der Soldat zurückkommen würde. Ein Oberst der Militärpolizei sagte in sehr gutem Deutsch, der Soldat käme nicht mehr zurück, er sei erschossen worden. Die drei erstgenannten Offiziere haben uns dann weiter betreut und uns im Juni den Hinweis gegeben, dass das Land bis zur Oder polnisches Staatsgebiet werden würde; sie rieten uns, möglichst schnell über die Oder nach Berlin zu gehen. Sie versorgten uns mit Brot, Konserven und anderen Lebensmitteln. Unter Tränen verabschiedeten wir uns von ihnen und kamen nach einem Marsch von ca. 50 km nach drei Tagen in der Frankfurter

Dammvorstadt an die Oder. Dort wurden wir von der polnischen Miliz buchstäblich bis aufs Hemd gefilzt. Ich hatte etwa 50 Zettel mit Namen und Adressen deutscher Kriegsgefangener bei mir. Die Zettel wurden mir abgenommen und vor meinen Augen verbrannt. Dann wurden wir unter Peitschenhieben über die Oderbrücke gejagt, wo uns in der Mitte der Brücke an der Demarkationslinie wieder einmal russische Soldaten mit Rufen wie „Polak suda" und Maschinenpistolen im Anschlag befreiten. Der Ausruf heißt so viel wie „Polak hau ab" oder „Ich trete dich in den Arsch, Polak".

Danach waren wir frei von Angst. Eine russische Rotkreuz-Station versorgte uns und wies uns ein Quartier in der Nähe der Frankfurter Stadtkirche in einem Barockhaus zu. Hier haben wir uns etwas erholen können und sind einige Tage später ohne irgendeine Belästigung auf einem Kartoffeltransportzug nach Berlin-Rummelsburg gefahren. Von dort hatten wir Gelegenheit, mit der immerhin funktionierenden Eisenbahn über Berlin-Lankwitz in Richtung Muldenstein zu fahren. Naiv wie wir waren, glaubten wir, über die doch angeblich kleine Mulde in die amerikanische Besatzungszone zu kommen. Davor aber war eine russische Militärpolizistin. Unter eindeutigem Hinweis wurden wir aufgefordert, zum Bahnhof zurückzugehen. Wir fuhren zurück und landeten in der Lutherstadt Wittenberg, die mich sehr beeindruckt hat.

Wir haben weiter nach einer Unterkunft gesucht, fuhren mit dem Zug „aufs Land" und haben schließlich auf einem Bauernhof in dem Ort Rackith ein Quartier gefunden. Wir haben dem Bauern (großer Hof) gesagt, dass wir alle in der beginnenden Getreideernte mitarbeiten wollten. Die Bauernfamilie Stolze ernährte uns, das Pastorenehepaar betreute uns und besorgte auch eine Krankenschwester für meine Mutter. Bei dieser Familie Stolze sind wir wieder zu Kräften gekommen und haben gearbeitet. Auf den Straßen, die an den Getreidefeldern vorbeiführten, kamen Anfang August 1945 lange Kolonnen von aus der CSSR ausgewiesenen Deutschen vorbei, die meisten waren Frauen, Kinder und Jugendliche, und sie erzählten uns von einem großen Massaker in Aussig (Usti nad Labern), einer Industriestadt in der Nähe der deutschen Grenze. Dort hatte es am 31. Juli 1945 nach einer Explosion in einem Industriebetrieb ein von der tschechischen Regierung inszeniertes Pogrom gegen Deutsche gegeben, dem etwa 100 Deutsche zum Opfer fielen, weil man sie für die Schuldigen hielt. General Ludvik Swoboda war der damalige Verteidigungsminister und verwies darauf, dass ein- für allemal mit dieser fünften Kolonne Schluss gemacht werden müsse. Nach 1968 war er Staatspräsident der CSSR.

Am 20. Dezember 1945 wurden wir mit einem Rückführungstransport über Magdeburg und Marienborn auf die Reise nach Köln gesetzt. Am 24. Dezember 1945 waren wir wieder in meinem Geburtsort Weiß angekommen und fanden im Elternhaus meiner Mutter liebevolle Aufnahme. Die Schwestern und Brüder meiner Mutter hatten gehört, dass wir alle getötet worden seien. Jetzt war die Freude groß! Wir hatten von unserem Bauern Felix Stolze und seiner Frau mehr Lebensmittel mitbekommen, als wir tragen konnten. Nach eineinhalbjähriger Unterbrechung bin ich dann am 7. Januar 1946 wieder in meiner alten Schule aufgenommen worden, an der ich dann am 4. März 1953 Abitur gemacht habe, das war nach 11 Jahren statt nach neun Jahren. 21 Jahre war ich also alt, als ich Abitur gemacht habe.

Zusatz: Überlebende der Evakuierung sowie Angehörige und Freunde bereits Verstorbener (Mathias Hoffend, Mathias van Duiven, Willi Kuhn, Trude Merten, geb. Brade, Willi Scheidt, Kunigunde Parr, Christel Engelmann, Franz Bröhl, Friedrich Bors, Totenliste Theo Weißenfels, 1967) haben eine Liste der Rodenkirchener im Re-Evakuierungszug vom 1. Februar 1945 zusammengestellt. Die Familien hatten sich im Evakuierungszug nach Möglichkeit in Abteilen zusammengesetzt.

Familie Krägeloh (Weißer Straße 47, dort Gemeinschafts-Bunker der Weißer Straße)
1 Ingeborg Tochter (*1932 oder 1933)
2 Horst (*1934/1935), Bruder, ist später aus Rodenkirchen weggezogen
3 August - Vater lebte in Rodenkirchen weiter
4 Agnes, geb. Hintzen (+1. 2.1945, nach dem Herausspringen aus dem Zug neben Matthis Hoffend von einer MG-Kugel getroffen und verstorben)

Familie Hoffend, Weißer Straße 46, kam zum Sammelpunkt in der Gaststätte am Markt
1 Matthias (*1933)
2 Sophie, geb. Krämer
3 Matthias (* 1904)
Zusatz: Vetter Willi Hoffend aus Sürth war bei Marine HJ in Sürth, verstarb nach Rettung des Bootshauses an Lungenentzündung. Der Realschullehrer Hoffend, Köln, schrieb Familiengeschichte der Familie Hoffend, Herkunft aus der Gegend von Koblenz; Jakob Hoffend (*1901) Sürth, Linde-Luftschutz, Ritterkreuzträger, Volkssturm, Anfang 1945, nach 3000 Entschärfungen, dann von den Engländern verpflichtet, starb bei Entschärfung in Erkelenz, dort auf dem Soldatenfriedhof begraben, s. Abb. S. 142)

Frau Katzenburg, Hauptstr. 54, Schuhmacher
1 Margarete, geb. Krämer (Schwester von Sophie Hoffend, Tochter von Sophie Krämer, geb. Krapohl, gen. Krapohls Züff)

Frau Schneider, Weißer Str. 46
1 Louise, geb. Krämer (Schwägerin Hoffend / Katzenburg, Mutter von Hans Schneider, war bei Marine Funker, + 1943)

Familie Fremmer / Brade, Weißer Str. 44,
1 Gertrud, geb. Breuer, Ehefrau von Johann Fremmer (+ Sept. 1943 in Rodenkirchen)
2 Anna Brade, geb. Fremmer
3 Wilhelm Brade, Ehemann von Anna Brade, starb am 28. August 1945 im Lazarett Erxleben, wurde nicht im Gutshof Heinersdorf begraben, sondern von Trude Brade zur Einäscherung ca. 80 km nach Frankfurt/Oder gebracht und seine Asche September 1945 in der Urne nach Rodenkirchen gebracht.
3 Trude Brade (*1928), später verh. Merten
4 Frau Siepen, Freundin von Gertrud Fremmer, beerdigt von der Gruppe in Langenfeld, dort das erste Brot – von M. Hoffend eingesammelte Krümel von einem russischen Versorgungswagen.

Der Fliesenleger Wilhelm List, Wilhelmstr. 45, damals ca. 28/30 Jahre alt, war mit im Abteil Fremmer / Brade und rettet Gertud Fremmer aus dem Zug.

Familie Wellershausen, Rheinstr. (= Eckhaus Schiefer, Hauptstr.), zuvor Barbarastr.
1 Andreas, beerdigt in Potsdam
2 Ehefrau (überlebte, gen. et Engelche)

Familie Obermauer, Weißer Str., am 2. Januar zurück nach Drossen, am Volkssturm vorbei, Strassenkämpfe, ins Quartier am Markt, dann am 5. Januar über Zilenzig zum Gutshof Heinersdorf. Ein Politkommissar verfolgt russische Soldaten und gibt die Töchter zurück.
1 Ehefrau Obermauer, geb. ? (half in Heinersdorf beim Schlachten, M. Hoffend brachte mit ihrer Hilfe ein halbes Spanferkel beiseite)
2 Käthi Obermauer (*1.11.1927) Tochter, verh. Stephan, Weißer Straße
3 Annemie Obermauer (*1935) [verh. Obladen]

Familie Mannstein, Weißer Straße 36?, waren mit im Gutshof Heinersdorf in der Gruppe von 18 Personen
1 Frau
2 Herr, war Postbeamter in Rodenkirchen

Frau Degen, Näherin, wohnte Weißer Str. 54 bei Familie Bors / ter Smitten, war allein, kam nach Rdk. zurück
1 Gertrud Degen

Familie ter Smitten / neben Hoffend im Abteil - sah Russen in weißen Tarnanzügen

1 Mutter Grete ter Smitten, geb. Quadt, = Ehefrau von Josef ter Smitten (1904 – 1943, gefallen)
2 Hubert (*5.6.1932) lebt in Sürth

Familie Frigge
1 Gerta Frigge, geb. Sturm, gen. Forellchen (vergewaltigt neben M. Hoffend)
2 Sohn Alfred Frigge Sohn war zuvor mit M. Hoffend auf Burg Monschau zur Kinderlandverschickung (KLV)
KLV, Lehrer Bermel = Zug 1 und Lehrer Obermauer = Zug 2 bis 1944.
3 Sohn Franz

Familie Claren, in der Karlstr. ausgebombt
1 Vater Ferdinand (19.12.1898 - 8. 4.1945)
2 Mutter
3 Sohn Ludwig, geb. 1937 (zu dieser Zeit also 8 Jahre alt)
4 Tochter Clara (*1941)
5 Tochter Anneliese (*1943) (+)
6 Sohn Heinz (*1. Januar 1945) (+)

Familie Wilhelm Schiefer, Hauptstr. 61, aus den anschließenden Wohnungen des Hauses: Familie Senden und Wellershausen (Rheinstr.)
1 Mutter
2 Else
3 Heinz (*1928), war in der Schulklasse Toni Fink

Familie Wahn, Rheinstraße 10
1 Frau (geb. in Rodenkirchen) - der Ehemann Paul, zuvor angesehenes KDP-Mitglied in Rodenkirchen, verschleppt und vermisst
2 Christine Wahn (*1922 oder 1923 + ca. 1996), später verheiratet mit einem Kolpingbruder aus der Eifel

Familie Scheidt, Hauptstr. 49, Dreher
1 Wilhelm (Vater)
2 Agnes (Mutter)
3 Wilhelmine Scheidt, geb. Brohl (Tante)
4 Sohn Willi (17 Jahre alt)
5 Sohn Ilse (15 Jahre alt) - Freundin von Käthe Schumacher

Familie Habets, Maternusstr. 8, Fabrikmeister
1 Vater Peter
2 Mutter Katharina
3 Sohn Ludwig
4 Tochter Klärchen
5 Kind+
6 Kind+

Familie Metzen, gen. Kinema, Wilhelmstr. 57
1 Vater Jakob
2 Mutter Lisbeth, geb. Haas, war später Kellnerin beim Treppchen
3 Sohn 15 Jahre (durch Granatentreffer gestorben)

Familie Wieland, Kirchstr.?
1 Ehemann Heinrich blieb mit einem Rückenschuss im Wald beim Zug liegen
2 Ehefrau Margarete

Familie van Duiven, Herrengartenstr. 1
1 Mutter Grete
2 Tochter Ilse
3 Sohn Mathias

Familie Fernholz, Maternusstr. 79, später Gaststätte Barbarastr. / Hauptstr.
M. Hoffend verlud Kartoffeln in Zielenzig für Berlin, Jupp gingen die Schuhe kaputt, Flucht, Folge: der Posten gibt Berlin als das Ziel der Ladung bekannt, unter den Kartoffeln sind dann Familie Hoffend, Schneider und Frau Katzenburg Mai 1945 entkommen.
1 Ehemann Josef / Jupp
2 Ehefrau Ille / Ilse Fernholz
3 Tochter Maria (oo Wiertz)
4 Sohn Peter Fernholz (?)

Familie Kuhn
1 Vater Gustav
2 Mutter Maria
3 Tochter Christine
4 Tochter Maria Wojton, geb. Kuhn
5 Sohn Willi Kuhn

Familie Mainz (Sohn Josef war im Feld, er heiratet Maria Köhl)
1 Herr Gerhard (5. 4. 1873 - 1. 2.1945) kamen im Zug um
2 Frau Sibille, geb. Pütz (23. 2. 1882 - 1. 2.1945)
3 Aenne, ledig, erlitt Armverletzung, nicht Oberschenkelschuss; war mit der Gruppe Hoffend, wollte sich Leben neben, kam ins Lazarett, war Freundin der Frau Katzenburg

Familie Hils / Spelten (Gemüsehandlung Josef Hils, Wilhelmstraße 68);
die Gruppe kam mit früheren Kriegsgefangenen aus Frankreich als „Elsässer" über Frankreich zurück, wurde zunächst durch frz. Arzt im Lazarett versorgt und geschützt

1 Frau Spelten
2 Clara Hils, geb. Spelten (*1906?), Tochter, erhielt beim Aussteigen aus dem Zugfenster Kieferschuss
3 Tochter Agnes Spelten (*1918), später verh. Widdig, Tochter, die Brüder Hans und Willi (*1920) im Krieg gefallen

Familie Schumacher, Wohnhaus gegenüber der Gaststätte mit Familie Hoffend in Drossen
1 Katharina geb. Bauer (+8. 2.1945)
2 Katharina (+8. 2.1945)
3 Frau Reichwein (*1909), geb. Schumacher, führte eine Kaffeerösterei am Maternusplatz
4 Zilly (*1910), verh. Adam Hilgers, Lungendurchschuss, war mit Frau Katzenburg befreundet, Schuhgeschäft - kistenweise Schuhe vergraben, Heinrich Katzenburg blieb in Rdk., Tochter Agnes 1945 in Rdk geboren.

Familie Müller, Wohnort nicht bekannt
1 Karl, ist in SA-Uniform - über Zivilkleidung - als Gruppenleiter der Ortsgruppe Rodenkirchen der NSDAP, wohl NSV
2 Tochter Lilo

Familie Distler, Rotdornstr. 13, kam mit der Chemischen Frabrik Osthoff nach Rodenkirchen, Distler führte Aufsicht über Sortierdienst der Messdiener am Samstag (Staatsjugendtag) und Appell am Sonntag. Drei Töchter: Maria, geb. 1920, Tochter geb. ca. 1928, Inge, geb. 1933, und ein Sohn
1 Friedrich Distler, NSV
2 Inge (*1933)

Familie Eulen - das Ehepaar starb durch eine ins Abteil eingeschlagene Panzergranate, so berichtet Vater Hoffend, der für M. Hoffend noch Schuhe und Strümpfe aus dem Zug holte, Namen der übrigen Personen im Abteil nicht bekannt
1 Eulen, Johann (+1.2.1945)
2 Eulen,Therese, geb. Otten (+1.2.1945)

Familie Forster / Obermauer
1 Forster, Christian (15.10.1900 - 1.2.1945), Adressbuch 1939: Hauptstr. 118 (bei Weißenfels, 1967, 22 irrtümlich „Förster")
2 Forster, Agnes, geb. Obermauer (23.1.1900 - 1. 2.1945)
3 Klein, Gertrud, geb. Forster (16.11.1920 - 1. 2.1945) [oo Michael Klein]
4 Bloch, Katharina, geb. Obermauer (26.3.1888 – 15.2.1945) Adressbuch 1939: Wilhelmstr. 57
5 Bloch, Maria (26. 2.1914 – hochschwanger 15. 2. 1945)
6 Bloch, Schwester (* 191?), kam nach Rodenkirchen zurück
Bruder Theo Bloch (*1918, 1944? gefallen) als Soldat nicht mit dabei

Familie Kost (Sohn Willi, Jg. 1920 war bei der Waffen-SS im Feld und überlebte schwerverwundet)
1 Kost, Josef (25.8.1898 - 19. 3.1945) Adressbuch 1939: Hindenburgstr. 6 (= Friedrich-Ebert. Str.)
2 Kost, Magdalena, geb. Barnhausen (24.3.1896 - 19.3.1945)

Familie Linden, Barbarastr., Vater war nicht mit in Drossen
1 Mutter
2 Kläre Linden (*1918), verh. Zimmermann

Familie Senden, Wilhelmstr., Vater war bei militärischem Auslandseinsatz
1 Mutter
2 Gerta Senden, verh. Esser (*1918), Rheinstr., Haus Schiefer wie Andreas Wellershausen), der Ehemann Peter Esser war als Infanterist eingezogen
3 Schwester Senden (*1920/1921?)
4 Schwester Senden (*1923?)

Familie Zimmermann, Herrengartenstr.
1 Mutter Christine
2 Sohn Peter 13 Jahre alt

Anneliese Klein, geb. Barth
Großmutter Frau Langen

Johann Schillings (verschleppt) (25.12.1898 - 5.8.1945)
Mutter
Tochter Elisabeth
Tochter Marga
Sohn Franz

Mechthilde Heimbach, Weißer Str.

Ein Mitreisender in der Uniform der freiwilligen Feuerwehr Rodenkirchen wurde sofort erschossen.

Nicht zugeordnet:
Bauer, Sibilla (+8.2.1945)
Köster, Dorothea (6.2.1910 - 16.2.1945)
Meyer, Maria, geb. Lamberts (14.9.1907 - 31.3.1945)
Grüssgen, Hermann (6.8.1915 - 8.4.1945)

Die Überlieferung zu den Evakuierungen nach den Angriffen auf Rodenkirchen vom 10. und 14./15. Januar 1945 lässt drei Evakuierungsorte erkennen, Ossig (wohl Deutsch Ossig und nicht Osiek = Powiat ´Sredzki), Landsberg an der Warthe (Gorzów Wielkopolski) und Drossen (O´sno Lubuskie).

Nach dem Angriff vom 14./15. Januar 1945 wurden auch die Familien Schmitz, Rotdornstr. 7 und Distler, Rotdornstr. evakuiert, aber nicht nach Drossen, sondern nach Landsberg an der Warthe und erlebten dort das gleiche Schicksal wie die nach Drossen Evakuierten. Nach einem ersten Hinweis von Christel Engelmann hat Friedrich Bors folgende Daten rekonstruiert: Michael Schmitz (1896 - 1947), Kaufmann, Käthe Schmitz (1891 - 1977) und Kurt Schmitz (*1929).

Vater Michael Schmitz wurde nach Lietzmannstadt (Lodsch) dienstverpflichtet, von der Ehefrau Käthe (Katharina) wurde auch der Sohn Kurt Schmitz (*1929) getrennt, er kam in Gefangenschaft. Katharina Schmitz kehrte als alleinstehende Frau im November 1945 zurück nach Rodenkirchen. Sie war völlig verändert und hat über die Erlebnisse nie gesprochen.

Erinnerung an die Evakuierung nach Drossen

**Bericht von Ludwig Habets, protokolliert von Horst Noll, Rodenkirchen erinnert sich:
Kleiner runder Tisch, 18.11.2009**

Die Habets sind eine niederländische Familie, die in Rodenkirchen mindestens seit dem zweiten Jahrzehnt des 19. Jahrhunderts lebte. Auf diese Vorgeschichte wird am Ende dieser Schilderung kurz eingegangen. Die Drossen-Tragödie wurde dadurch verursacht, dass die Rodenkirchener Behörden in den letzten Kriegswochen beschlossen, die Bevölkerung wegen der verstärkten Luftangriffe und des Vormarschs der US-Soldaten in ein ruhiges Gebiet im Osten zu „evakuieren". Vermutlich basierte das Unternehmen auf einem alten Plan. Die Behörden haben dabei die katastrophale Entwicklung an der Ostfront völlig ignoriert. Der Einspruch und Widerstand der Familie Habets gegen diese Verschickung wurde gebrochen mit der Drohung „dann bekommt ihr keine Lebensmittelkarten mehr". Auf die Zwischenfrage von Frau Rovers, wer das wohl ausspruch, kam die Antwort: „Die NSDAP". Man hat den Eindruck, dass die Mehrheit der Rodenkirchener Bevölkerung von dieser Maßnahme nicht betroffen war, sondern dass vor allem „Ausgebombte" und andere Familien in schwieriger Lage verschickt werden sollten. Zudem waren sehr viele Familien schon vorher „evakuiert" worden, vor allem nach Thüringen. Außerdem wird berichtet, ein größerer Teil der restlichen Bevölkerung habe sich in den kritischen Tagen versteckt.

Über die Fahrt nach Drossen

Am 19. Januar 1945 wurde das Gepäck mit Lastwagen abgeholt. Am selben Tag brachte man die Habets zum Hauptbahnhof. Die Familie bestand aus den Eltern und den Kindern Ludwig (*1937 - zu dieser Zeit also 8 Jahre alt), Clara (*1941), Anneliese (*1943) und Heinz (*1. Januar 1945).

Man hatte den Leuten gesagt, man fahre in den Harz. Es ging aber durch Berlin weiter nach Osten über die Oder, und zwar zur Kleinstadt Drossen, die ca. 30 km nordöstlich von Frankfurt an der Oder liegt. Am 21. Januar endete dort die Fahrt. Man wurde zunächst in einer Schule untergebracht. Danach wurden die Leute auf Quartiere in Drossen und in der Kleinstadt Zielenzig verteilt, in den nächsten Tagen auch auf einige Dörfer in der Umgebung.

Die Familie Habets wurde zum Dorf Seefeld gebracht und blieb dort etwa neun Tage. In diesen Tagen erreichte die russische Front das Dorf. Zunächst blieb danach alles ruhig. Im Dorf waren russische Panzer abgestellt. Diese Panzer wurden aber von deutschen Soldaten gesprengt. Die Russen zogen sich daraufhin zurück und nahmen danach das Dorf erneut ein. Das Dorf brannte. Es begannen dann die Greueltaten der russischen Soldaten. Vor den Augen der Kinder wurde die Mutter vergewaltigt. Wegen der ständigen Übergriffe der russischen Soldaten gingen zwei Frauen zum Kommandanten, um sich zu beschweren. Sie wurden nicht wieder gesehen. Dann erwähnt Herr Habets eine

Katharina Bloch. Sie starb im Haus durch einen Kopfschuss. Der achtjährige Ludwig musste mit ansehen, wie ein Mann vor einem (tatarischen?) Reiter in ein Haus fliehen wollte. Der Reiter erreichte ihn aber noch vor der Haustüre und hieb ihm den Kopf ab (Dieses Detail berichtete Herr Habets mir, als wir uns verabschiedeten. Er sagte, das habe er den Leuten nicht erzählen wollen. Er habe überhaupt über manches Grausame nicht gesprochen.)

Sie mussten dann mit den Wirtsleuten fliehen. Man erreichte einen Bauernhof, an einem Waldrand gelegen. Auch hier erschienen wieder deutsche Soldaten, und nach ihnen Russen. Man hörte heftige Schusswechsel. Es gab offenbar ein Hin und Her in den Kampfhandlungen. Am 1. Februar erfolgte dann der Transport vom Haus am Waldrand nach Drossen. Dort traf man auf einige Rodenkirchener und erfuhr von dem am selben Tage erfolgten schrecklichen Angriff auf den Zug. Mit ihm sollten viele Leute in den Westen gebracht werden. Von Drossen mussten sie wiederum aufbrechen und kamen zu Fuß nach Heinersdorf, dann nach Langenfeld und schließlich nach Zielenzig. Die gesamte Strecke ist 17 Kilometer lang.

Der Vater war von der Familie getrennt. Er wurde mit zwei Polen von den Russen aufgegriffen. Vater Habets sagte ihnen, er sei „amerikanski". Der russische Offizier las aber im Pass, dass er Niederländer sei. Man warf den drei Männern vor, Spione zu sein. Sie würden am nächsten Morgen erschossen. Herr Habets entgegnete dem Offizier, dass er mit seiner ganzen Familie hier sei. Die Deutschen seien doch nicht so dumm, einen Spion mit seiner Familie hinter die Front zu schicken. Der Offizier antwortete, man würde das prüfen. Wenn dies zuträfe, würde er morgen früh nicht erschossen. Während die Dreiergruppe abgeführt wurde, sah Herr Habets plötzlich seine Familie. Die Russen akzeptierten die Bestätigung der Aussage des Vaters, und die Sache schien ein gutes Ende zu nehmen. Der Vater wurde aber noch nicht freigelassen. Er zog es daher vor, bei einer guten Gelegenheit zu fliehen.

Im Chaos der ersten Besatzungszeit war die Hungersnot groß. Ludwig suchte in den verlassenen Häusern nach Nahrungsmitteln. Das größte Ereignis war, als ein Dorfbewohner mit Fleisch zurückkam. Er hatte ein totes Pferd gefunden. „Es war genau der Tag, an dem auch unser Vater wieder zurückkam. Welches Festessen!" Aber der Hunger herrschte weiter. In der Folgezeit sind die beiden jüngsten Kinder verhungert. „Im April starb Anneliese; im Juli 1945 wäre sie zwei Jahre alt geworden. Der Bruder Heinz, der Kleinste, ist am schwersten gestorben." Der Vater zimmerte die kleinen Särge.

Die Rückkehr ins Rheinland

Die Eltern erwirkten später aufgrund ihrer niederländischen Staatsbürgerschaft, dass sie ins Rheinland fahren durften. Nach langen Fahrten mit der Eisenbahn erreichten die Eltern mit Ludwig und Clara im Juni 1945 Magdeburg. Auf dem westlichen Ufer der Elbe standen die Briten. Der Vater bewirkte wiederum mit seinem niederländischen Pass, dass die Russen sie auf das andere Ufer übersetzen ließen. Dort traf man auf einen englischen Fahrer, der die Habets bis Köln mitnahm! Die Familie ging zunächst zu nahen Bekannten. Ludwig lief dann als erstes zum Rhein hinunter. Danach rannte er zu ihrem Wohnhaus und sah schwere Bombenschäden. Die Hauswand fehlte auf einer Seite, so dass der Junge in ihre Wohnung im ersten Stockwerk schauen konnte. Seiner Mutter berichtete er dann, „Mama, oben stehen noch zwei Schränke!"

Der Neubeginn in Rodenkirchen

Der Vater wollte später bei einer Firma in Hermülheim eine Baracke kaufen. Dies wurde ihm dort verweigert. Ein zweiter Versuch bei dieser Firma verlief ebenfalls erfolglos. Herr Habets suchte dann das niederländische Konsulat auf, schilderte die Lage und erreichte, dass man einen niederländischen Polizisten oder Soldaten abstellte, der ihn zu der Firma begleitete. Mit dem waffentragenden Argument vor der Türe gelang ihm der Kauf der Baracke. Jemand aus der Runde fragte, ob sie denn soviel Geld gehabt hätten. Die Antwort war: „Wir hatten viel Geld. Das Geld lag ja im Osten auf den Straßen."

Details zu dieser niederländischen Familie

Herr Habets hatte bei seinen Ausführungen seinen Großvater erwähnt. Vor dem Abschied erfuhr ich Folgendes: Die Familie lebte seit Jahrzehnten in Rodenkirchen. Der erwähnte Großvater hieß Gottfried Habets. Er habe nach der Arbeit abends Ziegel gebrannt. Die Kenntnisse hierzu habe er in der Ziegelei erworben. Gottfried Habets starb 1919. Sein Sohn ist 1905 geboren. Er war also bei der Drossen-Fahrt 40 Jahre alt.

Ich möchte gerne eine Geschichte schreiben
Else Mauer

Am 16. November 1942 wurde unsere kleine Schwester Marie-Therese geboren. Zu dieser Zeit waren meine Schwester Käthe und ich noch von der Kinderlandverschickung in Masuren, Ostpreußen. Für mich war es ein Traumland. Die Familie war sehr nett und ich hatte mit meinen 13 Jahren noch nie so eine wunderschöne Landschaft gesehen. Aber trotzdem hatten wir oft Heimweh. Nach einem halben Jahr fuhr unser Zug uns in der Weihnachtswoche nach Hause. Dort konnten wir dann die Kleine bewundern, sie war für uns wie eine heiß geliebte Puppe. Von meinen Herbergseltern hatte ich eine Ente, ein Huhn und Lebensmittel mitbekommen. Im Blockeiskühlschrank der Bäckerei Köhl nebenan hat das Fleisch noch zwei Tage gelegen. Damit war unser Weihnachtsessen gesichert. Danach hatten wir eine unruhige Zeit. Jede Nacht mussten wir in den Luftschutzbunker.

1943. Unsere Mutter bekam trotz OP immer wieder Gallenkoliken. Wir wurden nach Sachsen evakuiert und hatten dort eine schöne Wohnung in der Schule des Dorfes Chursdorf. Aber das Heimweh brachte uns nach drei Monaten wieder nach Hause. An der immer noch schlimmen Situation, jede Nacht Bunker rein, Bunker raus, hatte sich nichts geändert. Wir schliefen nachts nur noch in kompletter Bekleidung. Fast nach jedem Bombenangriff brannten bei uns Häuser oder sie waren zerstört. Unsere Brücke, die blieb stehen! Die meisten Bomben fielen in den Rhein. Die Detonationen hörten sich wie Erdbeben an. Viele Menschen kamen bei den Bombenangriffen ums Leben. Wir hatten nur noch Angst, denn die Bomben zerstörten einen Straßenzug nach dem anderen. Nachts brannte es überall. Strom und Wasser hatten wir fast nie mehr.

Zum Glück gab es eine Wasserpumpe in unserer Nachbarschaft, wo wir wenigstens Wasser holen konnten. Sonst gab es nur noch Kerzenlicht. Unser Vater musste jeden Tag 12 Stunden arbeiten. Die Sauerstoffanlage bei Linde in Sürth war kriegswichtig und lebensgefährlich, weil der Betrieb sehr oft Angriffsziel der Bomber war. Wenn der Vater Nachtschicht hatte, haben wir oft den Feuerschein über Sürth gesehen. Die Männer im Werk durften ihre Arbeitsplätze während eines Angriffs nicht verlassen. Wir waren immer froh, wenn er wieder zuhause war.

Es hatte keinen Sinn, wer wusste denn, wie lange das noch dauern konnte, bis endlich ein Ende des Elends war? Anfang Januar 1945 meldeten wir uns für eine Evakuierung an. Am 18. Januar 1945 wurden wir hinter Frankfurt/Oder verfrachtet. Unser Vater sagte bei der Nationalsozialistischen Volkswohlfahrt: „Das ist ja eine Station vor Moskau!!!" Er brachte uns nach Frankfurt/Oder. Wir wohnten dort in einer Schule und hatten immer noch keine Wohnung bekommen. Unser Vater wollte bei uns bleiben, bis wir eine feste Bleibe hatten. Nach etwa einer Woche war die russische Panzerspitze schon bis auf 120

Kilometer unserem Dorf näher gerückt. Weiter ging die Flucht, jetzt vor den Russen. Wir haben schnellstens alles, was wir hatten zusammengepackt und bei einer Spedition untergebracht, außer dem Handgepäck (Radio, Nähmaschinenkopf, Fotos und Papiere) haben wir nichts mitgenommen. Ich weiß nicht, ob wir das ohne unseren Vater geschafft hätten!

Bei einer Temperatur von -18° C fuhren wir mit einem Flüchtlingstransport von Frankfurt nach Bitterfeld. Fast kein Abteil hatte Fensterscheiben. Wir hatten zum Glück eins, das etwas wärmer war. Viele Flüchtlinge aus dem Osten waren mit im Zug. Ihre Habseligkeiten hatten sie von Trecks, mit denen sie am Bahnhof ankamen, in die leeren Abteile geräumt. Sie hielten sich auf dem Flur auf. Manchmal tauschte ich meinen warmen Platz mit einem Kind, welches zitternd draußen stand. Dabei holte ich mir einen Husten, der mir drei Monate treu blieb. Was soll's, den Kindern hat es bestimmt gut getan. Die Fahrt ging reibungslos ohne Bomben- und andere Angriffe vorbei! Wir waren froh, aus der eisigen Kälte raus zukommen.

In Bitterfeld bekamen wir sofort eine Wohnung mit Wohnzimmer, Schlafzimmer und Küchenmitbenutzung des Hauseigentümers. Wir hatten zwei Betten und unser Schwesterchen (bei der Familie, wo wir wohnten, waren Verwandte angekommen) musste, bis ein Kinderbettchen besorgt war, in einer Kommodenschublade schlafen. Wir waren sehr arm und hatten nichts anzuziehen, aber vor allen Dingen kaum etwas zu essen. Sie brachten sehr viele Lebensmittel, hauptsächlich Kartoffeln mit.

Ostersamstag nahm ich meine Schwester Käthe an der Hand und fuhr mit ihr aufs Land, um bei den Bauern um ein paar Kartoffeln zu bitten. Das ging ganz gut und reichte für einige Tage. Unser Radio brachte uns über BBC immer die aktuellsten Nachrichten, die uns mitteilten, wie weit die Amis oder die Russen in Deutschland schon vorgestoßen waren. Unsere Gastfamilie begrüßte sich immer noch mit „Heil Hitler!" Wir konnten es nicht begreifen! Ab Mitte April stand auch Bitterfeld unter Beschuss der Amerikaner. Unsere Mutter konnte fast nichts mehr essen. Sie war sehr schmal und schwach geworden. Weil kein Arzt zu erreichen war, bin ich mit ihr durch die Schießerei zu einem Lazarett gelaufen. Dort hatte man aber, wegen der vielen Verwundeten, keine Zeit, sich um sie zu kümmern. Wir wurden wieder weggeschickt. Die Schmerzen musste sie weiter ertragen, bis die Abszesse von selbst aufgingen.

Bis zu diesem Zeitpunkt hatten die Amerikaner die Stadt Bitterfeld besetzt, und es wurde etwas ruhiger. Neben unserem Haus hatten sie einen Kindergarten beschlagnahmt. Die Soldaten durchsuchten unsere Wohnung und nahmen unser Radio mit. Gott sei Dank konnten sie nicht damit umgehen. Sie sagten, dass es kaputt wäre, und brachten es zurück. Sie sahen, dass es uns sehr schlecht ging und gaben uns schon mal Brot, Butter und Tee. Sie sagten, dass sie weggehen, weil es eine russische Zone geben würde. Unser Vater, der ja seit Anfang Februar wieder zu Hause war, hatte uns gesagt, wenn der Russe kommt, müsst ihr schnellstens weg von hier. Wir hatten schon lange nichts mehr von ihm gehört.

Wir besorgten uns einen kleinen Leiterwagen für das, was wir noch hatten. Am dritten Mai 1945 zogen wir los. Es hieß, von Halle aus geht ein Zug nach Westen. War nichts. Weiter nach Merseburg. Auch von dort fuhr kein Zug.

Wir kamen dort an die Stadtgrenze. Hier war erst mal Schluss. Wir wurden mit einem Jeep und einer alten Pferdekutsche zur Kommandantur gebracht. Dort erklärte man uns, dass der Krieg noch nicht zu Ende sei, und setzte uns in ein ehemaliges Waisenhaus. Wir bekamen ausreichend zu essen und hatten, weil wir die ersten Flüchtlinge am Ort waren, die längsten Betten erwischt! Die anderen Betten waren viel kleiner. Am 8. Mai war die Kapitulation!

Der Krieg war zu Ende. Gott sei Dank! Zehn Tage später durften wir mit einem Passierschein zu Fuß Richtung Heimat gehen. Es war sehr schönes Wetter und so warm, dass wir über Mittag mit unserem Heuwägelchen im aufgeweichten Asphalt hängen blieben. Wir hatten dann Zeit, uns am Straßenrand zu entlausen. Genützt hat es nichts. In den Massenquartieren der verschiedenen Dörfer kamen immer wieder neue Läuse auf unsere Köpfe. Es waren viele Flüchtlinge auf den Landstraßen unterwegs.

Sie hatten ihre Habe auf den abenteuerlichsten Karren und Kinderwagen bei sich. Nach 15-20 Kilometer pro Tag bekamen wir im jeweiligen Dorf unsere Tagesration Lebensmittel und eine Unterkunft zugewiesen. Manchmal hatten wir Glück, und es war bei einer Familie. Da hatten wir saubere Betten. Das Beste war, dass wir uns schon mal baden durften. Man kann sich nicht vorstellen, was uns das bedeutete! Wir gingen durch Thüringens schöne und fast nicht zerstörte Landschaft Richtung Weserbergland. Pfingstsonntag waren wir mittags, als die Kirchenglocken läuteten, gerade in einem Bauerndorf. Wir schöpften Mut und klopften bei zwei Bauern an. Zum ersten Mal seit Wochen bekamen wir ein richtiges, gutes Mittagessen. Es war für uns ein Fest wie man es sich heute kaum noch vorstellen kann. Und dann ging es weiter. In Heiligenstadt mussten Mutti und Käthchen in ein Krankenhaus, weil sie beide vereiterte Füße hatten. Ich hatte Glück, weil ich gut barfuß laufen konnte. Nachdem sie gut verarztet waren, konnten wir weiterziehen. In Westfalen waren dann die Engländer, bei denen war die Versorgung nicht so gut organisiert.

Unser Leiterwagen wurde immer schwerer, weil es eine hügelige Landschaft war. Es waren noch etwa 200 Kilometer nach Hause und wir wussten nicht, was wir dort vorfinden würden. In Paderborn erwischte ein kräftiger Windstoß unseren Regenschutz vor dem Wagen. Bis dahin hatten wir immer gutes Wetter. In Soest versuchten aus Gefangenschaft befreite Russen unser Gepäck zu entwenden. Ein anderer Russe hat uns geholfen und die Männer zur Ordnung gerufen. Dort erfuhren wir, dass von Hagen aus ein Zug in Richtung Köln fuhr. Diesmal war es wirklich so. Als wir in Hagen auf dem Bahnsteig standen, sprach uns eine Frau aus Rodenkirchen an. Sie sagte, dass wir schon lange zu Hause erwartet würden. Unser Vater hatte eine Woche nach Kriegsende mit anderen Männern einen LKW organisiert, um uns in Bitterfeld zu holen. Aber da waren wir schon lange im „Waisenhaus" in Merseburg. Wenn das geglückt wäre, hätten wir vieles nicht mitmachen müssen. Im Zug sagte man uns, dass die Fahrt bis Langenfeld geht. Von da aus waren es noch etwa 35 km nach Köln. Nun zogen wir guten Mutes weiter. Auf dieser Strecke erwischte uns das erste schlimme Gewitter.

Wir kamen patschnass in Köln-Deutz an. Es war schon spät abends. Eine Übernachtungsmöglichkeit gab es nicht. In der Deutzer Bahnhofshalle schliefen wir auf den Tischen, auf denen am anderen Morgen die Entlausungsscheine ausgestellt wurden. Ohne diese durften wir nicht über die Behelfsbrücke aufs linke Rheinufer. Die Läuse wurden mit DDT abgetötet, giftiger ging's nicht. Jetzt waren es nur noch 6 Kilometer bis nach Hause. Da erwartete uns eine verschlossene Tür. Vater war noch auf der Arbeit. Als er kam, sagte er erst nur: „Könnt Ihr mir sagen, wo Ihr so lange geblieben seid?" Typisch!

Unser Häuschen war von den vielen Bombenangriffen sehr mitgenommen. Vater hatte schon ein anderes besorgt, welches noch besser instand war. Dort sind wir dann einige Wochen später eingezogen. Die Hauptsache war, dass wir wieder daheim waren. Weil im neuen Haus keine Fenster- und Türschlösser funktionierten, musste ich diese Zeit dort schlafen. Bis alles einigermaßen bewohnbar war, hatten wir einen riesigen Schuttberg vor der Türe. Nicht wir allein, sondern auch alle anderen Häuser. Angst hatte ich keine allein im Haus, höchstens, dass man etwas klaute. Darum habe ich an alle Fenster und Türen Bretter und Schrankteile gestellt, damit ich wach wurde, wenn einer nachts rein wollte. Nur weiß ich bis heute nicht, was ich dann gemacht hätte? Na, ja! Auch das ging vorbei. Wir wohnten wieder einigermaßen, hatten kaum was anzuziehen und sehr wenig zu essen. Vaters gute Möhrenernte machte unseren Magen ein bisschen voller, denn mehr als 2-3 Schnitten Brot (trocken) täglich gab es nicht. Gemüse und ab und zu ein paar Kartoffeln waren nicht drin. Es war ja alles rationiert. Trotz Lebensmittelmarken standen wir oft lange in Menschenschlangen, um etwas zu bekommen. Bis wir an der Reihe waren, war manchmal nichts mehr da.

Meine Lehrstelle war ausgebombt, und eine Straßenbahn fuhr auch nicht. Es war einfach alles zerstört. Für uns war es das Wichtigste, dass wir wieder zuhause waren. Am meisten bedauerte ich die Menschen, welche wohl nie mehr in ihre Heimat zurück konnten.

März 1945 - Rodenkirchen im Bergischen

1. März: NS-Gauleiter Grohé zieht in seiner Eigenschaft als Reichverteidigungskommissar zur Verteidigung Kölns den Volkssturm, Zoll-, Polizei- und Feuerwehreinheiten ein, um Köln am Militärring im Bereich der früheren Gürtelfestung Köln des ersten Weltkriegs zu verteidigen.

Am 2. März antwortet die britische Royal Air Force (RAF) mit einem schweren Angriff auf das Zentrum Kölns mit Sprengbomben und schweren Luftminen. Die Eroberung von Aachen hat sich einen Monat hingezogen, in Köln soll sich das nicht wiederholen.

Am 3. März erreichen amerikanische Verbände den Rhein nördlich von Köln. Der Kölner Stadtkommandant Oberst de la Chaux und sein Nachfolger Wilhelm Schaffranek widersetzen sich den Zerstörungsbefehlen des Gauleiters Grohé, der sich mit seiner Gefolgschaft über den Rhein absetzt. Anfang März 1945 ist auch die Gemeindeverwaltung Rodenkirchen über den Rhein aus nach Hespert verlegt, einer kleinen Gemeinde im Oberbergischen Kreis, etwas mehr als 50 km östlich von Rodenkirchen.

Der 1945 beim Treppchen steckengebliebene „Tiger", Zeichnung Brigitte Trost, 1945

Bis zum 4. März 1945 setzen sich die linksrheinischen Verwaltungen geschlossen ab und führen formell ihre Dienststellen weiter, so der kommissarische Kölner Oberbür-

Der Bürgermeister der Gemeinde Rondorf

Der Feuerwehrwagen der Gemeinde Rondorf Nr. IZ 69337 Fahrer Karl Wagner - mit Anhänger Nr. IZ 69446 befindet sich auf Anordnung des Herrn Landrat in Köln mit Feuerwehrmännern und Feuerwehrhelferinnen auf dem Wege zur Absetzung nach Minden i/Westf.

Hespert, den 28. März 1945

Der Bürgermeister
I.A. Wolf

germeister Robert Brandes und der Landrat von Köln-Land unter Reichsverteidigungskommissar und Gauleiter Josef Grohé, nunmehr mit Dienstsitz in Bensberg. Andere Funktionäre etablieren sich im Zuge der Umstrukturierung im Rechtsrheinischen als neue Vorgesetzte, so der frühere Ossendorfer Ortsgruppenleiter Brüßel jetzt als kommissarischer Ortsgruppenleiter in Flittard, was dann zu ständigen Auseinandersetzungen zwischen den Parteikommissaren einerseits und den Militärdienststellen und der Bevölkerung andererseits führt (vgl. Wilhelm Weidenbach, Flittard am Ende des Zweiten Weltkrieges (1944 bis 1945), Rechtsrheinisches Köln, Bd. 21, 1995, S. 178 f.).

Der 1945 beim Treppchen steckengebliebene „Tiger", Zeichnung Brigitte Trost, 1945

Truppenreste der Wehrmacht und SS-Panzerverbände gehen in Rodenkirchen über den Rhein, ein Tiger-Panzer bleibt am Treppchen stecken. SS-Leute rufen die verbliebene Bevölkerung auf, mitzukommen: Die Amerikaner kommen nie über den Rhein. In Lumpen gekleidete Wehrmachtsverbände setzen sich über die Weißer Str. in Richtung Bonn ab. Einer der Soldaten ruft Frau ter Smitten zu: „Mädchen, wir kommen wieder!"

Da 1945 der Grüngürtel noch nicht aufgeforstet war, konnte man damals von den Geländekuppen um Rodenkirchen aus noch weit in Richtung Vorgebirge blicken und das Herannahen der amerikanischen Streitkräfte sehen, sagt Kunigunde Parr; den Volkssturm kommandiert der Fabrikant Georg Wilde. An der Stadtgrenze bei der Rodenkirchener Autobahnbrücke (Frankstr.) kommt es zum Gefecht mit einer Polizeieinheit. Amerikanische Artillerie trifft noch Häuser in Rodenkirchen im Bereich Maternusstr., wie Gert Krauß berichtet. Dann setzen sich die deutschen Verbände ab. In einem Haus im Bereich der Ringstr. sind etwa 20 deutsche Gewehre zurückgeblieben, wie sich Maria Bader-Willrodt erinnert. Der einberufene Vater war als Volkssturmmann der Bedienungsmannschaft der Flakstellung im Bereich des heutigen Forstbotanischen Gartens zugeordnet und berichtet jetzt von dem beim Zwischenwerk VIII b liegenden amerikanischen Truppenkontingent, das sich auf den Zugriff auf Rodenkirchen vorbereitet und es am 5. März 1945 besetzt. Er ist der Geburtstag der Mutter.

Im Haus ter Smitten an der Weißer Str. zieht eine amerikanische Beobachtungsstelle ein, das Haus wird beschlagnahmt, die Matratzen im LKW abgeholt. Die Familie muss in die Ada-Käsefabrik umziehen und wird später in die Wilhelmstr. verwiesen, wie Friedrich Bors berichtet. Die Häuser jenseits der Bahnschranke an der Schillingsrotter Str. werden beschlagnahmt, wie Margret Limbach ergänzt. Und es wird auch die Uferzone gesperrt, weil jetzt die Artillerieduelle über den Rhein hinweg beginnen. Auf dem We-

Die rechte Seite der Hauptstr. war März/April 1946 Sperrgebiet. Im Hintergrund der Pylon der zerstörten Autobahnbrücke.

stufer wird noch am 8. März in den Trümmern von Köln gekämpft, die Wachbücher der rechtsrheinischen Gemeinden verzeichnen an diesem Tag den ersten Beschuss durch amerikanische Artillerie.

Eine Zählung der Überlebenden verzeichnet noch 944 Einwohner. Von 2748 Gebäuden sind 2323 zerstört, von ehemals 4937 Wohnungen sind noch 764 bewohnbar. Die Zwangsarbeiter und Kriegsgefangenen sind frei, können aber nicht über den Rhein. Währenddessen besteht das bergische Rodenkirchen mit seinen evakuierten Ortspolizisten, Feuerschutzpolizei, dem SHD und leitenden Beamten weiter. Vom 28. März 1945 datiert dann der in Hespert erteilte Räumungsbefehl. Er hat das gleiche Datum wie der Räumungsbefehl des für das Hauptgebiet des Ruhrkessels zuständigen Reichsverteidigungskommissars Friedrich Karl Florian.

Das amerikanisch-besetzte Rodenkirchen vom März / April 1945

Margarete Fells, geb. Hilgers (1886-1958)

Vorbemerkung

Es handelt sich um das im Original erhaltene Tagebuch, das ein reich versorgtes Rodenkirchen unter amerikanischem Schirm an der Rheinfront schildert. Aus dem Bergischen gibt es immer wieder Artilleriefeuer. Die Versorgung ist bestens, auch weil nach der Zerstörung der Lebensmittelgroßhandlung Schwindling an der Hauptstr. verschiedene Grundnahrungsmittel zur Verteilung standen. Maria Bader berichtet von Zucker, Mehl und Grießmehl, das bis Ende 1945 reichte, bis dann die ersten Care-Pakete ankamen. Zunächst ist die einzige funktionierende Organisation die katholische Kirche. Im April 1945 wird Josef Massia als Polizeichef eingesetzt, Josef Bussard als Wohnkommissar.

März 1945

Im Haus Fink in der Rotdornstr. nutzten die Amerikaner die Küche und ließen diesen Militärlöffel zurück.

Leni und Henni leben schon längere Zeit mit ihren Sprößlingen in Rönsahl in Westfalen. Karl hatte mich abgeholt, um wegen öfterem Bombenalarm in Köln einige Tage in Ruhe zu verleben. Ich staunte, denn auch in Rönsahl gingen bei Tag und Nacht die Sirenen, was man doch hier nicht gewohnt war, aber ruhiger als in Köln war es doch. Ich verlebte schöne Tage hier und freute mich an den vier Kleinen, die wetteiferten, wer vorgelesen bekam. Wir erfuhren, daß die Amerikaner näher an Köln heranrückten, bis eines Abends die Henni vom Einkaufen kommt und erfahren hatte, daß Köln beschossen würde. So schön die Tage gewesen waren, bei mir stand fest, ich muß nach Köln. So leid es mir tat, alle auf Ungewißheit zu verlassen, drängte es mich nach Hause. Die Fahrt ging gut, obschon der Zug, den ich benutzte, jeden Tag beschossen worden war. Ich kam gut zu Hause an. Am anderen Tag stürzte die Hindenburgbrücke [Deutzer Brücke] ein. Am folgenden Tag besuchte ich mit Vater Karl, der in Wesseling im Krankenhaus war. Wegen Großalarm hielten wir uns nicht lange auf und fuhren wieder nach Hause. Freitag war wieder ein Großalarm und ein Terrorangriff auf Köln, aber auch auf Rodenkirchen. Unsere Kante, in der wir wohnen, fiel zum größten Teil dem Angriff zum Opfer.

Wie so oft fanden wir unsere Wohnung, wenn auch sehr beschädigt, noch vor. In der folgenden Woche kamen die Amerikaner nach Köln und nach einigen Straßenkämpfen wurde die Stadt übergeben, welches uns Truppen berichteten, die durchzogen. Am 8.

März zogen dann die Amerikaner in Rodenkirchen ein. Es ging ruhig. Kein Schuß ist gefallen. Von allen Seiten kamen sie langsam ins Dorf. Nach kurzer Zeit hingen sie schon überall Plakate auf über Maßregeln, die getroffen werden mußten. Um 6 h mußten die Straßen leer sein. Wir saßen einige Tage von 6 h abends bis 8 h morgens im Bunker. Einige Tage später hieß es, wir müßten die Wohnung verlassen und auf die andere Seite der Hauptstraße ziehen. Wir nahmen Wohnung in der Mangelstube zu sieben Personen. Wir waren drei Frauen und vier Männer. In dem cinen Raum wurde gekocht, geschlafen und er diente auch als Wohnraum. Es waren dies Zustände, die man in normalen Zeiten für unfaßbar gehalten hätte. Weg und Zeit zum Gottesdienst war frei. Das Maternusheim war durch Terror so mitgenommen, daß kein Raum vorhanden war, das hl. Opfer zu feiern. Die Pfarrkirche, auch total beschädigt, lag im Sperrgebiet. In wenigen Tagen hatten fleißige Hände im Maternusheim einen Raum geschaffen, wo das hl. Opfer gefeiert werden konnte. Sehr traurig kamen die Ostertage näher. Der Karfreitag erinnerte mich an Peter, wie er als kleiner Messjunge den Palm in die Häuser trug. In diesem Jahr reichte ihn Herr Kaplan Gehlen allen Gläubigen beim Verlassen der Messe am Palmsonntag. Das Weihwasser mußte ebenfalls abgeholt werden.

April 1945

1.4. Heute ist Ostern. Es sind die ersten Feiertage, die Vater und ich seit 25 Jahren ohne Kinder erleben. Am Ostermorgen brachte eine Frau mir einen Brief von Karl, der inzwischen in Köln war, was mich sehr erfreute. Wenigstens von einem unserer Lieben ein Lebenszeichen. Das Ungewisse ist oft unerträglich. Wenn wir nur Briefe wechseln könnten. Es brauchten keine langen Briefe zu sein. Es ist eben nicht der Fall; so müssen wir eben abwarten, was kommt. Hoffentlich erhält der liebe Gott uns gesund, damit wir die Freude erleben, uns alle wiederzusehen.

3.4. Nun sitzen wir heute schon 3 Wochen in der Mangelstube. Es wurde ausgeschellt, daß wir dienstags und freitags in die Wohnung dürften. So gingen wir mal herüber. Wir erschraken, als wir sahen, was alles durcheinander lag. Verschiedene Teile hatten die Amis mitgenommen. Pinsel, Rasierseife und die Gitarre von Margret, was uns sehr leid tat. Wir gingen wieder in die Mangelstube, nachdem wir uns verschiedene Lebensmittel und Gebrauchsgegenstände mitgenommen hatten. Schon freuten wir uns auf den Tag, wo wir wieder unsere Wohnung betreten durften. Es wurde ein Befehl ausgegeben, daß wir nicht in das Sperrgebiet dürfen, also auch nicht in die Wohnung. Es tut uns sehr leid, daß wir die Wohnung, die putzen und aufräumen so nötig hätte, nur von der Ferne zu besehen.

5.4. Der Aufenthalt in der Mangelstube ist etwas erträglicher geworden. Familie Koch bekam eine Wohnung in der Maternusstraße. Dadurch haben wir etwas Raum mehr, aber kein Vergleich mit unserer Wohnung. Ich für meinen Teil kann schalten, wie ich will. Vater ist tüchtig am arbeiten. Er hat eine Werkstatt zugeteilt bekommen, denn es gibt fast kein Haus, wo die Scheiben in den Fenstern sind. Es ist ziemlich viel Bevölkerung hier geblieben. Das Leben ist erträglich. Bis jetzt gab es - es ist kaum zu glauben - Brot und Fleisch geldlos. Auch jeden Tag haben wir unsere Milch. Wenn die Amerikaner hier nicht herumlaufen und die Ari (Artillerie) von Zeit zu Zeit hier herumschießen würden, glaubt man, im Frieden zu leben. Unser Haus hat zwei Treffer bekommen, denn die Ari schießt von hüben und drüben, daß die Wände zittern. Ein Trost nur haben wir, daß wir keine Sirenen hören. Das Zeichen auf den Dächern zeugt von dieser Zeit, wo man Tag und Nacht keine Ruhe fand. Personen sind durch die Ari nur vereinzelt getroffen. Wir dachten, morgen in die Wohnung zu gehen. Aber es kommt ein Befehl, daß keiner in den Sperrbezirk darf.

6.4. „Die Ereignisse überstürzen sich", schrieb Margret oft in ihren Briefen. Jeden Tag gibt es was Neues. Heute durften wir ab 8 1/2 h unsere Wohnungen, soweit es Wohnungen sind, nicht verlassen. Es werden Pässe ausgestellt. Dann werden wir wieder etwas mehr Bewegung haben. Ich möchte Karl in Köln besuchen. Ich kann vielleicht auch so durch, wie andere auch; aber ich bin zu ängstlich. Zu den Einwohnern, die hier geblieben sind, gehörten Dechant Renner, Herr Kaplan Gehlen und Dr. Stüsser. Kaplan Gehlen besuchte uns in unserer primitiven Notwohnung. Kurz begrüßte ich ihn: „Schön ist das Zigeunerleben", worüber wir lachen mußten. Im Übrigen geht das Leben seinen Weg. An Nahrungsmitteln ist noch kein Mangel. Es gibt Fisch, Zucker, Brot und Fleisch. Heute muß ich etwas organisieren, denn der Vater hat morgen Namenstag. Herr Koch backt mir einen Blatz und Böden. Ich muß sehen, daß auch Karl was abbekommt. Einen Namenstagskuchen, wie Vater ihn gewohnt ist, bekommen wir nicht, das wäre zu üppig für diese Zeit. Nun haben wir einen Pass ausgestellt. Ich sah die Mitschülerinnen von Margret dort an den Schreibmaschinen sitzen. Es tat mir leid, ich mußte an Margret denken. Könnte sie sich nicht wie diese auch hier nützlich machen. Aus ihren eigenen Briefen wiederhole ich die Worte: „Der Mensch denkt und Gott lenkt". Heute besuchte ich Tante Trautchen. Sie sind total geschädigt, aber sie haben eine schöne Wohnung. Die Einwohner sind fort. Da sie einkaufen mußte, wollte sie mal sehen, wo wir wohnen. Als wir auf die Hauptstraße kamen, wurden wir von einem Ami, der betrunken war, beschossen. Er hatte gemeint die ganze Hauptstraße sei Sperrgebiet. Zum Glück gingen die Schüsse fehl.

7.4. Bei herrlichem Wetter besuchte ich heute die heilige Messe (Priestersamstag). Das Fest des heiligen Hermann-Josef. Vaters Namenstag. Sehr traurig. Wir wohnen immer noch in der Mangelstube und dürfen nicht in unsere Wohnung. Aber trotzdem, es sieht nach Namenstag aus. Eine ganze Blumenpracht steht auf dem Tisch. Die Damen des Hauses haben des Namenstagskindes gedacht. Auch der Kuchen fehlt nicht. Es gibt Pfirsich-, Stachelbeer- und Kirschkuchen. Frau Koch brachte noch einen Rodonkuchen und wir haben alle zusammen Kaffee getrunken, für zehn Personen haben wir den Tisch gedeckt. Nur die Kinder fehlten. Wir wollen alles Gute hoffen, daß wir uns gesund und munter wiedersehen. Während ich sitze und schreibe, wird mächtig geschossen. Heute gab es ein Pfund Fleisch und drei Eier pro Person. Was von der Bevölkerung sehr begrüßt wird.

8.4. Es ist der weiße Sonntag. Während der heiligen Messe sangen wir: „Fest soll mein

Taufbund immer stehen." Es ist heute für manche Katholiken ein Gedenktag an die erste Kommunion, weshalb auch das Lied kräftig gesungen wurde. Zum Organisten haben wir den Vater von Mechthild, Herrn Heimbach. Sehr viel wirkt bei Messen und Andachten Liesel Rabbertz mit. Auch dies erinnert mich so viel an Margret, die dieses Amt auch bekleiden könnte. Was nicht ist, kann noch werden. Der liebe Gott wird uns wohl nicht zu lange über das Schicksal unserer Angehörigen im Unklaren lassen. In jeder Familie fehlen Angehörige, sei es durch Wehrmacht oder durch Evakuierung. Der letzte Transport von nur unserem Heimatort, für uns unvergessen, und über das Schicksal ist man im Unklaren. Es ist keine Nachricht hier eingetroffen. Heute Nachmittag waren wir bei Familie Koch zum Kaffee eingeladen. Bis jetzt hat der Kuchen noch keinen Sonntag gefehlt. Nun noch Abendessen und der weiße Sonntag geht zu Ende. Wo mögen wir am nächsten weißen Sonntag sein.

9.4. Heute ist Montag, ein Marientag. Die Marienlieder leiteten heute in der heiligen Messe die neue Woche ein, Auf dem Arbeitsamt gibt es neue Lebensmittelkarten. Man spricht davon, daß wir Ende der Woche in die Wohnung dürfen. Wenn es nur wahr wäre.

11.4. Heute ist ein Begräbnis. Die erste Zivilperson, die von den Amis erschossen wurde. Es ist der jecke Hermann, der ihnen am Sonntag im gesperrten Gebiet in die Hände fiel. Gott wird ihm ein gnädiger Richter sein, da er gesagt hat: „Selig die Armen im Geiste, denn ihnen ist das Himmelreich." Man spricht wieder, daß wir Ende der Woche in die Wohnung dürfen. Hoffentlich ist es wahr.

12.4. Heute ereignete sich nichts Besonderes. Heute gießt es draußen in Strömen. Das Schießen hat nachgelassen. Es ist ruhig wie im Frieden.

13.4. Es wurde gesagt, daß wir nach Hause dürfen, aber bis jetzt ist nichts bekannt. Wir warten alle mit Schmerzen. Vater holte uns aus der Wohnung Kartoffeln und einige Gebrauchsgegenstände. Er kam ganz verstört zurück, so hatten die Amis alles durcheinander geworfen. Die Wäsche lag über die Erde und alle Schubladen waren umgekippt. Aber alles will einer auf sich nehmen, wenn nur das Wiedersehen mit den Kindern vergönnt ist. Alles ist zu ersetzen, nur wenn ein Mitglied der Familie fehlt, kann nicht ersetzt werden. Gottes Mühle malt langsam. Da heißt es nur, harren und wer ausharrt, der wird gekrönt. Mit der Versorgung geht es gut. Heute gab es ein Pfund Fleisch und morgen werden Eier ausgegeben. Jeden Tag mittags ist ein Gebet für unsere Soldaten. Und die von hier Abgewanderten. Es ist keine vorgeschriebene Andacht, in der die Liesel Rabbertz vorbetet und mich immer an die Margret erinnert. Aber ich weiß die liebe Margret im Schutz der lieben Gottesmutter und bin beruhigt. Oft denke ich auch an die großen und kleinen Rönsahler. Was mögen sie schon alles mitgemacht haben. Sie, die so lange von den Schrecken des Krieges verschont geblieben sind. Möge die liebe Gottesmutter ihren Mantel ausbreiten und sie in ihren besonderen Schutz nehmen.

14.4. Wir hatten uns gefreut, heute wieder in die Wohnung zu gehen. Aber leider besteht immer noch die Sperre. Wir wurden vertröstet bis Anfang nächste Woche. Also heißt es, abwarten.

15.4. Der Monat April ist schon zur Hälfte und wir sitzen immer noch in der elenden Mangelstube. Wenn wir vorher gewußt hätten, daß die Sperre so lange dauert, dann hätten wir uns bestimmt eine andere Wohnung genommen. Nun ist ja die längste Zeit vorbei. Vielleicht sind wir bis Sonntag in der Wohnung. Heute hatten wir Besuch. Wir waren gerade aus der Kirche und saßen beim Kaffee, als Karl mit einem Freund uns besuchte. Wie groß war unsere Freude, als wir wieder einen von unseren Lieben sahen. Wir tranken Kaffee und erzählten unsere letzten Erlebnisse. Auch bedrückte uns und auch Karl das Schicksal aller Rönsahler, sowie Peter und Margret. Wann mögen wir mal alle zusammen sein. An Gottes Schutz ist alles gelegen. Karl führt mit seinem Vater, der auch in Köln geblieben ist, ein Junggesellen-Haushalt. Er brachte mir Arbeit mit. Seine Hose war sehr reparaturbedürftig. Auch seine Strümpfe mußten nachgesehen werden. Ich mache diese Arbeit gerne und würde noch mehr tun, wenn wir nur mal wieder alle zusammen wären. Schon jetzt freue freue ich mich auf die Kleinen.

18.4. Endlich zuhause. Gestern wurde bekannt, daß heute die Sperre aufgehoben würde und schon wieder kamen dunkle Wolken; es kamen keine Bekanntmachungen. Wir sahen von der Tür, wie die Amerikaner immer nur aus unserer Straße kamen und das Herz schlug uns bis zum Halse vor Schrecken. Heute kam Onkel Schang, der bei der Polizei ist und sagte, daß jede Stunde die Sperre aufgehoben werden könnte. Er war bis zur Post - dort wohnt der Kommandant - und sagte dann, wir könnten einziehen Die Freude war groß. Sofort gaben wir uns an die Arbeit und nun haben wir es geschafft. Seit Oktober hatten wir immer Einquartierung durch Fliegerschaden. Heute müssen wir Gott danken, daß unser Heim erhalten blieb und wir wieder einziehen konnten, während andere, und sogar sehr viele, nicht wissen, wo sie einziehen sollen. Nun wären soweit die Strapazen vorbei und wir gehen mit Gott in die Zukunft hinein.

19.4. Wir sind zwei Tage zuhause. Welch eine Genugtuung, von den fremden Menschen fort und alleine zu sein. Zwar liegt alles wie Kraut und Rüben durcheinander und man weiß nicht, wo man anfangen sollte. Ich bin zufrieden; ein Stück bin ich weiter, Küche und zwei Zimmer sind aufgeräumt. Was würde Margret sagen, wenn sie wüßte, daß ich soviel Arbeit habe, da sie gerade jetzt so gut helfen konnte. Ich habe doch einen gefunden. Otti war so lieb, mir die größte Arbeit abzunehmen. Heute gab es wieder ein halbes Pfund Fleisch. Es ist nicht zuviel für einige Tage, aber man ist zufrieden. Am meisten schätzen wir die Ruhe, die wir alle sehr bedürfen. Mit Schrecken beobachten wir die Flugzeuge, die überfliegen, und bedauern die armen Menschen, die in Angst und Schrecken in den Bunkern sitzen und ausharren.

20.4. Heute kam Maria unverhofft. Schon verschiedene Male hatte ich mich erkundigt, ob Brehms noch da waren. Einer sagte, sie seien geblieben, während eine Frau sagte, sie seien die letzten Tage noch über den Rhein gegangen. Nun kam heute Maria ganz in schwarz und tief traurig. Sie hatte inzwischen ihren Vater beerdigt und war mit ihrer

Mutter alleine zurück gekommen. Diese Tage wird sie wohl nicht in ihrem Leben vergessen.

21.4. Vater und ich sind froh, wieder in der Wohnung zu sein, ohne Fremde. Es ist Samstag, so wie wir ihn gewohnt sind. Alles in Ordnung, der Sonntagskuchen fertig, der Badeofen an. Man kann wieder baden, ohne auf die Sirenen zu achten. Aber immer fehlen nun die Angehörigen. Die Rönsahler und der Peter in Italien und die arme Margret allem weit vom Elternhaus. Ich möchte noch einmal einige Worte aus Margrets Briefen erwähnen: „Der Mensch denkt und Gott lenkt", so ist es. Aber ich gebe die Hoffnung nicht auf, ob ein gesundes und frohes Wiedersehen.

22.4. Ich dachte, heute wäre Karl wieder gekommen, aber doch nicht. Wir vermuten ihn in Rönsahl. Ob er dort ist bei seiner Familie, damit sie von ihm und wir von ihnen Nachricht erhalten Es ist Sonntag und der erste Sonntag wieder in der Wohnung. Eine Decke auf dem Tisch und Blumen auf dem Tisch und Kuchen fehlen nicht. Ein anderes Leben als in der Mangelstube. Vater ist nach Sürth. Ich wäre mitgegangen, aber durch das Arbeiten schmerzten meine Fuße und die Ruhe tut besser. Maria hat versprochen, zu kommen, und kommt doch nicht. Der Sonntagmittag geht auch so um. Da ich sehr übermüdet bin, tut die Ruhe gut. Ganz alleine war ich doch nicht. Frau Heimbach leistete mir Gesellschaft und wir erzählten von Mechthild und Margret. So war die Zeit flott rum. Jetzt kommt Vater nach Hause und schon wieder ist ein Sonntag vorbei.

23.4. Heute ist große Wäsche. Otti wollte nur helfen, ist aber in der Eifel. So gebe ich mich alleine an die Arbeit. Es schellt, Karl kommt. An seinem Gesicht sehe ich, er bringt gute Nachricht und richtig, er war in Rönsahl. Dort ist alles gut verlaufen und alle sind gesund und munter, was die Hauptsache ist. Er bringt mir sogar schon einen Koffer mit, den ich sehr vermisse. Nur ein kurzer Wortwechsel und Karl ist wieder fort. Er hat es immer sehr eilig. Aber auch die paar Worte genügen und sagen viel. Mit mehr Mut und Freude gebe ich mich wieder an die Arbeit. Ich weiß, daß alle gesund und munter sind. Eine große Sorge macht mir noch Peter und Margret, diese Ungewißheit. Der liebe Gott wird sie erhalten und gesund wieder ins Elternhaus zurückfuhren. Zu diesem Zweck gehe ich jeden Nachmittag in die Andacht, wo für alle, die fern der Heimat sind, gebetet wird.

26.4. Müde von der Wäsche sitze ich und schreibe. Es ist alles wie im Frieden. Man kann sich nicht vorstellen, daß in einigen Teilen unseres Vaterlandes noch bitter gekämpft wird. Es wird wohl bald zu Ende sein. Die Friedensglocken können nicht läuten, weil keine da sind.

27.4. Heute ist Freitag. In der Wohnung ist alles wie früher. Überall stehen Blumen und es liegen wieder Deckchen auf. Man hat wieder vergessen, daß wir soviel mitgemacht haben. Heute kam Besuch. Karl überraschte uns. Ich war aus gewesen und hatte den Schlüssel vergessen. Die Tür und alle Fenster waren zu. So gerne hätte ich Karl Reibekuchen vorgesetzt. Sie standen auf dem Küchenzettel. Nun wird es zu spät und wir müssen .... alles offen und Karl ist wieder fort.

30.4. Heute ist der letzte Tag in diesem Monat April 1945 [...] werde den Monat nicht vergessen, und das Leben geht weiter [...]

Zusatz: Die rechte Seite der Hauptstr. sei damals Sperrgebiet gewesen, ergänzt Margret Schmitz. Maria Bader-Willrodt und Margret Limbach weisen darauf hin, dass auch das Gebiet westlich der Schillingsrotter Str. Sperrgebiet war. Nach Kuni Parr war das Hauptquartier der Amerikaner in der Villa Malta.

„Ackermanns Eck" (1945)

Peter Rodenkirchen

An der Ecke Hauptstraße/Barbarastraße war „Ackermanns Eck". Herr Ackermann hatte dort einen kleinen Laden, wo er Süßigkeiten, Tabakwaren und Fahrkarten für die Straßenbahn verkaufte. Schon als Kind ging ich zum Ackermann. Meine Großeltern wohnten drei Häuser weiter in der Barbarastraße. Von Zeit zu Zeit ging ich meiner Oma „Guten Tag" sagen. Dann gab es meistens eine Kleinigkeit, mal zwei Pfennig es konnten auch schon mal fünf sein, die wurden dann zum Ackermann gebracht. Dafür gab es Brause oder Lakritz, der Tag war schon wieder gerettet.

Nach dem Krieg war „Ackermanns Eck" abends ein Treffpunkt, um die Neuigkeiten des Tages zu besprechen. An der Ecke stand ein Eisenmast, wo die Oberleitung von der Straßenbahn befestigt war. Der wurde jedoch nicht mehr benötigt, da die Bahn noch nicht fuhr. Als Straßenbeleuchtung hatte man eine Lampe an den Mast montiert, die jedoch schlecht angebracht war, der Mast stand unter Strom. So passierte es eines Abends, dass der Lehrer Herr Obermauer mit seinem Hund vorbei kam. Der Hund hob am Mast sein Beinchen und bekam einen Stromschlag, brüllte laut und machte einen Satz nach vorne. Herr Obermauer dachte, einer von uns hätte den Hund getreten und hat fürchterlich mit uns geschimpft, bis wir ihm erklärt hatten, warum sein Hund so gebrüllt hatte. „Dä arme Möpp!"

Rodenkirchen nach der Kapitulation vom 8. Mai 1945

Jill Beier

Die Zerstörung

„Es war hoffnungslos! Die Menschen hatten nichts zu essen [. . .] und es gab weder fließendes Wasser, noch Strom, Gas sowieso nicht, alles zerstört . . . In der Wilhelmstraße war eine Wasserpumpe. Die Leute gingen hin und keiner hat gefragt, ob das Wasser verseucht war. . . . Die Stromleitung für Rodenkirchen war an der Südbrücke zerstört." So beschreibt Dr. Helmut Weyer, Sohn des ersten Bürgermeisters, die Situation in Rodenkirchen am Kriegsende, und Kunigunde Parr erzählt, wie sie und viele andere Wasser vom Rhein in Eimern nach Hause schleppen mussten. Der Ortskern von Rodenkirchen war nicht nur beinah flach bombardiert, sondern viele der noch stehenden, beschädigten Häuser konnten kaum repariert werden, weil Geld für Baumaterial fehlte. Wenn man diese trostlose Situation selbst nicht erlebt hat, ist es kaum möglich, sich die Misere vorzustellen. Der Ortskern von Rodenkirchen wurde auch bis Juni 1945 von den Amerikanern gesperrt. Schließlich war der Krieg nicht zu Ende, als sie einmarschierten. Die Grenzen waren die Frankstr. bis zur Bahn, die Schillingsrotter Str. bis zur Maternusstr. und die Hauptstraße zurück zur Frankstr. Für die Einwohner, deren Häuser an diesen Grenzen lagen, war es bitter, denn ihre Häuser wurden teilweise beschlagnahmt, mindestens vorübergehend.

Rodenkirchen wurde zu 80% zerstört. Der damalige Bürgermeister August Weyer forderte dauernd, aber erfolglos Hilfe von der Militärregierung, weil es kein fließendes Wasser gab und es an Baumaterial wie Dachpappe, Dachziegeln, Backsteinen, Zement, Klebemasse, Glas und Holz fehlte. Die Militärs aber überließen den Wiederaufbau den Deutschen, vielleicht weil sie anders nicht konnten. Im Juni forderten sie zwar Informationen über die Öffnung von Gaststätten, offensichtlich für Einwohner, die zu Hause keinen Herd mehr hatten und nicht kochen konnten.

Die Situation änderte sich kaum, auch wenn hie und da Baumaterial zur Hand war, weil Geld für die Baufirmen fehlte. Im Juli beschwerte sich die Firma Otto über das Fehlen einer finanziellen Unterstützung von der Militärregierung für den Wiederaufbau der beschädigten Häuser, weil noch mehr Baumaterialien durch den zerstörenden Einfluss des Wetters unbrauchbar werden würden.

Plünderung, Diebstahl und Beschlagnahmungen

Wegen der Zerstörung und des Mangels an Baumaterial nahm man höchstwahrscheinlich alles, was überhaupt zu finden war, ob eigenes oder von anderen. Es gab Berichte über regellose Haussuchungen und illegale Beschlagnahmen durch Menschen, die Gebrauchsgegenstände und Warenvorräte mitnahmen. Häuser wurden geplündert oder beschädigt, wie Frau Roswitha Hein aus Weiß erzählt. Im Falle ihrer Familie waren es freigelassene Kriegsgefangene, die das Haus beschädigt hatten. In Sürth „requirierten" entflohene Zwangsarbeiter und Kriegsgefangene alles, was sie brauchten, und eine Bäuerin wurde im August 1945 von „Ausländern" erschossen. Die befreiten Kriegsgefangenen hätten sich in Gruppen zusammengeschlossen und zogen „plündernd durchs Land. . . . Für die Nacht mußte man Fenster und Türen verbarrikadieren," wie Jakob Kübbeler in seinem Buch über Sürth erzählte. Die Situation wurde noch erschwert durch die Militärs, die Häuser beschlagnahmten, zuerst die Amerikaner, um die Abgrenzungen in Rodenkirchen zu sichern und dann die Briten, um ihre Truppen einzuquartieren.

Energie

Auch wenn die Energieversorgung erst im Winter 1946/47 völlig zusammenbrach, war die Situation 1945, vor allem im Winter, schlimm genug. Ende Januar 1946 forderte der Militärrepräsentant eine Holzbeschaffung, wobei Jugendgruppen an der Arbeit beteiligt werden sollten. Viele Menschen aus der Gegend, die damals zur Schule gingen, können sich erinnern, dass man im Winter 1945-46 immer noch ein Brikett mitbringen musste, weil die Schule kalt war. Man fror und ging „fringsen".

Gesundheit

Durch die mangelhafte Energie- und Wasserversorgung gab es Gesundheitsprobleme und man fürchtete eine Ausbreitung der Krätze und von Infektionskrankheiten, auch Fleckfieber. Die Behörden dachten sogar an die Errichtung von Gemeinschaftsbädern, vielleicht durch fahrbare Wehrmachtseinrichtungen! Es ist unklar, ob daraus etwas wurde. Die Überfüllung der vorhandenen Krankenhäuser machte auch zu schaffen und man verlangte ohne Erfolg die Einrichtung von Notkrankenhäusern.

Telefon und Post

Telefonieren konnte man auch nicht, nur allmählich wurden die Telefonanlagen wieder hergestellt, zuerst für Behörden, im Juni für Privatunternehmer (z.B. Fabriken), dann für die Polizei. Im September wurden Anschlüsse für Krankenhäuser, Ärzte, Hebammen, Pflegerinnen eingerichtet. Gleichzeitig wurde der Postverkehr langsam neu organisiert, zunächst im Juni/Juli 1945 für Briefe und Postkarten in den britischen und amerikanischen Zonen und Ende August für alle Zonen. Im Oktober wurde der Postdienst in Dänemark erweitert und dann in Schweden. Zu dieser Zeit fand der Postermittlungsdienst statt, damit Kriegsgefangene sich mit ihren Familien in Verbindung setzen konnten und spezielle weiße und braune Karten wurden dafür gebraucht. Mitteilungen auf grünen Karten von Angehörigen waren möglich, wenn sie nach 14 Tagen nichts gehört hatten. Dies war ungeheuer wichtig für die vielen Familien, die sehnsüchtig auf Post von ihren

Ehemännern, Vätern und Söhnen, die noch in Kriegsgefangenschaft waren, warteten.

Im November 1945 wurde der Verkehr zwischen allen Zonen und Post für ausländische Zwangsarbeiter erlaubt, auch der Postverkehr zwischen Kriegsgefangenen und Verwandten in anderen Zonen und im Ausland, mit Ausnahme der russischen Zone. Päckchen bis 2 Kilo wurden auch gestattet. Im Dezember wurde die Begrenzung auf 25 Worte je Postkarte aufgehoben. Päckchen mit ‚Behaglichkeiten' durften aber nur von Zivilisten geschickt werden. Im Januar 1946 wurde die Post auf die russische Zone einschließlich Berlin erweitert.

Minen und Blindgänger

Eine Gefahr nach dem Kriegsende waren die Minen, die in den landwirtschaftlichen Gebieten von Rodenkirchen, Weiß und Sürth gelegt wurden, als die Alliierten beide Rheinufer beschossen. Die Militärregierung verlangte deren Räumung und Anfang Juli 1945 wurde eine Landkarte, die vermutliche Minenstellen zeigte, an den Verantwortlichen der Militärbehörde geschickt. Mitte Juli wurden vorgefundene Blindgänger und Munition gemeldet, darunter Panzerfäuste, Bombenblindgänger, kistenweise Munition und Granaten. In Sürth kam ein Junge tragischerweise durch Panzermunition ums Leben und in der Nähe der Brücke in Rodenkirchen sollte es ein Minenfeld gegeben haben. Heute weiß man wenig von Minen, schon eher von Granaten und Munition, die für Kinder so lebensgefährlich waren.

Im Januar 1946 kam eine Meldung von einem August Moritz an Bürgermeister Weyer, es habe beim Sprengen einen Unfall mit zwei Toten am Rande des Grüngürtels gegeben und dieser war sicherlich kein Einzelfall. Etwas später wurden durch den niedrigen Pegelstand drei Minen im Rhein bei Weiß gesehen, die vom Sprengkommando detoniert werden sollten.

Noch ein Problem waren die Blindgänger. Durch deren Entfernung oder Entschärfung wurden Häuser beschädigt. Man wusste nicht, von wem eine eventuelle Entschädigung zu bekommen war. Im Oktober 1945 wurde zum Beispiel das Haus des Bürgermeisters Weyer durch die Sprengung eines Blindgängers direkt vor dem Gebäude beschädigt. Die britischen Soldaten waren unvorsichtig, was der britische Kommandant nach einer heftigen Kontroverse anerkannte und Weyer wurde entschädigt.

Transport - Mangel an Kraftfahrzeugen und Kraftstoff

Es mangelte an Transportmitteln wie Lastkraftwagen und Traktoren, die dringend benötigt wurden für die Landwirtschaft und für den Transport von Baumaterial und Lebensmitteln. Im Juni richtete Bürgermeister Weyer eine dringende Bitte an die Militärregierung, Kraftfahrzeuge, Feuerwehrautos und Dieselöl zur Verfügung zu stellen. Fahrten mussten vom Militär genehmigt werden, aber im Juni 1945 gab es Pässe für Entfernungen unter 100 km und eine Liste der freigegebenen Gebiete. Genehmigungen gab es aber nicht ohne weiteres und es musste einen triftigen Grund geben. Für längere Fahrten waren sie nicht nur schwer zu kriegen, sondern man hat offensichtlich versucht, sie durch Bestechung zu bekommen. Am 26. Januar 1946 wurde vom Militär mitgeteilt, dass Reisegenehmigungen kostenlos seien und Beamte keine Gebühren verlangen konnten!

Im Oktober 1945 beantragte August Weyer eine Reisegenehmigung für den politisch Verfolgten und KPD-Mitglied Adam Laubach und seine Tochter Elly. Die Möbel der Familie lägen in der amerikanischen Zone in Neustadt und es gab die Möglichkeit, einen LKW der Reichsbahn zu benutzen. Es war Adam Laubach, der August Weyer unbedingt als Bürgermeister haben wollte, obwohl es danach Missstimmungen gab, vor allem zwischen Helene Laubach [Ehefrau von Adam Laubach] und dem Bürgermeister. Trotzdem hat August Weyer sich für diese Transportgenehmigung eingesetzt.

Den Bauern hätten zum Teil Pferde als Transportmittel genügt, aber sie waren auch schwer zu kriegen oder sie wurden illegal geschlachtet und als Fleisch auf dem Schwarzmarkt verkauft. Im Juni versuchte der Bürgermeister, 25 Pferde aus Wermelskirchen, die der Wehrmacht gehört hatten, zu bekommen und auch welche aus Arnsberg und Oldenburg. Die Lage war äußerst dringend, weil viele Bauern kein einziges Pferd für die Ernte hatten. Es ist unklar, ob sie zu bekommen waren.

Bekleidung - Knappheit

Bekleidung wurde immer knapper und viele Männer, die von der Wehrmacht entlassen wurden, trugen ihre Uniformen, obwohl es verboten war. Anfang Oktober erlaubten die Militärs das Tragen von deutschen Uniformen bis zum 1. Dezember. Man wusste aber, dass viele Männer einfach nichts anderes anzuziehen hatten, und diese Anweisung wurde dann auch gemildert. Man durfte, wenn andere Kleidung zum Wechseln nicht verfügbar war, die Vorhandene tragen, wenn man sie färbte.

Noch ein Problem war der Mangel an Berufskleidung, und im November 1945 versuchte das Militär, für den ganzen Landkreis Köln eine Kleidersammlung anzuregen. Die knappe Antwort von allen Bürgermeistern war, dass man schon gesammelt hatte und es war nur noch wenig zu haben, Schuhe überhaupt nicht. Viele Rodenkirchener haben noch in Erinnerung, wie Kinderschuhe vorne abgeschnitten wurden. Fotos von Kindern mit solchem

This Misery of Boots, nach Victor Gollancz, In Darkest Germany (1947)

Schuhwerk gibt es in zahlreichen Familienalben aus der Nachkriegszeit. Die Häute von geschlachteten Tieren für Schuhe waren begehrt und sollten abgeliefert werden, was nicht immer passierte. Die Häuteablieferung sollte kontrolliert werden, auch aus Schlachtungen und man forderte weitere Kleidersammlungen (Männermäntel und Männerunterkleidung, aber auch Decken).

Mangel an Arbeitskräften

Für den Wiederaufbau fehlte es nicht nur an Material, sondern auch an Arbeitskräften, schließlich befanden sich über zehn Millionen deutsche Soldaten in Kriegsgefangenschaft, von den Gefallenen und Vermissten ganz zu schweigen. Man brauchte dringend Bauarbeiter und Arbeiter für die Landwirtschaft. In Rodenkirchen versuchte der Bürgermeister die Militärregierung dazu zu bewegen, Kriegsgefangene aus Rodenkirchen, Weiß und Sürth, die sich in der amerikanischen oder britischen Besatzungszone befanden, zu entlassen. Zwar kehrten viele Evakuierte zurück, etwa 60 - 70 täglich in der Gemeinde Rondorf, und sie wurden teilweise zur Pflichtarbeit angewiesen (Wiederherstellung des Wasserleitungs- und Stromnetzes oder Bauen von Baracken zu Wohnungszwecken). Die Lage blieb aber unerträglich, denn die Bombardierten brauchten ein Dach über dem Kopf, neue Wohnungen mussten gebaut und die schwer beschädigten wieder hergerichtet werden. Die Felder mussten bestellt und abgeerntet werden. Es fehlte immer noch an Fachkräften in der Landwirtschaft und an Bauarbeitern wie Maurer, Zimmerleute und Dachdecker.

Offensichtlich wurde man zuerst vertröstet, denn die Militärs teilten mit, dass man solche Fachkräfte freilassen würde. Zuerst hatte man Hoffnung, aber nach weiteren Versuchen seitens des Bürgermeisters, Gefangene frei zu bekommen, kam die ernüchternde Mitteilung, dass Kriegsgefangene nur auf Grund von zentral erlassenen Anordnungen zu entlassen waren. Auch mit deutschen Behörden gab es Schwierigkeiten und im Juni beschwerte man sich in der Bürgermeister-Konferenz über das Arbeitsamt Landkreis Köln, das wahllos Arbeitspflichtige heranholte, die für die landwirtschaftlichen Betriebe dringend benötigt wurden.

Sonderkarte R für Erwachsene über 20 Jahre für Bonn-Land. Das „Kartensystem für Lebensmittel" mit Wochenrationen für verschiedene Lebensmittelkategorien gestaffelt nach Arbeitsleistung war bereits im September 1939 eingeführt worden.

Lebensmittelkarte für Erwachsene über 16 Jahre für den Februar 1950

Manche Menschen wollten auch nicht arbeiten, jedenfalls nicht das tun, was die Gemeinde von ihnen verlangte und im Juni wurde beschlossen, Arbeitsverweigerern keine Lebensmittelkarten auszuteilen. Im August wollte man eventuell Frauen zur ehrenamtlichen Tätigkeit heranziehen, obwohl es nicht klar ist, welche Arbeit gemeint war. Trümmerfrauen gab es erst 1946 und sie wurden in Rodenkirchen nicht benötigt.

Bis Ende 1945 versuchte August Weyer immer weiter, Gefangene freizubekommen, zum Beispiel den Sohn von Sulpiz Boisserée, aber ohne Erfolg. Im Dezember wurde mitgeteilt, dass Entlassungen von deutschen Kriegsgefangenen nur möglich waren, wenn sich der Gefangene in einem Lager innerhalb der britisch besetzten Zone Deutschlands befand.

Im neuen Jahr kam auf einmal eine Wende. Am 21. Januar 1946 kam die Mitteilung, dass alle Kriegsgefangenen soweit wie möglich entlassen werden konnten und weitere Anträge seien nicht mehr nötig. In der Tat waren die meisten Kriegsgefangenen aus der amerikanischen und britischen Zone (nicht der russischen) ein Jahr später wieder frei. Es war reiner Zufall, wohin man als Soldat geraten war.

Ernährungskrise

Auch wenn die absolute Ernährungskatastrophe erst im Winter 1946/47 kam, war die Situation im ersten Winter nach dem Krieg schlimm genug. Es gab zwar noch Vorräte aus der Kriegszeit, aber schwierig war die Verteilung des Vorhandenen und das zu kontrollieren haben zuerst die Amerikaner und dann die Briten versucht, aber mit wenig Erfolg.

Das Vorhandene sollte verteilt werden durch Lebensmittelkarten für diejenigen, die nicht Selbstversorger und auch angemeldet waren. (Manche wollten sich nicht registrieren lassen, weil sie dem Entnazifizierungsausschuss aus dem Weg gehen wollten.) Zusatznahrung sollten Schwer- und Schwerstarbeiter bekommen und die Verteilung von Milch, Fett und Fleisch sollte zentralisiert werden, auch die Beschaffung von Saatkartoffeln & Zuckerrübensamen. Bauernhöfe sollten Vieh, Geflügel, Eier und Milch zum größten Teil abgeben und der Bürgermeister sollte die Abgabe von Fleisch und Eiern kontrollieren. Fleisch durfte nur freitags und samstags verkauft werden. Tauschgeschäfte wurden aber gemacht und zum Teil von amtlichen Stellen geduldet - oder selbst vorgenommen. Es sollte nicht unter der Hand verkauft werden, aber dies in so einer Notzeit zu kontrollieren und zu verhindern war völlig unmöglich. Die Durchführung der Versorgung überließen die Militärs sowieso mehr oder weniger der Bevölkerung, und in Rodenkirchen trug der Bürgermeister die Verantwortung dafür, durfte aber nicht selbstständig handeln, sondern nur nach Anweisungen der Militärregierung! Ein Spagat, der praktisch nicht zu machen war. Ob die Militärs wirklich glaubten, dass es möglich war, eine solche Kontrolle durchzuführen, ist kaum vorstellbar. Man sorgte für sich und die eigene Familie durch Maggeln und Organisieren. Die Bauern wollten nicht viel abgeben, wenn sie es vermeiden konnten, und Gemüse und Kartoffeln aus dem eigenen Garten wollte man auch für sich behalten. Auf diese Weise konnte man sich selbst versorgen, wenn auch bescheiden, wie Maria-Luise Ostermann, deren Eltern Bauern waren, bestätigt. Was übrig blieb, verkaufte man. Das war ein Nebeneinkommen der Bauern und wurde geduldet.

Das Militär versuchte trotzdem, die Selbstversorgung zu kontrollieren und zu überblicken. Im August musste der Bürgermeister eine detaillierte Liste über den Saatbedarf für Gärten in der Gemeinde Rondorf aufstellen. Die Liste war zweieinhalb Seiten lang und alle möglichen Gemüse- und Salatsorten wurden angegeben. Es gab auch Anweisungen und Vorschläge für die Bebauung von Brachland und die Umstellung aller Ziergärten auf Gemüse- und Kartoffelproduktion. Der Versuch zu kontrollieren und zu verteilen konnte aber nur scheitern, wo kaum was zu verteilen war.

„Unser Programm war von morgens bis abends immer erstmal - wir hatten keine Schule, es war 1945 - Beschaffung von irgendwas", erzählt Roswitha Hein. „Heute kann keiner sich das vorstellen ... Alle waren immer unterwegs, um zu suchen. Auch die städtische Bevölkerung war ja immer unterwegs. Wir haben Ähren gelesen. ... Die haben wir in so einen Sack reingesteckt und haben von außen mit einem Knüppel draufgehauen und dann haben wir die Sachen aus dem Sack geschüttelt und haben geblasen, dass diese Spreu vom Weizen wegfliegt und da waren diese Weizenkörner. Da haben wir mit einer Hand dieses Händchen Körner in das Kaffeemahlwerk gegeben ... und hatten plötzlich was Mehl, bis wir genug für einen Pfannkuchen hatten und für eine kleine Mehlschwitze für in den Spinat oder für in das Gemüse." Frau Margrit Röhl kann sich auch daran erinnern, wie sie als Kind Ähren auf den Feldern sammelte, um Mehl herzustellen.

Milchversorgung

Dringend war das Problem der Milchversorgung, vor allem für werdende und stillende Mütter, Kleinkinder und Kranke. Hier hat man versucht, rasch zu handeln, und es hieß, dass Kinder bis 3 Jahre einen halben Liter Vollmilch täglich bekommen sollten und werdende und stillende Mütter anderthalb Liter wöchentlich! Auch sollte ein viertel Liter Milch täglich an TB-Kranke verteilt werden. Man sieht, wie knapp die Milchproduktion war, wenn man diese dürftigen Mengen betrachtet, auch weil unter der Hand verkauft wurde. Milchkälber wurden offensichtlich illegal geschlachtet und verkauft, denn laut einer dringenden Anweisung der Bürgermeisterkonferenz im April durften keine leistungsfähigen Milchkühe geschlachtet werden. Der Verkauf ging aber weiter und im Juni wurde der Bürgermeister durch die Polizei aufgefordert, zu kontrollieren und zu melden, ob illegal verkauft worden sei.

Brot

Die Bäckereien hatten kaum noch Mehl, aber im April 1945 wurde bekannt gegeben, dass kanadischer Sommerweizen vorhanden war. Dr. Weyer beschreibt das Brot zu dieser Zeit. „Es gab dieses ganz helle, das wir von vorher gar nicht kannten, Weizen wohl, das helle Weizenbrot. Wir gewöhnten uns daran. Dann wurde Mais geliefert und wir haben Maisbrot gegessen, eine lange Zeit. Wir waren das gar nicht gewohnt." Auf die Frage, ob manche krank geworden seien, sagt er, „Ja ... das dunkle Brot! Aber wir hatten wenigstens etwas."

Kartoffeln

Kartoffeln waren Mangelware und die Situation wurde verschlimmert durch eine Kartoffelkäferplage im Mai. Eine Bekämpfung war dringend notwendig und es wurde entschieden, dass Jugendliche von 14 - 25 Jahren, die nicht beruflich tätig waren, sich an der Aktion beteiligen mussten. Die Situation wurde aber schlimmer, weil man so weit wie möglich vermied, seine Kinder hinzuschicken, obwohl es strafbar war. Man war offensichtlich nicht willig, seine Kinder zu einer allgemeinen Hilfsaktion gegen die Plage einzusetzen. Da man kaum genug für den eigenen Bedarf hatte, wollte man den Rest nicht abgeben.

Abgabe von Fleisch und Eiern - Gänse zur Weihnachten?

Der Bürgermeister sollte die Abgabe von Fleisch und Eiern in den Bauernhöfen kontrollieren, und eine Eierabgabe von 35 Stück per Henne war strengstens durchzuführen. Weihnachten 1945 näherte sich und Gänse waren besonders begehrt. Anfang Dezember hieß es auf Anordnung vom Bürgermeisteramt, dass die Ablieferung von Gänsen kontrolliert werde. Unter den Bauern wurde aber schon mal geschummelt und es gab auch böses Blut. Die Polizei wurde auf jeden Fall angewiesen, die Bestände von Gänsen festzustellen und alle über die Zahl von 3 hinaus zu beschlagnahmen. Es gab aber nicht nur Ärger innerhalb der Bevölkerung, sondern auch mit dem Militär. Der Militärrepräsentant fühlte sich auf jeden Fall genötigt, Mitte Dezember 1945 zu erklären, dass die Ablieferung von Gänsen nicht für die Besatzungsangehörigen bestimmt war, sondern zur Verwendung in Krankenhäusern. Weiter hieß es, dass die Militärregierung eine Weihnachtsbescherung für Kinder von 6-8 Jahren veranstalten wollte. Pferde wurden unter der Hand geschlachtet oder verkauft. Manchmal waren es verlorengegangene Pferde von durchziehenden deutschen Truppen. Es ist unklar, ob solche Pferde in der Regel geschlachtet wurden oder an Bauernhöfe als Arbeits- oder Transporttiere verkauft wurden.

Felddiebstähle

Felddiebstähle hat es gegeben, hauptsächlich nachts. Dr. Weyer erklärte, wie sein Vater die Felddiebstähle verhindern sollte. Er sagt: „Die Felder sollten bestellt werden und man musste feststellen, ob Salat oder Wirsing steht, und mein Vater musste offiziell verhindern, dass gestohlen wurde. . . . Eine unangenehme Aufgabe, denn es gab nichts." „Nach dem Krieg ist auf den Feldern geklaut worden", erzählte Frau Hein „und da lief ein Feldhüter, das war hier der Lindenthal, ein ziemlich großer Mann, und er hatte einen großen Lodenumhang, ich sehe ihn noch. . . . Er passte auf und es wurden natürlich auch solche Vergehen schon versucht . . . Ich weiß nicht, wie es bestraft wurde. . . . Ich weiß selber, dass ich mal geklaut habe, mit fürchterlicher Angst! Im ganzen Rheinbogen waren nur Gemüsefelder. . . . Es gab alles, es gab Wirsingfelder, es gab Bohnenfelder, es gab Kartoffelfelder, Spinat. Rhabarber, also es war richtig wie ein Gemüsegarten, der Rheinbogen. Sobald der Bauer ein Feld abgeerntet hatte, da standen die Leute in Scharen drum herum und er stellte in der Mitte einen Stock mit Stroh umwickelt . . . und das bedeutete: ‚Mein Feld habe ich abgeerntet, es darf jeder noch suchen, ob noch was drin ist.' Und dann rannten die mit Hacken und Körben und, das weiß ich noch, haben immer noch so ein Körbchen Kartoffeln da rausgeholt aus dem Boden. Oder wenn Wirsing abgeerntet wurde - man hat solche, die verwachsen waren, die der Bauer nicht mitgenommen hat, oder so Stücke noch irgendwo gefunden. . . . da standen sämtliche Schlangen von Menschen, es war schwarz am Rhein."

Im März 1946 verlangte die Bürgermeisterkonferenz Köln Land den Einsatz eines verstärkten polizeilichen Feldschutzes, insbesondere in der Dunkelheit. Tagsüber sollte eine Doppelpatrouille die Feldwege kontrollieren, denn die Felder wurden zusätzlich von Kölner Einwohnern beraubt. Schließlich hatten sie auch Hunger. Im September 1946 hieß es, die Einkellerung von Kartoffeln sollte kontrolliert werden, bis 2 Zentner pro Kopf wurden erlaubt und in allen Gemeinden sollten die landwirtschaftlichen Erzeugerbetriebe zu Liefergemeinschaften zusammengeschlossen werden. In jedem Ort sollte ein Ortsbauernvorsteher die Vorgänge kontrollieren. Ob es geschah ist unklar.

Lebensmittel-Geschäfte

Trotz der Knappheit an Lebensmitteln haben verschiedene Geschäfte allmählich wieder aufgemacht, allerdings nur mit Genehmigung der Militärregierung. Zwischen Ende Mai und Anfang Juni 1945 haben zwei Metzger wieder eröffnet, Peter Osten in Sürth und Jakob Richartz in Rodenkirchen. Wie gut solche Geschäfte funktionierten, lässt sich nicht feststellen, da zu der Zeit Fleisch nur freitags und samstags verkauft werden durfte. Anfang Juli 1945 bekam Hans Otten eine Genehmigung für seinen Obst- und Gemüseladen und fünf Tage später durfte H. Bosse seinen Betrieb Rhenania-Fruchtverwertung weiterführen. Ende Juni konnte die Samen- und Tierhandlung Adam Meiger in der Wilhelmstraße weitergeführt werden. Wir wissen auch, dass Bäckereien auf hatten, obwohl Mehl knapp war.

Die Schulspeisung

Im ersten Winter (1945/46) wussten die britischen Militärs - auch in unserer Gegend - wie ernst die Ernährungslage war und wurden nervös, auch wenn sie es nicht öffentlich zugeben wollten. Sie hatten vielleicht Angst vor großer Unruhe unter der Bevölkerung. Im Februar 1946 wurde die Bürgermeisterkonferenz angewiesen, über die Schwierigkeiten in der Ernährungsfrage „Stillschweigen" zu bewahren und in einem Geheimbericht über die Kölner Gegend gab es Hinweise auf einen Körpergewichtsverlust bei Erwachsenen. Mit dem unlösbaren Problem einer gerechten Verteilung von Lebensmitteln versuchten die Militärs, an Ort und Stelle angemessen umzugehen. Nicht mitfühlend waren zwar manche Briten in London, die nicht unmittelbar mit den hungernden Menschen zu tun hatten. Ein Offizier dort sagte, da die deutsche Bevölkerung im allgemeinen vor dem Krieg übergewichtig war, sollte man die Situation nicht überbewerten!

Andere waren in diesem Punkt zumindest gleichgültig der deutschen Bevölkerung gegenüber. Sie meinten, die befreiten Länder hätten Priorität, allerdings gäbe es keinen Grund, die deutsche Bevölkerung halb verhungern zu lassen. Da es genügend Weizenvorräte gab, wäre es vollkommen zu rechtfertigen, den Deutschen eine „spartanische" Diät von Brot, Kartoffeln und anderen Gemüsesorten (vor allem Grüngemüse und Möhren) zuzumuten. Immerhin, als es um Kinder ging, entschloss sich das Militär, rasch zu handeln und die Schulspeisung einzuführen. Im Dezember gab es Anweisungen für deren Einsetzung. Es war vorgesehen, an drei Tagen in der Woche eine zusammengestellte fertige Suppe aus 35 g Getreide und Aromastoff, Gemüse und Fleischextrakt mit einem Gesamtwert von circa 100 Kalorien zu verteilen! Für die anderen drei Tage war eine Milchsuppe aus Mehl, Milchpulver - wenn vorhanden! - und Zucker vorgesehen.

Wahrhaftig waren das keine schmackhaften, kindgerechten Mahlzeiten, aber 100 Kalorien waren 100 Kalorien, wenn man sonst nichts hatte.

Im Januar 1946 wurde mitgeteilt, dass eine zusätzliche Speisung der Schulkinder durchgeführt werden sollte. Dazu gab es detaillierte Anweisungen, um eine Unterernährung unter Schulkindern zu vermeiden. Es sollten in der Nord-Rhein Provinz tägliche Mahlzeiten von 300 Kalorien ohne Abgabe von Lebensmittelkarten sein. Fünfmal die Woche sollten Mahlzeiten aus 30 g zerkleinerten Keksen oder Mehl (104 Kalorien), 40 g Hülsenfrüchten (120 Kalorien), 10 g Fett (74 Kalorien), 10 g Fleischextrakt, 5 g Aroma und Salz mit einem gesamten Kalorienwert von 300 Kalorien verteilt werden. Um die Eintönigkeit zu vermeiden, sollten zweimal die Woche Mahlzeiten aus 50 g zerkleinerten Keksen oder Hafermehl oder Grieß (175 Kalorien), 15 g Zucker, 20 g entrahmtem Milchpulver mit einem Gesamtwert von 307 Kalorien verteilt werden. Man staunt über die genauen Kalorienzahlen und fragt sich, ob man wirklich so penibel messen konnte. Für Schulkinder von 12 - 14 Jahren sollte es zusätzlich und ohne Lebensmittelkarten eine Abgabe von 80 g Brot oder Keksen geben, mit einem Gesamtwert von circa 490 Kalorien. Es hieß, man könnte improvisieren, wenn gewisse Lebensmittel nicht vorhanden waren und der Gesamtwert der Kalorien eingehalten wurde. Man sollte versuchen, importierte Lebensmittel zu verteilen, aber lokale Vorräte könnten vorübergehend auch verteilt werden, um eine Verzögerung zu vermeiden. Die Verteilung sollte „Regional Food Teams" überlassen werden. Später sollten „24 Stunden-Pazifische Pakete" in der Nord-Rhein Provinz durch das Rote Kreuz zum Teil für die Schulspeisung verteilt werden. Einen Monat später kam noch eine ähnliche Anweisung über die Verteilung der „Pacifics". Die Ration war etwas großzügiger als die erste, 312 Kalorien statt 307! und zusätzliches Brot oder Gebäck für Kinder ab 12 Jahren waren vorgesehen, um die Ration auf 500 Kalorien zu bringen. Reste sollten für neue Mahlzeiten verbraucht werden!

Schulspeisung nur für Rodenkirchen?

Es gab aber offensichtlich ein Problem. Es war nur Rodenkirchen und nicht Weiß oder Sürth berechtigt, die Kinderspeisung zu bekommen, denn es hieß, ab Ende Januar 1946 nur für Gemeinden mit mehr als 5000 Einwohnern wurde die Schulspeisung zu Verfügung gestellt. Diese Frage wurde zum Dauerproblem und es gab eine heftige Korrespondenz zwischen den Lokalpolitikern und den Militärbehörden, die bis 1948 dauerte. Hin und wieder wurde versprochen, die Schulspeisung auch in Weiß und Sürth durchzuführen, aber es ist schwer festzustellen, ob Schulen und Kindergärten in Weiß und Sürth immer die Speisung bekamen oder nicht. Allerdings konnten weder August Weyer noch seine Nachfolger, Hans Dahmen und Gemeindedirektor Jakob Eich, die sich sehr engagierten, das Problem lösen. Frau Hein meint: „Weiß war ... ein sehr kleines Dorf (mit) einer sehr engen Einwohnerzahl. Es wurde erst nach dem Krieg durch die Flüchtlinge aufgemischt ... und man kann sagen, von diesen alten Weißer Einwohnern, die haben alle mindestens ein bis zwei Morgen Landgarten gehabt, jeder, und die haben im Garten alles ziehen können ... Die hatten (auch) Kaninchen. ... Wir selber hatten auch zwei tausend Quadratmeter Garten und 35 Kaninchen und Enten und Hühner." Als die

Ernährungsnot allgemein wesentlich schlimmer wurde, konnte man sich dort vielleicht gerade noch selber versorgen. Für Menschen aus Weiß und Sürth allerdings, die diese Möglichkeit nicht hatten, wäre die Lage ohne Schulspeisung bitter gewesen.

Schulspeisung - Winter 1946-47 und danach

So schlimm die Ernährungssituation im Winter 1945/46 war, die Katastrophe kam erst im Winter 1946/47. Im Frühjahr 1945 war der durchschnittliche Kalorienverbrauch 2010 pro Tag und 1946 durchschnittlich 1451, aber manchmal noch weniger. Es gab vor allem einen Mangel an tierischem Eiweiß und Fett, und weil ein Viertel der landwirtschaftlichen Nutzflächen im Osten verloren gegangen war und weil die Ernte 1946 so schlecht war, schrumpfte der Teil der deutschen Selbstversorgung von 80% vor dem Krieg auf 35% danach.

Im November 1946 wurde die Befürchtung nicht ohne Grund immer größer, dass die gesamte Weiterführung der Schulspeisung aufhören würde. Am Ende des Monats wurde dem Gemeindedirektor Jakob Eich mitgeteilt, dass ab 30. November die Kinderspeisung wegen Mangels an Nahrungsmitteln eingestellt werden müsste. Sie könnte nur so lange durchgeführt werden, wie Vorräte vorhanden waren. Dann hieß es aber, dass der Wegfall der Schulspeisung durch die Militärregierung nicht beabsichtigt war. Es gäbe nur Verteilungsschwierigkeiten, die man schnell beheben werde. Am 13. Dezember wurde mitgeteilt, dass die Suppenausgabe bis 21. Dezember auf 5 Tage die Woche zu beschränken war. Dafür sollte samstags eine Tafel Schokolade ausgegeben werden und alle Schüler und Kleinkinder sollten zu Weihnachten je eine Tafel Schokolade bekommen. Die Kinder durften sich auf die Schokolade freuen, aber es war klar, dass Lebensmittel allgemein immer knapper wurden, auch wenn man die bedrohliche Lage nicht zugeben wollte. Es kam auch dazu, dass die Schokolade manchmal in relativ großen Mengen auf einmal verteilt wurde und zum Teil auf dem Schwarzmarkt landete! Im Januar 1947 beschwerte sich der Regierungspräsident darüber. Er behauptete, dass in einer Gemeinde vor Weihnachten 10 - 17 Tafeln Schokolade pro Kind ausgeteilt wurden. In der Gemeinderatssitzung danach, am 25. Februar, fragte die KPD, in welchen Mengen die den Schulkindern zugedachte Schokolade geliefert worden war und zur Verteilung gelangte.

In den Protokollen der Bürgermeisterkonferenzen sieht man, wie chaotisch die Situation war. Im Januar 1947 wurde ein Schulspeisungsausschuss gebildet und die Gemeindemitglieder, unterstützt von Schulärzten und Schulleitern, forderten immer wieder die Aufrechterhaltung der Schulspeisung. Man machte auf das Untergewicht vieler Kinder, die TB-gefährdet waren, aufmerksam, aber im April 1947 schien alles tatsächlich zusammenzubrechen. Rektor Weber schrieb an den Gemeindedirektor, dass die Lebensmittellieferung für die Schule eine Woche im Rückstand war. Eine merkwürdige Antwort kam schnell. Es handelte sich nicht um einen „Rückstand", sondern um eine „Verzögerung". Es könnte damit gerechnet werden, dass die Schulspeisung an die Kinder nach Eintreffen der Lebensmittel bald wieder aufgenommen werde.

Fire Brigade Stadt Köln, wohl 1948

Allmählich kam eine Wende, aber es dauerte bis 1949, dass sich die Ernährungslage stablilisierte. Anfang 1950 war es so weit, dass man die Schüler wegen der Verschwendung der Speisung ermahnen musste. Im Januar beschwerte sich der Regierungspräsident bei allen Schulämtern, dass Schüler und Schülerinnen mehr und mehr die in der Schule erhaltene Speisung auf Straßen und Fußwegen wegschütten würden. Manchmal könnte man den Weg zur Schule auf den Spuren solcher Schulspeiseflecken finden. Die Kinder sollten lernen, ehrfurchtsvoll, haushälterisch und vorsichtig mit den Speisen umzugehen. Allerdings bat er auch darum, dass das Essen nicht eintönig Tag für Tag in einer „Generalsuppenform" gegeben werden sollte, denn eine eintönige Speise könnte auf die Dauer nicht von einem nervösen Kind gegessen werden.

CCG (Control Commission Germany) Car Unit Rodenkirchen Weihnachten 1948 vor dem Eingangsportal der Chemischen Fabrik Rodenkirchen Ernst Osthoff, das Reifenlager der Car Unit war in unmittelbarer Nähe in der großen Halle von Bremsen Becker (heute LIDL, Ringstr. 48) untergebracht.

Die Tafel mit der Aufschrift „Weihnachten der CCG Car Unit Rodenkirchen 1948" erinnert an die Dienststelle der Control Commission Germany in der heutigen Ringstr.
Zusatz: Bestimmung Franz Bröhl

Wilhelm Kuhn hat die Situation sehr beeindruckend beschrieben: „Ich habe noch sehr intensive Erinnerungen an die Zeit des Hungers. Da wir uns (die Abiturklasse) regelmäßig 3 x im Jahr treffen, kommen immer wieder unsere Gespräche auch auf die extrem schwierige Schulzeit nach dem Kriege ab 1946 zurück. Wir Jungen kennen uns seit Herbst 1942 und haben Krieg und Nachkriegszeit bewusst erlebt. Wir haben gesehen, wie ein aus russischer KGf [Kriegsgefangenschaft] zurückgekehrter trainierter Sport und Lateinlehrer (beliebter Lehrer!) vor Hungerfolgen zusammengebrochen ist und nur mit Mühe am Leben erhalten werden konnte. Auf unserem Schulhof - Dreikönigsgymnasium am Thürmchenswall 48 – hat keiner die Suppe ausgeschüttet; die Lehrer hatten uns angehalten, doch eher nichts anzunehmen als etwas wegzuwerfen. Wir waren immerhin schon 15/16 Jahre alt. Zur Suppe haben wir zwar manchmal ‚Montgomerys Badewasser' gesagt, aber so sprechen eben Jugendliche bisweilen. Für uns waren z.B. Suppe, Biskuit und Cadbury-Schokolade überlebenswichtig. Mein Gewicht betrug bei einer Größe von 1,80 m gerade mal 68 kg; das war 1948/49." [27]

Auszüge aus „Die ersten vierzig Jahre" -
Erinnerungen von November 1944 bis Frühjahr 1945

Annemarie Berg, geb. Rief (1909 - 1990)

Vorbemerkung: Die Familie von Prof. Dr. Hans Berg (1905-1991) aus der Leyboldstr. (heute Gustav-Radbruch-Str.) hat sich im November 1944 nach Jülich abgesetzt, um dem anwachsenden Bombenterror auf Rodenkirchen zu entgehen.

Mit ungewisser Angst sahen wir der nächsten Zukunft entgegen. Ob wir, besonders die Kinder, endlich eine Nacht durchschlafen konnten? Jeden Abend, wenn ich meine Kleinen zu Bett brachte, die gleiche Sorge: Muß ich sie wieder aus dem Schlaf reißen, in den Keller bringen? Es gab fast ständig Alarm. Das Hintergrundgeräusch sich nahender Bomber begleitete uns Tag und Nacht. Mit der Zeit hatten wir eine Antenne dafür entwickelt, wann echte Gefahr für uns bestand oder aber das bösartige Brummen uns nicht galt und seine mörderische Last weitertrug zu einer der größeren Städte an Rhein und Ruhr. Sicher konnten wir nie sein. Wie oft drehten einige Flieger ab und bedrohten unser Städtchen!

Vati [Hans Berg] besuchte uns jetzt öfter, die zwei Monate der „Erholung" in Paris waren vorbei. Seine Division, vom Osten abgezogen, war in den Westen verlegt. Die Standorte wechselten. Wir überlegten, wenigstens die beiden Jungen bei einem Arbeiter der Standortverwaltung in einem Dörfchen bei Jülich einige Wochen unterzubringen. Er war selbst Vater von zwei Töchtern und hatte es uns angeboten: „Wenn üch jet passiert, ich sorje wie ne Vatter für se, se solle och studiere!" [...]

Mit unseren wichtigsten Dokumenten und auch etwas Proviant versehen, marschierten wir nun alle Abend für Abend in die Kasematten, die Reste des ehemaligen Befestigungswerks. Das war der sicherste Schutz, den Jülich zu bieten hatte. Dort fanden Hunderte von Menschen ihr Nachtquartier. Entsprechend laut ging es zu. Man spielte Karten, rauchte, tat sich keinen Zwang an. Die Kinder kamen schlecht zum Einschlafen. Andererseits durfte ich kein Verständnis erwarten, wenn eins der Kinder nachts, von Angstträumen geplagt, erschreckt aufschrie. In dieser Prüfungszeit brauchte ich starke Nerven.--- Es war November 1944.

Vati hatte eine zunächst einleuchtende Theorie entwickelt. Er meinte, wenn die Amis (Sammelbegriff für alle Feinde) bis Aachen durchgebrochen sind, stehen sie in wenigen Tagen am Rhein. „Laßt Euch einfach überrollen!" Nun waren sie in Aachen, kamen aber nicht weiter. Wir hatten außer den Fliegern noch täglichen Artilleriebeschuß! Einmal morgens, Dietmar an der Hand, wollten wir gerade unsern Festungswall verlassen. Ein scharfes Sirren,---wir fallen zurück in den Gang, und gleich neben dem Eingang krepiert eine Granate. Fast wären wir ihr Opfer gewesen. Uns trafen nur ein paar Erdbrocken. Der schräge, dicke, festgestampfte Erd-Graswall bot guten Schutz. Was jetzt?

In einer der nächsten Nächte standen wir einen so schrecklichen Angriff auf die Stadt durch, daß mein Entschluß feststand: Raus hier! Es war kein Leben mehr für uns. Nachts erlitt eine ältere Frau bei uns im Keller einen Herzanfall, dann schlug einer den Durchgang zum Nachbarkeller auf und wir ersticken fast im dichten Staub, der sich im Keller ausbreitet. Beten, Klagen, Weinen, alles wird von dem nicht aufhörenden Krachen übertönt. Oma hat von rechts und links die Kleinen an sich gepreßt. Wir alle sind eng aneinandergedrückt. Giselchen wirkt nicht ängstlich, beim ärgsten Krachen sagt sie nur: „Bum - bum!" Ein blutender halbwüchsiger Junge wird in den Kellerseitengang getragen. Er hat die Nacht nicht überlebt. Die ganze Tragweite des Geschehens um uns konnten wir erst am Morgen feststellen. Die Gardinen flatterten im Wind aus glaslosen Fenstern. Es war heller im Wohnzimmer. Der Kirchturmschatten, an den wir gewöhnt waren, fehlte. Der Turm war unter Protest mit lautem Krach zusammengestürzt, Staub und Angst verbreitend. Unsere Kirchplatzecke ist nie wieder aufgebaut worden.

Auch am Tag war es für Fußgänger in der Stadt gefährlich. Tieffieger zielten auf alles, was sich bewegte. Beim Einkauf vom Nötigsten, Milch und Brot, drückte ich mich allein schnell an den Häusern entlang. Einmal war auf dem Marktplatz eine gezielte Bombe detoniert und hatte einen LKW mit jungen Ukrainerinnen, auf der Heimfahrt begriffen, in Brand gesetzt. Nachher fand man nur einige kleine verkohlte Bündel.

Das Leben in Jülich wurde uns zur Hölle. Auch die nötigsten Lebensmittel bekam man meist nicht mehr, Wasser mußte ich am Brunnen holen. --- Die meisten Einwohner waren schon geflüchtet. Aber wie? Die Bahnstrecke nach Köln war mehrmals unterbrochen. Es kam nur noch das Anhalten eines Militärtransports in Frage. Viel konnten wir nicht packen, nur was der Kinderwagen faßte, Giselchen obenauf. An der Hauptausfallstraße stellten wir uns auf, eine kleine erbarmungswürdige Gruppe! Ein LKW aus einer Militärkolonne nahm uns bald auf, wenigstens bis Köln. Unser Ziel war wieder Lauingen, wohin sonst? Das Gedränge auf dem Bahnsteig war unbeschreiblich.

[...] Eine Sozialbeauftragte hatte sich inzwischen Gedanken über unser Bleiben gemacht. Durch meinen unterschrockenen Alleingang nach Westen hatte ich in der Kreisleiter-Spitze einen Pluspunkt gewonnen, „eine tapfere kleine Frau!" Das änderte sich schlagartig, als ich mit sicherem Instinkt bei einem Fliegeralarm im Hotelkeller für uns eine dicke Mauervierung anpeilte, weil die Verstärkung mir am sichersten schien. Prompt wollten uns die Bonzen dort vertreiben und die Ecke für sich reklamieren. Das sah ich nicht ein. Ich blieb, weil ich mit den Meinen zuerst da war. Schnellstens war ich in Ungnade gefallen, - nun zog man böse über mich her, was ich auch erfuhr. Kein Grund zur Aufregung. Kaum eine Woche später war der Spuk verflogen, die gesamte Kreisleitung hatte das Weite gesucht. Zum Glück hatte unsere liebe NSV-Helferin, Frau Wehmeyer, eine Unterkunft für uns gefunden, im Dorf Lutzingen, 6 km von der Bahnstation

Höchstädt/Donau entfernt, etwa 12 km donauwärts von Lauingen. Die kleine Stadt ist in der Geschichte bekannt durch die Schlacht von Höchstädt im Spanischen Erbfolgekrieg August 1704, die Prinz Eugen gegen Franzosen und Bayern gewonnen hat.

[...] Nach einigen Wochen hatten wir uns das Heim sehr hübsch und gemütlich eingerichtet. Inzwischen, es mag Dezember 1944 gewesen sein, erhielten wir aus Jülich die amtliche Bescheinigung, daß wir total ausgebombt waren, unser Haus lag am Boden. Nun bekamen wir hier eine Menge Bezugsscheine zum Beschaffen einer neuen Einrichtung und dem nötigen Haushaltszubehör. Damit ich in den Nachbarstädten in Ruhe einkaufen konnte, stellte mir die NSV ein Pflichtjahrmädchen, die 15-jährige Resi, ein etwas schwerfälliges Mädchen aus bäuerlicher Umgebung. Mit den Kindern war sie zuverlässig, das war die Hauptsache.[...]

Da die Frontabschnitte im Endstadium des Krieges sich mehr und mehr im März und April 1945 kampflos auflösten, wurden auch im Ruhrkessel die meisten Wehrmachtsangehörigen entlassen. Auch Hans wurde aufgerufen, seinen Entlassungsschein zu unterschreiben, und gerade, als er seine Unterschrift setzen wollte, passierte es, daß ihn ein Granatsplitter an der Hand streifte. So hat Vati zum Kriegsende doch noch Blut vergossen! [...]

Das war noch einmal gut gegangen. Und dabei war das schon die zweite Durchsuchung. In den ersten Wochen nach dem amerikanischen Einzug im April war schon ein Suchkommando im Haus erschienen. Damals habe ich leider in der Eile Ausweise und Epauletten meines Vaters, die ich als Andenken verwahrte, wegen der Hakenkreuze darauf in der Jauchegrube versenkt. Die Pistole drückte ich in aller Hast in die undurchschaubare Spielecke der Kinder, die zwei Kästchen Munition warf ich durch das Schuppenfenster nach hinten ins Feld mit halbwüchsiger Wintergerste. Dabei ging ein Päckchen auf, und die Kugeln verteilten sich im Acker. Bei Nacht und Nebel mußte ich sie zusammensuchen, natürlich fand ich noch lange nicht alle. Von einer genaueren Untersuchung blieben wir damals verschont. Umso überraschender war für uns die zweite gründliche Durchsuchung gewesen. Nach diesen so aufregenden Tagen in unserem niedlichen Puppenheim Lutzingen fuhr Hans zurück nach Rodenkirchen in sein Elternhaus. Eine Bombe, die im Garten landete, hatte den Anbau des Hauses völlig zerstört, d.h. Küche und Bad im für uns vorgesehenen ersten Stock existierten nicht mehr. Die bisherigen Mieter des 2. Stocks kehrten nicht zurück. Dahin verzogen sich nun Lilly und Elif, waren sie doch so vor dem künftigen Kindergetrappel sicher.

[...] Nach dem Waffenstillstand 1945 ging es bei der Suche nach politisch Belasteten, Minderbelasteten und Unbelasteten ‚pingelig' genau zu. Die Verbrecher und die führenden Nazis waren längst geflohen, das Fußvolk, d.h. alle, die arbeiten und leben wollten, wurde von den eingesetzten Kommissionen mit Vertretern der Siegermächte unter die Lupe genommen. Mit Akribie wurden Fakten gesammelt, Denuziationen waren an der Tagesordnung. Gehässigkeit, Neid, Rache - alle menschlichen Laster - wurden zuweilen schamlos eingesetzt, um den begehrten „Persilschein", d.h. die Berufserlaubnis zu erreichen oder bei andern zu verhindern. Die Kammern, die Staat und Verwaltung von ehemaligen Nazis säubern sollten, setzten sich meist zusammen aus Mitgliedern der Besatzung und echten oder auch unechten Gegnern des Naziregimes. Hans war offiziell „Mitläufer", gehörte zur großen Gruppe der schweigend Schuldigen. Als Entlastung trat sein Schwager Elif (Musiker, unpolitisch) und der Mieter Grösche, ein ehemaliger Kommunist, auf. Sie sprachen aus ehrlicher Überzeugung für Hans, es wurden sogar Goethe und andere Geistesgrößen bemüht zum Beweis seiner humanistischen und geisteswissenschaftlichen Neigungen. Bei Hans war die Beurteilung gerechtfertigt, aber im ganzen waren diese Kommissionen überfordert, und die Idealisten unter ihnen müssen angeekelt gewesen sein von all der menschlichen Niedertracht, die ihnen oft begegnete. Mit der Zeit wurden die Untersuchungen lässiger. Überall suchte man Fachleute, die Verwaltung funktionierte nicht ohne erfahrene Kräfte.

Hans wirkte unermüdlich in Rodenkirchen, hauptsächlich bei der Schuttbeseitigung, und ich tat mein Bestes in den letzten Monaten in Lutzingen, um Wintervorräte zu beschaffen. Für Hilfe bei der Kartoffelernte erhielt ich einige Zentner Lagerkartoffeln. Bei der Getreideernte verdiente ich einen Steintopf voll guten Mehls, auch Lageräpfel, deftige Bauernäpfel, bekam ich die Menge.

Lokalpolitik -
August Weyer wird Bürgermeister

Jill Beier

August Weyer wurde Bürgermeister direkt nach dem Krieg, als Rodenkirchen zerstört war. Er wurde von den Amerikanern eingesetzt und blieb ein Jahr im Amt, von März 1945 bis zu seinem Rücktritt im März 1946. Er hatte sich nicht um das Amt bemüht. Im Gegenteil, er wollte nicht Bürgermeister werden, denn er war Kaufmann und hatte keine Verwaltungserfahrung. Zuerst hat der damalige Pfarrer, Dechant Renner, einen Polizisten T. den Amerikanern vorgeschlagen. Es hieß aber, er sei Nazi gewesen und er wurde vor allem von den Kommunisten in der Gegend heftig abgelehnt.

Dr. Helmut Weyer, Sohn des Bürgermeisters, hat die Vorgänge geschildert. Er meinte, man wusste eigentlich nicht viel über den Polizisten T. „Man wußte nur eben, dass die Polizei in Rodenkirchen auch Menschen zusammengeschlagen hatte. Es gab Berichte, dass Schreie gehört wurden und es hieß - das kann ich nur mit Vorbehalt sagen - dass viele Kriegsgefangene geschlagen worden sind, damals. Aber diesem Herrn T. hat niemand etwas Besonderes nachweisen können. Es waren dann die Vertreter der ganz Linken, die Kommunisten, die sagten: ‚Das kann für uns kein Mann sein […] der aus dem Apparat kommt, aus dem Polizeiapparat, der Schuld auf sich geladen hat.' Und dann kam Adam Laubach, der KPD-Mitglied war und ein Klassenkamerad meines Vaters [siehe Verfolgte] … und sagte: ‚August, Du musst das machen.' Mein Vater, der gar keine Lust hatte! Den Tag werde ich nicht vergessen. Es war der 13. März (fünf Tage nachdem die Amerikaner in Rodenkirchen einmarschiert waren) und mein Vater, hoch oben auf dem Dach gerade dabei, Holz zu nageln, damit das Wasser nicht darunter platschte in die Wohnräume. Es waren keine Scheiben, keine Fenster mehr drin und am Dach, wo keine Dachziegel waren, wurden Bretter drauf genagelt und Bütten darunter gestellt, wenn der Regen kam." Auf jeden Fall kam es dazu, dass August Weyer nachgeben musste und das Amt annahm. Auf die Frage, ob sein Vater Lust dazu hatte, meinte Dr. Weyer: „Nein überhaupt nicht! … Er hat sich platt treten lassen. Er zögerte vor dieser Aufgabe."

Im Dritten Reich war August Weyer nie NSDAP-Mitglied, auch nicht als Mitläufer, obwohl es für ihn beruflich opportun gewesen wäre. „Mein Vater war ein kleiner Vertreter, für Backwaren, und Freunde rieten ihm: ‚August, Mensch, geh in die Partei! Du musst nicht mitmachen, geh nur formell in die Partei. Er sagte: ‚Nein, ich tu' es nicht.' Sicher gab es Nachteile. Damit muss man leben in einer Diktatur." Weyer war überzeugter Katholik und ist auch während des Krieges im Kirchenrat geblieben. Seine Einstellung führte dazu, dass die Familie als politisch unzuverlässig registriert wurde. Dadurch war er, politisch gesehen, geeignet für das Amt des Bürgermeisters. Aktiven politischen Widerstand hätte er nicht geleistet, sagte Dr. Weyer, aber mit einem Freund schützte er einen Kaplan und verhinderte, dass dieser in die Wehrmacht eingezogen wurde. Dieser Freund war beim Feld-Bezirkskommando in Köln und „musste ständig Leute durchsortieren, wer Soldat werden musste, also solche, die vielleicht bisher . . . als unabkömmlich eingestuft waren." Durch einen Trick war es den beiden gelungen, den Kaplan Weber eine Zeitlang zu schützen. Wenn die Karten wieder kamen, wurden sie einfach nach hinten eingeordnet. „So konnte der Kaplan zwei Jahre lang gerettet werden. Dann wurde er versetzt, es kam ein anderer und er wurde doch in den Krieg eingezogen, wurde auch verwundet." Sein Vater war kein großer Märtyrer, sagt Dr. Weyer. Er gehörte zu den „unzähligen kleinen Leuten, die irgendwo was machten . . . und es war für meinen Vater auch gefährlich, der solche Dinge inszenierte." Im September 1944 hat er auch Elsbeth Jansen, einer Jüdin geholfen, unterzutauchen [siehe Verfolgte].

August Weyer war kein Verwaltungsmann, war aber politisch unbelastet. Verwaltungsmänner, die in der Partei waren, auch nur als Mitläufer, wurden zuerst von den Alliierten nicht akzeptiert. Weyer wurde von dem KPD-Mitglied Adam Laubach für das Amt vorgeschlagen und es ist jammerschade, dass die Chance für eine Zusammenarbeit zwischen allen unbelasteten politischen Gruppierungen, egal aus welcher Richtung, vertan wurde. „Es gab wenig Solidarität und viel Eifersüchtelei", sagte Dr. Helmut Weyer: „und bei den Kommunisten war die Familie unbeliebt. Für sie waren wir zu bürgerlich."

Während seiner Amtszeit wurde August Weyer von politischen Opponenten und anderen heftig kritisiert, sogar angefeindet. Es bleibt die Frage, ob ihre Kritik gerechtfertigt war und ob andere mehr erreicht hätten. Wohl kaum, denn die Probleme, mit denen Weyer konfrontiert wurde, waren zu der Zeit schier unlösbar und keiner hätte allein die Situation meistern können. Erst im Jahr 1948 fing durch den Marshallplan, die Währungsreform und die Einschränkung der Demontagen, der Aufschwung an und es dauerte bis Mitte der 1950er Jahre, bis das Wirtschaftswunder begann.

Nachwort

Die heute ältesten Rodenkirchener erkennen die Personen und wissen ihre Namen, ja sind selbst schon als Kinder auf den Fotos zu sehen. Sie haben die Weimarer Republik erlebt und das Dritte Reich und seinen Untergang, die Ruinen, die Häuser ohne Dach, die dezimierten Familien. Die Ereignisse bleiben im Vordergrund der Erinnerung, das damit verbundene eigene Erleben und Empfinden eher im Hintergrund. Es ist sprachlich schwer zu fassen und auszudrücken und daher Feld der Literatur.

Man weiß, dass sich das typische Geschehen der damaligen Westfront in der Nachkriegsliteratur spiegelt. Dort ist beispielsweise in Heinrich Bölls „Haus ohne Hüter" - dem Roman der ungeheilten seelischen Wunden der Rumpffamilien der unmittelbaren Nachkriegszeit - in einem Rückblick Rodenkirchen zu fassen mit einer genauen Beschreibung des Zwischenwerks VIII b und des Rosengartens darauf:

„Nella, die im BDM [Bund Deutscher Mädchen] Kulturabende veranstaltet hatte, war mit Scherbruder befreundet gewesen, der eine der ihren ähnliche Funktion in der Hitler-Jugend ausübte. Er war einundzwanzig Jahre alt, hatte gerade die Lehrerakademie absolviert und seiner erste Stelle in einem ländlichen Vorort angetreten. In einem Wäldchen, das ein geschleiftes Fort umgab, hatte er prompt eine Rieseneiche ausfindig gemacht, um die herum er einen Kreis wegroden ließ. Das nannte er Thingplatz [...] Scherbruder hatte Rai und Albert bei der SA angeschwärzt, die in dem Fort bei Scherbruders Thingplatz ein kleines, fast privates KZ unterhielt; dort hatte man sie drei Tage lang eingesperrt, verhört und geschlagen, und manchmal träumte er noch davon, von den dunklen Innengängen der Kasematten, die vom Schrei der Gequälten widerhallten, und auf dem Betonboden waren Spuren verspritzter Suppe und verspritzten Blutes, und abends der Gesang der betrunkenen SA-Leute [...]"

In den „Ansichten eines Clowns" fällt ein Schlaglicht auf die Zwischenzeit, auf das Frühjahr 1945, als der Rhein die Westfront ist und das rechte Ufer noch ein paar Wochen in deutscher Hand verbleibt und schließlich die Kapitulation des Ruhrkessels und dann des Deutschen Reiches den Krieg beendet:

„Damals hieß es, die jungen Mädchen sollten sich freiwillig zur Flak melden, und Henriette meldete sich, im Februar 1945. [...]

„Als dann herauskam, daß Frau Wieneken nachts heimlich mit ein paar Frauen durch den Wald gegangen war, durch die deutschen und amerikanischen Linien hindurch, um drüben bei ihrem Bruder, der eine Bäckerei hatte, Brot zu holen, wurde die Wichtigtuerei lebensgefährlich. Der Offizier wollte Frau Wieneken und zwei andere Frauen wegen Spionage und Sabotage erschießen lassen (Frau Wieneken hatte bei einem Verhör zugegeben, drüben mit einem amerikanischen Soldaten gesprochen zu haben). [...] aber die

Soldaten zogen dann ab, weil die Amerikaner schon auf den Rheinhöhen waren, und die Frauen konnten aus dem Bootsschuppen wieder raus."

Und wiederum im „Haus ohne Hüter" fällt der Blick zurück:

„... nur wenn man aufs Dach des Forts stieg, sah man den Rhein, die zerbombte Brücke, deren Rampe ausgezackt und wild über den Fluß ragte, vorn das Rot der Tennisplätze, die weißen Kleider der Spieler, manchmal ein Lachen oder die Stimme eines Schiedsrichters von dem weißen Türmchen her. [...] neben dem großen, dunkel gestrichenen Blechtor führten die sauber auszementierten Stufen nach oben. Dort waren der Springbrunnen und der Rosengarten, und die beiden Plateaus waren dort, wo die Lindenbäume standen, und von der Umfassungsmauer der Plateaus aus konnte man so gut den Rhein sehen."

Die Bevölkerung Rodenkirchen wurde durch den Bombenkrieg und die Verluste an den Fronten dezimiert. Zuletzt wurde, wie Alfred Birven beobachtete, noch Ende 1944 der Jahrgang 1927 eingezogen und auf dem Rodenkirchener Marktplatz vereidigt, dem heutigen Maternusplatz.

Die Rodenkirchener erlebten den Zusammenbruch der Westfront - viele aber auch den Zusammenbruch der Ostfront[26] in der Gegend von Drossen - was das Thema der Veranstaltung „Rodenkirchen erinnert sich" am 23. Februar 2010 war. Dann sind Bücher wie der Bericht über das - genau wie Drossen - von sowjetischen Truppen überrollte Schneidemühl von Gabi Köpp erschienen (Warum war ich bloß ein Mädchen? Das Trauma einer Flucht 1945, 2010) oder die Wiederentdeckung des von Kurt W. Marek (Ceram) betreuten Buches „A Woman in Berlin" (1954) als „Anonyma" (verfilmt) ebenfalls 2010.

Anhang

[1] Das bekannte Wegekreuz an der heutigen Schillingsrotter Str. stiftete laut Inschrift für den 1805 verstorbenen Jacob Engels seine Witwe Anna Maria Bolling. Engels hatte als letzter Halfe von St. Severin den 1802 verstaatlichten Paulsenhof = Kleinrott übernommen, daher heute Engelshof. Der genannte Andreas Engels, Bürgermeister von Rondorf 1846 - 1848, verheiratet mit Anna Gertrud Gross (+1858) führte den neuen Hof auf dem Rott, der westlich des Lennartzhofes lag und um 1900 abgerissen wurde. Vermutlich ist also das Wegekreuz An den vier Linden gemeint, dessen Sockelinschrift nicht mehr lesbar ist.

[2] wohl gleich Jonenhof an der Hauptstr., die Hofstelle von Ernst Leybold (1824 - 1907) zur heutigen Gustav-Radbruch-Str. parzelliert. Franz Bröhl erinnert sich, dass ein Vorbesitzer Arian hieß, dem auch die Arianswiese an dem Platz Bismarckstr./Auenweg gehörte.

[3] allerdings nennt das Kölner Adressbuch nur einen Bäcker Heinrich Franzen, wohl Barbarastr.

[4] S. Franzen, geboren 11.12.1854 in Rodenkirchen, gestorben 25.4.1927 in Mannheim (bei einem Sohne, wo sie auf Besuch weilte), beigesetzt am 29.4.1927 in Rodenkirchen. War verheiratet mit dem Bäckermeister Adolf Schmitz aus Mödrath, dem sie 12 Kinder schenkte, wovon 6 früh starben. War als Klavierlehrerin tätig und als solche sehr geschätzt.

[5] ***Zusatz:*** Douglas McEwan, Mühlenweg 18, war Golflehrer wohl seit 1927, interniert 1942, seine Ehefrau war Klavierlehrerin. Im Rodenkirchener Adressbuch sind weitere Namen verzeichnet: Edwin Barnes, Golfplatzeinrichter, Friedrich-Ebert-Str. o.Nr., sicher bis zur Eröffnung des ausgebauten Golfplatzes 1933 tätig. David Robertson Blaybock, Ruderlehrer, Barbarastrasse 45 (Kölner Ruderverein von 1877). Die sogenannte „Peters Fabrik" - W.J. Peters & Co, gegr. in Ehrenfeld, dann Rodenkirchen an der Uferstr. kooperierte mit der Winterbottom Book Cloth Co., Manchester und Salford, Teilhaber Max Brixhill, Manchester. An die Paraden der Engländer auf der Hauptstr. erinnert sich auch Christel Engelmann, die sich bei einer Musikparade von ihrer Mutter löste und zwischen die Marschierenden lief.

[7] **Untere Barbarastraße von Ost nach West in Richtung Hauptstraße, Nordseite**

Haus ehemals Familie Braun, das erste Haus hinter dem Akademischen Ruderverein Borussia. Hier wuchsen die Kinder Michael, Josef und Jean und die Schwester Gertrud auf.

Der Schreinermeister Michael Braun heiratete Kunigunde Eulen. Sie hatten drei Söhne: Josef (*1906), Jean (*1908) und Michel (*1921). Michael Braun hatte als Schreinermeister seine Werkstatt in der Barbarastr. 4. Sein Sohn Jean wurde ebenfalls Schreiner, während Josef bei der Firma Ziehl arbeitete. Sohn Michael war lebenslang mein Freund. Er war gelernter Schlosser und heiratete später unsere Schulfreundin Mienchen Kampermann. Josef heiratete Anni aus Godorf, Jean ein Mädchen aus Köln und all diese Ehen hielten auf Lebenszeit.

Josef Braun, Arbeiter bei der Firma Peters, heiratete Tant Jettchen und hatte drei Söhne: Josef (*1910), Michael (*1916) und Paul (*1918) und die beiden Töchter Billa und Lenchen Braun. Jean Braun, Gemeindediener, war verheiratet mit Tant Lina. Die Schwester Gertrud Braun war verheiratet mit Anton Otten und hatte zwei Kinder, Gertrud (*1919) und Willi (*1921).

In späteren Jahren bewohnte der Anstreichermeister Hardt das Haus der Familie Braun. Das Ehepaar Hardt hatte drei Kinder: Paul (*1916), Maria (*1919) und Alfons (*1925). Diese Ehe hielt 30 Jahre. Frau Hardt verstarb im Landeskrankenhaus Bonn.

Danach bezog eine Familie Schäfer das Haus Braun, auch sie hatte drei Kinder.

Nach dem Zweiten Weltkrieg zog für kurze Zeit der Schmitze Möpp in das halbzerstörte Haus,

6 Franz Bröhl: Die Kinder der Barbarastraße - Erfasster Zeitraum etwa Geburtsjg. 1910-1926

Rechte Seite Barbarastr.

Richartz 3	Nöckel 3	Obermauer 2	Wadepohl 3	Köhl 4
Tomi	Alber	Jean	Josef	Maria
Josef	Hilde	Trautchen	Peter	Lisbeth
Lieselotte	Käthe		Agnes	Wilhelm
		Bergmann/Graf 2		Bärbel
Braun 3	Schmitz 4	Fritz	Langen 4	
Josef	Ernst	Paul	Mathias	Menten (?) 3
Jean	Heini		Heinz	
Michel	Käthe		Grete	Wirtz 1
	Elli		Käthe	Heinz
Habet 4		*Linke Seite*	Rodenkirchen 5	Lennartz 3
Peter	Pullheim 3	*Barbarastr.*	Paul	Leni
Katrinschen	Josef		Wilhelm	Lisbeth
Änni	Hildegard	Kluth 1	Trautschen	Fritz
Gretchen	Alfred	Ursula	Katharina	
			Anna	-- Mohrs Haus
Bröhl 4	Bendermacher 5	Niedecken 1		
Liesschen	Eva	Else	Krapohl 3	Schäfer 4
Ludwig	Hein		Willi	Lieschen
Hans	Jean	Linden 8	Peter	Marie
Franz	Hubert		Heinz	Käthe
	Jakob	Schmitz 4		Karl
Albrecht 1			Henseler 8	
Gerda	Engels 2	Richartz 4	Anna	Löhrer 1
	Marie Louise	Heinrich	Lieschen	Jakob
Frenger 1	Erich	Luise	Willi	
Jakob		Christian	Adele	Kramer 3
	Schmitz 3	Bertha	Käthi	Josef
Winter 1	Jakob		Margarethe	Matthias
Hubert	Schwester	Jülicher 2	Maria	Käthe
	Schwester	Karl	Gertrud	
Reusch 2		Sofie		
Hans	Fehrer 6			
Toni		Buff 3 + 2	Winkelmoler 4	Habig 3
Burgwinkel 4	Burtscheid 5	2 Söhne gelähmt	Christine	Heinrich
Matthias		aus erster Ehe	Anna	Peter
Heinrich	Heimann 3	Gretchen	Billa	Jakob
Theo	Anna	Anni	Heinz	
Lisbeth	Karola	Karl		Staub 4
	Hilde		Spiess 4	Therese
Philips 3		Eulen 2	Arnold	Gretchen
Willi	Prediger 4	Josef	Peter	Anna
Heinrich	Maria	Hänschen	Josef	Jean
Bertha	Margarethe		Resi	
	Tinchen	Bungartz 4		Badorf 3
Zündorf 3	Johanna	Tini	Becker 3	Peter
Willi		Jakob	Klärchen	Kuni
Elisabeth	Griesen 2	Peter	Gertrud	Marie
Josef	Mathias	Fritz	Anni	
	Berti			Hiertz 1
Kübbeler 2		Hardt 3	Schmitz 1	Paul
Josef		Paul	Heinemann	
Maria		Maria		= 125 Kinder
		Alfons		

was dann aber abgerissen wurde. Schmitz galt als eifriger Mitarbeiter des Apothekers Hupertz. Er war Mitglied der KPD und galt nach dem Krieg als politisch Verfolgter. Das Ehepaar Schmitz hatte vier Kinder: Ernst (*1920), Käthe (*1921), Heini (*1924), der im Krieg zur Marine kam und mit der von den Engländern torpedierten Kreuzer Scharnhorst unterging. Dann war da noch als jüngste Tochter Elli (*1926). Ernst war bei der Firma Ziehl Prokurist und machte sich später selbständig.

Kommen wir zum nächsten Haus, das von der Familie Hiertz bewohnt wurde. Herr Hiertz war Gemeinde-Obersekretär und zeitweise der Standesbeamte der Gemeinde Rondorf. Sein Sohn Paul (*1918) verunglückte mit seinem Fahrrad tödlich bei der Überquerung geschlossener Schranken der Rheinuferbahn. Frau Hiertz war eine alte Rodenkirchenerin, die zwei Brüder hatte. Ihr Bruder, Heinrich Linden, wohnte ein paar Häuser weiter auf der anderen Seite der Barbarastr. Der Bruder Johann Linden war der Schulmeister (Hausmeister) der katholischen Volksschule. Ihr Haus stand direkt neben dem Haus Fehrer und Badorf.

Eine große Familie war die Familie Fehrer, genannt die Eus, in ihrem kleinen Haus mit seinem durch Steine zur Barbarastr. hin abgegrenzten Vorplatz, den die beiden Häuser Hierz und Badorf flankierten. Das alte Ehepaar Fehrer hatte viele Kinder, die Söhne Josef, Jean, Peter und Willi sowie die Töchter Billa (*1908/1909, verheiratet mit Jakob Türk aus Poll) und Gertrud (*1916). Der Vater - im Adressbuch als Klempner eingetragen - und Sohn Peter arbeiteten in der Wellpappenfabrik Sieger. Die alte Frau Fehrer war eine tüchtige und fleißige Frau, die diese große Familie zu versorgen hatte.

Die Familie Badorf hatte ihren Ursprung in der Familie Koll, den Eltern der verheirateten Junda Badorf, geb. Koll. Deren Schwestern waren Maria Göser in der Karlstr., Frau Müller in der Wilhelmstr. und der Bruder Lorenz (Eberhard Koll, Fuhrunternehmer, Barbarastr. 30). Frau Junda Badorf hatte mit ihrem Mann Peter (Barbarastr. 59) drei Kinder: Peter (*1915), Kuni(gunde) (*1922) und Maria (*1926). Peter heiratete später Finchen Dickopf (*1920) aus der Ringstr., Maria einen fahrenden Schiffer und wohnte in Wesseling. Frau Badorf war jeden Donnerstag beim musikalischen Straßentanz dabei, ihr Ehemann war in Rodenkirchen bekannt als „dä Knüsser".

Vom Haus Badorf gehen wir weiter zum Haus Staub, das direkt neben der Einfahrt des Ruder-Clubs von 1877 stand. Gleich hinter dem Haus Staub führte ein Durchgang zum Häuschen Schüller: Schüllers hatten einen Sohn namens Lorenz (*1912). Er ertrank im Alter von 15 Jahren im Rhein, weil er vermutlich Nichtschwimmer war. Vater Lorenz Schüller stammte aus einer alten Rodenkirchener Fischerfamilie. Alle nannten ihn „Tüen Ühl", also Turmeule. Seine Frau hieß Dora. Sie war ziemlich rundlich und sehr gutmütig. Sie arbeitete in den 1930er Jahren im Fischgeschäft vom Türners Julius in der Maternusstr. Herr Schüller war Arbeiter in der Petersfabrik.

Kommen wir zur Familie Staub, deren Haus direkt an der Barbarastr. stand. Auch die Staubs hatten ihre Spitznamen „Jötschel". Frau Staub und die genannte Dora Schüller gehörten zu den Frauen, die am Donnerstag, wenn regelmäßig die Straßenmusikanten nach Rodenkirchen kamen, in der unteren Barbarastr. auf der Straße tanzten, dazu die alte Frau Fehrer mit Tochter Billa. Die Familie Staub hatte vier Kinder, darunter Therese, genannt Dresje (*1909) und Jean (*1911). Jean arbeitete dann bei der Wellpappenfabrik Sieger. Dann waren noch das Gretchen (*1916) und Änni (1924). Jean fiel im Zweiten Weltkrieg in Russland. Vater Staub arbeitete bei der Stadt Köln in einem Betrieb.

Jean war ein etwas kleiner junger Mann, aber ein hervorragender Handballspieler beim TSV06. Die Familie hatte, soweit ich mich erinnere, wie viele andere Familien in Rodenkirchen in der Au ein Stück Land und beackerte es mit Gemüse und Kartoffeln für die Familie. Dementsprechend zogen viele Familien mit einem selbstgebauten Düngewägelchen zu ihren Gärten zur Bedüngung. Nachdem das Haus im Bombenkrieg zerstört war, Jean gefallen und die Eltern verstorben waren, zogen die drei Töchter Staub nach Weiß, wo sie auch später verheiratet waren.

Danach der Ruder-Club von 1877, der früher ein eigenes Bootshaus zu Wasser besaß, bevor

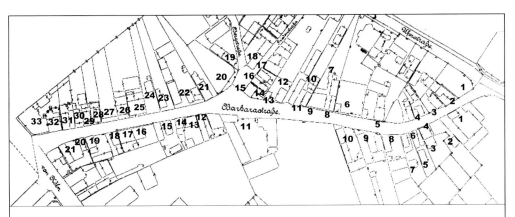

Liste der Hausbewohner Barbarastr. um 1930

Linke Seite (oben)

1 Akademischer Ruderclub Borussia
2 Braun / Hardt
3 Hiertz
4 Fehrer
5 Badorf
6 Eigenheim Roter Stern (RV 1877)
7 Schüller
8 Staub
9 Merkelbach (Bootshalle)
10 Becker
11 Schmitz
12 Pulheim (Scheune)
13 Wellershausen
14 Spees
15 Winkelmolen
16 Eulen
17 Bungarts
18 Buff
19 Schäfer
20 Mohrs Haus
21 Hahnenberg
22 Merten
23 Köhl (Bäcker)
24 Henseler
25 Riemeyer und Rodenkirchen
26 Lapp
27 Haus Halfen
28 Wadepohl
29 Jülicher
30 Richartz
31 Niedecker
32 Niedecker
33 Jägerhof / Ahrens

Rechte Seite (unten)

1 Verlinden (Landwirt)
2 Haubner (Kohlenhandel)
3 Obermauer
4 Pinzl
5 Wienand
6 Fehrer
7 Schmitz, Linden
8 Engels, Koll (Landwirt)
9 Merkenich
10 Bendermacher (Fuhrgeschäft)
11 Pulheim (Berveshof)
12 Schmitz
13 Winter
14 Bachmann, Frenger
15 Albrecht
16 Bröhl
17 Lapp, Habeth, Pulhein
18 Rodenkirchen (Briketthandel)
19 Braun
20 Richartz
21 Richartz

auf dem Grundstück Riechmann das später im Zweiten Weltkrieg zerstörte Club-Haus gebaut wurde.

Nun das Haus Merkelbach, aber bevor ich darüber berichte, eine Bemerkung zu den Besitzverhältnissen. Die Häuser Merkelbach und Staub waren ursprünglich zusammen mit dem Gelände des Ruder-Clubs Eigentum von Herrn Riechmann, einem sehr feinen Herrn, einem Junggesellen, der Grossist für Schreibwaren in Köln war.

Das Haus Merkelbach hatte Herr Riechmann an die Familie Merkelbach verkauft. In früheren Jahren hatte es die Familie Wilhelm Rodenkirchen mit vier Töchtern und die Familie Linden mit Sohn (*1910) und Tochter (*1908) bewohnt. Dann wechselten die Bewohner mehrfach. Das neu eingezogene Ehepaar Merkelbach bewohnte als neuer Eigentümer die obere Etage des Hauses. Frau Merkelbach wurde nach 1933 als Jüdin angegriffen und ihre Ehevermittlung ist seit 1934 nicht mehr im Adressbuch ausgewiesen. Von den Kindern dieser Familie weiß ich nichts und von der links Parterre wohnenden Familie Hawig sind mir nur noch Peter Hawig (*1916) und Maria (*1920) in Erinnerung. Jakob Hawig (*1912) war eine Zeit lang Knecht auf dem Pullemshof in der Barbarastr. Die übrigen Kinder Hawig waren noch älter und Herr Hawig war bereits zu meiner frühen Kindheit Witwer, der aber noch eine Witwe aus Köln ehelichte, die später das Amt von Prüms Tring übernahm und damit die Totenansage und bei Beerdigungen vor dem Trauerzug die Totenlaterne trug, was heute - wie viele alte Sitten - nicht mehr üblich ist. Leider!

Neben Haus Merkelbach befand sich eine zum Pullemshof gehörende mittelgroße Scheune, in der Ackergeräte, Sämaschinen und die großen Schlagkarren standen. Links der Scheune führte ein langer Gang fast bis an den Rhein (Leinpfad), wo noch zwei nicht sehr große Häuschen standen. Das eine Haus bewohnte die Familie Schmitz Adam, genannt Brente Adam. Der Sohn Heinemann (*1924) fiel 1945 in Berlin. Mutter Trina kam aus der Voreifel und war eine sehr fleißige Frau, die überall half und sehr bliebt war. Herr Schmitz gehörte zu den Brenten und hatte viele Verwandte in Rodenkirchen. Den Vater von Herrn Schmitz habe ich noch sehr gut gekannt, ebenfalls „ehne ahle Brente".

In dem anderen Häuschen des Durchgangs lebte die Familie Becker, deren Nachkommen noch heute dort leben. Der alte Herr Becker hatte dort zusammen mit Sohn, genannt „Tütte Menni" und Schwiegertochter gelebt, deren Kindern und einem Kostgänger. Die drei Kinder waren Klärchen (*1927), Ria (*1942) und noch ein Nachkömmling. Der Kostgänger der Familie war ein gewisser Herr Jülich, den wir Jülichs Kress nannten (Christian Jülich). Es hatte ja damals jeder seinen Spitznamen.

Daneben wohnte in einem kleinen Fachwerkhäuschen das kinderlose Ehepaar Wellershausen. Frau Wellershausen wurde allerseits „et Engelche" genannt. Sie war ebenfalls eine sehr nette und liebenswerte Person. Herr Wellershausen war überzeugter Taubenzüchter und Taubenfreund und war Mitglied des Rodenkirchener Taubenzüchtervereins. In den 1930er Jahren zog das Ehepaar in die Rheinstraße.

Danach bezog Frau Blank mit ihrem Sohn Hermann das Häuschen in der Barbarastr. Die alte Frau Blank war verwandt mit der Familie Monschau, wir nannten sie „Wermuts Möhn", bekannt für den Wermut, den sie bei der Firma Stüssgen in der Hauptstr. die Flasche für 95 Pfennig kaufte und der sicher nicht lange hielt. Der Sohn Hermann war der bekannte Rodenkirchener Maler. Er hat wohl einige Jahre am Lüchbaum seine Staffelei aufgestellt und die idyllische Alte Kapelle und ihre Umgebung porträtiert und war zu seiner Zeit ein geachteter, hervorragender Maler, dessen Bilder in Kölner Galerien zu erwerben waren. Er malte auch die Bäckerei Köhl in der Barbarastr. Aber wie alle Bohemiens, die Leute waren arm und lebten auf dem dritten Rang der Skala.

Zur Familie des nächsten Hauses wäre auch einiges zu sagen, die Familie Spiess. Vater Arnold und Mutter Grete hatten vier Kinder, Arnold (*1924), Peter (*1926), Tochter Resie (wohl * 1928/29 und Josef (wohl *1930). Sie alle waren gut erzogene Kinder und Spielkameraden meiner Kinderzeit. Herr Spiess galt als treusorgender Familienvater und war nebenbei bis ins Alter hinein bei der Freiwilligen Feuerwehr. Ich habe sogar noch die alte Familie Spiess gekannt, die zuvor in diesem Hause wohnte, also die Großeltern der genannten Kinder Spiess, von denen heute noch Arnold und Resi leben. Arnold kam erst spät aus russischer Kriegsgefangenschaft in die alte Heimat Rodenkirchen zurück. Rundherum eine gute Familie.

Daneben, am Treffpunkt „an dä Latern" (an der Laterne) stand das Fachwerkhaus Winkelmolen gegenüber Pullemshof. Die Familie hatte vier Kinder, Christine (*1920), Anna (*1922), Billa (*1926) und den Sohn Heinz (wohl *1927/1928), alles Spielgefährten meiner Kinderzeit, von denen es in der Barbarastr. so viele gab. Alle Familien hatten in den 1930er Jahren so ihre Sorgen mit dem Kinderreichtum, es war Rezessionszeit, alle ohne Arbeit. Ich erinnere, dass Herr Winkelmolen sich für eine Zeit beim Pullemshof verdingt hatte. Er war ebenfalls ein treusorgender Familienvater. Er kam nicht aus Rodenkirchen, war wahrscheinlich nach dem Ersten Weltkrieg hier geblieben. Frau Winkelmolen war eine resolute Einheimische.

Jetzt ziehen wir einen Kreis in der Barbarastr. und zwar am Plätzchen mit Haus Eulen, Mohrs Haus, Haus Buff und dem Haus von Hahnenbergs Mariechen. Hier auf dem Platz war der Treffpunkt aller Gassenkinder.

Das Häuschen Eulen war Eigentum der Familie Fahrbach, der auch die beiden Häuschen daneben gehörten. Neben der Familie Eulen wohnten in der Friedensstr. die Familien Bungartz, daneben Familie Münch. Familie Eulen hatte die Söhne Joseph (*1915) und Hans (*1924). Herr Eulen war der älteste Sohn der Ühlemutter, mit Vornamen Johann. Alle Welt nannte ihn „dä Ühle Hennes". Frau Eulen war eine geborene Theres Otten, genannt „et Ühle Dres" und war sehr fleißig. Herr Eulen war im Ersten Weltkrieg Feldwebel gewesen und arbeitete in den 1930er Jahren bei der Firma Eck & Ulmer. Frau Eulen trug jeden Morgen für die Bäckerei Köhl in der Barbarastr. die Brötchen zu den Herrschaftsvillen aus, im Sommer wie im Winter. Das Ehepaar Eulen kam Ende des Zweiten Weltkriegs bei der Evakuierung nach Drossen ums Leben. Sohn Josef diente im Zweiten Weltkrieg als Hauptfeldwebel (Spieß). Hans kam erst spät aus der Kriegsgefangenschaft zurück (1950).

So kommen wir zum Haus Buff, einer kleinen Bauernfamilie, die die Schweizer Staatsangehörigkeit hatte. Buffs Käthche war viel jünger als der vor dem Ersten Weltkrieg nach Rodenkirchen gekommene Herr Buff. Insgesamt hatte die Familie Buff fünf Kinder, zwei aus erster Ehe, wovon ein Sohn gelähmt im Rollstuhl saß. Über sein Alter kann ich nichts sagen. Die übrigen waren Kinder aus der zweiten Ehe, Gretchen (*1918), Änni (*1924) und Karl Buff (*1925). Wie man erfuhr, zog die Familie Mitte der 1930er Jahre zurück in die Schweiz. Später hieß es, Karl sei dort in den diplomatischen Dienst eingetreten. Er war schon als Kind der Klassenbeste.

Buffs hatten zwei Kühe in ihrem Stall und ein Pferd, das wohl ihr ganzer Reichtum war. In den frühen Jahren, so sagt man, brachten sie ihre Milch in die von den Alten genannte Milchbar, die hinter der Gaststätte Lausenhammer zum „Strandschlösschen" beim Städtischen Strandbad lag. Also ein armes, dahingefristetes Leben mit wenig Ackerland. Nach Aussage eines Freundes von mir soll der alte und gebrechliche Mann jüdischen Glaubens gewesen sein. Herr Buff starb noch in seinem armseligen Häuschen in Rodenkirchen.

Noch zur Barbarastr. zählend lag gegenüber dem Haus Buff das kleine Fachwerkhaus Schäfer. Die Familie Karl und Christine Schäfer, genannt „et Prüms Tring", war bekannt in ganz Rodenkirchen, weil sie viele, viele Jahre die Totenansage machte und bei jeder Beeerdigung die Totenlaterne vortrug. Das Haus Schäfer war Eigentum vom Pullemshof und steht heute unter Denkmalschutz. Hinter dem Häuschen hatte der Pullemshof noch eine große zweite Scheune für Heu und Stroh für das Vieh. Die Familie Schäfer hatte vier Kinder und zusätzlich einen Sohn der ältesten Tochter. Das waren et Marie, et Lieschen, et Käthchen und der Karl. Der Sohn der ältesten Schwester hieß ebenfalls Karl (*1918), wir nannten ihn de Ritz oder de Ritse Karl. Marie starb schon früh, Lieschen blieb ledig, Käthchen war mit Toni Scharbach verheiratet und Karl mit einer Frau aus Bayenthal. Der Ritse Karl war nach dem Zweiten Weltkrieg mit der Magd Gertrud vom Pullemshof verheiratet, sie kam aus Großbüllesheim aus der Voreifel. Karl verunglückte mit seinem Fahrrad auf dem Weg zur Arbeit zur „Schwärzfabrik" in Kalscheuren tödlich.

Die Schäfers waren eine alte Rodenkirchener Familie und Frau Schäfer, Prüms Tring, kam aus Prüm in der Eifel. Alle wohnten friedlich zusammen in dem kleinen Häuschen.

Mohrs Haus in der Barbarastr. bewohnten alle Schichten von Familien, die ich der Zahl nach alle aufschreibe. Zur Familie Löhrer gehörte der Sohn Jakob, zur Familie Kramer (Frau Kramer versorgte zusammen mit Frau Richter die Kirchengebäude) gehörten die Kinder Josef, Matthias und Käthe, zur Familie Burgwinkel die vier Kinder Lisbeth, Matthias, Heinrich und Theo, zur Familie Phillips Heinrich, Jean, Willi und Bertha. Sohn Jean (Schäng) arbeitete dann bei der Firma Ford und wurde dort Trainer für Golf und Tennis. Zur Familie Zündorf gehörten Willi, Josef und Elisabeth. Josef Zündorf ertrank 1931 im Rhein. Zur Familie Kübeler gehörten die Kinder Hans und Katrin, zur Familie Burtscheid fünf Kinder, deren Namen ich nicht kenne. Familie Heimann hatte drei Kinder: Änne, Karola und Hilde. Familie Prediger hatte vier Töchter: Maria, Margarethe, Tienchen und Johanna. Frau Prediger und Frau Griesen waren beide Töchter von Vater Mohr, der das große Haus später der Kirche vermachte. Genannte Frau Griesen hatte mit ihrem Ehemann drei Kinder: Matthias, Berti und Margarete. Berti heiratete später den Elektromeister Jupp Scheer. Die Familie Mohr schließlich hatte drei Kinder: Christian, Sebastian und Fritz. Die Geburtsdaten der verschiedenen Familien sind nicht mehr bekannt und liegen zwischen 1939 und 1945. Zu den Alten im Hause Mohr gehörte Frau Luxem, die Parterre ganz allein in einem großen Zimmer wohnte. Ihr Mann war tödlich beim Bau der Kölner Südbrücke verunglückt. Die arme alte Frau Luxem war zur Zeit meiner Kindheit an die 80 Jahre alt und wird zwischen 1845 und 1850 geboren sein. Soweit mir bekannt, wohnte sie mietfrei im Hause, denn die Familie Mohr war eine sehr sozial denkende und fromme Familie. Nun fehlen noch die Familien Lennartz mit ihren drei Kindern Leni (*1920), Lisbeth (*1921) und Fritz (*1922) sowie die Familie Buseunius. Vater Buseunius wurde allgemein „Ärm un Been" genannt. Frau Buseunius war eine geborene Obermauer, aus alter Rodenkirchener Familie also. Die einzige Tochter hieß Kathrinchen, eines der 30 Kinder, die im Hause Mohr in der Barbarastr. wohnten.

Die Bewohner des Hauses hatten eine Vielfalt von Berufen und weit auseinanderliegende Arbeitsplätze.

Herr Lennartz arbeitete im Kaufhaus Tietz* in Köln als Lagerarbeiter, Herr Kramer war Angestellter der Köln-Düsseldorfer Schifffahrtsgesellschaft, Herr Burgwinkel arbeitete auf dem Bahnhof beim Eifeler Tor, Herr Löher als Montagearbeiter der Maschinenfabrik Sürth, Herr Philipps bei der „Kännchenfabrik" Kohl & Rubens beim Rodenkirchener Bahnhof, Herr Burscheid war Dreher in der Firma Hilgers, Herr Prediger war Postbeamter, Herr Kübeler und Herr Buseunius waren Handlanger des Rodenkirchener Bauunternehmers Friedrichs, Herr Heimann arbeitete in der Chemischen Fabrik, Herr Mohr war Bankbeamter (Kalkulator). Frau Prediger und Frau Griesen waren Schwester und Tochter vom alten Herrn Mohr.

Das nächste Fachwerkhaus bewohnte Mariechen Hahnenberg mit ihrem ledig geborenen Sohn Heinz (*1922) und ihrer Mutter Hahnenberg. Mariechen führte einen kleinen Tante-Emma-Laden, in dem es alles gab, von der Butter bis zum Petroleum. Die armen Familien der Barbarastr. ließen bei ihr anschreiben und zahlten am Lohntag, dem Freitag. Manche auch nicht. Ihr Laden wurde im Bombenkrieg zerstört und eröffnete neu in der Leyboldstr. Der Sohn Heinz tauchte nach dem Krieg nicht wieder auf und soll als Einzelgänger in München gelebt haben. Mariechens Bruder Theo Hahnenberg sorgte für die Hauspflege und das große, meist unbewohnte Backsteinhaus im hinteren Hof der Hahnenbergs. Diesen Bruder nannten alle „de Hahne Dei".

---

* Anmerkung: Das Warenhaus Tietz wurde 1934 zur „Westdeutschen Kaufhaus AG" arisiert. Mitglieder der Familie Tietz gingen wie die evangelischen Kinder aus Rodenkirchen in die evangelische Schule in Bayenthal in der Caesarstr. Hubert Billau (*1920) erinnert sich an seine evangelischen Mitschüler aus der Leyboldstr. in Rodenkirchen und daran, dass er zu Geburtstagen in das Haus Tietz eingeladen und als Gast beschenkt wurde. Erna Engelmann, geb. Eichholz, Gertrud Heydt, geb. Kürten (Ehefrau von Otto Heydt) und Anna Lützenkirchen waren Verkäuferinnen bei Tietz, so Franz Bröhl.

Jean, ein weiterer Bruder von Mariechen arbeitete im Antiquitätengeschäft Fahrbach am Neumarkt. Herr Fahrbach wohnte in der Friedensstr.

Das nächste Haus war wieder ein kleines Fachwerkhäuschen und gehörte der Bäckerfamilie Köhl. Es war bewohnt von zwei alten Leutchen, der Familie Merten, deren Töchter beide bei der Schokoladenfabrik Stollwerk arbeiteten [die Familie Stollwerk wohnte an der Uferstr. in Rodenkirchen]. Das Häuschen steht noch und ist unter Denkmalschutz.

Familie Köhl war eine hochangesehene fromme Bäckerfamilie. Die von Wilhelm und Barbara Köhl geführte Brot- und Feinbäckerei in der Barbarastr. 11 war die älteste in Rodenkirchen und belieferte mit eigenem Gefährt auch die Uferstr. Der Vater von Frau Köhl war ein gewisser Herr Pesch. Die vier Kinder der Familie waren Maria (*1916), Lisbeth (*1920), Wilhelm (*1922) und Bärbel (*1924). Maria heiratete später den Juristen Josef Mainz, dessen Eltern in der Wilhelmstr. eine Milchhandlung betrieben. Lisbeth blieb ledig und führte nach dem Tod der Schwester Maria den Haushalt ihres Schwagers Josef. Wilhelm fiel im Alter von 20 Jahren 1942 in Russland. Bärbel heiratete nach dem Krieg Peter Fells aus der Rheinstr. Wilhelm und Peter waren beide meine Schulkameraden.

Das Nachbarhaus bewohnte Herr Henseler, ein gebürtiger Poller, der im Jahr 1928/1929 an den Folgen einer Kriegsverletzung des Ersten Weltkrieges verstarb, denn Frau Henseler wurde in der NS-Zeit von der Partei als Kriegerwitwe betreut. Sie war aus Frankfurt und versorgte ihre Mutter Höttinger im Haus. Das Ehepaar Henseler hatte folgende Kinder: Anna (*1909), verheiratet mit Fritz Gammersbach, Lieschen (*1911), verheiratet mit Conrad Laufenberg, Willi (*1912), blieb ledig, ohne B. Fehr zu heiraten. Adele (*1915) heiratete einen Mann von der Mosel, Käthi (*1916) heiratete den Poller Michel, Margarethe (*1917) heiratete Willi Krämer, Maria (*1920) heiratete Willi Severin und Gertrud (*1921) heiratete Herrn Vogel.

Willi Henseler war durch seine Verwundung im Zweiten Weltkrieg an den Rollstuhl gebunden und fuhr damit auf die Rheinkribben zum Angeln. Er war leidenschaftlicher Angler, wie es bereits seine aus Poll stammenden Vater und Onkel waren. Er lebte mit Billa Fehrer in Lebensgemeinschaft. Billa war vor ihrer Scheidung mit Jakob Türk (Janny) verheiratet, der auch gebürtiger Poller war. Aus dieser Ehe mit Jakob Türk sind zwei Kinder hervorgegangen, Willi (*1930) und Käthe (1932). Käthe führte zusammen mit ihrem Mann in der Maternusstr. ein Pelzgeschäft, das später der Sohn übernahm.

Gehen wir weiter zum Haus Rodenkirchen-Riemeyer. Es war ein großes, traufenständiges Doppelhaus mit einer großen Toreinfahrt, die zum Innenhof, den Garagen und zum hinteren Bereich des Gartens führte. Der erste Eigentümer war die Familie Rodenkirchen mit fünf Kindern: Paul, Trautchen, Katharinchen, Anna und Wilhelm. Heinrich Rodenkirchen war Kompagnon der Firma Siller & Rodenkirchen, seine Frau Gertrud war eine geborene Merkenich, die allgemein „de Reskiers" genannte wurde.

Nach dem Tode von Heinrich Rodenkirchen kam das Haus an die Familie Riemeyer. Herr Riemeyer hatte aus erster Ehe keine Kinder. Er war Elektriker und Installateur, aber nicht im Meisterberuf. Erst Jahre später kam ein gewisser Hans Meier mit seiner Ehefrau ins Riemeyersche Haus mit gleichem Beruf und Meistertitel, was zu Beginn der NS-Zeit wichtig wurde, denn es durfte kein Handwerksbetrieb ohne Meistertitel geführt werden und ausbilden. Riemeyers erste kinderlose Ehe wurde geschieden und aus der zweiten Ehe ging der Sohn Friedel hervor, der nach dem Zweiten Weltkrieg in das Bankfach ging. Im Haus gab es noch verschiedene Mietparteien, die Familien Klinz, Krapohl und auch ein gewisser Herr Wild, genannt „de Wilds Kobes", der sich immer noch als alter Krieger von 1870/71 gab. Er rief jeden Morgen unserer Mutter als Gruß zu: Für Gott, für Kaiser und Vaterland! Tätärätätä, Tätärätätä!" Er kam schließlich nach Bonn in eine Nervenheilanstalt.

Das Nebenhaus bewohnte „Lapps Tring". Sie war verheiratet mit Jean Richartz, gen. „de Rischarts Hennes". Das Haus war nicht sehr groß, hatte aber einen Torbogeneingang von der Barbarastr. zum Hof. Die beiden hatten keine eigenen Kinder, aber eine Tochter aus erster Ehe, die spätere Frau Habeth, die unsere direkten Nachbarn in der Barbarastr. waren, genau gegenüber vom Tring. Tring betrieb zusammen mit ihrem Mann einen Schrotthandel und war eine resolute, sehr reiche Frau. Sie besaß nicht nur zwei Häuser in der Barbarastr., sondern ein weiteres Haus in der Maternusstr. und einen riesigen Obstgarten auf der Weißer Str., von dem wir jedes Jahr unser Einweckobst bezogen. Dazu gehörten noch zwei Häuser in Sürth und verschiedene Grundstücke. Alles vom Schrotthandel erwirtschaftet. Die Erbin war dann Frau Habeth, die einzige Tochter, auf die ich noch zurückkomme bei der Beschreibung der gegenüberliegenden Seite der Barbarastr. Tring starb 1928.

Das Nebenhaus von Tring war das Haus Halfen, ein sehr großes, dreistöckiges Gebäude. Bewohner des Hauses waren Josef Halfen, früher Lehrer und Rektor der katholischen Volksschule Rodenkirchen und seine beiden Schwestern Billa und Margerethe. Die Mutter dieser drei Geschwister kannte ich noch, sie wurde im Rollstuhl gefahren. Es war eine sehr fromme Familie. Alle drei Geschwister blieben unverheiratet. Allerdings heiratete Billa im späteren Jungfernleben noch einen Witwer, Beamter der ehemaligen Deutschen Reichsbahn, der zwei Töchter mit ins Haus brachte. Daher trug Billa nach der Heirat den Familiennamen Schrage.

Nun aber zurück zu den frühen Kindertagen, als Billa Halfen im Paterre des Hauses ein Schreib- und Spielwarengeschäft betrieb. Wenn man selbiges betrat, war man verzaubert wie im Märchenland. An den Wänden waren die Deutschen Märchen aufgemalt, aus seinem großen Vogelbauer begrüßte ein Papagei jeden Kunden mit den Worten „Tach, liebe Jung", egal ob Junge oder Mädchen. Es war ein sehr schöner, für uns Kinder traumhaft-romantischer Laden.

Die übrigen Bewohner, außer den Halfens, waren meist noch Endzwanziger, darunter die Familie Langen mit den fünf Kindern Gretchen (*1914), Hans (*1918), Matthias (*1919), Heinz (*1921) und Käthchen (*1924). Matthias und Heinz waren beide blind und daher die meiste Zeit in der Blindenanstalt in Düren. Die beiden Töchter hatten auch sehr schwer mit ihrer Sehschwäche zu kämpfen. Der davon nicht betroffene Bruder Hans Langen aber ertrank im Alter von 10 Jahren im Rhein.

Außer den Langens bewohnte noch die Familie Anton Dickopf Halfens Haus und in frühen Jahren auch noch der Lehrer Riemer mit seiner Familie, woran ich mich persönlich nicht erinnern kann, aber daran, dass meine 13 Jahre ältere Schwester oft davon erzählte. Die Kinder Riemer waren die Tochter Therese und ein Sohn, später Angestellter bei der Kreissparkasse Köln und Philatelist.

Nebenan stand das Haus Wadepohl. Es war ein kleines Haus ohne Stockwerk und lag längsseitig zum Haus Halfen. Die Wadepohls hatten drei Kinder, Josef (ca. *1906), Peter (*1910) und Agnes (*1912). Josef arbeitet später in der Firma Hilgers, Peter wurde Ofenbauer und Agnes Näherin. Es war eine ruhige, liebe Familie.

Neben der Familie Wadepohl stand ein niedriges Doppelhaus, man konnte sich tatsächlich in der Dachrinne die Hände waschen. Eigentümer dieses langgezogenen Doppelhäuschens war die Familie Nierstrass. Die eine Hälfte bewohnte die Familie Jülicher, die andere Familie Richartz mit den vier Kindern Luise (*1909), Christian (*1910), Bertha (*1914) und Heinrich (*1917). Herr Richartz, der bei der Wellpappenfabrik Sieger arbeitete, war der Bruder des mit Lapps Tring verheirateten Johann Richartz. Die nebenan wohnende Familie Jülicher hatte zwei Kinder, Sophie (*1920) und Karl (*1921), einer meiner Jugendfreunde. Er fiel im Zweiten Weltkrieg in Russland. Wenn man dieses Doppelhäuschen betrat, musste man zuerst zwei Stufen hinabsteigen und dann aufpassen, dass man nicht mit dem Kopf am oberen Türrahmen anschlug, so niedrig war dieses Haus gebaut. Herr Jülicher war im Ersten Weltkrieg Marinesoldat gewesen und war einer der Meuterer von 1917 und stand während der Nazizeit unter Beobachtung. Von Beruf war er Fuhrmann bei Schüller und fuhr nach dem Zweiten Weltkrieg für die ADA-Käsefabrik.

Das Nebenhaus war ebenso klein und lag gleichfalls in einer Senke. Es war Eigentum der Familie Niedecker. Hier wohnte die Familie Linden mit ihren vielen Kindern, bis sie in der Weißer Str. ein Haus der ehemaligen Ziegeleiarbeiter übernahmen. Dann zog die Familie Schmitz ein mit ihren fünf Kindern. Die ungünstige Lage in der Senke an der Barbarastr. machte das Haus bei Hochwasser regelmäßig unbewohnbar.

Letztes Haus der von Osten nach Westen führenden Barbarastr. war das Haus Niedecker. Hier hatte zu meiner frühen Jugend der Architekt Peter Weyer sein Büro und mein älter Bruder war für einige Zeit sein Laufbursche. Danach führte die Familie Niedecker dort einen Obst- und Gemüseladen, für den Herr Niedecker auch die Waren mit Pferdchen und Wagen in den Straßen Rodenkirchens anbot. Aus dem Pferdewagen wurde ein motorisierter Goliath-Lieferwagen. Niedeckers hatten drei Kinder, den Sohn Paul (*1900, gen. Dä Niedeckers Ässed) und zwei Töchter, deren Geburtsjahre ich nicht angeben kann. Das Haus Niedecker steht heute noch.

Ein Wagen des Hofes Engels aus der Barbarastr. unten am Auenweg, wo die Felder des Hofes lagen.

Das folgende Nachbarhaus mit der Drogerie Conrad und der Gaststätte Jägerhof zählt zur Hauptstraße.

Die Barbarastr. von Ost nach West, Südseite.

Der Bauernhof Verlinden gehörte zur Kundschaft meiner Mutter. Ich trug schon als Fünfjähriger die gebügelten Wäschestücke und steif gestärkten Kragen, Chemisetten und Manschetten mütterlichen Fleißes zu der sehr frommen katholischen Familie Verlinden mit ihren beiden erwachsenen Söhnen und beiden Töchtern. Der mittelgroße Bauernhof verfügte über Milchkühe, die üblichen beiden Pferde und Ackerland im Auengebiet. Als sich dann der alte Herr Verlinden zu Beginn der 1930er Jahre aus unbekanntem Grunde bei der 9. Kribbe das Leben nahm und das Hofgrundstück an die Besitzerfamilie Nacken zurückfiel, baute die Familie Verlinden auf eigenem Grund an der Weißer Str. einen neuen Hof, den ich auch weiterhin mit der blütenweißen Wäsche meiner Mutter belieferte.

Das nächste Haus bewohnte die Familie Haubner, die dort einen Briketthandel mit Pferd und Bollerwagen betrieb. Die Tochter hieß Anna, Sohn Toni (*1908) nannte man „Haubners Doof", vielleicht weil Herr Haubner aus Bayern gebürtig war. Als das Geschäft gut lief, kaufte Herr Haubner direkt an den Schranken des Rodenkirchener Bahnhofs ein Gewerbegrundstück, so dass die eingehenden Brikettladungen von den Waggons direkt auf dem Grundstück abgeladen werden konnten. Tochter Anna blieb weiter bei den Eltern in der Barabastr. wohnen und heiratete Herrn Graumann, der in der Nachkriegszeit mit Pferd und kleinem Wagen mit Umzügen und Dienstfahrten begann. Wenn er gebraucht wurde, war er immer da. Toni Haubner heiratete später ein Wesselinger Mädchen, eine resolute und tüchtige Frau, die ein großes Herz vor allem für arme Leute hatte. Die beiden Söhne waren der nach dem Großvater benannte Wilhelm und Peter. Der Sohn Annas hieß Friedel. Zum Betrieb am Bahnhof gehörte der Brikettträger Josef Eulen, im Zweiten Weltkrieg wurde er als Berufssoldat Oberfeldwebel und Spieß der Wehrmacht. Da kann man nur noch an das schöne Lied denken: „Schöner Gigolo, armer Gigolo, denkst Du noch an die schönen Zeiten, als Du als Soldat ganz oben warst, ..."

Auf dem in der Barbarastr. anschließenden Grundstück standen zwei Häuser, sie waren nur über

Sommershof: Blick über den Innenhof des Hospitalshofes an der Hauptstr., im Hintergrund ein Teil der Stallungen des Hofes, rechts der mittelgroße Erntewagen. Links der ausgemauerte Misthaufen, wie ihn alle größere Höfe hatten. In der Hofmitte ein Raupentraktor wohl aus der Zeit nach dem Zweiten Weltkrieg. Der Traktorfahrer könnte Herr Rottscheidt sein, ein Verwandter der Geschwister Sommer, die den Hof betrieben. Sie gaben dem Hof den Namen.

Jeden Herbst stand hier die Dreschmaschine, um die Jahresernte einzubringen. Diese Dreschmaschine wurde von der Fa. Lanz betrieben und ging von Hof zu Hof.

einen größeren Durchgang zu erreichen. Direkt an der Straße stand Haus Pinzl. Herr Pinzl war Braumeister der Hirschbrauerei auf der Alteburg. Der Sohn Franz war wohl Jahrgang 1912, Gertrud 1910 und die ältere Tochter 1902/1903 und verheiratet mit Josef Hoppen, der im Zweiten Weltkrieg fiel. Frau Pinzl gehörte zu den Frauen der Barbarastr., die jeden Donnerstag auf das Aufspielen der Musikanten auf der Barbarastr. warteten, um dort zu tanzen. Herr Pinzl kam jeden Abend mit einer Tasche voll Bierflaschen, seinem Deputat, von der Brauerei zurück und sang immer schöne alte Lieder vor sich hin, wie z.B. „Wer das Scheiden hat erfunden". Meist hatte er, wie man sagte, einen kleinen Seegang. Auch er war aus Bayern und hatte dort wohl das Brauereihandwerk gelernt.

Im hinteren Teil des Grundstücks stand das Haus Obermauer. Herr Obermauer (*1875) arbeitete in Peters Fabrik und war ein Freund und Klassenkamerad meines Vaters Andreas Bröhl. Nach der Arbeit trafen sich beide oft an der Bank der unteren Bärbelsgass am Rhein und gingen dann mal eben rüber zum Skatkloppen zu Merkenich in die „Kitzelbud", auf die ich noch komme. Frau Obermauer sehe ich noch vor mir in ihrem langen Kleid, darüber eine blau-weiß gestreifte Schürze, die gleichfalls bis zum Boden reichte. Obermauers hatten zwei Kinder, Trautchen (wohl *1906) und Jean (*1909/1910). Jean war leidenschaftlicher Kahnfahrer. Wir nannten ihn wegen seines rötlichen Haarschopfs „dä Obermauers Fuss". Trautchen heiratete Matthias Schäfer und hatte fünf Kinder, Käthchen (*1926), Annemie, Gertrud, Max und Matthias. Der Sohn des im Zweiten Weltkrieg bei Stalingrad gefallenenen Jean lebt noch und leider nennt man ihn immer noch „Obermauers Fuss".

Die beiden folgenden Häuser standen auch hintereinander an der Barbarastr., erst das kleine Häuschen Fehrer, dahinter das große Backsteinhaus Wienand. Es steht heute noch. Franz Wienand, ein Hüne von Mann, der in der Petersfabrik arbeitete, hatte vier Töchter: Lieschen, Lena, Trienchen und Trautchen. Herr Wienand ging viel zum Fischen auf den Rhein zusammen mit Herrn Fehrer. Der eigene Kahn war eine Schütt, von der aus man mit dem Netz fischte. Frau Wienand war eine geborene Koll wie ihre Schwestern, von denen eine Barths Len genannt wurde und den Jägerhof führte, die andere als Frau Obermauer bekannt war, der Metzgerei in der Hauptstr.,

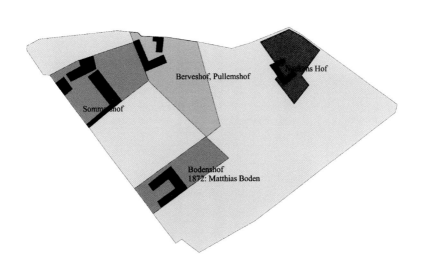

Der „Pullemshof", früher Barbarastr. 20, benannt nach der Familie Pulheim, ist der alte Berveshof. Er hat der Barbarastr. ihren Namen gegeben. Der angrenzende Sommershof, bewirtschaftet von den Geschwistern Sommer, ist der Hospitalshof der Armenverwaltung der Stadt Köln. Neben dem Hof Boden lag noch der Hof Gammersbach, der sich bis zur Walther-Rathenau-Str. hin erstreckte. Nackens Hof wurde von der Familie Verlinden bewirtschaftet, war im Besitz der Familie Nierstraß und umfaßte das Gelände „Im Park", das Rodenkirchener Paradies.

Nördlich der Barbarastr. lag der Zehnthof an der heutigen Rheinstr./Ecke Auf dem Brand, wo noch das Haus Birk mit seiner tiefen Unterkellerung stand, an die sich Peter Rodenkirchen erinnern kann. An Alt-St. Maternus schloss südlich die Hofstelle Krussengut an, ausgebaut zum Café am Kapellchen und auch Kahlshof genannt.

Die Hofstelle des Kartäuserhofs am Rheinufer reichte vom Ortseingang bis zur Hombergstr.

Das Hofgelände des Fronhofes ist der heutige Maternusplatz, der angrenzende Jonenhof wurde zur Gustav-Radbruch-Str. parzelliert. Erhalten ist der Lennartzhof, dem noch der Engelshof und der neue Hof vor lagen. Von hier führte die Schillingsrotter Str. zur Barbarastr. und Friedensstr. an den Rhein.

genannt Wooschmann. Die älteste Tochter machte daheim den Haushalt. Lene lernte das Friseurhandwerk und war verheiratet mit einem Herrn Hepp, doch die Ehe hielt nicht lange und wurde geschieden. Ihr Frisiersalon war in der Maternusstr., gleich neben der Metzgerei Heydt. Lieschen war verheiratet mit einem Konditor aus Obermendig, wohin sie auch zog. Trautchen arbeitete in der Petersfabrik und lernte dort ihren späteren Mann kennen, den sie bald nach dem Tode ihres Vaters heiratete und nun den Familiennamen Schieff trug.

Haus Fehrer war ein kleines Fachwerkhäuschen mit vielen Kindern, deren ältere ich erinnere: Karl, Franziska, Pauline, Willi und Fritz. Herr Jean Fehrer arbeitete ebenfalls in der Petersfabrik. Seine Eltern wohnten im Haus gegenüber. Frau Fehrer stammte aus Weiß und wurde über 90 Jahre alt.

Auch die folgenden beiden Häuser standen als Vorder- und Hinterhaus auf einem Baugrundstück. An der Barbarastr. wohnte die Familie Schmitz, dahinter die Familie Linden. Das giebelständige Haus der Familie Schmitz glich dem der Familie Fehrer, war eines der typischen kleinen Wohn-

Feldarbeit auf den Feldern Engels am Auenweg

bauten der vorherigen Generationen. Herr Schmitz arbeitete sein ganzes Leben lang in Sürth bei der dortigen Maschinenfabrik, die Lindes Eismaschinen herstellte. Von den beiden Töchtern und dem Sohn erinnere ich mich an Jakob (*1914), der in Siegers Wellpappenfabik arbeitete.

Herr Linden arbeitete viele Jahre bei der Fabrik Schütte in Poll und nach dem Zweiten Weltkrieg arbeitete ich noch mit ihm zusammen bei Siller & Rodenkirchen. Frau Linden war eine putzige, lebendige Frau, die auch an den Donnerstagen mit der Musik der Straßenmusikanten auf der Barbarastr. tanzte. Eine nette Familie aus alter Rodenkirchener Dynastie. Von den vier Kindern erinnere ich die Namen von Gertrud, Peter und Maria. Gertrud war mit dem Sohn des Gärtnereiinhabers Walter verheiratet, Peter arbeitete bei der Wellpappenfabrik Sieger, die zweitälteste Tochter wurde Ehefrau eines Metzgers in Ehrenfeld. Maria (*1920) war die jüngste der drei Töchter.

Das folgende Anwesen war der Bauernhof der Familie Engels, ein größerer Hof mit viel Ackerland und Viehwirtschaft und Milchverkauf ab Hof. Das Ackerland lag im Auengebiet, wohin Fritz Engels nach dem Zweiten Weltkrieg aussiedelte. Den alten Herrn Engels habe ich selbst nicht gekannt, aber seine liebe, kleine, etwas pummelige Frau. Sie hatte die drei Söhne Fritz, Peter und Max und die Tochter Trautchen, die später einen Berliner Bahnbeamten heiratete, der auch noch beim Rodenkirchener Bahnhof bei der Güterabfertigung Dienst tat. Die Engels-Söhne waren alle prima Kerle. Fritz war verheiratet mit Lisbeth Flesch und Max heiratete erst nach dem Zweiten Weltkrieg. Fritz und Lisbeth hatten zwei Kinder, den Sohn Erich und die Tochter Marie Luise, genannt Malu. Erich war später in der Rodenkirchener Verwaltung. Max und Peter hatten keine Kinder und Trautchen, soweit ich mich erinnern kann, eine Tochter. Sie sind alle dahingegangen, aber die beiden Kinder leben noch. Engels war eine prima Familie, die einfach zur Bärbelsgass gehörte.

Nebenan die Familie Merkenich gehörte auch zum Rodenkirchener Bauernstand. Die alte Frau Merkenich war eine geborene Gammersbach. Es waren vier Geschwister, Max, der mit seinen ebenfalls ledigen Schwestern Gretchen und Trautchen zusammen Hof und Wirtschaft führte und eine in Belgien gleichfalls in die Landwirtschaft eingeheiratete Schwester, die wiederum drei Söhne hatte, Simon, Heinz und Max. Sie kamen in ihren Sommerferien nach Rodenkirchen und gehörten zu meinen Spielkameraden. Die Hofäcker und Felder lagen auch im Auenviertel. Die nebenbei betriebene Gastwirtschaft wurde „Kitzelbud" genannt, was man aber im Beisein von Herrn Merkenich besser nicht sagte.

Kommen wir zum Haus Bendermacher. Jakob und Gertrud, genannt „Draut" hatten mehrere Kinder. Auf Heinrich (*1908) folgte die wohl älteste Tochter Eva (*1909), später verheiratet mit Hans Conrad, der das vor Rodenkirchen liegende Bootshaus Conrad übernahm und als Bootsbauer wirkte. Auf Jean, genannt Schäng, folgte Josef, genannt Jüpp, dann Hubert, genannt Hüppert, der das Metzgereihandwerk lernte und eine Witwe des Zweiten Weltkrieges heiratete. Jakob (*1920) war einer meiner engen Jugendfreunde.

Die Familie Bendermacher betrieb seit jeher ein Fuhrgeschäft, früher natürlich mit Pferd und Wagen. Beim Fort VIII hatte die Familie zwei Ackergrundstücke und baute Kartoffeln, Mais und auch Hafer für die Pferde an. Der älteste Sohn Heinrich machte sich schon früh selbständig, während Jakob (gen. Köbes) und Josef im väterlichen Fuhrgeschäft blieben. In den 1930er Jahren kam auch hier die Motorisierung, was in der NS-Zeit Zwangsverpflichtungen nach sich zog, so zum Bau des Westwalls. Alle Bendermachers waren außergewöhnlich kameradschaftlich und offen und wir jungen Burschen verkehrten allabendlich dort. Dann saß des Öfteren der Junior Köbes mit dabei und freute sich an der Jugend. Eine prima Familie aus der Barbarastr. mit den Kindern Eva, Heinrich, Scheng, Josef, Hubert und Jakob.

Nun kommen wir zum Pullemshof, der an der linken Seite mit einem riesigen Bauerngarten an Bendermachers Grundstück grenzte. Vor dem Wohnhaus der Familie Pulheim standen an der Barbarastr. drei riesige Kastanienbäume. Eine Idylle. Die Toreinfahrt erschloss den großen Innenhof mit großen Stallungen für Kühe, Pferde, Hühner und Gänse. Bewirtschaftet wurden die fast bis nach Weiß reichenden Äcker im Auenviertel. Knecht seit langer Zeit war der fleißige Melker Albert Trünchen, ein gebürtiger Schweizer. Vom alten Pulheim hatte Sohn Jakob den Pachthof übernommen und eine Bauerntochter von Niederrhein geheiratet. Aus der Ehe gingen drei Kinder hervor, Josef, Hildegard und Alfred. Hildegard heiratete Herrn Rottscheid, einen Verwandten der Familie Sommer, die den Sommershof an der Hauptstraße führte. Josef verstarb vor wenigen Jahren, seine Schwester wohl 2012. Alfred betreibt den Reitstall auf dem Stumpelrott, sein Schwager Rottscheid einen Reitstall in Weiß.

Zurück zum Pullemshof, früher Berveshof genannt und Namensgeber der ganzen Barbarastr. Auf dem Hof lebte noch die Schwester Katharina mit den beiden Schwestern des alten Herrn Pulheim, genannt Billa und Lis. Beide waren blind und Kathrinchen versorgte sie. Pullems Trinchen war eine sehr fromme Jungfrau und der Kirche treu bis zur ihrem Tod.

Um 1928 suchten große Brände die Großhöfe Rodenkirchens heim. Am Dreikönigstag 1928 vernichtete ein Großbrand die große Scheune des Pullemshofs mit all seinem Lagergut, doch das Wohnhaus blieb vom Feuer verschont. Und Schweizer Trünchen gelang es, die Kühe aus den Stallungen zu retten, die dann durch die Straßen Rodenkirchens liefen und nach und nach von der Bevölkerung wieder eingefangen wurden.

Die Freiwillige Feuerwehr Rodenkirchens wurde damals mit dem Brand nicht fertig, so dass die Kölner Berufsfeuerwehr zu Hilfe kommen musste. Der Hof überdauerte den Zweiten Weltkrieg und wurde zusammem mit dem Sommershof und der linksseitigen Bebauung der Barbarastr. abgerissen. Gerade der Pullemshof war ein Denkmal vergangener Zeiten. Einige Jahre war dann das für ein Investorenvorhaben planierte Abrissgebiet Festplatz des Maternusfestes. Heute ist es Tiefgarage und der „Sommershof".

An den Pullemshof schloss sich ein Mehrfamilienhaus an. Das Ehepaar Schmitz lebte dort bis zum Zweiten Weltkrieg. Die vier Kinder waren Ernst (*1920), Käthe (*1921), Heini (*1924) und Elfriede (*1926). Heini fiel als Marinesoldat, als die „Scharnhorst" torpediert wurde. Familie Nöckel hat auch vier Kinder, Albert (*1928), Hilde (wohl *1930) und jüngere Geschwister. Hier wohnte auch der genannte Albert Trünchen vom Pullemshof mit seiner Frau, die Näherin war. Spätere Bewohner waren noch Franz Hepp mit Frau, dann Schneidermeister Göhriz. Hausbesitzer war Familie Nierstraß.

Nebenan wohnten die beiden Familien Reusch und Winter, die Ehefrauen waren Schwestern aus der Familie Klein und die alte Mutter Klein wurde mit im Haus versorgt. Die Winters hatten den Sohn Hubert (*1916), die Familie Reusch die Söhne Hans (*1912) und Toni (*1918). Herr Reusch war von Beruf „Polychromeur", der z.B. die Heiligenstatuen in den Kirchen farbig zu fassen wusste. Nach dem Tod der Ehefrau heiratete Herr Reusch nochmals und hatte eine Tochter. Die Familie zog Anfang der 1930er Jahre in die Alemannenstr. in ein Eigenheim. Herr Winter war Landvermesser der Stadt Köln. In dieselben Fußstapfen trat auch der Sohn Hubert, der nach dem Zweiten Weltkrieg seinen Dienst im Rathaus Rodenkirchen tat. Für Reusch zog die Familie Gentsch ein mit Tochter Frieda (*1908) und Sohn Heinrich (*1914). Herr Gentsch betrieb Ecke Ringstr./Schillingsrotterstr. eine Autolackiererei – zuvor war da eine Bleiche, das Haus der Lehrerin Balg entstand dort, wo heute eine Tankstelle ist. Heinrich war dann lange Jahre Torwart beim Fußballverein TSV06 Rodenkirchen.

Reden wir nun vom Haus Bachmann – Frenger nebenan. Frau Frenger war die Tochter der im Hause wohnenden alten Frau Bachmann. Jakob Frenger hatte den Sohn Jakob. Frau Frenger hatte noch mehrere Geschwister Bachmann: Anna, Fritz und Wilhelm und eine weitere Schwester, die den Anstreichermeister Wilhelm Frenger heiratete. Sohn Jakob (*1925) war im Zweiten Weltkrieg bei der Marine und überlebte den Krieg.

Die Familie Frenger war in Rodenkirchen wohlbekannt, Vater Jakob (*1900) gehörte fast allen Vereinen an, den Katholischen Junghandwerkern, war Fahnenträger des Stahlhelm, geriet in die Zwangsübernahme durch die SA und war sein Leben lang engagiertes Mitglied der Freiwilligen Feuerwehr Rodenkirchen.

Das nächste Haus bewohnte die Familie Albrecht. Vater Albrecht und Sohn Karl waren beide beim Hauptpaketdienst in Köln-Deutz. Frau Albrecht war eine rührige und fromme Frau. Da war aber auch noch die Ziehtochter Gerda (*1920), eine Kommunionsfreundin von Christel Fink, verh. Engelmann.

Nun folgt mein Elternhaus, Barbarastr. 10. Vater Andreas Bröhl (*1877) war verheirtatet mit Mutter Elisabeth (*1883). Er war von Beruf Dreher, sie gelernte Büglerin, die zeitlebens eine Rodenkirchener Adresse war und Kragen, Chemisetten und Manschetten stärkte und bügelte, dazu noch Normalhemden und Oberhemden. Dadurch lernte ich, seit ich etwa fünf Jahre alt war, ganz Rodenkirchen und auch die Marienburg beim Wäscheaustragen kennen, verbunden mit nicht immer kleinem Trinkgeld. Der Vater war Dreher bei der gegenüber in der Barbarastr. gegründeten Metallfabrik Siller & Rodenkirchen, die nach 1906 beim Bahnhof Rodenkirchen neue Fabrikgebäude bezogen hatte. Wir waren vier Kinder, Lieschen (*1909), Ludwig (*1910), Hans (*1918) und meine Wenigkeit, Franz (*1922).

Unsere Mutter haben wir nicht anders gekannt als bei der Arbeit, Arbeit, Arbeit. Schon um 5 Uhr früh begann ihr Tag mit Waschen und Bügeln, vornehmlich Stärkewäsche: Einsteck-Kragen, Chemisettchen und Manschetten, wie sie heute niemand mehr kennt. Zwischendurch nur wurden die Kinder auf die Schule vorbereitet und der Vater zur Fabrikarbeit - während unsere große Schwester Lieschen vornehmlich für den Haushalt zuständig war.

Kundschaft hatte die Mutter eigentlich zu viel. Waschen und Bügeln der Kragen 15 Pf., Chemisettchen 25 Pf., Manschetten 20 Pf. Nun, ab einem Alter von etwa 8 Jahren trug ich die fertige Wäsche zur Kundschaft und war so in ganz Rodenkirchen, aber auch in der Marienburg zu Hause. Das waren Herr Merten, Herr Schäfer, Herr Wellershausen, Herr Pesch, Herr Bendermacher, Kunden, die nur einen Kragen besaßen für den Kirchgang am Samstag. Einigen fehlten dann oft die fälligen 15 Pf. und so ging es auch unbezahlt weiter zu den Herrschaften in den Villen am Rhein bis hin zu Herrn Schirrmeister zum Städtischen Strandbad, zu Herrn Blauvac, Herrn Esser, gen. Sprot-Esser, Familie Stollwerck, Familie Isay, Familie Beermann, Familie Peters, Familie Levi. Dorthin und noch zu vielen anderen Kunden wie Löher, Weber, August Weyer, Herrn Verlinden, Herrn Boden, Herrn Wallraf, Karl Beyer, Herrn Schüller, Herrn Kurth etc. trug Franz die Wäsche aus. Der weiteste Gang führte bis in die Roberthäuserstr. in der Marienburg. Das wirklich schöne am Austragen war natürlich das Trinkgeld, da ließen die Herrschaften sich nicht lumpen. So kamen dann für einen Achtjährigen allerhand Groschen zusammen. Vor meiner Zeit hatten bereits Bruder Ludwig und Bruder Hans die Wäsche ausgetragen.

Manchmal bügelte Mutter auch außer Haus z.B. im Hause Papst in der Moltkestr. oder im Haus Nacken im Park. Leider wurde unsere 1883 geborene Mutter nur 67 Jahre alt und verstarb 1950 an Herzasthma, vielleicht eine Berufskrankheit der gelernten Büglerin. Und heute noch habe ich ein Bügeleisen als Andenken an unsere Mutter. Elektrische Bügeleisen gab es damals noch nicht, die alten Eisen wurden auf dem Herd erhitzt, der Sommer wie Winter brannte.

Hinter dem Wohnhaus an der Barbarastr. lag ein kleiner Hof, an den noch ein mittelgroßer, blumenreicher Garten anschloss. Zur Nachbarschaft und der weiten Verwandschaft vor allem in Rodenkirchen – was ein eigenes Thema ist – pflegten wir immer gute Verhältnisse und waren eine glückliche Familie und deshalb zum Thema: Schwester Lieschen heiratete den Steinmetzmeister Willi Heuft, der seinen ersten eigenen Betrieb im Hof eröffnete. Bruder Ludwig heiratete die aus dem Erftkreis gebürtige Gretchen Schmitz. Hans holte sich eine Frau aus dem Sauerland und ich fand meine große Liebe während des Zweiten Weltkriegs im oberbayerischen Bad Aibling. Unsere mit einem Sohn gesegnete Ehe währte 68 Jahre, bis meine Frau Franziska im Dezember 2012 verstarb. Das war das größte Leid, das ich im Leben erfuhr.

Das folgende Haus Habeth. Frau Habeth war die einzige Tochter vom Laps Tring und erbte nach dem Tode ihrer Mutter das ganze Vermögen. Der Herr Habeth arbeitete bei der Gemeinde im Außendienst. Die vier Kinder waren Kathrinchen (*1914), Peter (*1915), Änne (*1920) und Gretchen (*1921). Gretchen verstarb im Alter von 9 Jahren an einem Herzfehler. Die Familie zog später ins gegenüberliegende Haus der Mutter, das dazu völlig umgebaut war. Das alte Haus wurde an Pullems Trinchen verkauft (die Schwester vom Pullemshof), die dann dort mit ihren beiden erblindeten Tanten lebte. Habeths zogen schließlich in den 1930er Jahren in ein Haus in der Maternusstr., das auch ihr Eigentum war. Da wurde das zweite Haus in der Barbarastr. auch wieder verkauft an die Familien Beckmann und Pillmeier, die beide Hausangestellte bei der Familie Litzmann in der Karlstr. waren; die Ehefrauen waren Schwestern. Danach kam das Haus an die Familie Klein. Herr Klein war der Lieferwagenfahrer der Petersfabrik. Heute lebt noch die Tochter Klein im Haus mit dem Ehenamen Vogt.

Das nächste Haus wurde von der Familie Rodenkirchen bewohnt. Herr Rodenkirchen war der Großvater von Peter Rodenkirchen, der zu „Rodenkirchen erinnert sich" sehr viel beiträgt. Vater Rodenkirchen betrieb einen Brikettshandel mit Pferd und Wagen. Seine Frau hieß für uns „de Tant Marie". Sie hatte drei Kinder, Theo, genannt „dä Düres", wohl Jahrgang 1904/05, Gretchen (*1906/1907) und Käthchen (wohl * 1908). Prima Familie. Theo war als Dorfmusikant bekannt, verheiratet mit Agnes Birk. Käthchen heiratete Willia Aggatz aus Bayenthal und Gretchen war in Köln-Sülz verheiratet.

Familie Michel Braun führte ihren Schreinermeisterbetrieb im Haus. Ehefrau Kunigunde war eine geborene Eulen, „et Ühle Könn", eine Tochter der alten Ühle Mutter in der Maternusstr. Brauns hatten drei Söhne, Josef (*1906), Jean (wohl *1908) und Michael (*1921), mein bester Freund bis zu seinem Tod. Josef war ein großartiger Fußballer beim TSV06 und arbeitete bei der Firma Ziehl, sein Bruder Jean wirkte als gelernter Schreiner in der Werkstatt des Vaters und Michael wurde Schlosser. Herr Braun war ein hervorragender Schreiner.

Zuletzt die Familie Richartz, eine ruhige, patente Familie, arbeitsam und fleißig. Josef Richartz war einer von drei Brüdern, Heinrich und Johann Richartz, der Ehemann von Lapps Tring. Frau Richartz war Hausfrau und war aus dem Erftkreis gebürtig. Die drei Kinder der Familie waren Toni (*1920), Lieselotte (*1927) und Josef (*1930). Toni gehörte zu meinem Freundeskreis in der Barbarastr.

Zwischen ihrem Wohnhaus und der Schreinerei Braun stand noch ein kleines unbewohntes Häuschen, das dem Anstreichermeister Tellers als Magazin für seine Farbtöpfe und Pinsel und als Werkstätte für kleinere Arbeiten diente. Herr Teller selbst wohnte mit drei Söhnen im Eintracht-Haus an der Windthorststr. Herr Richartz war Stellmacher, der im Hof seines Anwesens die großen Wagenräder für die Schlagkarren der Rodenkirchener Bauern herstellte und reparierte. Diese Wagenräder wurden in der Dorfschmiede Estrich in der Hauptstr. mit großen Eisenringen beschlagen. Zaumzeug lieferte die Firma Hilgers nebenan.

Bereits zur Hauptstraße gehörend, schloss als Eckhaus das Wohnhaus der Familie Ackermann an mit ihrem Schokoladen- und Tabakwarenladen mit einer Vielfalt von Zigarren und Zigaretten.

Im Sommer gab es dort auch Speiseeis zu kaufen.

Die Gärten der Barbarastr.

Einige der Anwesen der Barbarastr. hatten Gartengrundstücke zum Anbau von Gemüse, Kartoffeln, Möhren, Kohlrabi etc. oder auch als Blumengärten, dazu gab es als Wäschebleiche genutzte Wiesen.

Der Garten der Familie Obermauer reichte bis zum angrenzenden Park und diente der Selbstversorgung.

Das Gartengründstück der Familie Wienand grenzte auch an den Park an und war Wiese und Blumengarten.

Der Garten Merkenich war ein Gewürzgarten zum Anbau von Petersilie, Sellerie etc. und grenzte ebenfalls an den Park an.

Im Garten der Familie Bendermacher gab es Gemüse und Frühkartoffeln vornehmlich als Futtermittel für die Haustiere wie Ziege, zwei Schweine und ein Ochse, der im Herbst geschlachtet wurde.

Die Familie Pulheim hatte einen riesengroßen Hausgarten für den Haus- und Küchenbedarf mit einer ebenso großen Wiese, ebenfalls angrenzend an den

Die Kinder Engels im Garten hinter dem Hof an der Barbarastr.

Park der Familie Nacken.

Familie Winter hatte einen kleinen Garten mit Blumenbeeten und eine kleine Wiese. Familie Frenger hatte ebenfalls einen kleinen Garten.

Familie Albrecht hatte im Garten Stäucher und Blumen und eine kleine Wiese, angrenzend an den großen Garten des Sommershofes. Im hinteren Hof war eine Stallung für die beiden Ziegen.

Der Garten der Familie Bröhl grenzte zur Straße hin links an den Garten Albrecht, an der Hofseite lagen wir direkt neben dem Garten Barth und dem Garten des Sommershofes. Wir hatten eine kleine Bleichwiese und im Blumengarten standen zwei große Fliederbäume inmitten von Rosen, Tulpen, Nelken, Chrysanthemen und Astern und Dahlien im Herbst. Auf 3 oder 4 Beeten wuchsen Erdbeeren.

Auf der rechten unteren Barbarastr. waren bis zum Haus Hahnenberg keine weiteren Gärten.

Hinter dem Backsteinhaus und dem Hofe der Familie Hahnenberg lag ein bis zu den Grundstücken der Rheinstr. reichender großer Garten, der aber nicht bewirtschaftet wurde, da Mariechen Hahnenberg ganz von ihrem Tante-Emma-Laden beansprucht war.

Hinter Hof und Scheune der Bäckerei Köhl tat sich ein riesiger Garten auf, der ebenfalls an die Rheinstr. angrenzte. Es gab dort Porree und Möhren und andere Gemüse, Birn- und Apfelbäume und ein großer Kirschbaum.

Die Familie Henseler hatte hinter Haus und Hof eine Bleichwiese, die auch von den Familien Eulen und Löher zum Trocknen und Bleichen mitbenutzt wurde, davor eine Schaukel für die Kinder. Dazu gab es einen Gemüsegarten, auch mit Kartoffeln.

Der riesengroße Garten der Familie Riemeyer grenzte ebenfalls an die Häuser der Rheinstr. Beim Eingang wurde auf einem wohl zehn Meter langen Spanndraht Wein gezogen, im Garten selbst gab es Stachel- und Johannisbeeren, dazu Apfel- und Birnbäume. Zudem gab es verschiedene Gemüse und Frühkartoffeln. Das alles bearbeitete Frau Riemeyer selbst, die war der Fleiß in Person. Bei Halfen endeten die Gärten der Barbarastr.

[8] Acc 441/171 - politisch & rassisch Verfolgte, 1946-1949
Acc 441/278 - Entnazifizierung in Rodenkirchen 1946-1947
Acc 441 / 241 Bürgermeister Konferenzen 1945 - 1946
Acc 441 / 123 - Korrespondenz vom Bürgermeister M-Z 1945-1947
Dr. Erika Landsberg, in: Horst Matzerath (Hrsg.), „„...vergessen kann man die Zeit nicht, das ist nicht möglich..." Kölner erinnern sich an die Jahre 1929 - 1945. 2. Aufl, Köln 1985, S. 184 - 187
J. Kübbeler Sürth - Gestern und heute (1992)

[9] Das im Auszug wiedergegebene Manuskript stellte Peter Rodenkirchen zur Verfügung. Michael Hammer, Aufzeichnungen über die 17-tägige Feier des Maternusfestes (Patrozinium) in Rodenkirchen, geschrieben in Rodenkirchen, am 13. September 1937. Auszug aus dem Manuskript „Rodenkirchen am Rhein", Schilderung des wahrscheinlich letzten großen Maternusfestes, seit Mitte 1939 war dann ohnehin die Benutzung öffentlicher Straßen für Feste untersagt.

[10] „Im Hause (Vasen) befand sich unter dem Dach ein Taubenschlag, der schon längst nicht mehr als solcher genutzt wurde. Er war vom Trockenspeicher über eine Leiter zu erreichen. Dorthin hatten sich Herr und Frau Vasen in ihrer Not letztlich geflüchtet. In den folgenden Tagen, ich weiß nicht wie lange, wurden sie von meinen Großeltern mit allem versorgt. Dann fanden sie bei Verwandten oder Bekannten eine provisorische Bleibe." (Hans Wellmannn: Mutters Haus. Episoden aus Kriegs- und Nachkriegszeit (2007, S. 126). Das Gedenkbuch verzeichnet Max Vasen nicht, der Sohn Karl, Jg. 1919, ist nach K. Parr in Shanghai umgekommen. Bereits 1933 war Max Moses aus Wesseling von Parteiangehörigen überfallen worden, starb an den Folgen und wurde 1934 auf dem Wesselinger Judenfriedhof im Grab Nr. 64 beigesetzt. Seine Ehefrau Elise (*18.1.1886 - Auschwitz 1942) war eine Schwester von Leo und Otto Heydt in Rodenkirchen. Ein weiterer Sohn von Arnold Heydt und Bertha Rothschild, Arnold, in Rodenkirchen nur „das Arnöldchen", verschwand eines Tages auf Nimmerwiedersehen in einer Heilstätte.

Christel Fink, verh. Engelmann mit ihren Schulfreundinnen im Hause Isay, Uferstr. 30

Im Adressbuch von 1939 sind bis Oskar Stern keine Anschriften der 1938 von Verfolgung betroffenen Familien in Rodenkirchen mehr genannt: Deutsch (Siegmund Deutsch, Prof., Oberstudienrat. i. R., Kaiserstr. 13 (bis 1938) Felicitas Deutsch, Mittelschullehrerin, Kaiserstr. 13 bis 1938), Heydt (Otto Heydt, Hauptstr. 64 bis 1938), Marx (Jakob Marx, Händler, Frankstr. 7 bis 1938), Rubens (Gottfried Rubens, Kaufmann, Adolf-Hitler-Ufer 22 bis 1938 und Hertha Rubens, Gymnastiklehrerin, Adolf-Hitler-Ufer 22 bis 1938), Simon (Siegfried Simon, Teilhaber v. Siegfried Simon, Köln, Kaiserstr. 10 bis 1938), Max Vasen, Hauptstr. 10 bis 1938). Zu Dr. Arthur Isay (Schriftsteller, Hauptstr. 48 bis 1938) berichtet Christel Engelmann, sie habe 1938 am Haus in der Hauptstr. ein Plakat angebracht gesehen: „Eine deutsche Frau / verkehrt nicht mit einer Judensau." Andere jüdische Familien hatten bereits in früheren Jahren Rodenkirchen verlassen oder sich bei anderen Familien versteckt, so die Familie Adolf Isay (Uferstr. 30). Leo und Paula Heydt, ehemals Metzgerei Maternusstr. 1, wohnten laut Adressbuch für 1941/42 in der Brüsseler Str. 28 und wählten dann den Freidtod. Die Töchter Paula und Thea gelangten über London nach New York. Sohn Albert Heydt (*1915) gelang die Flucht zu Emil Heydt (Betten-Heydt) nach Südamerika, so Kunigunde Parr. Ein Albert Heydt war Gründungsmitglied im Verein für Wassersport Blau-Weiß von 1932.

[11] Unglücklich ist die Erinnerung an die ermordeten jüdischen Mitbürger gestaltet worden. Der Erinnerungsstein in der Maternusstraße liegt an der falschen Stelle. Es gibt doch ein Kataster und Meßtischblätter, aus denen man die genaue Lage ermitteln könnte. Total falsch ist aber der Text auf dem Gedenkstein! Die jüdischen Mitbürger sind nicht „vorwiegend wegen ihres jüdischen Glaubens" verfolgt und in den Tod transportiert worden, sondern allein deswegen, weil sie Juden waren. Ich habe dies schon am 27. Januar 1985 den verantwortlichen Politikern, die die Einweihung gestaltet haben, gesagt, aber die Antwort bekommen, dass dieser Text ein Kompromiss sei, ohne den der Gedenkstein nicht zustande gekommen wäre. Also, Kompromiss gegen historische Wahrheit? Das kann doch nicht sein. Aber auch damals wusste man schon nach den vielen Prozessen, dass es sich um einen Genozid gehandelt hat. Adolf Hitler hatte nämlich schon zum 6. Jahrestag der „Machtergreifung" am 30. Januar 1939, also sieben Monate vor dem Überfall auf Polen, in seiner Rede vor dem Deutschen Reichstag folgendes klar und deutlich gesagt, was er vorhatte: „Wenn es dem internationalen Finanzjudentum in und außerhalb Europas gelingen sollte, die Völker noch einmal in einen Weltkrieg zu stürzen, dann wird das Ergebnis nicht der Sieg des Judentums sein, sondern die Vernichtung der jüdischen Rasse in Europa".

Hans-Ulrich Wehler hat in seiner „Deutschen Gesellschaftsgeschichte 1914-1949", Band 4, Seite 655 folgende Feststellung getroffen: „Hitler hat die Juden von Anfang an nicht als eine Religionsgemeinschaft, sondern allein als eine Rasse verstanden, die als „Rassentuberkulose" ihre Gastvölker zerstören".

Auch Edith Stein ist nicht als zur katholischen Religion Konvertierte auf den Weg in die Gaskammer geschickt worden, sondern weil sie eine Jüdin war, geboren von einer jüdischen Mutter. Es gibt ebensowenig „Halbjuden" wie „Halbchristen". Entscheidend ist allein die Geburt von einer jüdischen Mutter. Alles andere war der Geist der Nürnberger Gesetze und die entsprechende Kommentierung von Globke/Stuckart (Nürnberger Gesetze).

Soweit zum politischen Formelkompromiss zur Erinnerung an die ermordeten Juden von Rodenkirchen.

[12] Das Haus Johannes Weber in der Guntherstr. wird getroffen. Pettenberg notiert zum Angriff vom 20./21. September 1940 (1985, 25): Die Flak schießt wie rasend, allerdings ohne Abschuß. Am nächsten Morgen erfahren wir, daß bei Rodenkirchen ein Zweifamilienhaus völlig durchsiebt ist."

[13] Die Freiwillige Feuerwehr Rodenkirchen war durch Verordnungen gänzlich in die Feuerschutzpolizei eingegliedert und in das System des Reichsleiters der NSDAP eingebunden. Dieser stiftete in seiner Eigenschaft als Reichsführer SS am 28. Juni 1939 und seit 1941 für die mit Erfolg abgelegte Prüfung im Feuerlöschdienst verliehene Ärmelabzeichen der HJ-Feuerwehrscharen zeigt das Hoheitszeichen der Deutschen Polizei auf weißem Grund mit einer Flammenkrone. Ein roter Rand weist Angehörige der Feuerwehr-Scharen aus, der silberne Rand Gebietsführer. Das Abzeichen wurde auf der olivgrünen Uniform in Anlehnung an das allgemeine HJ-Abzeichen getragen.

Feuerwehrscharen sind keine Kriegseinrichtung, sondern werden auf lange Sicht aufgebaut, um Nachwuchs für „Die den Feuerschutz zu gewinnen. Möglichst viele Jungen sollen durch die Feuerwehrscharen der Hitler – Jugend gehen. Diesem Zweck und der Werbung für den Feuerwehrdienst ist ein vom Amt für Freiwillige Feuerwehren beim Chef der Ordnungspolizei im

Einvernehmen mit der Reichsjugendführung in Massenauflage herausgegebenes Heft ‚Hitler – Jugend im Feuerschutz' (Verlag Franke, Breslau I) gewidmet, das in vielen Bildern Einsatz und Ausbildung der Feuerwehrscharen zeigt. In einem Vorwort weist der Chef der Ordnungspolizei, General der Polizei Daluege, auf die beachtliche Leistung hin, die die Feuerwehrscharen der Hitler – Jugend schon vollbracht haben. In Hunderten von Fällen, bei Schadenfeuern, Fliegerangriffen und bei Waldbränden haben sie sich im Einsatz bewährt und ausgezeichnet." (Kinzig-Wacht vom 12. September 1941)

[14] Arnold Hass, Sürth, Wehrführer Feuerlöschpolizei der Gemeinde Rondorf i.R.

[15] Teil der Luftschutzdienstpflicht Durchführungsverordnung vom 15. Sept. 1939, RGBl 1939 I, S. 626 in den Luftschutzorten I. Ordnung. Die Unterscheidung I. (Luftschutzpolizei), II. und III. Ordnung wurde am 24.11.1943 aufgehoben. Die Dienstbekleidung folgte der „Vorschrift über die Dienstbekleidung für den Sicherheits- und Hilfsdienst". Rodenkirchen war zunächst Luftschutzort III. Ordnung. Pettenberg, 1985, 40 berichtet zum Angriff vom 1./2. März 22 bis 1:43 h: „Eine bemerkenswerte Episode erzählt uns ein Angestellter, der in der Marienburg wohnt. Ein Brandbombe fiel in eine versperrte Nebenwohnung. Er lief zum nächsten SHD, um sich ein Beil zum Aufbrechen der Wohnung zu beschaffen und mußte - erst ein Formular ausfüllen! Das Feuer griff inzwischen auf seine Wohnung über und vernichtete sein privates Berufsarchiv."

[16] Pettenberg, 1985, 63: Auch Rodenkirchen bekommt Bomben ab, die offensichtlich der Brücke galten.

[17] I. Ausführungen über das Planspiel.
Bei dem vom BdO. Münster [BdO. = Befehlshaber der Ordnungspolizei GenMaj. der Polizei Dr. Heinrich Bernhard Lankenau 1939-1942] und General von Lankenau am 12.8.1942 angeordneten Planspiel, an dem auch die Freiwillige Feuerwehr der Gemeinde Rondorf beteiligt war, wurden vor Beginn des Planspiels einige Ausführungen über die Gemeinde Rondorf allgemein und ihre Luftschutzmaßnahmen insbesondere gegeben. Das Gemeindegebiet mit einer Fläche von über 4 300 ha grenzt im Norden an die Hansestadt Köln, im Osten bildet der Rheinstrom die Grenze, im Süden die Gemeinde Wesseling und Stadt Brühl während die Großgemeinde Hürth die Westgrenze bildet.
Die Einwohnerzahl betragt über 16 058. Hierzu kommen noch 780 Ausländer, die in der Industrie und Landwirtschaft eingesetzt sind sowie 3 Kriegsgefangenenlager und 2 geschlossene Lager mit russ. Zivilarbeitern, deren Insassen ebenfalls in der Industrie tätig sind.
Die Ortschaft Rodenkirchen hat 7 000 Einwohner, die restlichen Einwohner verteilen sich auf folgende 9 Ortschaften: Weiss, Sürth, Godorf, Immendorf, Meschenich, Kalscheuren, Höningen, Rondorf und Hochkirchen. Die Ortschaft Rodenkirchen ist in ihrem Kern geschlossen bebaut, wohingegen in den übrigen Ortschaften die offene Bauweise vorherrscht. Die Gemeinde Rondorf wird von Norden nach Süden von folgenden wichtigen Verkehrsstrassen durchschnitten:
1. Reichsstrasse Nr. 51 Köln-Trier
2. Reichsstrasse I. Ordnung Nr. 9 Köln-Mainz
3. Landstrasse I. Ordnung Nr. 13 Köln-Bonn
von Osten nach Westen:
4. Landstrasse I. Ordnung Nr.275 Hermülheim – Rodenkirchen
5. Autostrasse Köln-Bonn
6. Reichsautobahn Aachen-Köln mit der Adolf Hitler Brücke
7. An der Kreuzung beider Autostrassen befindet sich ein Verteilerkreis.
Die Ortschaft Rodenkirchen ist durch eine Strassenbahn mit der Hansestadt Köln verbunden. Die über 16 000 Einwohner zählende Bevölkerung setzt sich größtenteils aus Industriearbeitern und Angestellten sowie aus Handwerkern, Geschäftsleuten und Landwirten zusammen. Der ursprünglich rein ländliche Charakter der Gemeinde Rondorf wird durch die stets wachsende

Industrialisierung stark beeinträchtigt.
Als besonders wichtig sind folgende Industrieanlagen zu nennen: Sürther Maschinenfabrik in Sürth, die Degussa u. Rußfabrik Wegelin in Kalscheuren, Chemische Fabrik in Rodenkirchen, Tankanlage Exo u. Marks in Rodenkirchen u.a. 14 Betriebe gehören dem Werkluftschutz und 17 Betriebe dem erweiterten Selbstschutz an. Ausserdem befindet sich ein Wasserwerk der Hansestadt Köln bei der Ortschaft Hochkirchen im Grüngürtel. Dieses Werk wird durch die Stadt Köln und den Luftschutzdienst des Wasserwerks betreut.
Obgleich die Gemeinde Rondorf nur Luftschutzort III. Ordnung ist, wurde bereits vor Kriegsbeginn mit der Aufstellung eines Sicherheits- und Hilfsdienstes begonnen der heute folgenden Stand aufweist: Dem Bürgermeister als dem örtlichen Luftschutzleiter stehen heute von den friedensmäßigen Einrichtungen noch zur Verfügung:

An Polizeibeamten	1 Revier-Offizier
	10 uniformierte Pol. Beamte und
	1 Kriminalbeamter
insgesamt	12 Polizeibeamte.
An Feuerwehrleuten:	
In Rodenkirchen	56 Mann
In Sürth	30 Mann
In Godorf	28 Mann
In Immendorf	28 Mann
In Meschnich	28 Mann
In Rondorf	28 Mann
insgesamt	198 Mann

Im Rahmen des Sicherheits- und Hilfsdienstes sind in der Gemeinde Rondorf mit heutigem Stande vorhanden:

1.	Feuerwehr und Entgiftungsdienst mit	198 Mann
2.	Sanitätsdienst mit	60 Mann
3.	Instandsetzungsdienst mit	30 Mann
4.	Meldedienst mit	30 Mann
5.	Polizeikräfte mit	12 Mann
zusammen		330 Mann

Weiter sind Einsatzgruppen mit Kleinlöschgeräten in jeder Ortschaft des Gemeindebezirks vorhanden.
Die Gesamtkrafte des SHD ausser Feuerwehr sind in 3 Schichten eingeteilt.

Die erste Schicht hat jeden Monat	vom 1. bis 10.
die zweite Schicht	vom 11. bis 20.
die dritte Schicht	vom 20. bis Monatsende

II: Bereitschaftsdienst.
Der Bereitschaftsdienst hat sich bei jedem Fliegeralarm in den einzelnen Bezirken sofort in die hierfür bereit gestellten Luftschutzräume in der Nähe der Befehlsstelle zu begeben, die für diesen Zweck besonders bereit gestellt sind. Der Feuerwehr- und Entgiftungsdienst ist bei jedem Alarm vollzählig zur Stelle und bei den Feuerwehrunterkünften untergebracht, die mit der Befehlsstelle telefonisch verbunden sind. Sofern die Alarmierung der übrigen SHD. - Kräfte erforderlich ist, werden diese durch Melder mittels Alarmkarten alarmiert. Die Gemeinde Rondorf ist in 3 Ortsgruppen eingeteilt. Die Ortsgruppenleiter stehen bei jedem Alarm mit je 10 politischen Leitern auf Abruf einsatzbereit. Die Ortsgruppenleiter sind mit der Befehlsstelle ebenfalls fernmündlich verbunden.
Die Alarmierung bei Fliegeralarm erfolgt durch eine Sirene, die sich auf dem Dach des Gemeindeamtes befindet und von der Polizeiwache aus betätigt wird. Die Alarmierung der übrigen Ortschaften erfolgt durch die Sirenen der Sürther Maschinenfabrik (zugleich Warnvermittlung) und von der Rußfabrik Wegelin in Kalscheure n. Die Beschaffung einer Grosalarmanlage für die

Ortschaft Rodenkirchen ist beantragt und zugesagt. An Geräten und Ausrüstungsstücken stehen zur Verfügung: Für den Feuerwehr und Entgiftungsdienst:
1 schweres Löschgruppenfahrzeug
2 Mannschafts- und Gerätewagen mit angehängter 800 Ltr. Kraftspritze sowie eine veraltete 12 Ltr. Motorspritze, zum Anhängen an einen Lastkraftwagen zur Einschaltung als Zwischenpumpe beim motorisierten Feuerlöschzuge in Rodenkirchen. Auf einem dieser Fahrzeuge wird ein Komet Luftschaumrohr Größe 5 mitgeführt. Genügende Menge Tutogen ist vorhanden und wird in Kanistern mitgeführt.
Die Löschgruppen in den übrigen Ortschaften der Gemeinde sind mit Schlauchwagen sowie Saug- und Druckspritzen ausgerüstet. Außerdem sind bei jeder Einheit besondere Hydrantengruppen aufgestellt. Es steht folgendes Schlauchmaterial zur Verfügung:

Gummierter B Schlauch	700 Meter
Hanf B Schlauch	100 Meter
Gummierter C Schlauch	1.345 Meter
Hanf C Schlauch	700 Meter
Zusammen	2.845 Meter

Weiter lagern in Rodenkirchen auf der Feuerwehrkammer 518 Meter C Hanfschlauch als Katastrophenschlauch. Eigentum der Provinzialverwaltung.
Die Löschwasserversorgung ist in der Gemeinde Rondorf durch das städtische Wasserleitungsnetz der Hansestadt Köln und in einigen Ortschaften durch das Wasserleitungsnetz der Stadt Brühl gesichert. Genügende Hydranten zur Entnahme von Löschwasser aus diesen Leitungen sind eingebaut. Bei Ausfall dieser Wasserleitungen erfolgt die Wasserentrahme für Feuerlöschzwecke in den Ortschaften Rodenkirchen, Weiss, Sürth und Godorf aus dem Rheine, in den übrigen aus Löschwasserversorgungsstellen wie Feuerlöschteiche und Brunnen, die für diesen Zweck besonders angelegt wurden.
Für den Sanitätsdienst stehen zwei LKW der Firma Sieger in Rodenkirchen zur Verfügung in denen 12 Krankentragen untergebracht werden können.
Für den Instandsetzungsdienst:
2 Lastkraftwagen für Handwerkszeug und Abstützungsmaterial.
Die unmittelbare Nähe der Hansestadt Köln bringt es mit sich, dass die Gemeinde Rondorf besonders den feindlichen Fliegerangriffen ausgesetzt ist.
Es sind bisher zu verzeichnen:
363 Fliegeralarme
54 Fliegerangriffe
533 Brisanzbomben wurden abgeworfen, davon 60 Blindgänger und 12 Langzeitzünder
9 Minenbomben
3300 Stabbrandbomben
2 Brandkanister und
3 Brandbomben (113 kg)
Bisher waren:
15 Tote, davon ein Feuerwehrmann beim Einsatz der Wehr durch Bombensplitter sowie 24 Leichtverletzte zu beklagen.
120 Personen waren vorübergehend obdachlos und mußten anderweitig untergebracht werden.
1 Feindflugzeug wurde über dem Gemeindegebiet abgeschossen. Außer den vielen Sach-, Flur- und sonstigen Schäden sind an Gebaudeschäden folgende zu verzeichnen:
1. Totalschaden   20
2. Schwer- und leichtbeschädigte Gebäude   4680.

Beim Einsatz der Feuerwehr wurde davon ausgegangen, dass bereits beim ersten Anflug in der fraglichen Nacht, das Hauptrohr des Wasserleitungsnetzes in Rodenkirchen von einer Sprengbombe getroffen und demnach das Rohrnetz für die Entnahme von Löschwasser ausfiel. Die Löschwasserentnahme war somit auf den Rheinstrom und die sonstigen zusätzlichen Wasserlöschstellen beschränkt. Wehrführer Wolf hielt über vorhandene Wasserlöschstellen im Gemeindebezirk und Entnahme von Löschwasser hinaus, sowie Berechnung des Druckverlustes und Zwischenschaltung von Motorpumpen u.a.m. An Hand einer großen Übersichtstafel einen Vortrag von etwa 15 Minuten Dauer. Hieran anschliessend wickelten sich 8 Übungseinlagen an und war die Feuerwehr an nachstehend aufgeführtem beteiligt:

III. Übungseinlage.
Durch Abwurf von Brandbomben:
1.) Scheunenbrand im Gutshof Sommer in Rodenkirchen, Hauptstr.
2.) Brand in der Fabrikanlage Daimon in Rodenkirchen, Hauptstr.
3.) Brand in der Fabrikanlage Bruno Quast in Rodenkirchen, Bahnstr.
Zur Brandbekämpfung wurden 3 mot. Gruppen eingesetzt.
Zu 1 und 2 Wasserentnahme aus dem Rhein an der Barbarastrasse und der alten Kirche.
Zu 3 Wasserentnahme aus der Ringleitung der Wasserförderanlage der Firma Ada Käsefabrik in der Hindenburgstrasse.
Anmarschwege, legen der Schlauchleitungen und Angriff wurden an Hand der Übersichtstafel vom Wehrführer genauestens erläutert. Von den Brandstellenleitern angeforderte Verstärkung wurde für die Brandstellen Daimon und Quast bei den Feuerwehren Wesseling und Hermülheim in Starke von je einer mot. Gruppe angefordert und gestellt. Anmarschweg diesen mot. Gruppen mitgeteilt, ebenso Auffangstelle. Der Einsatz dieser mot. Gruppen erfolgte durch Zugführer Frenger. Wasserentnahme für mot. Gruppe Wesseling, Brunnen Haus Wilhelmstrasse 33. Schlauchlegen von dieser Stelle über Wilhelmstrasse durch Haus Nr. 27 durch Garten zur Brandstelle Daimon. Wasserentnahmestelle für mot. Gruppe Hermülheim, Ringleitung Ada Käsefabrik. Schlauchlegen von dieser Firma über Gelände der Firma Dr. Exo & Marks zur Brandstelle Quast.

IV. Übungseinlage.
Durch Brandbomben Dachstuhlbrand in dem Doppelhaus Rodenkirchen Frankstrasse Nr. 29/31. Einsatz der zur Reserve herangezogeren Feuerlöschgruppe Immendorf mit Handsaug- und Druckspritze. Anmarschweg und Einsatzstelle sowie Wasserentnahmestelle Badeteich hinter Haus Frankstrasse 27 an Hand der Übersichtstafel erläutert.
Der Vortrag sowie der Einsatz der Feuerwehreinheiten wurde in der am Ende des Planspiels gehaltenen Kritik des Oberstleutnant Hirsch von der Regierung Köln mit „gut" bezeichnet.

Polnische Zwangsarbeiter nach 1939 in der Baumschule Hilde Finken (Finkens Garten)

[18] 1942: Kriegsgefangenenlager: 58, 236, 520, 591, 593, ferner Kriegsgefangenenlager: Arb.- Kdo. 153, erwähnt in den „Sterbefallmeldungen sowjetischer Kriegsgefangener Standort Köln" (Aug.1944-Jan.1945).
* Kriegsgefangenenlager 236 im Jugendheim Sürth.
Eine Zuordnung der Lagernummern für weitere Standorte steht noch aus: Große Barackenanlagen für den Reichsarbeitsdienst (erwähnt im Tagebuch der Feuerwehr unter dem 20.10.1940) und Firmenmitarbeiter (ebendort unter dem 8.11.1941) waren seit 1938 im Zuge der Arbeiten an Rodenkirchener Autobahnbrücke im Umkreis von Fort VIII eingerichtet worden. Peter Rodenkirchen hat 1939 dort erstmals Zwangsarbeiter mit Judenstern schaufeln gesehen, längst bevor der Judenstern 1941 offiziell eingeführt wurde. Im Zuge des

Polenfeldzuges kamen auch Kriegsgefangene nach Rodenkirchen und halfen die durch die Einberufungen zur Wehrmacht entstandenen Lücke aufzufüllen. Peter Rodenkirchen erinnert an einen von einem Polen versehentlich verursachten Unfall in der Hauptstr. und die Verurteilung: Tod durch Erhängen.

Nach dem Frankreichfeldzug kamen Kriegsgefangene aus Frankreich hinzu, vornehmlich im Gertrudenhof an der Hauptstr. untergebracht. Es gab auch private Einquartierungen. Nachfolgende, als Arbeitskommando ausgewiesenen Lager für Zwangsarbeiter und Gefangene ohne Kriegsgefangenenstatus aus Russland und aus Italien waren in den früheren Barackenanlagen an der Reichsautobahn, Klein Moskau genannt, und weiteren Lagern an der heutigen Römerstr. und Ringstr. untergebracht.

Von einem Kriegsgefangenen gefertigter Ring

Käthe Vogt hat den Ring bewahrt: *„Russische Gefangene, die in der Römerstraße im Lager waren, kamen durch die Wilhelmstraße. Dort arbeiteten sie in an einem Bunker. Wir Mädchen gaben den Russen Brot und bekamen dafür einen selbstgearbeiteten Ring."*

* ADA Käsefabrik GmbH., um Jan. 1943: 51 Ostarbeiter – aber auch die inzwischen aus dem zerbombten Gertrudenhof in Richtung Weiß verlegten Kriegsgefangenen aus Frankreich und ein Dutzend italienische Offiziere, die als Gefolgsleute des Ministerpräsidenten Pietro Badoglio im September 1943 zunächst ins Emsmoor (Todesmoor) gefangen waren und vom Betriebsleiter der ADA-Käsefabrik ausgelöst wurden. Die Offiziere waren durchweg Chemiestudenten. Kunigunde Parr erinnert sich an Mario Rufatti aus Ghiffa am Lago Maggiore, an Antonio Puleo aus Sizilien (Araber genannt), Pipo, Fulvio und weitere mit dem Vornamen Mario.

* Kosmos Apparatebau Franz Baumeister, um Jan. 1943 17 Ostarbeiter, Schillingsrotter Str. 40
* Gbr. Rodenkirchen am Bahnhof: Olga Wladimirowna Politiko (geb. 1.1.1928 oder 22.3.1925) aus Nertsh, Distrikt Mogiljow, Weissrussland - kam als 14-jähriges Mädchen im Februar 1942 nach Deutschland. Sie wohnte mit 27 anderen Mädchen in einer Baracke ausserhalb der Fabrik. Hinter dieser Baracke sei ein Lager für KZ / Kriegsgefangene gewesen. Sie wurden abgeholt von einem Herrn Neumann, der dann an die Front musste und waren betreut von einer Frau mit Namen Maria [vermutlich die damalige Gemeindeschwester Maria Conrad]. Das Kriegsgefangenenlager der Russen bewacht ein Polizist Josef Nürnberg; die Gefangenen hungern. Er sieht weg, als „Mariechen" Kuhn einen Korb Weißkohl bringt. Frau Klein bewahrt noch einen Ring, den ihr ein russischer Kriegsgefangener fertigte, dem sie Brot gebracht hatte.
* Kriegsgefangenenlager hinter einer Mauer bei den an der Hauptstr. angrenzenden Fabriken (damals Gewerbegiebert Sürther Str. 26) hinter den Gärten der Rotdornstr. *In den Gebäuden der evangelischen Kirchengemeinde sind Handwerker aus dem Osten zur Behebung von Bombenschäden untergebracht.

---

[19] Generalmajor der Polizei Walter Schnell aus dem Reichsamt Freiwillige Feuerwehren

[20] Die Verwaltung in Rodenkirchen stellt nach dem Angriff 1127 Abreisebescheinigungen aus. Es gibt 37 Tote, 9 Verletzte, 1419 Gebäudeschäden (darunter der Rhein-Pavillon, Gebäude der „Eintracht" am Maternusplatz / Windthorststr.) und 1020 registrierte Sachschäden. Zivile Opfer des Angriffs vom 4.7.1943 waren nach Weißenfels und nach der vom Gauleiter Grohé November 1943 veröffentlichten Liste (*):
Birven, Hubert (20. 2. 1883 - 4. 7. 1943),
Birven, Maria geb. Florax (9. 4. 1887 - 4. 7.1943)
*Birven, Josefine
Blank, Hermann, Maler, (18. 3.1903 - 4. 7. 1943),
Domgörgen, Gertrud geb. Pohlen (4. 1. 1877 - 4. 7. 1943),

Domgörgen, Jakob (8. 9.1884 - 4. 7.1943),
Härtel, Anneliese (17. 5.1923 - 4. 7.1943), *oder: Hertel
Härtel, Emma (4. 10. 1929 - 4. 7.1943), *oder: Hertel
Hover, Kath. (1. 12. 1921 - 4. 7. 1943),
Kehr, Theodor (27. 5. 1885 - 4. 7.1943),
*Klöckner, Josef
*Klöckner, Helene
*Klöckner, Heinrich
*Langen, Josef Langen, Josef (28. 5.1938 - 4. 7.1943),
Liebig, Gertrud geb. Schmitz (19. 1. 1906 - 4. 7.1943),
*Liebig, Paul Monschau, Paul, Schüler (4. 7.1943),
Noisten, Anna Elisabeth (7. 7.1927 - 4. 7.1943),
Noisten, Juliane geb. Wahn (15. 6.1897 - 4. 7. 1943),
Noisten, Marg. (27. 8. 1930 - 4. 7. 1943),
Noisten, Wilhelmine (12.10.1938 - 4. 7.1943),
Obermauer, Margarete geb. Koll (18. 2. 1871 - 4. 7.1943),
Obermauer, Wendel (3. 7. 1869 - 4. 7.1943),
Pütz, Anna-Maria (19. 8.1938 - 4. 7.1943),
Pütz, Heinz-Gerd (28. 8.1940 - 4. 7.1943),
Scherer, Heinrich (4. 7.1943),
Scheven, Margarete (7. 9. 1871 - 4. 7.1943),
Schink, Maria geb. Kuschitzki (1. 9.1895 - 4. 7.1943),
Schüttler, Margarete (19.11. 1890 - 4. 7.1943),
Skubig, Franz (9. 1. 1896 - 4. 7.1943),
* Stölzer, Paul Sürth, Peter (27. 3. 1890 - 4. 7. 1943),
Sürth, Sibilla, geb. Frangenheim (14. 9. 1889 - 4. 7.1943),
* Tellers, Pauline Walterscheidt, Franz (5.10.1942 - 4. 7. 1943),
* Walterscheidt, Hubert Weyer, Johann (25. 6. 1879 - 4. 7. 1943)

[21] Für den Herbst 1944 gibt Aders: Rechtsrheinisches Köln, Bd. 21, 1995: S. 120 - 125 eine ausführliche Liste der Tagesereignisse vom 8. September - 23. Dezember 1944. Insgesamt werden im Herbst 1944 die Flugabwehrstellungen der 7. Flakdivision und weitere Einheiten mit leichten Geschützen zur Abwehr von Tieffliegern verstärkt (Aders, 105), zugleich kam die schwere Flak nicht mehr zu Zuge, oft genug, um die Stellungen nicht zu verraten (Aders, 117).

[22] Abermals im September 1944 kam es zu weiteren Verhaftungen. Das Spektrum ist weit gefasst, als Gründe werden genannt die politische, religiöse oder rassische Zugehörigkeit, wobei letzere tatsächlich nur auf der in den Meldeämtern erfassten Religionszugehörigkeiten fußten. Im Zuge der Verhaftungen und während der Haft kam es zu Todesfällen, es gab auch Sterilisationen. Das Gesamtbild ist ohnehin unvollständig, weil es auch Säuberungswellen innerhalb der NS-Verbände gab. Der zeitweise in Rodenkirchen wohnende Peter Winkelnkemper (Adressbuch 1933: Adolf-Hitler-Ufer 47, Hauptschriftleiter des Westdeutschen Beobachters, 1935 Hauptstr. 26 (Bürgermeisterhaus), zugleich Kurator der Universität, seit 1941 Oberbürgermeister der Hansestadt Köln, + 20. Juni 1944) soll man die Pistole auf den Tisch gelegt haben. So berichtete die zugleich verhaftete Ehefrau von Peter Winkelnkemper im Konzentrationslager Ravensbrück der als Kommunistin verhafteten Helene Laubach, so Kuni Parr. Im Nachbarhaus Adolf-Hitler-Ufer 49 wurde nach erhaltenen Gerichtsakten auf Anstiftung des Ortsgruppenleiters Rudolf Goede am 8. September 1933 von sechs NSDAP-Funktionären, darunter Martin Peter, Kreisorganisationsleiter der NSDAP Köln-Land, der SS-Mann Josef Lipps getötet (Walter Volmer, Mord und Totschlag, Pulheimer Beiträge zur Geschichte und Heimatkunde 25 (2001) 330 f.). Rudolf Goede war gleich nach der Machtergreifung kommissarischer Bürgermeister von Rondorf

[23] **Evakuierungen seit Oktober 1944:**

1. Evakuierungsgebiet Bitterfeld, Sandersdorf
2. Evakuierungsgebiet Unstrut, Gleina
3. Evakuierung nach Nossen bei Meißen, Krämer, Sples, wohl Ende 1944
4. KLV nach Monschau 1943 – 1944 zwei Klassen mit dem Lehrerehepaar Obermauer
5. KLV nach Berchdesgaden
6. Evakutierungsgebiet Thüringen, Dankmarshausen (Rückkehr nach dem 10. April 1945, Juli 1945)
7. Evakuierungsgebiet Guhrau, Saitsch, Narten, Birkenhöhe, Niederschlesien, Ende 1942 bis 15. Januar 1945
8. Evakuierungsgebiet Guhrau, Niederschlesien, Ende 1943 bis 15. Januar 1945
9. Kreisfeld = Hergisdorf. Evakuierung Frau Tischlinger, Frau Steinbach-Rovers wohnt beim Bürgermeister; Elisabeth und Wilhelm Baumgarten, Anna Reinartz, Enkelin Anita R., Familie Niederstein mit allen Kindern.
10. Nach dem Angriff vom 10. Januar 1945, Evakuierung über Brühl / Neuss nach dem 10. Januar 1945 nach Ossig, Kreis Guben, Neumark
11. Evakuierung nach Landsberg an der Warthe (Gorzów Wielkopolski) nach dem Angriff vom 10. oder 14./15. Januar unmittelbar vor oder im Zuge der Evakuierung nach Drossen mit ähnlichem Schicksal. Evakuierungszug ab Bahnhof Rodenkirchen, dann Brühl, Neuss (weil keine andere Brücke mehr besteht) statt nach Nossen – nach Drossen. 1. Februar 1945 Drossen (Liste Weißenfels, 1967, Nr. 71 – 78). Die Evakuierten treffen am 21. Januar in Drossen ein und werden versorgt. Der Todesfall vom 22. Januar 1945 kann sich auch auf Rodenkirchen beziehen. Die Front rückt vor. Am 1. Februar um 12 h sollen die eben Evakuierten mit einem Flüchtlingszug Zug wieder nach Westen abtransportiert werden. Der Zug hat vorn an der Lokomotive die Rotkreuzfahne, ist aber von Flaksoldaten begleitet und hat ein angehängtes Flakgeschütz. Bald nach der Abfahrt wird der Zug von russischen Panzern am Zeutschsee beschossen. Die überlebenden Mitreisenden flüchten in einen Wald. Editha Müller nennt 1952 an die 200 Tote, Weißenfels listet für den 1. Februar 1945 für Rodenkirchen 8 Opfer und erwähnt weitere 17 Opfer für den 2. Februar 1945. Auf und nach dem Marsch nach dem 16 km entfernten Zielenzig am 10. Februar 1945 gibt es weitere Tote (Weißenfels 8. - 16. Februar 1945); weitere Opfer sind dem Rückmarsch nach dem 5. Mai 1945 zuzuordnen. Die Rückkehr dauert für viele der Überlebenden bis zum 31. Juli 1945, andere kehren noch später zurück.

[24] Wehrmachtsbericht vom 15. Oktober 1944: *„Britische und nordamerikanischc Bomber führten am Tage Terrorangriffe gegen Köln, Duisburg, Kaiserslautern und griffen weitere im Rheinland und in Oberschlesien an. 50 feindliche Flugzeuge, darunter 40 viermotorige Bomber, wurden abgeschossen."* Wehrmachtsbericht vom 19. Oktober 1944: *„Bei einem Terrorangriff angloamerikanischer Bomber auf Bonn wurde das Stadtgebiet schwer getroffen...Weitere Terrorangriffe richteten sich gegen Kassel und Köln"* Wehrmachtsbericht vom 31. Dezember 1944: *„In den Abendstunden warfen britischie Verbände erneut zahlreiche Bomben auf Köln."* Wehrmachtsbericht vom 13. Januar 1945: *„In den Abendstunden warfen britische Störflugzeuge Bomben im Rheinland und in Westfalen.*

[25] Die Terrorisierung der Bevölkerung durch die Luftwaffe hatte die deutsche Luftwaffe mit der Zerstörung Guernikas im Spanischen Bürgerkrieg begonnen und dann mit Zerstörung Coventrys im September 1940 fortgesetzt, Rotterdam und andere Städte folgten. Aber der Luftkrieg ist ein besonderes Kapitel! Auch England hatte später durch Beschuss mit VI und V2 schwer darunter zu leiden.

[26] **Die allgemeine Kriegslage im Osten des Reiches**
Die am 12. Januar 1945 aus dem Baranow-Brückenkopf am Großen Weichselbogen heraus begonnene sowjetische Großoffensive, die sich schnell auf den gesamten Frontabschnitt zwischen

Memel und den Karpaten ausdehnte, hatte für die Bewohner Ost- und Westpreußens eine Tragödie zur Folge; denn als die Rote Armee am 26. Januar 1945 das Frische Haff bei Elbing erreichte, schnitt sie Ostpreußen vom Reichsgebiet und damit Tausenden von Flüchtlings-Trecks den Weg ab. Im mittleren Frontabschnitt kämpfte sich die Rote Armee nach der Eroberung Warschaus am 17. Januar 1945 bis Mitte März auf eine Linie vor, die vom nördlichen Rand der Sudeten entlang der Görlitzer Neiße und der Oder bis Stettin verlief. Ost-Brandenburg diente ab Februar der Sowjetarmee als Aufmarschgebiet für den Kampf um Berlin.

Berlin kapitulierte am 2. Mai 1945. Die Kapitulation gegenüber den Westmächten erfolgte am 7. Mai 1945 in Reims. Am 8. Mai wiederholte sich die bedingungslose Kapitulation der Deutschen Wehrmacht in Berlin-Karlshorst gegenüber den sowjetischen Streitkräften. Von diesem Tag an veränderte sich das Verhalten der russischen Soldaten gegenüber der deutschen Zivilbevölkerung schlagartig ins Positive.

Die Vergewaltigung deutscher Frauen
Unter den Ausschreitungen der sowjetischen Truppen hatten ganz besonders die deutschen Frauen in den Anfangszeiten der Okkupation zu leiden. In den zahlreichen Erlebnisberichten, die vom Einzug der Roten Armee handeln, gibt es kaum einen, der nicht von Vergewaltigungen deutscher Frauen und Mädchen berichtet. In vielen Fällen wird sogar in aller Offenheit von selbsterlittenen Vergewaltigungen erzählt. In der Dokumentation, die in den Jahren von 1950 bis 1960 vom Bundesvertrieben-Ministerium herausgegeben wurde, heißt es, dass auch unter kritischster Prüfung kein Zweifel besteht, dass es sich bei den Vergewaltigungen durch sowjetische Soldaten und Offiziere um ein Massenverbrechen und keinesfalls nur um Einzelfälle gehandelt hat. Darauf deutete schon hin, daß förmliche Razzien auf Frauen unternommen wurden, dass ferner manche Frauen in vielfacher Folge hintereinander misshandelt wurden und dass Vergewaltigungen oft in aller Öffentlichkeit vor sich gingen. Diese Verbrechen sind kaum durch die vorrückenden Kampftruppen ausgeführt worden, als vielmehr den nachrückenden Verbänden zuzuschreiben. Die meisten Übergriffe auf die Zivilbevölkerung hat es in Ostpreußen gegeben, die Frauen waren praktisch Freiwild. Durch Soldatenzeitungen, Flugblätter und Rundfunksendungen, z. B. des Schriftstellers Ilja Ehrenburg, sind sowjetische Truppen vor Beginn der Offensive mit brutaler Offenheit dazu aufgefordert worden, Rache und Vergeltung an den Deutschen zu üben. Allerdings wird dieser Propaganda eine zu große Bedeutung zugemessen. Hier dürfte auch in der offiziellen Dokumentation noch die Goebbelssche Propaganda nachgewirkt haben.

Dagegen war die Lage in der Ostmark Brandenburg spürbar anders, weil die Rote Armee sozusagen im Handstreich mit motorisierten Truppen das Gebiet zwischen Posen und der Oder erobert hatte. Erst die nachrückenden Truppen hatten viel Zeit, weil die Armee erst wieder gesammelt und zum Sturm auf Berlin neu aufgestellt werden musste. Die „Freiheit" für die Soldaten war aber zeitlich eng begrenzt. So waren ab Anfang März 1945 deutlich spürbar weniger Soldaten in den Straßen zu sehen, umso mehr aber bewaffnete Patrouillen, die auch der Bevölkerung Schutz gaben. Ab Anfang März bemerkte man die neue Aufstellung von Kampftruppen in den Gebieten zur Oder hin. Die Bereitstellung neuer Verbände erfolgte unter strengster Disziplin, kein Soldat durfte mehr seine Einheit verlassen. Das meist gehörte Kommando war „Disziplin", das von den Soldaten auch strikt befolgt wurde. Mit dieser Kasernierung „quasi im Felde" waren praktisch die Übergriffe auf die Bevölkerung vorbei. Es wurden sehr viele T34-Panzer und Geschütze und eine riesige Armee zusammengezogen, wie uns russische Soldaten sagten, zum Sturm auf Berlin. Das Kommando hatte der Marschall der Sowjetunion Georgij Schukov. Jetzt waren plötzlich die sowjetischen Soldaten freundlicher und auch hilfsbereiter geworden.

Es darf hierbei aber nicht unerwähnt bleiben, dass auf Befehl Hitlers und des Oberkommandos der Deutschen Wehrmacht die deutsche Besatzung von 1941 bis 1944 in der Sowjetunion ein Trümmerfeld und verbrannte Erde hinterlassen hatte. Die Zahl der Toten der Sowjetunion wird heute auf 27 Millionen Bürger der Sowjetunion angegeben, davon allein 1,1 Millionen in Leningrad (gleich 45 % der Zivilbevölkerung), das 871 Tage belagert worden war (vom 8. September 1941 bis zum 27. Januar 1944); auf ausdrücklichen Befehl Hitlers durfte ein Kapitulationsersuchen Leningrads nicht angenommen werden. Der Krieg gegen Rußland war als Vernichtungskrieg deklariert worden, die sowjetischen Kriegsgefangenen waren „keine Kameraden" und als solche ohne den Schutz der Haager Landkriegsordnung. Für diese und andere Kriegsverbrechen hat die deutsche Bevölkerung schwer büßen müssen.

[27] Historisches Archiv der Stadt Köln
Acc 441 / 241 - Bürgermeister Konferenzen ´45 - 46
Acc 441 / 243 - Anweisungen der Militärregierung ´45-´46
Acc 441 / 123 - Korrespondenz vom Bürgermeister M-Z ´45-´47
Acc. 441/ 265 - Kinderspeisung in Kindergärten & Schulen ´46-´50
Acc 441 / 4 - Protokolle der Bürgermeisterkonferenzen Köln Land ´46 - ´47
Acc 441 / 1-2 - Gemeinderatverordnungen, Bürgermeisterwahlen ´45-´65
Public Records Office
PRO FO 1013/1921
PRO FO 1013/1945 17.01.46
J. Kübbeler (1992): Sürth - Gestern und heute

Die Rodenkirchener Mitarbeiter

Jill Beier

Ich bin1937 in London geboren, bin verheiratet und habe zwei Töchter. Ich habe in England kurze Zeit Geschichte studiert. Ich war vier Jahre in der Presseabteilung der Britischen Botschaft in Bonn und später am Studienkolleg der Universität Köln tätig. Seit mehr als 50 Jahren lebe ich mit meiner Familie in Köln, davon 18 Jahre mit meinem Mann in Rodenkirchen, das jetzt unser schönes Zuhause ist. Die Geschichte Rodenkirchens interessiert mich sehr und als Britin wollte ich mehr über die Nachkriegszeit herausfinden, als Rodenkirchen zur Britischen Besatzungszone gehörte. Darum habe ich im Historischen Archiv der Stadt Köln recherchiert und vieles gefunden. Leider nicht genug, denn der Einsturz bereitete meiner Arbeit ein jähes Ende. Dank „Rodenkirchen erinnert sich" konnte ich aber manches ergänzen.

Das Foto zeigt Jill Beier zusammen mit Dr. Horst Noll in der Stadtteilbibliothek Rodenkirchen während der Veranstaltung „Zeit der Verfolgung" („Rodenkirchen erinnert sich" 14, 7.9.2011).

Franz Bröhl

Franz Bröhl (*1922), aus alter Rodenkirchener Familie, wuchs in der Barbarastr. auf. Er ist schon auf einem der Hochwasserbilder von 1926 mit seinem Bruder unterwegs in der Wilhelmstr. und lernte beim Austragen der von der Mutter gestärkten Hemdbrüste (Chemisette), Einsteckkragen und Manschetten das Ortsgebiet und seine Einwohner zwischen Strandbad und Marienburg kennen. Von seinem Schuljahrgang überlebte nur ein halbes Dutzend Mitschüler den Krieg, er sogar Stalingrad und war noch am Tag der Kapitulation im Mai 1945 an der Front. Seine Mitgliedschaft in der katholischen Jugend erschwerte eine Ausbildung und er wurde als Autodidakt Schweißer bei Siller & Rodenkirchen. Er war leidenschaftlicher Schwimmer im Rhein und Faltbootfahrer. Das Foto entstand bei Aufnahmen zu „100 Jahre Strandbad Rodenkirchen" am 22. August 2012 („Rodenkirchen erinnert sich" 17).

Christel Engelmann

Christel Engelmann, geb Fink (*1920), Schülerin des Irmgardis Lyzeums, im Buchhandel ausgebildet, später in der Baumschule Hilde Finken und nach dem Krieg in der Rodenkirchener Verwaltung sowie in der Firma ihres Mannes tätig. Hier beim Fotostudium für „Rodenkirchen erinnert sich" am 14.11.2011. Christel Engelmann sah noch den brennenden Ringofen der Rodenkirchener Ziegelei Eugen Turck und erlebte das Hochwasser von 1926.

Hermann Joseph Genn

Hermann Joseph Genn (*1924) aus der alten Rodenkirchener Familie Weyer, erhielt seine literarische Prägung vom Deutschlehrer Schmidt am FWG, studierte als künftiger Steuerberater Betriebswirtschaft und war begeisterter Hörer des Wirtschaftshistorikers Bruno Kuske und Faltbootfahrer auf dem Rhein. Er verfasste eigens für die Südlese von Literamus RES 1 „Rodenkirchen - Typen, Faktoren, Originale" und trug nochmals zu „Rodenkirchen erinnert sich" 2 am 5. Dezember 2007 mit seinen eindrucksvollen Rückblicken auf das alte Rodenkirchen bei.

Käthe Gosse

Käthe Gosse, geb. Knüttgen (*1923), wohnte in der Friedensstr.; ausgebildet in der Spedition Kube & Kubenz, wirkte auf der Gemeindekasse in Rodenkirchen und führte später das Hotel am Verteilerkreis. Sie schrieb ihre Erinnerungen an das Eulenhäuschen in der Maternusstr. auf Bitten ihres Patenkindes Margret Röhl (*1939), die von Anbeginn die Veranstaltungen von „Rodenkirchen erinnert sich" begleitet.

Wilhelm (Willi) Kuhn

Willi Kuhn (*1931) erlebte im Mühlenweg die Kriegsjahre in Rodenkirchen und die Evakuierung von Drossen. Er war nach dem Krieg als Student der Universität Köln beteiligt an der von Theodor Schieder erarbeiteten „Dokumentation der Vertreibung der Deutschen aus Ostmittel- und Osteuropa". Er hielt am 2. Februar 1985 zum Gedenktag an Drossen seinen Vortrag, den er in überarbeiteter Form für „Rodenkirchen erinnert sich" 10 am 24. Februar 2010 in der Stadtteilbibliothek vortrug.

Else Mauer

Else Mauer, geb. Gammersbach (1928-2011), steuerte zu „Rodenkirchen erinnert sich" 10 die Niederschrift ihrer Erlebnisse bei. Ihre Familie besaß Höfe an der Ecke Hauptstr. / Walther-Rathenau Str. und an der Sürther Str. Sie führte lange Jahre ein beliebtes Büdchen bei der Gaststätte Gammersbach an der Weißer Str. Das Foto entstand bei einem Arbeitskaffee bei Margret Limbach im Mai 2010.

Kuni Parr und Willi Förster

Kunigunde Parr (*1919) und Willi Förster (*1936) nach der Ortsbegehung vom 15.4.2009. Sie erlebte das Hochwasser von 1926 in der Hauptstr., war Schülerin des Irmgardis Lyzeums. Während des Krieges bei der Post verpflichtet, wurde sie Ruderin des Post-Sportvereins. Nach dem Krieg gewann sie Gemeindedirektor Jakob zur Mitarbeit im Rodenkirchener Rathaus. Sie lebte mit ihrem Ehemann Julian Parr lange Zeit in London.Nach dem Rheinunfall von Willi Försters Großvater 1883 erwarb Dr. Kolvenbach den alten Hausplatz neben dem Treppchen am Rhein. Wie bereits sein Vater war Willi Förster Paddler. Er las 2007 zu „Rodenkirchen erinnert sich" 2 aus der Schulchronik von Johannes Weber und gewann Kunigunde (Kuni) Parr zur Mitarbeit. Deren Vater Matthias Schumacher war in der Rodenkirchener Mühle aufgewachsen.

Peter Rodenkirchen

Peter Rodenkirchen (*1931) am 28.4.2010 beim Rundfunkinterview über das Zwischenwerk VIIIb und sein Umfeld im Zweiten Weltkrieg. Sein Lebensmittelpunkt war das Haus des Großvaters beim Lüchbaum. Das Anwesen war Rest des alten Rodenkirchener Zehnthofes mit weiten Unterkellerungen. Nicht zuletzt die beliebte Bootshalle dort prädestinierte Peter Rodenkirchen auch zum Schlagmann des Achters der Kölner Rudergesellschaft 1891.

Das Archiv der Freiwilligen Feuerwehr Rodenkirchen erschloss Christian Göbel, namentlich Katharina Sterzenbach und Arnold Spieß lieferten Ergänzungen. Ebenso war das Archiv Karin Ahrens stets eine Hilfe. Peter Rodenkirchen steuerte den Text von Michael Hammer und den Brief von Sibylle Flieters, Horst Noll den Brief von Dechant Renner, Margret Schmitz das Tagebuch von Margarete Fells und Gisela Pless die Erinnerungen ihrer Mutter bei. Maria Bader-Willrodt, Christa und Friedrich Bors, Dr. Peter Eichel, Hannes Fellmann, Hermann Josef Genn, Josi und Peter Goebelsmann, Annemarie Hafeneger, Matthias Hautzer, Trude und Wolfgang Hiertz, Matthias Hoffend, Brigitte Klipper, Hanna Köhl. Dr. Margret Liesegang, Josef Massia, Ursula Meier, Dr. Horst Noll, Maria-Luise Ostermann, Petronella Pistor-Rossmanith, Marita Reinartz, Margrit Röhl, Karin Tischlinger, Käthe und Herbert Weber und vielen anderen, zum Teil im Bildnachweis genannten, ist für Nachforschungen, Hinweise und Materialien zu danken. Manches wird erst in den nächsten Bänden genutzt werden können. Doch ohne das Engagement von Felicitas und Ralf Reglin hätte dieser Band nicht entstehen können.

Bildnachweis

Karin Ahrens 23, 24, 29, 38, 58, 59, 68, 80, 99, 100, 108, 114, 140, 208, 209
Maria Bader-Willrodt 53, 208
Inge Balkhausen 25, 26
Alfred Birven 138, 139
Friedrich Bors 14, 31, 58
Franz Bröhl 79, Coverfoto
Jan Brügelmann 90
Dr. Rudolf Eggermann 110
Dr. Peter Eichel 16,158
Christel Engelmann 104, 189, 235, 240
Erich Engels 230, 234
Willi Förster 102, 188
Hermann Josef Genn 15
Christian Göbel 186
Peter Goebelsmann 57
Annemarie Hafeneger 159
Matthias Hautzer 115
Matthias Hoffend 142
Stefan Kaiser 55
Charlotte Klaeger 143, Coverfoto-Rückseite

Willi Kuhn 169, 170
Anneliese Leutner 32, 33, 34, 55, 67
Dr. Margret Liesegang Coverfoto
Margret Limbach 85
Karoline (Lina) Meier 150
Trude Merten 164, 165
Kurt Nacken 56
Maria-Luise Ostermann 227
Michaela Renkel 74
Peter Rodenkirchen 34, 46, 62, 66, 102, 141, 150
Margrit Röhl 38, 41, 77, Brief Hufschmidt 156
Erika Röttgen 246, 247
Margret Schmitz 49
Arnold Spieß 146
Katharina Sterzenbach 82, 83, 163
Karin Tischlinger 127
Brigitte Trost 159, 186, 187
Käthe Vogt 241
Käthe und Herbert Weber 25, 101, 123
Prof. Dr. Christian Watrin 26
Walter Wülfrath 55

KÖLN-RODENKIRCHEN

DIE REIHE Archivbilder

Cornelius Steckner

Sutton Verlag - Erfurt

96 Seiten
150 Fotos
ISBN 9768-3-86680-627-6
€ 17,90

Rodenkirchen, der südlichste linksrheinische Stadtteil Kölns, jenseits der Autobahnbrücke in einem wunderschönen Grüngürtel gelegen, blickt auf eine wechselvolle Vergangenheit zurück. Seit der ersten Erwähnung als Hofgut Rodenkirchion des Stiftes Groß St. Martin im Jahre 989 hat sich der Stadtteil mit seinen alten Straßen, Gassen und Höfen besonders seit den 1920er-Jahren und zu einem beliebten Wohnviertel und zum Sportzentrum Süd-Kölns entwickelt, das mit zahlreichen Tennis- und Golfplätzen aufwartet.

Um gerade nach dem Einsturz des Kölner Stadtarchivs im März 2009 ein Verständnis für die Gegenwart Rodenkirchens zu schaffen, hat der Kulturwissenschaftler Cornelius Steckner mehr als 150 bislang zumeist unveröffentlichte historische Bilder zusammengetragen, die eindrucksvoll die Vergangenheit des Ortes dokumentieren und die Geschichte Rodenkirchens lebendig halten. Die faszinierenden Aufnahmen spannen den Bogen zwischen dem frühen 20. Jahrhundert und den 1960er-Jahren und zeigen die Entwicklung des Stadtteils sowie den Alltag der Rodenkirchener zwischen Arbeit und Freizeit.

Dieser Bildband lädt dazu ein, sich an Vergangenes zu erinnern und das alte Rodenkirchen neu zu entdecken.

17,90 € [D]

www.suttonverlag.de

Die Reihe Archivbilder

Cornelius Steckner

RODENKIRCHEN
1950 BIS 1975

Nach dem großen Erfolg seines 2010 erschienenen Bildbandes „Köln-Rodenkirchen" begibt sich der renommierte Kulturwissenschaftler Cornelius Steckner erneut auf eine kurzweilige Reise in die Vergangenheit der einst selbstständigen Stadt, die 1975 nach Köln eingemeindet wurde.

Rund 160 bislang zumeist unveröffentlichte historische Fotografien des seinerzeit für den Landkreis Köln zuständigen Redakteurs Helmut Weingarten präsentieren spannende Ansichten aus den für Rodenkirchen bewegenden Jahren zwischen 1950 und 1975. Die einmaligen Aufnahmen dokumentieren nicht nur die städtebaulichen Veränderungen, sondern spiegeln vor allem den Alltag der Rodenkirchener zwischen Arbeit und Freizeit wider. Faszinierende Fotografien erinnern an das rege Vereinsleben, beliebte Gaststätten, unvergessene Persönlichkeiten und denkwürdige Ereignisse, die das Leben vor Ort bis heute prägen.

Dieser Bildband ist ein Muss für alle, die sich für die wechselvolle Geschichte Rodenkirchens interessieren.

Sutton Verlag - Erfurt

96 Seiten
163 Fotos

ISBN 9768-3-95400-117-0

€ 18,95

Rodenkirchen
125 Jahre Klassenfotos

Cornelius Steckner

Ralf Reglin Verlag Köln

Schuljahrgang für Schuljahrgang dokumentieren die Klassenfotos die im Alter von sechs Jahren schulpflichtig gewordenen Kinder. Durch die Rekonstruktion des Fotobestandes entstand eine Bildgeschichte der Bevölkerung des im Zweiten Weltkrieg untergegangenen alten Rodenkirchen.

ISBN 978-3-930620-64-7

Ralf Reglin Verlag - Köln

222 Seiten
450 Fotos

ISBN 9768-3-930620-64-7